ইউপিএসসি অভিযান

লেখক এবং আমলা সজ্জন যাদব ১৯৯৫ সালের আইএএস ব্যাচের AGMUT (অরুণাচল প্রদেশ, গোয়া, মিজোরাম এবং ইউনিয়ন টেরিটরি) ক্যাডারের আধিকারিক। এর আগে প্রকাশিত তাঁর লেখা বই "ইন্ডিয়াস ভ্যাকসিন গ্রোথ স্টোরি ফ্রম কাউ পক্স টু ভ্যাকসিন মৈত্রী, দেশে সর্বাধিক বিক্রিত বইগুলির মধ্যে একটি। এই বইটি স্প্যানিশ ভাষায় ছাড়াও ষোলটি ভারতীয় ভাষায় অনূদিত এবং প্রকাশিত হয়। এছাড়াও তাঁর লেখা বিভিন্ন জাতীয় এবং আন্তর্জাতিক জার্নাল, ম্যাগাজিন ও খবরের কাগজেও প্রকাশিত হয়েছে।

সজ্জন লন্ডন স্কুল অফ হাইজিন অ্যান্ড ট্রপিক্যাল মেডিসিন থেকে ডক্টরেট করেন। এছাড়াও ইউনাইটেড স্টেটসের মিনেসোটা বিশ্ববিদ্যালয় থেকে পাবলিক পলিসি নিয়ে মাস্টার ডিগ্রি এবং দিল্লি বিশ্ববিদ্যালয়ের ফ্যাকাল্টি অফ ম্যানেজমেন্ট স্টাডি থেকে এমবিএ করেন তিনি।

বর্তমানে তিনি ভারত সরকারের অর্থমন্ত্রকের ডিপার্টমেন্ট অফ এক্সপেন্ডিচারের অ্যাডিশনাল সেক্রেটারি পদে কর্মরত। পলিসি তৈরি এবং তার প্রয়োগ নিয়ে দীর্ঘ তিরিশ বছরের বিচিত্র অভিজ্ঞতা রয়েছে তাঁর। এছাড়াও তাঁর দীর্ঘ কর্মজীবনে কেন্দ্রের এবং বিভিন্ন রাজ্যের গুরুত্বপূর্ণ পদে বিভিন্ন সময়ে নিযুক্ত ছিলেন তিনি।

কেন্দ্রীয় সরকারের অর্থমন্ত্রক ছাড়াও স্বাস্থ্য এবং পরিবার কল্যাণ মন্ত্রালয়, শিশু এবং নারী উন্নয়ন, ভারী শিল্প, এবং পাবলিক এন্টারপ্রাইজ অ্যান্ড কর্পোরেট অ্যাফেয়ার্স বিভাগের সঙ্গেও যুক্ত ছিলেন। সজ্জন যে সমস্ত গুরুত্বপূর্ণ অ্যাসাইনমেন্টের দায়িত্ব পালন করেছেন তার মধ্যে জাতীয় পুষ্টি মিশন (পোষণ অভিযান) এর ডিরেক্টর, জাতীয় গ্রামীণ স্বাস্থ্য মিশনের ডিরেক্টর, দিল্লির খাদ্য ও সরবরাহ বিভাগের কমিশনার, দিল্লি জল বোর্ডের সিইও, ভ্যালু অ্যাডেড ট্যাক্স (VAT) কমিশনার, আবগারি, বিনোদন ও বিলাসিতা কর বিভাগের কমিশনার, এবং ইস্ট দিল্লি মিউনিসিপাল কর্পোরেশনের কমিশনার হিসেবে তাঁর ভূমিকা উল্লেখযোগ্য। তিনি রাজ্যের মধ্যে অরুণাচল প্রদেশ, মিজোরাম, এবং রাজস্থানে এবং কেন্দ্রশাসিত

অঞ্চলের মধ্যে ন্যাশনাল ক্যাপিটাল টেরিটরি (NCT) অফ দিল্লি, দাদরা ও নগর হাভেলি এবং দমন ও দিউ-এ বিভিন্ন উচ্চপদে নিযুক্ত ছিলেন। এছাড়াও তিনি অরুণাচল প্রদেশের ইস্ট কামেং এবং তাওয়াং জেলার ডেপুটি ম্যাজিস্ট্রেট এবং ন্যাশনাল ক্যাপিটাল টেরিটরি অফ দিল্লির সাউথ দিল্লির ডেপুটি কমিশনার হিসাবেও কর্মরত ছিলেন।

জনসেবায় অসাধারণ কাজের জন্য তিনি একাধিক পুরস্কারও পেয়েছেন, যার মধ্যে ন্যাশনাল ই-গভর্নেন্স অ্যাওয়ার্ড ২০১৭—২০১৮ এবং জনগণনায় অসামান্য কাজের জন্য রাষ্ট্রপতি পুরস্কার অবশ্য উল্লেখ্য।

বইয়ের অগ্রিম প্রশংসা

"এই বইটিতে সিভিল সার্ভিসের সঙ্গে যুক্ত ব্যক্তিদের অসাধারণ সংগ্রামের কথা যেভাবে তুলে ধরা হয়েছে তা সত্যিই অনবদ্য। বইয়ের লেখক নিজেই এই পথের পথিক হওয়ায় এই যুদ্ধ জয়ের জন্য নিজের ভিতরে যে আগুনের প্রয়োজন তা তিনি স্পষ্ট ভাষায় ব্যক্ত করতে পেরেছেন।"

—মনোজ কুমার শর্মা, ইন্ডিয়ান পুলিশ সার্ভিস, 12th ফেল সিনেমার নায়ক।

"এই বইয়ের মাধ্যমে পাঠকেরা মাউন্ট ইউপিএসসি জয় করার পথে পা বাড়িয়েছেন এমন প্রত্যেক প্রতিযোগীর মানসিক দুর্বলতা, দ্বন্দ্ব, এবং নিকষ কালো দীর্ঘ টানেলের শেষে ম্লান আলো দেখতে পাওয়ার সময়ের মানসিক পরিস্থিতির আভাস পান। চারিত্রিক দৃঢ়তা, অনমনীয় জেদ, কঠিন পরিশ্রম, অধ্যাবসায় এবং অদম্য মানসিক শক্তির কথা তুলে ধরে এই গল্পগুলি পাঠককেও তার নিজের চারদিকের বাধা পেরিয়ে এগিয়ে যেতে অনুপ্রাণিত করে। এই বই সকলের পড়া উচিত।"

—শিভিন চৌধুরী, ইন্ডিয়ান রেভিনিউ সার্ভিস

সাতজন ইউনিয়ন পাবলিক সার্ভিস কমিশন (UPSC) হিরোর অবিশ্বাস্য যাত্রার গল্পের মতো বর্ণনা পাঠকের কাছে বইটিকে আরো আকর্ষণীয় করে তোলে। কোনো কোনো জায়গায় লেখক ঘটনার এমন ভাবে বর্ণনা করেছেন যে পাঠকের কল্পনায় চরিত্রের সকলে জীবন্ত হয়ে ওঠে। পাঠক কল্পনায় তাঁদের কথাও শুনতে পান। এই বই শুধুমাত্র ইউপিএসসি পরীক্ষার্থীদের অনুপ্রাণিত করে না, বরং এই বই সার্বজনীন ক্ষেত্রে অনুপ্রেরণা জাগাতেও সাহায্য করে। তিনটি শব্দে বলতে গেলে বলতে হয় এই বইটি এনলাইটেনিং, এনারজাইজিং এবং এন্টারটেইনিং।

—বালাজি ডি কে, আইএএস অফিসার এবং লেখক

কিছুদিন আগেই ইউপিএসসি পরীক্ষা পাস করেছে এমন একজন পরীক্ষার্থী হওয়ায় স্বাভাবিকভাবেই এই বইটা আমার মনের খুব কাছাকাছি চলে এসেছে। বইয়ের সাত জন টপারের গল্প পড়ে প্রস্তুতি চলাকালীন আমার নিজের সংগ্রাম, দ্বন্দ্ব এবং জয়-পরাজয়ের কথা মনে পড়েছে। সিভিল সার্ভিস পরীক্ষার প্রস্তুতির সময়ে পরীক্ষার্থীদের আবেগের উত্থান পতনের কথা খুব সুন্দরভাবে এই বইটিতে ধরা হয়েছে নির্ঘুম রাত, নিরন্তর রিভিশন এবং অনন্ত মানসিক চাপ। এই যাত্রার মানবিক দিকটা তুলে ধরায় এই বইটি অন্যান্য বইয়ের থেকে আলাদা।

এই বই পড়লেই বোঝা যায় যে অধ্যাবসায় এবং নিষ্ঠার মাধ্যমে যে কোনো রকমের বাধা পেরোনো সম্ভব। এই কঠিন পথে নামার প্রস্তুতি নিচ্ছে এমন যে কোনো পরীক্ষার্থীর কাছেই যে এই বইটি অত্যন্ত অনুপ্রেরণাজনক হয়ে উঠবে, সে বিষয়ে কোনো সন্দেহ নেই।

—অনিরুদ্ধ যাদব, আইএএস ২০২২

এই বইয়ে কাশ্মীর থেকে কেরালা পর্যন্ত বিভিন্ন আইএএস পরীক্ষার্থীদের বৈচিত্রপূর্ণ যাত্রার কথা তুলে ধরা হয়েছে। এই পরীক্ষার্থীদের প্রত্যেকেই শেষ পর্যন্ত তাদের স্বপ্ন পূরণ করতে পেরেছেন শুধুমাত্র জেদ এবং অধ্যাবসায়ের মাধ্যমে। পারিবারিক দায়দায়িত্ব এবং অর্থনৈতিক সমস্যা থেকে শুরু করে শারীরিক প্রতিবন্ধকতা এবং ক্যারিয়ার নিয়ে অনিশ্চয়তা পর্যন্ত সকল বাধাকে তুচ্ছ করে বইয়ের নায়কেরা জয়লাভ করেছেন। বইয়ের প্রত্যেকটা গল্পই আমাদের খুব চেনা, তার কারণ এই চরিত্রদের সঙ্গে বা তাদের পরিস্থিতির সঙ্গে আমরা খুব সহজেই সম্পর্ক স্থাপন করতে পারি। তাছাড়াও প্রত্যেকটা গল্পই গুরুত্বপূর্ণ পরামর্শ এবং অনুপ্রেরণার মাধ্যমে শেষ হয়। পরীক্ষার পরে জনসেবার প্রাথমিক অভিজ্ঞতার কথাও এই গল্পগুলিতে বলা হয়েছে। আমার মতে, সিভিল সার্ভেন্ট হতে ইচ্ছুক এমন সমস্ত লোকের এই বইটা পড়া উচিত। এছাড়াও যারা নিজেদেরকে ক্যারিয়ারে বা জীবনের অন্যান্য ক্ষেত্রে আরও উন্নয়ন করতে চান, তাঁদের জন্যও এই বইটি অবশ্যপাঠ্য।

—বিকাশ দিব্যকীর্তি, ফাউন্ডার, দৃষ্টি আইএএস কোচিং ইনস্টিটিউট

এই বই থেকে সিভিল সার্ভিস পরীক্ষার একটা সার্বিক ধারণা পাওয়ার সঙ্গে সঙ্গে তার সঙ্গে জড়িত সংগ্রামের কথাও বোঝা যায়। সাতটি অসাধারণ গল্পের উপরে ফোকাস করায় এই বই থেকে স্পষ্ট বোঝা যায় যে সাফল্যের জন্য পরীক্ষার্থীদের অপরিসীম জেদ এবং অধ্যাবসায় থাকা অত্যন্ত প্রয়োজনীয়। যে সমস্ত পরীক্ষার্থী তাদের ইউপিএসসি জার্নি শুরু করেছেন, তাঁদের সকলেরই এই বইটি পড়া উচিত।

—অনুদীপ দুরিশেট্টি, আইএএস অফিসার এবং লেখক

এই বইটি সরকারি চাকরি করতে ইচ্ছুক সাধারণ ঘরের এমন হাজার হাজার ছেলেমেয়েদের মনে উৎসাহ জোগাবে। এই বইটা সকলের অবশ্যই পড়া উচিত।

—শ্যামল যাদব, সিনিয়র অ্যাসোসিয়েটের এডিটর, ইন্ডিয়ান এক্সপ্রেস

ইউপিএসসি অভিযান

তরুণ আইএএস অফিসারদের অনুপ্রেরণা জাগানো গল্প

সজ্জন যাদব

অনুবাদ অংশুলা দাশগুপ্ত

মঞ্জুল পাবলিশিং হাউস

First published in India by

Manjul Publishing House
Corporate and Editorial Office
•2nd Floor, Usha Preet Complex, 42 Malviya Nagar, Bhopal 462 003 – India
Sales and Marketing Office
•C-16, Sector 3, Noida, Uttar Pradesh 201301 – India
Website: www.manjulindia.com
Distribution Centres
Ahmedabad, Bengaluru, Kochi, Kolkata, Chennai,
Hyderabad, Mumbai, New Delhi, Pune

Bengali translation of *Scaling Mount UPSC* by Sajjan Yadav

Bengali edition first published in 2025

ISBN 978-93-5543-514-9

Translated by : Anshula Dasgupta

Printed and bound in India by Thomson Press (India) Ltd.

আমার জীবন সঙ্গী সুনিতা,
আমার হৃদয়ের দুই টুকরো
আদরের কন্যা সিয়া এবং পুত্র করণকে

প্রয়াত মা-বাবা, সাবিত্রী দেবী এবং সুবেদার মেজর রঘুবীর সিংয়ের (অবসরপ্রাপ্ত) স্মৃতির উদ্দেশ্যে, যাঁদের মূল্যবোধ এবং পাণ্ডিত্য আজও আমার পথপ্রদর্শক

সূচিপত্র

মুখবন্ধ

ভারতীয় যুব সমাজের মধ্যে সমস্ত বাধা-বিপত্তিকে কাটিয়ে মানুষের সেবা করার অসম্ভব সম্ভাবনা লুকিয়ে আছে। এর প্রমাণ বোধহয় সবথেকে বেশি পাওয়া যায় ইন্ডিয়ান অ্যাডমিনিস্ট্রেটিভ সার্ভিসের প্রতিযোগীদের মধ্যে যারা বছরের পর বছর ধরে অসম্ভব একাগ্রতার সঙ্গে পৃথিবীর সবথেকে কঠিন পরীক্ষাগুলোর একটা ইউপিএসসি সিভিল সার্ভিস এক্সামিনেশনে পাস করার চেষ্টা করে যায়। 'স্কেলিং মাউন্ট ইউপিএসসি' নামের এই বইটিতে এই হিমালয়ান্তিক চ্যালেঞ্জে জয়যুক্ত হয়েছে এমন সাতজন কম বয়সী ব্যক্তির গল্প বলা হয়েছে।

আইএএস কেবলমাত্র একটা কেরিয়ার নয়। এটা দেশ গঠনের একটা আর্তি, এই বিরাট দেশের জনগণের সেবা করার এবং মানুষের জীবনে তথা দেশে পরিবর্তন আনার একটা সুযোগ। সমস্ত পরীক্ষার্থী, যারা সিভিল সার্ভিস পরীক্ষায় বসার স্বপ্ন দেখার সাহস করে, তাদের প্রত্যেকেই একই স্বপ্ন দেখে তারা দেশের উন্নয়নে সাহায্য করবে, তারা দেশের ভবিষ্যৎ নির্ধারণকারী ইকোসিস্টেমের অংশ হয়ে উঠবে। এই সাতটা গল্পে সাতজন প্রতিযোগীর প্রত্যেকের ধৈর্য, অধ্যাবসায় এবং ত্যাগের কথা বিম্বিত হয়েছে।

এই সাতটা গল্পের প্রত্যেকটাই প্রতিযোগীদের মানসিক শক্তির পরিচায়ক। অর্থনৈতিক বাধা ও সামাজিক বন্ধন কাটিয়ে উঠে, ব্যক্তিগত জীবনের সুযোগ সুবিধা ত্যাগ করে এবং বিফলতা সহ্য করে এই সাতজন কৃতিত্বের অধিকারী দেখিয়ে দিয়েছে যে তোমার মধ্যে যদি প্যাশন এবং জেদ থাকে, তাহলে যে কোনো স্বপ্নই পূরণ করা সম্ভব। তারা আমাদের শিখিয়েছে যে সাফল্য কেবলমাত্র একটা র‍্যাঙ্ক পাওয়া নয়, বরং তা প্রত্যেকটা শিক্ষা, প্রত্যেকটা অসাফল্যের পরে উঠে দাঁড়ানোর সঙ্গে জড়িত। প্রস্তুতির প্রথম দিন থেকে

একেবারে শেষ মুহূর্ত পর্যন্ত এই পুরো যাত্রাটাই তিল তিল করে সাফল্য গড়ে তোলে।

একবিংশ শতাব্দীতে ভারত সারা পৃথিবীর সমস্ত দেশগুলির নেতৃত্ব স্থানাধিকারীদের মধ্যে একজন হতে চলেছে, আর এই পরিবর্তন আসতে চলেছে আমাদের সিভিল সার্ভেন্টদের হাত ধরে। আমাদের দেশের ভবিষ্যৎ এই সমস্ত দৃঢ় সংকল্প মানুষদের হাতে রয়েছে, যাঁরা জনগণের সেবায় নিজেদের জীবন নিবেদন করেছেন। তাঁদের উদ্ভাবন, পরিবর্তন, এবং বিভিন্ন নিয়মের রূপায়ন ধীরে ধীরে ভারতকে ২০৪৭ সালের মধ্যে ৩০ ট্রিলিয়ন ডলারের অর্থনীতিতে পরিবর্তিত করবে। শুধু তাই-ই নয়, তাঁদের হাত ধরেই উন্নয়নশীল দেশ থেকে ভারত ধীরে ধীরে উন্নত দেশে পরিণত হবে।

সমস্ত ভবিষ্যৎ প্রতিযোগী, যারা এই বই পড়বে, তাদের মনে রাখতে হবে যে সাফল্যের পথে বেশিরভাগ সময়েই প্রচুর বাধা থাকে। কেবলমাত্র অনমনীয় মনোভাব, নিয়মানুবর্তিতা এবং আত্মবিশ্বাসের মাধ্যমেই তোমাদের পক্ষে মাউন্ট ইউপিএসসি- এর মতো উঁচু পর্বত শৃঙ্গও জয় করা সম্ভব।

২২ অক্টোবর ২০২৪

অমিতাভ কান্ত
(আইএএস) রিটায়ার্ড
জি ২০ শেরপা
অ্যান্ড
ফরমার সিইও অফ নীতি আয়োগ
গভর্মেন্ট অফ ইন্ডিয়া

ভূমিকা

পৃথিবীর সব থেকে কঠিন পরীক্ষার নায়কেরা

মা, আমি কালেক্টর হয়ে গেছি

প্রত্যেক বছর এক মিলিয়নেরও বেশি ভারতীয় যুবকেরা একটাই স্বপ্নের পিছনে দৌড়য়: সিভিল সার্ভিস পরীক্ষায় পাশ করে ইন্ডিয়ান অ্যাডমিনিস্ট্রেটিভ সার্ভিস এবং অন্যান্য প্রিমিয়ার সিভিল সার্ভিস-এ যোগদান। ইউনিয়ন পাবলিক সার্ভিস কমিশন পরিচালিত এই পরীক্ষাটি পৃথিবীর অন্যতম দীর্ঘ, কঠিন প্রতিযোগিতামূলক পরীক্ষা হিসেবে পরিচিত।

তিন দশক আগে আমিও এই প্রতিযোগীদের একজন ছিলাম। সমস্ত প্রতিযোগিতামূলক পরীক্ষার মধ্যে মাউন্ট এভারেস্ট হিসেবে পরিগণিত এই পরীক্ষা পাস করার জন্য হিমালয়ান্তিক প্রস্তুতির মধ্যে সম্পূর্ণ ডুবে ছিলাম আমি।। হরিয়ানার মধ্যবিত্ত পরিবারের সন্তান হওয়া সত্ত্বেও স্কুলে পড়ার সময় থেকেই আমি আইএএস অফিসার হওয়ার স্বপ্ন দেখতে থাকি। বিশ্ববিদ্যালয়ে গোল্ড মেডেল পাওয়ায় সেই স্বপ্ন সফল করার বিষয়ে আমার আত্মবিশ্বাস আরো বেড়ে যায়। কিন্তু ইন্ডিয়ান ইনস্টিটিউট অফ টেকনোলজির বিশ্ব বিখ্যাত ইঞ্জিনিয়ারদের অপশনাল সাবজেক্টে আকাশছোঁয়া নম্বর পেতে দেখে আমার সেই আত্মবিশ্বাসে টাল খেতেও বেশি সময় লাগে না।

ইউপিএসসির সঙ্গে আমার প্রথম মোলাকাত হয় ১৯৯৩ সালে। প্রথমবারেই এই পরীক্ষার দুই ধাপ পেরিয়ে পার্সোনালিটি টেস্টের জন্য ঢোলপুর হাউসের রাজকীয় দরজা আমার সামনে খুলে যাওয়ায় আমি অবিলম্বে এই যাত্রাকে জয়যাত্রায় পরিণত করার স্বপ্ন দেখতে শুরু করি।

কিন্তু জীবন বড়ই কঠিন এবং জীবনের সাফল্যও বড় ক্ষণস্থায়ী। আমার প্রাথমিক আনন্দ হঠাৎ করেই খান খান হয়ে যায় যখন দেখা যায় যে সফল প্রার্থীদের তালিকায় আমার নাম নেই।

আকস্মিক এই বাধায় খানিকটা মুষড়ে পড়লেও একেবারেই হতাশ হয়ে পড়ি না আমি। বরং এই বিফলতা আমার কাছে পরবর্তী পরীক্ষায় পাশ করার একটা শক্তিশালী অনুপ্রেরণা হয়ে দাঁড়ায়। অনমনীয় মনোভাব নিয়ে নিজের প্রস্তুতির ত্রুটি বিচ্যুতি পুঙ্খানুপুঙ্খভাবে খুঁজে বের করে ১৯৯৪ সালের প্রিলিমিনারি পরীক্ষায় বসার জন্য ফের একবার নিজেকে পড়াশোনায় ডুবিয়ে দিই। এবারের প্রস্তুতির সময় প্রবন্ধ লেখা এবং জেনারেল স্টাডিজের পেপারের উপর বিশেষ মনোযোগ দিই।

চূড়ান্ত রায়ের অপেক্ষায় চারিদিকের বাতাস উত্তেজনায় যেন ভারী হয়ে ছিল। ২২ শে জুন ১৯৯৫ এর সন্ধেয় আমার কলেজ হোস্টেলের ঘরের চার দেওয়ালের ভিতরে আনন্দে ফেটে পড়ি: ১৯৯৪ সালের সিভিল সার্ভিস পরীক্ষায় আমি ২৬ তম স্থান অধিকার করেছি। সেই আনন্দানুভূতি ঠিক মুখে প্রকাশ করা সম্ভব নয়। যখন মুসৌরির লাল বাহাদুর শাস্ত্রী ন্যাশনাল অ্যাকাডেমি অফ অ্যাডমিনিস্ট্রেশনে যোগ দেওয়ার জন্য হরিয়ানা রোডওয়ে বাসে উঠি, তখনো আমার মনের মধ্যে সেই সাফল্যের আনন্দ ফিকে হয়ে যায়নি।

পরের বেশ কয়েক বছর ধরে ইউপিএসসি এই পরীক্ষার প্যাটার্নে বেশ কিছু পরিবর্তন আনায় এই কঠিন পরীক্ষা কঠিনতর হয়ে উঠেছে। প্রিলিমিনারি পরীক্ষায় সিভিল সার্ভিস অ্যাপটিটিউড টেস্ট এবং মেনস পরীক্ষায় এথিক্স পেপার যুক্ত হওয়ায় এই পরীক্ষা পদ্ধতি আরও জটিল হয়েছে। যদিও অপশনাল সাবজেক্ট দুটো থেকে কমিয়ে একটা করা হয়েছে, কিন্তু পরীক্ষায় লেখার প্রবন্ধের সংখ্যাও বেড়েছে তাল মিলিয়ে। আর তাছাড়া ভারতীয় অর্থনীতির উদারীকরণের ফলে বিভিন্ন বৈচিত্রময় এবং আকর্ষণীয় কেরিয়ার অপশনও যুবকদের সামনে খুলে গিয়েছে। কিন্তু এই সমস্ত পরিবর্তন হওয়া সত্ত্বেও ইউপিএসসির সিভিল সার্ভিস পরীক্ষার বিমোহিনী ক্ষমতা এখনো বজায় রয়েছে। বরং প্রতিযোগিতা আরো কঠিন হয়ে দাঁড়িয়েছে।

২০২৩ সালে ১০ লক্ষ ১৬ হাজার ৮৫০ জন প্রতিযোগী সিভিল সার্ভিস পরীক্ষার জন্য আবেদন করেছিলেন, এঁদের মধ্যে ৫ লক্ষ ৯২ হাজার ১৪১ জন প্রিলিমিনারি পরীক্ষায় বসেছেন। এই বিরাট সংখ্যক

প্রতিযোগীদের মধ্যে কেবলমাত্র ১৪ হাজার ৬২৪ জন প্রতিযোগী পরবর্তী পর্যায়ে পরীক্ষা দেওয়ার জন্য নির্বাচিত হয়েছেন। তাঁদের মধ্য থেকে মাত্র ২৮৫৫ জন প্রতিযোগী মেনস পরীক্ষার বাধা অতিক্রম করে পার্সোনালিটি টেস্টে ডাক পেয়েছেন। আবার তাঁদের মধ্যে থেকে শেষ পর্যন্ত ১০১৬ জন প্রতিযোগী একেবারে চূড়ান্ত পর্যায় নির্বাচিত হয়েছেন। এঁদের মধ্যে থেকে মাত্র ১৮০ জনকে আইএএস এর জন্য রেকমেন্ড করা হয়েছে।

এই পরীক্ষার সাফল্যের হার এত কম থাকা সত্ত্বেও এতজন মানুষ কিসের মোহে এই পরীক্ষা দিতে ছুটে আসেন? এর উত্তর, আইএএস এর মোহিনী শক্তি। আইএএস এমন বৈচিত্র্যপূর্ণ ক্ষেত্রে কাজের সুযোগ করে দেয়, এমন বিচিত্র সমস্ত সমস্যার মুখোমুখি দাঁড় করায়, এবং এমন সমস্ত অভিজ্ঞতার সন্ধান দেয় যা অন্য কোনো পাবলিক সার্ভিস থেকে পাওয়া সম্ভব নয়। আইএএস আধিকারিকদের কর্তৃত্বের ক্ষমতা, সম্মান, এবং ইনফ্লুয়েন্স সিভিল সার্ভিস পরীক্ষাকে জাতীয় আবেগে পরিণত করেছে। নিজের ইচ্ছায় প্রতিযোগীরা এই অসম্ভব চ্যালেঞ্জের মুখোমুখি দাঁড়ায় শুধুমাত্র এই মানসিক ইচ্ছে থেকে যে একদিন সে গর্বের সঙ্গে বলতে পারবে, "মা, আমি কালেক্টর হয়ে গিয়েছি!"

মাউন্ট ইউপিএসসি অপাবরণ

এই কঠিন সিভিল সার্ভিস পরীক্ষা তিনটে পর্যায়ে হয়: সিভিল সার্ভিসেস প্রিলিমিনারি এক্সাম (প্রিলিমস), সিভিল সার্ভিসেস মেন রিটেন এক্সাম (মেনস), এবং পারসোনালিটি টেস্ট (ইন্টারভিউ)। প্রত্যেক বছর ফেব্রুয়ারি মাসে ইউপিএসসি প্রিলিমিনারি পরীক্ষার জন্য পরীক্ষার্থীদের কাছ থেকে আবেদন পত্র চেয়ে একটা বিজ্ঞাপন প্রকাশ করে। এই বিজ্ঞাপন প্রকাশের সঙ্গে সঙ্গেই এই কঠিন ম্যারাথন শুরু হয়ে যায়। এই অসম্ভব কঠিন পরীক্ষার সাফল্যের হার এক শতাংশের থেকেও কম। নীচের রেখাচিত্রের মাধ্যমে এই পরীক্ষার উপস্থাপনা করা হয়েছে—

সিভিল সার্ভিস পরীক্ষার রেখাচিত্র

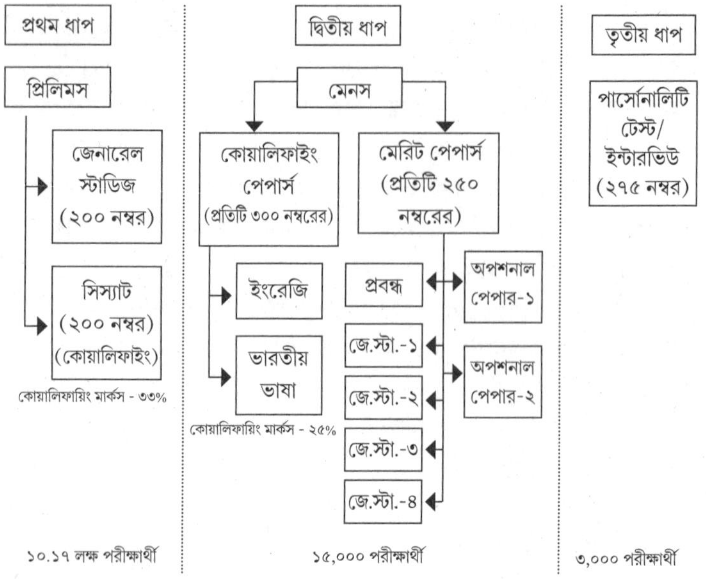

প্রিলিমিনারি পরীক্ষায় দুটো আবশ্যিক অবজেক্টিভ টাইপ পেপার রয়েছে। এই দুটো পেপার পরীক্ষা দেওয়ার জন্য দু'ঘণ্টা করে সময় দেওয়া হয়। প্রত্যেকটি পেপারের সর্বোচ্চ নম্বর ২০০। জেনারেল স্টাডিজ-১ এই পেপারটিতে বিভিন্ন রকমের টপিক, যেমন সাম্প্রতিক ঘটনাবলী, ভারতের ইতিহাস, ভূগোল, পলিটি, অর্থনীতি, পরিবেশ এবং সাধারণ বিজ্ঞান থেকে প্রশ্ন আসে। পরীক্ষায় নেগেটিভ মার্কিং আছে। প্রতিটি ভুল উত্তরের জন্য ১/৩ অংশ নম্বর কাটা হয়। জেনারেল স্টাডিস-২ বা CSAT পেপার কোয়ালিফাইং প্রকৃতির। এই পরীক্ষায় পরীক্ষার্থীদের ন্যূনতম ৩৩ শতাংশ নম্বর পেতেই হয়। এই পেপারে পরীক্ষার্থীদের কম্প্রিহেনশন, লজিক্যাল রিজনিং, ডিসিশন মেকিং, জেনারেল মেন্টাল এবিলিটি এবং বেসিক নিউমেরেসির পরীক্ষা নেওয়া হয়।

প্রিলিমিনারি পরীক্ষাটা আসলে একটা স্ক্রিনিং টেস্ট। এই পরীক্ষার মাধ্যমে মেনস পরীক্ষায় বসার মতো উপযুক্ত পরীক্ষার্থীদের বেছে নেওয়া

হয়। সিভিল সার্ভিসের পরবর্তী পর্যায়ের পরীক্ষাগুলোর নম্বরের সঙ্গে প্রিলিমিনারির নম্বর যুক্ত হয় না। কাজেই মেধা তালিকা তৈরীর ক্ষেত্রে এই নম্বর কোনো প্রভাব ফেলে না। সাধারণত প্রিলিমিনারি পরীক্ষায় মোট ভ্যাকেন্সির ১২ থেকে ১৩ গুণ পরীক্ষার্থীদের বেছে নেওয়া হয়।

মেনস পরীক্ষা বর্ণনামূলক। এই পরীক্ষার মাধ্যমে পরীক্ষার্থীদের জ্ঞানের গভীরতা, উপলব্ধি, বিশ্লেষণী ক্ষমতা এবং লেখার দক্ষতা পরিমাপ করা হয়। এই পরীক্ষায় পরীক্ষার্থীদের আর্থ সামাজিক বিভিন্ন বিষয়ের উপর তাদের চিন্তাভাবনা সহজ সরল ভাষায়, পরিপাটিভাবে পরিবেশন করতে হয়।

মেনস পরীক্ষায় ন'টা আলাদা আলাদা পেপার রয়েছে, এদের মধ্যে ইংরেজি এবং আরেকটি ভারতীয় ভাষার পেপার দুটো কোয়ালিফাইং প্রকৃতির। ভারতীয় সংবিধানের অষ্টম তফসিল অধিভুক্ত ভাষাগুলোর মধ্যে একটিকে পরীক্ষার্থীদের পরীক্ষা দেওয়ার জন্য বেছে নিতে হয়। এই দুটো আবশ্যিক পেপারে মাধ্যমিক স্তরের প্রশ্ন আসে। দুটো পেপার মিলিয়ে মোট ৩০০ নম্বরের পরীক্ষা দিতে হয়। তার মধ্যে পাশ করতে হলে পরীক্ষার্থীদের ন্যূনতম ২৫ শতাংশ নম্বর পেতেই হবে। মেন্স পরীক্ষায় কম্পালসারি এই দুটো পেপার খুব গুরুত্বপূর্ণ তার কারণ এই দুটো পেপারে পরীক্ষার্থী পাস না করলে তার বাকি সাতটা পেপারের নম্বর ধরাই হবে না।

বাকি ৭টা পেপারের প্রত্যেকটায় ২৫০ নম্বর রয়েছে এবং এই পেপারগুলোয় প্রাপ্ত নম্বরের উপর ভিত্তি করে চূড়ান্ত মেধা তালিকা প্রকাশিত হয়। এই পেপারগুলি হল:

- প্রবন্ধ
- জেনারেল স্টাডিজ-১: ইন্ডিয়ান হেরিটেজ অ্যান্ড কালচার, হিস্ট্রি অ্যান্ড জিওগ্রাফি অফ দা ওয়ার্ল্ড অ্যান্ড সোসাইটি
- জেনারেল স্টাডিজ ২: গভর্নেন্স, কনস্টিটিউশন, পলিটি, সোশ্যাল জাস্টিস অ্যান্ড ইন্টারন্যাশনাল রিলেশনস
- জেনারেল স্টাডিস ৩: টেকনোলজি, ইকোনমিক ডেভেলপমেন্ট, বায়ো ডাইভারসিটি, এনভায়রনমেন্ট, সিকিউরিটি অ্যান্ড ডিজাস্টার ম্যানেজমেন্ট।
- জেনারেল স্টাডিজ ৪: এথিক্স, ইন্টেগ্রিটি অ্যান্ড অ্যাপ্টিটিউড

- অপশনাল সাবজেক্ট ১
- অপশনাল সাবজেক্ট ২

পরীক্ষার্থীরা ইউপিএসসি দ্বারা প্রকাশিত সাবজেক্টের তালিকার থেকে যেকোনো একটা বিষয়কে অপশনাল সাবজেক্ট হিসেবে বেছে নিতে পারে। এই প্রত্যেকটা পেপার পরীক্ষা দেওয়ার জন্য তিন ঘন্টা করে সময় পরীক্ষার্থীদের দেওয়া হয়।

সিভিল সার্ভিস পরীক্ষার যাত্রা শেষ হয় ইন্টারভিউ/পার্সোনালিটি টেস্টের মাধ্যমে। এই পরীক্ষায় ২৭৫ নম্বর থাকে। প্রত্যেক বছরের ভ্যাকেন্সির দ্বিগুণ সংখ্যক পরীক্ষার্থীদের পার্সোনালিটি টেস্টের জন্য ডাকা হয়। এই পর্যায়ে পরীক্ষার্থীরা একটা বোর্ডের মুখোমুখি হয় যাঁদের উপরে পরীক্ষার্থীদের জনগণের সেবা করার মতো মানসিক দক্ষতা, চারিত্রিক গুণাবলী এবং নেতৃত্ব দেওয়ার ক্ষমতা আছে কিনা তা দেখে নেওয়ার দায়িত্ব দেওয়া হয়।

১৫ মাস দীর্ঘ কঠিন এই যাত্রা অনিশ্চয়তা, প্রচণ্ড মানসিক চাপ এবং হতাশা পরিপূর্ণ। এই যাত্রা সম্পূর্ণ করার জন্য পরীক্ষার্থীদের সামাজিক, শারীরিক এবং অর্থনৈতিক বাধা-বিপত্তি টপকাতে হয়, বিভিন্ন কিছু ত্যাগ করতে হয় এবং কখনো কখনো একাধিক ঝুঁকিও নিতে হয়। পরীক্ষার্থীদের মাসের পর মাস ধরে সমস্ত রকম সামাজিক এবং ব্যক্তিগত ইচ্ছেকে ত্যাগ করে প্রচণ্ড পড়াশোনার মধ্যে নিজেকে ডুবিয়ে রাখতে হয়। কোনো কোনো পরীক্ষার্থী খুব দ্রুত এই পরীক্ষায় সাফল্য পেলেও অন্যান্য অনেক পরীক্ষার্থীকেই সাফল্য পাওয়ার আগে পরের পর বাধার মুখোমুখি হতে হয়। প্রত্যেক সফল পরীক্ষার্থীর গল্পই তাদের স্বপ্ন, সংগ্রাম, বিফলতা, অনমনীয় জেদ এবং অন্তিমে জয়ের কথা বলে।

এই বইয়ে সাতজন অত্যন্ত উল্লেখযোগ্য ব্যক্তিত্বের জীবনের গল্প বলা হয়েছে যারা বিগত পাঁচ বছরের চেষ্টায় ইউপিএসসি নামক এই ভয়ংকর পর্বত শৃঙ্গ জয় করে আইএএস হিসেবে যোগদান করেছেন। এই বইয়ে পরীক্ষার বিভিন্ন ধাপে সাত নায়কের বিভিন্ন রকম সমস্যার কথা এবং তা সমাধানের জন্য তাদের উদ্ভাবনী কৌশল ব্যবহারের কথা বলা হয়েছে। প্রত্যেকটি গল্পই কঠিন পরিশ্রম অধ্যাবসায় এবং অটল আত্মবিশ্বাসের সাক্ষ্য দেয়।

গল্পের সাত জন নায়ক

মিনু পিএম: কেরালা পুলিশের জুনিয়র ক্লার্ক। দীর্ঘ পাঁচ বছর ধরে সমানে লড়াই চালিয়ে শেষ পর্যন্ত মাউন্ট ইউপিএসসি জয় করতে সক্ষম হয়। মিনু দ্বাদশ শ্রেণীতে পড়ার সময় তার বাবা মারা যাওয়ার পর বিভিন্ন রকমের সমস্যার মুখোমুখি হতে বাধ্য হয় সে। খুব তাড়াতাড়ি তার বিয়ে হয়ে যাওয়ায় অল্প বয়স থেকেই তাকে দু' বছরের সন্তানের দায়িত্ব, সংসারের কর্তব্য এবং চাকরির দাবি; সবটাই একা হাতে সামলাতে হয়। বহু বছর পড়াশোনার জগৎ থেকে বিচ্ছিন্ন থাকার পরেও মিনুর এই জয়যাত্রা এক অসম্ভব স্বপ্ন পূরণের গল্প বলে। প্রিলিমিনারি পরীক্ষায় তিনবার পাস করতে না পারা সত্ত্বেও এবং ইন্টারভিউ স্টেজে একবার বিফল হওয়া সত্ত্বেও সে একবারের জন্যও মানসিকভাবে হার মানেনি।

সত্যম গান্ধী: বিহারের সমস্তিপুর জেলার ছোট্ট একটা গ্রামের ছেলে। মাত্র একুশ বছর বয়সের এই ছেলেটি সমস্ত বাধা কাটিয়ে প্রথমবারের চেষ্টাতেই লক্ষ্যপূরণে সক্ষম হয়েছে। আইআইটি জয়েন্টে চান্স না পাওয়া এবং ন্যাশনাল ডিফেন্স অ্যাকাডেমি থেকে রিজেক্টেড হওয়ার পর সিভিল সার্ভিসে সত্যমের জেদ এবং একাগ্রতার জয় হয়। তার পড়াশোনার জন্য বাবা-মা অনেক সুদে টাকা ধার করেছেন এটা জানা থাকায় সত্যম গ্র্যাজুয়েশনের তৃতীয় বর্ষ থেকেই সিভিল সার্ভিস পরীক্ষার প্রস্তুতি নিতে শুরু করে। খারাপ খাওয়া দাওয়া, অর্থনৈতিক বাধা, প্রফেসরদের ব্যঙ্গ, অসুস্থতা এবং কোভিড ১৯; এই সমস্ত কিছু সহ্য করেও নির্দিষ্ট রুটিন মেনে দিনে ১৪ ঘণ্টা করে পড়াশোনা করে পরীক্ষায় দশম স্থান অধিকার করে সত্যম।

ভরত সিং: আইএএস অফিসারদের সার্ভেন্টস কোয়ার্টার থেকে নিজে আইএএস অফিসার হওয়ার এই যাত্রাটা খুবই অনুপ্রেরণাজনক। সত্যমের সংগ্রাম শুরু হয় খুব ছোট বয়স থেকে যখন তার বাবা-মা তাকে সরকারি হিন্দি মিডিয়াম স্কুল থেকে ছাড়িয়ে বেসরকারি ইংলিশ মিডিয়াম স্কুলে ষষ্ঠ শ্রেণীতে ভর্তি করেন। প্রতিদিন চার ঘণ্টা করে যাতায়াতের ধকল, একাকীত্ব এবং হীনমন্যতা কাটিয়ে মেকানিক্যাল ইঞ্জিনিয়ার হয় সে। পরে আইএএস হওয়ার স্বপ্ন পূরণ করার জন্য টাটা মোটরসের সুরক্ষিত চাকরি ছেড়ে দেওয়ার মতো বিরাট সিদ্ধান্ত নেয় ভরত। পরবর্তী চার বছর ধরে একের

পর এক বিফলতা, অর্থনৈতিক টানাপোড়েন এবং মানসিক চাপের মধ্যে দিয়ে অবশেষে জয়ী হয় সে।

লাভিশ ওরডিয়া: আইআইটি বম্বে থেকে পাশ করে ইউনাইটেড স্টেটসের হিউস্টনে সুখেই বসবাস করছিল। আরামপ্রদ অ্যাপার্টমেন্ট, দামি এসইউভি, বিজনেস ক্লাসে যাতায়াতের সুবিধা এবং প্রচুর মাইনের চাকরি ছেড়ে আইএএস-এর হাতছানিতে সাড়া দিয়ে দিল্লির একটা হোস্টেলের নন এসি শেয়ারড রুমে থাকতে শুরু করে। সুকৌশলী পরিকল্পনার মাধ্যমে কঠিন পড়াশোনার রুটিন তৈরি করে সেটাকে অন্ধভাবে মেনে চলে প্রথমবারের চেষ্টাতেই চূড়ান্ত মেধাতালিকায় ১৮ স্থান অধিকার করে।

অঞ্জলি শর্মা: সিকিমের এক ফ্যাক্টরি ওয়ার্কারের মেয়ে। দশম শ্রেণীতে পড়ার সময় অসুখের কারণে দৃষ্টিশক্তি নষ্ট হওয়ায় তার জীবনে অন্ধকার নেমে আসে। এই বিরাট ক্ষতি সত্ত্বেও ইউপিএসসির পরীক্ষায় বসার লক্ষ্য থেকে সরে আসে না অঞ্জলি। গ্র্যাজুয়েশন পাশ করার পরে সমস্ত রকম বাধা কাটিয়ে ইউটিউবের সাহায্যে একা একাই পরীক্ষার প্রস্তুতিতে লেগে যায় সে। যদিও পড়াশোনা করার জন্য প্রয়োজনীয় মেটারিয়ালের অভাব, অসুস্থতা, খারাপ গুণমানের রাইটার এবং একের পর এক বিফলতার বাধা তার সামনে আসে, অধ্যাবসায় একাগ্রতা এবং জেদের ওপর ভর করে সেই সমস্ত বাধা পেরিয়ে শেষ পর্যন্ত নিজের স্বপ্নকে বাস্তবায়িত করে সে।

ওয়াসিম আহমেদ ভাট: জম্মু-কাশ্মীরের অনন্তনাগের একজন মৌমাছি প্রতিপালকের সন্তান। একসময় ইঞ্জিনিয়ার হওয়ার স্বপ্ন দেখতো। কলেজে কাশ্মীরি আইএএস অফিসার শাহ ফেয়জাল এবং অথার আমিরকে দেখে অনুপ্রাণিত হয়ে আইএএস হওয়ার কথা ভাবে। আকর্ষণীয় চাকরির প্রস্তাব দূরে ঠেলে দিয়ে ওয়াসিম আইএএস পরীক্ষার্থীদের মক্কা হিসেবে পরিচিত দিল্লির ওল্ড রাজেন্দ্র নগরে এসে উপস্থিত হয়। তার পুঙ্খানুপুঙ্খ নোট তৈরির দক্ষতা, অপূর্ব লেখার ক্ষমতা এবং দৈনিক ১৪ ঘণ্টা করে পড়াশোনার ফলে ২০২২ সালের সিভিল সার্ভিস পরীক্ষায় সপ্তম স্থান অধিকার করে সে।

শ্রুতি শর্মা: ২০২১ সালের সিভিল সার্ভিস পরীক্ষায় প্রথম স্থান অধিকারী শ্রুতি শর্মা হাজার হাজার পরীক্ষার্থীর অনুপ্রেরণা হয়ে ওঠে। উত্তরপ্রদেশের বিজনুরের একটা ছোট্ট গ্রামের মেয়ে শ্রুতির এই যাত্রা অধ্যাবসায় এবং সংকল্পের এক আশ্চর্য উদাহরণ। ভুল করে পরীক্ষার মাধ্যম হিসেবে অন্য ভাষা বেছে নেওয়া থেকে শুরু করে প্রিলিমিনারি পাস করতে না পারার

প্রচণ্ড ভয় এবং মনের মতো ইন্টারভিউ না হওয়ার হতাশা; এই সবকিছু মিলিয়ে শ্রুতির জয়যাত্রা একেবারেই মসৃণ ছিল না। তার এই সংকট সঙ্কুল সময়ে তার মা এবং আম্মা সমানে তাকে সমর্থন জুগিয়ে গিয়েছেন। তাঁদের ত্যাগ এবং উৎসাহের উপর ভর করেই শ্রুতি তার স্বপ্ন পূরণের পথে এগিয়ে যাওয়ার সাহস পেয়েছে।

এই বইয়ের শেষ চ্যাপ্টার, "আইএএস অফিসার হয়ে ওঠা: সাফল্যের মন্ত্রগুপ্তি"-এ এই সাতজনের অনুপ্রেরণা জাগানো গল্পের উপর নির্ভর করে কীভাবে মাউন্ট ইউপিএসসি জয় করা সম্ভব তার পথ প্রদর্শন করা হয়েছে।

এই সাতজন ব্যক্তিত্বের চিত্তাকর্ষক গল্প কেবলমাত্র পরীক্ষার্থীদের অনুপ্রেরণাই যোগাবে না, তার সঙ্গে তাদের মাউন্ট ইউপিএসসি জয় করে আইএএস হওয়ার স্বপ্নপূরণের জন্য অমূল্য গাইডেন্সও দেবে।

Ms. Minnu P M , IAS

প্রথম অধ্যায়

ক্লার্ক থেকে কালেকটার, এক মায়ের যাত্রা

পুলিশের উর্দিতে একজন দেবদূত

কেরালার তিরুবনন্তপুরমের একজন নবীন জুনিয়র ক্লার্ক, মিনু পিএম এর জন্য অগাস্ট মাসের এই সকালটা অন্যান্য দিনের মতোই সাধারণ ছিল। রাজ্যে তখন ঘোর বর্ষাসারা আকাশ জুড়ে জলভরা ঘন কালো মেঘ আর কান পাতলেই শোনা যায়, বৃষ্টির ঝমঝম শব্দ। আকাশ বাতাস জুড়ে ছেয়ে রয়েছে ভিজে মাটির সোঁদা গন্ধ।

কিন্তু এ সমস্ত দিকে মন দেওয়ার মতো অবকাশ মিনুর ছিল না। সোনালী রঙের পাড়ওয়ালা ক্রিম রঙের শাড়ি পরা মিনুর সমস্ত মনোযোগ তখন অ্যাডিশনাল ডিরেক্টর জেনারেল অফ পুলিশ সূর্যকান্ত পান্ডা (নাম পরিবর্তিত) কী বলছেন সেদিকে।

এর আগের দিনের গোটা সন্ধ্যাটা ধরে মিনুকে স্বরাষ্ট্র মন্ত্রকের জন্য একটা অত্যন্ত গুরুত্বপূর্ণ নোট আর চিঠি তৈরি করতে হয়েছিল। সেই জন্য অফিস থেকে ফিরতে দেরি হওয়ায় মিনুর শ্বশুরবাড়ির লোকেরা যথেষ্ট বিরক্তও হয়েছিলেন। মিনুর তৈরি নোট আর চিঠির বক্তব্য মনোযোগ সহকারে পড়তে পড়তে পান্ডার মুখে একটা সন্তুষ্টির হাসি দেখা দেয়। প্রায় সঙ্গে সঙ্গেই তিনি সেটায় সই করে দেন।

"কেন তুমি ক্লার্কের চাকরি করে তোমার জীবনটা নষ্ট করছো? তোমার CSE পরীক্ষা দিয়ে অফিসার হওয়ার কথা ভাবা উচিত।" মিনুর দিকে মোটা ফাইলটা ঠেলে দিতে দিতে হাসিমুখে পান্ডা বলেন।

তাঁর হাসি আর মন্তব্যে স্বস্তি পায় মিনু। আগের সন্ধ্যার সমস্ত পরিশ্রম সফল হয়েছে বলে মনে হয় তার। যদিও তার কাজের গুণমানের জন্য এর আগেও বহু প্রশংসা কুড়িয়েছে মিনু, কিন্তু এবারের প্রশংসাটা যেন অন্যান্য সব বারের থেকে আলাদা। পান্ডার প্রশংসায় মিনুর মনে একটা অন্যরকমের একটা আনন্দের ঢেউ উঠলেও সংশয়ের কারণে খুব দ্রুতই তাতে ভাটা পড়ে।

একটু ইতস্তত করে মিনু বলে, "আমার মনে হয় না আমার পক্ষে করা সম্ভব, স্যার"। মিনুর মনে হয় পান্ডা স্যার যেন বহুদূরের অবাস্তব এক জগতের কথা বলছেন।

"কেন সম্ভব নয়? তোমার বয়স কম, তুমি বুদ্ধিমতী এবং পরিশ্রমী; পোস্ট গ্র্যাজুয়েট, ইউনিভার্সিটির প্রথমদিকের ছাত্রী। আর ফাইলে তোমার লেখা এক্সেলেন্ট নোটগুলো তো আমি দেখেইছি।" পান্ডার গলায় সংশয়ের লেশমাত্র নেই।

"কিন্তু স্যার, এই পরীক্ষাটা নাকি খুবই কঠিন। শুনেছি, প্রস্তুতিতেই বছরের পর বছর সময় লেগে যায়। এ আমার পক্ষে সম্ভব বলে মনে হয় না।" ধীর গলায় বলে মিনু।

"এই মেয়েটা; নিজের উপর একদম বিশ্বাস হারাবে না! CSE পরীক্ষার প্রস্তুতির জন্য ছুটির আবেদন করো; আমি নিজে মঞ্জুর করে দেবো।" পান্ডা যে এ বিষয়ে সিরিয়াস সেটা তাঁর কথায় স্পষ্ট বোঝা যায়।

"আমি নিশ্চয়ই এ বিষয়ে ভেবে দেখব! থ্যাংক ইউ, স্যর!" আর বেশি তর্ক করার সাহস পায় না মিনু। দ্রুত হাতে পান্ডার টেবিলের উপর থেকে ফাইলগুলো তুলে নিয়ে যখন তাঁর চেম্বার থেকে বেরিয়ে আসে সে। উত্তেজনায় তখন তার বুক ধুকপুক করছে।

পান্ডার চেম্বারের থেকে তার সেকশনে হেঁটে যাওয়ার সময়ে বহু পুরোনো কথা মিনুর মনে ভেসে ওঠে। পান্ডার কথাগুলো তার বহু বিস্মৃত স্বপ্নের কথা মনে করিয়ে দেয়। কলেজে পড়ার সময় থেকেই আইএএস অফিসার হওয়ার ইচ্ছে ছিল মিনুর। সিভিল সার্ভিস পরীক্ষার গতিপ্রকৃতি বোঝার জন্য ২০১২ সালে সে প্রিলিমিনারি পরীক্ষাতেও বসে।

একটি ছোট মেয়ে এবং পুলিশ হেডকোয়ার্টারস

ভাগ্যের অদ্ভুত পরিহাসে মিনু পুলিশ হেডকোয়ার্টার্সের জুনিয়র ক্লার্ক হিসেবে নিযুক্ত হয়। মিনুর বাবা আদতে কেরালা পুলিশের কনস্টেবল ছিলেন। ২০০৭ সালে তিনি মারা যাওয়ার পরে 'ডেথ ইন হার্নেস' নিয়মে মিনু বাবার চাকরিটা পায়। কম্প্যাশনেট অ্যাপয়েন্টমেন্ট হওয়ায় প্রথম প্রথম সবাই মিনুকে একটু অবজ্ঞা করলেও কঠিন পরিশ্রম এবং একাগ্রতার মাধ্যমে মিনু সকলের মনেই জায়গা করে নেয়। এমনকী সিনিয়র আইপিএস অফিসাররাও তার কাজের প্রশংসা করতে শুরু করেন, যে কারণে সে কর্মক্ষেত্রে অনেক সহকর্মীদেরই হিংসার পাত্র হয়ে ওঠে।

নিজের সেকশনে ফিরে মিনু ধপ করে তার চেয়ারে বসে পড়ে। চোখ বন্ধ করে, ঠান্ডা ডেস্কের উপর মাথাটা আলতো করে রেখে, বড় বড় নিঃশ্বাস নিতে নিতে ধীরে ধীরে নিজের মানসিক স্থিতি ফিরিয়ে আনার চেষ্টা করে সে। পান্ডার প্রথম দিনের স্টাফ মিটিংয়ের কথা এখনো মনে আছে তার। কয়েক মাস আগেই এই অফিসে যোগ দেন পান্ডা। কর্মক্ষেত্রে যোগ দেওয়ার প্রথম দিনেই স্টাফ মিটিং ডেকে সকলকে নিজেদের ইন্ট্রোডাকশন দিয়ে তাঁরা কী কাজ করেন সেটা সংক্ষেপে বলতে বলেন তিনি।

"এখানে এই ছোট মেয়েটা কী করছে?" মিনুর পালা আসতেই, মুখে হাসি মেখে হালকা স্বরে এ কথাটা জিজ্ঞেস করেছিলেন পান্ডা। মিনুর রোগাপাতলা চেহারার জন্য তাকে তার বয়সের তুলনায় বেশ ছোট বলেই মনে হয়। পান্ডার এই মন্তব্যে সারা ঘরে হালকা হাসির লহরী খেলে যায়।

সলজ্জ গলায় মিনু উত্তর দেয়, "স্যার, আমার নাম মিনু পিএম। আমি কেরালা ইউনিভার্সিটি থেকে বায়োকেমিস্ট্রিতে পোস্ট গ্র্যাজুয়েশন করেছি। আমি ওয়েপনরি অ্যান্ড কনস্ট্রাকশন-এর কাজকর্ম দেখি।"

মিটিং শেষ হতেই মিনুর দিকে একটা চ্যালেঞ্জিং কাজ ছুড়ে দেন পান্ডা। "মিনু, এখন যত কন্সট্রাকশন প্রজেক্টে কাজ চলছে তার একটা কম্প্রিহেনসিভ স্ট্যাটিসটিক্স আর তার সঙ্গে কেরালা পুলিশের অস্ত্রশস্ত্র নিয়ে ডিটেইলড ইনফরমেশন আমার চাই। এটা তৈরি করতে তোমার কতক্ষণ লাগবে?"

একটু অপ্রস্তুত হয়ে পড়ে মিনু। সামান্য ইতস্তত করে তার ইমিডিয়েট বস অ্যাসিস্ট্যান্ট ইন্সপেক্টর জেনারেল অফ পুলিশ শ্যাম শর্মার (নাম পরিবর্তিত) দিকে তাকায়।

“স্যার, আমরা আগামীকালের মধ্যে সমস্ত ডিটেইলড রিপোর্ট দিয়ে দেব।” মিনুকে বাঁচাতে তার হয়ে শর্মা উত্তর দেন।

“না, রিপোর্ট আমার আজকেই চাই। আগামীকাল বলে কিছু হয় না।” কঠিন গলায় পান্ডা বলেন।

“ইয়েস স্যার। আমি আজকের মধ্যেই সমস্ত ডিটেইলস তৈরি করে রাখবো।” নিজের অজান্তেই মুখ থেকে বেরিয়ে আসা উত্তরের দৃঢ়তায় মিনু একটু চমকে ওঠে।

কাজটা যে কঠিন, তাতে কোনো সন্দেহ নেই। কিন্তু আইপিএস অফিসারদের দেওয়া চ্যালেঞ্জিং ডেডলাইন মেনে কাজ করতে অভ্যস্ত মিনু দ্রুত প্রয়োজনীয় তথ্য সংগ্রহ করার কাজে লেগে পড়ে। ঘণ্টার পর ঘণ্টা কঠিন পরিশ্রমের পরে শেষ পর্যন্ত সে একটা কম্প্রিহেনসিভ নোট তৈরি করে ফেলে। এত পরিশ্রম করে তৈরি করা নোটটা না দেখেই পান্ডা যদি অফিস থেকে বেরিয়ে যান, এই আশঙ্কায় মিনু দ্রুত তাঁর ঘরে গিয়ে দেখে তিনি একটা মিটিংয়ে ব্যস্ত রয়েছেন। পান্ডাকে নোটটা দেখানোর ব্যাপারে দৃঢ়প্রতিজ্ঞ মিনু তাঁর ঘরের কাছেই অন্য একটা সেকশনে অপেক্ষা করতে থাকে।

সেকশন সুপারিনটেনডেন্টের সঙ্গে কোনো একটা বিষয় নিয়ে গভীরভাবে আলোচনা করছিল মিনু। হঠাৎ পান্ডার রুক্ষ গলার স্বরে চমকে ওঠে সে। “মিনু, তুমি এখানে কী করছ? আজ সকালে তোমাকে যে নোটটা তৈরি করতে বলেছিলাম, তার কী হলো?” মিনু পিছন ফিরে দেখে পান্ডা কোনো একটা সময় ঘরে প্রবেশ করেছেন।

শক্ত করে ধরে থাকা ফোল্ডারটা দেখিয়ে কাঁপা গলায় মিনু বলে, “স্যার, ওটা তৈরি হয়ে গেছে।”

“তাই নাকি? ঠিক আছে, দেখি একবার!” পান্ডা মনে করেছিলেন, মিনু কাজটা শেষ করতে না পারায় তাঁর কাছে ক্ষমা চাইতে এসেছে। কাজেই তার উত্তরে তিনি একটু আশ্চর্যই হন।

নোটটা পড়ার পরে পান্ডার মুখের কাঠিন্য গলে গিয়ে সত্যিকারের আনন্দে পরিণত হয়। মিনুর মতো একজন কম বয়সী ক্লার্কের কাছ থেকে এত পুঙ্খানুপুঙ্খ বিশ্লেষণযুক্ত নোট তিনি প্রত্যাশা করেননি। “অসাধারণ হয়েছে!” পান্ডা বলে ওঠেন। তাঁর মুখ দেখেই বোঝা যায় যে তিনি খুবই ইম্প্রেসড।

আবেগের ঝড়

চোখ বন্ধ করে মিনু পান্ডার বলা কথাগুলো নিয়ে চিন্তা করছিল। যে সম্ভাবনার বীজ তিনি তার মনে বুনে দিয়েছেন, তা নিয়েও ভাবছিল সে। তার সব সময়ই মনে হত, যে ক্লার্কের চাকরি করার থেকে অনেক ভালো কিছু করার ক্ষমতা রয়েছে তার মধ্যে। কিন্তু জীবনের কঠিন বাস্তবতার মুখোমুখি দাঁড়িয়ে বিয়ে নামক কর্তব্যের ভার নিজের কাঁধে তুলে নিতে বাধ্য হয় সে। স্বামী এবং শ্বশুরবাড়ির লোকেদের যত্নআত্তি করা, চাকরির দায়িত্ব পালন, সংসার চালানো এবং ছোট ছেলেকে পালন করা; নিত্যদিনের এমন বিবিধ কর্তব্যের বোঝার তলায় তার স্বপ্ন চাপা পড়ে গিয়েছিল।

"আমি কি সত্যিই সিভিল সার্ভিস পাশ করতে পারব? আমার থেকে বয়সে অনেক ছোট প্রতিযোগীদের সঙ্গে আমি কি আদৌ পেরে উঠবো? মা-বাবা কী মনে করবেন?" এমনতর বিবিধ প্রশ্ন ভিড় করে আসে মিনুর মনে।

হঠাৎ করেই পরিচিত গলার স্বরে মিনুর চিন্তার জাল ছিঁড়ে যায়। "কিরে মিনু, সবকিছু ঠিক আছে তো? পান্ডা স্যার কি তোকে বকেছেন নাকি?" পাশের ডেস্ক থেকে ঝুঁকে পড়ে তার কলিগ জিজ্ঞেস করে।

"না দিদি, পান্ডা স্যার আমার কাজের খুবই প্রশংসা করেছেন। আসলে উনি আমার কেরিয়ার নিয়ে খুব চিন্তিত। উনি বলছিলেন যে আমার CSE পরীক্ষা দিয়ে অফিসার হওয়া উচিত।" একগাল হেসে বলে মিনু।

তার কলিগের মুখে দুশ্চিন্তার ছাপ কেটে গিয়ে উৎসাহের হাসি ফুটে ওঠে। পান্ডার কথা তিনিও সমর্থন করে বলেন, "একদম সোনা, তোর পান্ডা স্যারের পরামর্শ নিয়ে চিন্তা ভাবনা করা উচিত।" মিনুর কাঁধে একটা উৎসাহের চাপড় মেরে বলেন তিনি।

পান্ডা স্যারের উপদেশের কথাটা স্বামীর কাছে বলার জন্য মিনুর মন ছটফট করছিল। বিকেল পাঁচটায় সে যখন অফিস ছেড়ে বেরোনোর তোড়জোড়ে ব্যস্ত তখন তার কাজিন দ্বিধীশ তার কাছে এসে উপস্থিত হয়। মিনুর মতো দ্বিধীশও কেরালা পুলিশে কাজ করে। তাকে দেখে আনন্দিত হয়ে মিনু বলে, "দ্বিধীশ, তোর সঙ্গে খুব গুরুত্বপূর্ণ কিছু কথা আলোচনা করার আছে। জোশি একতলায় আমার জন্য অপেক্ষা করছে। চল, আমাদের ফেভারিট চায়ের দোকানে যাই।"

জোশি মিনুর স্বামী। সে তিরুবনন্তপুরমের বিক্রম সারাভাই স্পেস সেন্টার-এ (VSSC) একজন টেকনিশিয়ান হিসেবে কাজ করে। মিনু আদর করে তাকে চেট্টান বলে ডাকে।

"চেট্টান, বাড়ি যাওয়ার আগে চলো আমরা মানাভিয়াম-বিধিতে যাই। ওখানে বসে আজকে সারাদিন যা কিছু ঘটেছে, সে সব তোমাদের বলব।" জোশির বাইকের পিছনের সিটে বসে হেলমেট বাঁধতে বাঁধতে এই কথাগুলো বলতে গিয়ে উত্তেজনায় মিনুর গলা সামান্য কেঁপে যায়। নিজের বাইকে দ্বিধীশ তাদের অনুসরণ করে।

ধোঁয়া ওঠা চা আর অনেক স্বপ্ন

মানাভিয়াম-বিধি হলো তিরুবনন্তপুরম শহরের সাংস্কৃতিক পীঠস্থান। এই জায়গাটা বিভিন্ন শিল্পকলা, সাংস্কৃতিক অনুষ্ঠান, এবং বিভিন্ন রকমের খাবারের দোকানের জন্য বিখ্যাত। মিনুরা তিনজন তাদের প্রিয় দোকানের সব থেকে প্রিয় জায়গাটায় গিয়ে বসে। টেবিলের উপর রাখা গরমাগরম চায়ের কাপে চুমুক দিতে দিতে মিনু উত্তেজিত গলায় সারাদিন কী ঘটেছে তা বলতে থাকে-পান্ডা স্যারের সঙ্গে তার মিটিং, CSE পরীক্ষা নিয়ে তাঁর অপ্রত্যাশিত উপদেশ, এবং অন্যান্য আইপিএস অফিসাররাও যে তার কাজের প্রশংসা করেন, সে কথাও। কথা শেষ করে সশব্দে হেসে উঠে সে প্রশ্ন করে, "তোমাদের দু'জনের কী মত? আমার কি একবার CSE পরীক্ষায় বসা উচিত?"

"উচিত কেন নয়? আমি জানি কেরিয়ারের দিক থেকে তোমার আরো অনেক কিছু করার ক্ষমতা রয়েছে। আমার মনে আছে, জেরেমিয়ার জন্মের আগে আমরা একটা CSE গাইডেন্স কোচিং অ্যাকাডেমিতে কথা বলতে গিয়েছিলাম। কিন্তু তারপর আর এগোনো হয়নি তার কারণ মা চেয়েছিল যে তুমি সন্তানের জন্ম দাও।" প্রায় সঙ্গে সঙ্গেই বলে ওঠে জোশি।

জোশির কথায় মিনুর মনে প্রবল আনন্দ হয়। কিন্তু পরক্ষণেই প্রচণ্ড উদ্বেগে সেই আনন্দ চাপাও পড়ে যায়।

"কিন্তু আমার উপরে যে দু' বছরের সন্তান পালনের মতো বিপুল দায়িত্ব রয়েছে! আমার স্বপ্ন পূরণের জন্য তাকে অবহেলা করার কথা আমি ভাবতেও পারি না।" মাতৃত্বের অনুভূতি প্রবল হয়ে ওঠে মিনুর মনে।

"কিন্তু এখনো তো তুই দিনের বেশ অনেকটা সময়ই অফিসে কাটাস। সেই সময়টাতে জোশির বাবা-মা আনন্দ করে তোর ছেলের দেখাশোনা করেন। যদি ওঁদের অনুমতি আদায় করতে পারিস, তাহলে ওঁরা তোকে আরো সাহায্য করবেন।" দ্বিধীশ বলে ওঠে।

তা সত্ত্বেও মিনুর আশঙ্কা আর অস্বস্তি দূর হতে চায় না। তার গলার স্বরেই মনের ভিতর চলতে থাকা অশান্তির কথা টের পাওয়া যায়। "এটা তিনটে পর্যায়ের অসম্ভব কঠিন পরীক্ষা। কয়েক বছর ধরে প্রস্তুতি নিলেও হয়তো আমি প্রথম ধাপই পেরোতে পারব না।" নিজের মনের গভীরতম ভয়ের কথাটা বলেই ফেলে মিনু।

এই আশঙ্কার জালে মিনু একাই জড়ায়নি। সিভিল সার্ভিস পরীক্ষার সাফল্যের হার মাত্র ০.০১% হওয়ায় এই অনিশ্চয়তায় প্রায় সমস্ত আইএএস প্রতিযোগীরাই ভোগে।

মিনুর জীবনের অসংখ্য আত্মত্যাগের কথা ভেবে জোশি সমানে মিনুকে উৎসাহ দিতে থাকে। নিজের কেরিয়ারে ঠিকমতো করে প্রতিষ্ঠিত না হয়েই দ্রুত বিয়ে করে নেওয়া, সিভিল সার্ভিস পরীক্ষায় বসার স্বপ্ন ত্যাগ করে পরিবারকে বেশি গুরুত্ব দেওয়া; মিনুর জীবনের এমন হাজারো ঘটনা একটু একটু করে জোশির মনের মধ্যে একটা ভার সৃষ্টি করেছিল। কাজেই মিনুর স্বপ্ন পূরণে সব রকম ভাবে সাহায্য করার জন্য মনে মনে প্রস্তুত হয় সে।

"পরের প্রিলিমিনারি পরীক্ষার এখনো প্রায় এক বছর দেরি আছে। ছুটি নিয়ে ভালো করে পরীক্ষার প্রস্তুতি নিতে শুরু করো। আমি নিশ্চিত, তুমি এই পরীক্ষায় পাস করবেই।" জোশি মিনুকে সাহস দেয়। দ্বিধীশও সম্মতিতে মাথা দোলায়।

মিনু আর জোশি বাড়ির দিকে রওনা দেয়। সিভিল সার্ভিসের কঠিন যাত্রা শুরু করার আগে জোশির বাবা-মায়ের অনুমতি পাওয়া অত্যন্ত প্রয়োজনীয়। রাতে খাবার টেবিলে বসে স্টু দিয়ে আপ্পাম খেতে খেতে জোশি মিনুর সারাদিনের অভিজ্ঞতার কথা তার বাবা-মাকে বলে। মিনুর সিভিল সার্ভিস পরীক্ষায় বসার স্বপ্নের কথা বলার সঙ্গে সঙ্গে আইপিএস অফিসারেরা যে মিনুর কাজের খুবই প্রশংসা করেন, কথাও বিশেষ ভাবে উল্লেখ করে সে।

ততক্ষণে মিনুর খিদে মরে গিয়েছে। দুরু দুরু বুকে জোশির বাবা-মায়ের উত্তরের অপেক্ষা করে সে।

“মা, তুমি কি সত্যিই এই পরীক্ষায় বসতে চাও? সময় নিয়ে ভালো করে ভেবে দেখেছো তো?” খাওয়া থামিয়ে মিনুকে জোশির বাবা জিজ্ঞেস করেন।

“কলেজে পড়ার সময় থেকেই আমার এই পরীক্ষায় বসার ইচ্ছে ছিল বাবা। পোস্ট গ্র্যাজুয়েশনের সময় আমি একবার সিভিল সার্ভিস পরীক্ষায় বসেও ছিলাম।” সসম্ভ্রমে উত্তর দেয় মিনু। তার মানসিক দৃঢ়তার ছায়া দুই চোখে ঘনিয়ে আসে।

“বাবা, পড়াশোনায় মিনু খুবই ভালো। ওর অনেক কম বয়সে আমাদের বিয়ে হয়েছে; আর তাছাড়া এই ক্লার্কের চাকরি ওর কোয়ালিফিকেশনকে কোনো ভাবেই জাস্টিফাই করে না।” জোশি বলে ওঠে। তার বাবা যাতে তৎক্ষণাৎ মিনুর ইচ্ছাটাকে বাতিলের খাতায় ফেলে না দেন সে জন্য আলোচনাটাকে একটু অন্য পথে চালনা করার চেষ্টা করে সে।

“সিভিল সার্ভিস ভীষণ শক্ত পরীক্ষা! প্রস্তুতির জন্য ওর লম্বা ছুটির প্রয়োজন। সেই সময়ে তোমরা সংসার চালাবে কী করে?” পরীক্ষাটা যে কতটা কঠিন, সেটা জানেন বলেই প্রশ্ন করেন জোশির বাবা।

“ওকে মাত্র কয়েক মাসের জন্য ছুটি নিতে হবে বাবা। হয়তো আমরা সাময়িকভাবে কিছু আর্থিক অসুবিধার মধ্যে পড়বো, কিন্তু আমাদের যা সঞ্চয় আছে তা দিয়ে টেনেটুনে চলে যাবে। যদি ও পরীক্ষায় পাস না করতে পারে, তাহলে আবার চাকরিতে যোগ দেবে।” আবেগপূর্ণ গলায় বলে জোশি।

“ওর যদি এই পরীক্ষাটা দেওয়ার এতটাই ইচ্ছা থাকে, তাহলে ওকে পরীক্ষাটা দেওয়ার অনুমতি দাও। মিনুর উপর আমার পূর্ণ আস্থা আছে। আমরা না হয় সংসার আর আমাদের মুক্তোর (নাতির) দেখাশোনা করব।” মুখে উৎসাহের হাসি মেখে মিনুর শাশুড়ি বলেন। এতক্ষণ ধরে একটাও কথা বলেননি তিনি। জোশির বাবা-মা জেরেমিয়াকে আদর করে মুক্তো বলে ডাকেন।

আনন্দে মিনুর বুকটা যেন ফেটে পড়ে। তার মনে শাশুড়ির প্রতি শ্রদ্ধা, ভালবাসা যে কতটা তা তার মুখ দেখলেই বোঝা যায়। পরীক্ষার অনুমতি মেলা নিয়ে তার মনে সংশয় থাকলেও সে জানতো যে তার শাশুড়ি মেয়েদের পড়াশোনা এবং ক্ষমতায়ন নিয়ে খুবই সংবেদনশীল।কাজেই এই ক্ষেত্রে তিনি তাকে সাপোর্ট করবেনই।

নিখাদ সোনা হয়ে ওঠার সূচনা

ছোটবেলা থেকেই মিনু খুবই কৌতূহলী, পরিশ্রমী এবং বুদ্ধিমতী মেয়ে হিসেবে পরিচিত। স্কুল-কলেজে সে একাধিক কুইজ, প্রবন্ধ এবং বক্তৃতা প্রতিযোগিতায় পুরস্কার জিতেছে। মিনু যখন বেশ ছোট, তখন থেকেই তার বাবা, পাল রাজ সব সময় সারা বিশ্বে ঘটে যাওয়া বিভিন্ন ঘটনার কথা জানার উপরে জোর দিতেন। তাঁর আয় খুব বেশি না হলেও তিনি বিভিন্ন রকম খবরের কাগজ, বই আর ম্যাগাজিন কিনে আনতেন মিনুর জন্য। স্বাভাবিকভাবেই, ছোটবেলা থেকেই পড়াশোনার প্রতি গভীর ভালবাসা তৈরি হয় মিনুর। যখন তার বন্ধুরা স্কুলের পড়া নিয়ে আলোচনায় ব্যস্ত থাকত, তখন মিনু ব্যস্ত থাকত বিশ্বের কোথায় কী ঘটছে সেটা জানায়। এই জন্যই তার বন্ধুরা তাকে বলতো, “একদিন তুই কালেক্টর হবি।”

কিন্তু ভাগ্যের অদ্ভুত পরিহাসে মিনু কালেক্টারের জায়গায় ক্লার্কে পরিণত হয়। আইএএস অফিসার হওয়ার ছোটবেলার স্বপ্ন নিত্যদিনের বিবিধ কাজের চাপে প্রায় ভুলতে বসা দূরাগত অনুরণনে পর্যবসিত হয়েছিল।

সেই রাতে মিনু এক মুহূর্তের জন্যও দু চোখের পাতা এক করতে পারে না। বিছানায় শুয়ে কেবল ছটফট করতে থাকে। তার মনে তখন ইউপিএসসি নামের পর্বত শৃঙ্গ জয় করার ভাবনা। পরীক্ষা নিয়ে চিন্তা করতে করতে সে বুঝতে পারে, কোনো কোচিং অ্যাকাডেমির সাহায্য ছাড়া এই বিশাল পড়াশোনার প্রস্তুতি নেওয়া তার পক্ষে সম্ভব নয়। আর তাছাড়া, সিভিল সার্ভিস পরীক্ষায় পাশ করতে হলে তাকে একাগ্র চিত্তে পড়াশোনায় মনোনিবেশ করতে হবে।

পরের দিন সকালেই মিনু তিন মাসের ছুটির অ্যাপ্লিকেশন করে সেদিনই বিকেলের দিকে জোশিকে সঙ্গে করে একটা প্রাইভেট কোচিং অ্যাকাডেমিতে যায়। কোচিং অ্যাকাডেমিটা খুব একটা বড় না হলেও এখানে প্রতিযোগীদের একাধিক কম্পিটিটিভ পরীক্ষার প্রস্তুতি নিতে সাহায্য করা হয়। প্রাথমিক কথাবার্তার পর অ্যাকাডেমির অধিকর্তা অ্যাডমিশন ফি হিসেবে মিনুর থেকে ২৫ হাজার টাকা চেয়ে বসেন। জোশি এই টাকাটা নিজের চাকরির জায়গা থেকে লোন হিসেবে নিতে চাইলেও, মিনু জোর করে নিজের সোনার বালা জোড়া বন্ধক দিয়ে এই টাকা জোগাড় করে।

সব মিটে গেলে পুঙ্খানুপুঙ্খ রুটিন তৈরি করে নতুন করে পড়াশোনার জগতে ঝাঁপ দেয় মিনু। প্রতিদিন সকাল আটটা থেকে রাত আটটা পর্যন্ত অ্যাকাডেমিতে ক্লাস করতে থাকে সে। অনেকদিন পড়াশোনার জগতের সঙ্গে সম্পর্ক না থাকায় প্রথমেই ন্যাশনাল কাউন্সিল অফ এডুকেশনাল রিসার্চ এন্ড ট্রেনিং-এর (NCERT) ষষ্ঠ থেকে দ্বাদশ শ্রেণির বইগুলো ভালোভাবে পড়ে একটা প্রাথমিক ভিত তৈরি করে নেয় মিনু।

ইতিহাস, ভূগোল, অর্থনীতি আর পলিটিকাল সায়েন্সের প্রতি মিনুর আন্তরিক ভালোবাসা পরীক্ষার প্রস্তুতিতে তাকে খুব সহজেই এগিয়ে নিয়ে যায়। স্কুলে পড়ার সময় থেকেই হিউম্যানিটিজের বিষয়গুলোর প্রতি তার এই ভালোবাসা তৈরি হয়েছিল। কিন্তু সে সময়ে তার বাবা-মা স্থির করেন যে ভবিষ্যতে মিনু ইঞ্জিনিয়ার কিম্বা ডাক্তার হবে। এই নিয়ে একদিন সন্ধেবেলা তাদের বাড়ির ছাদে যথেষ্ট উত্তপ্ত তর্কাতর্কিও হয়। মিনুর মতের প্রতি তার ঠাকুমার পূর্ণ সমর্থন থাকা সত্ত্বেও শেষ পর্যন্ত তার বাবা মায়ের মতই প্রাধান্য পায়।

সিভিল সার্ভিসের প্রস্তুতির শুরুর প্রথম থেকেই নিয়মিত দুটো খবরের কাগজ পড়তে থাকে মিনু। খবরের কাগজ পড়ে গুরুত্বপূর্ণ তথ্য সংগ্রহের পাশাপাশি সে প্রচুর নোটস নিতে থাকে। একই সঙ্গে এডিটোরিয়াল এবং অন্যান্য গুরুত্বপূর্ণ খবরের ও ছবির কাটিং তার নোটস রেজিস্টারে আটকে রাখার অভ্যাস তৈরি করে।

CSAT পরীক্ষা নিঃসন্দেহে প্রচণ্ড চ্যালেঞ্জিং। পরীক্ষার প্রস্তুতির প্রথমেই মিনু তার দুর্বলতা আর শক্তির জায়গাগুলো কোনটা তা বিশ্লেষণ করে। সে বুঝতে পারে ইংরেজি কম্প্রিহেনশনে সে স্বচ্ছন্দ হলেও অঙ্ক তার কাছে একটা চ্যালেঞ্জ। কাজেই সে ইংরেজির প্রস্তুতিতে আরো মনোযোগ দেওয়ার সিদ্ধান্ত নেয়। কিন্তু পরীক্ষায় পাশ করার জন্য যে সেটুকুই যথেষ্ট নয় তা বুঝতে পেরে রিজনিং এবং ফান্ডামেন্টাল ম্যাথামেটিক্সের উপরেও জোর বাড়ায় মিনু।

কঠিন পরিশ্রম এবং অধ্যাবসায়ের ফলে ধীরে ধীরে তার নিজের উপরে বিশ্বাস তৈরি হতে শুরু করে। দেখতে দেখতে ২০১৬ সালের অগাস্ট মাসে নির্ধারিত প্রিলিমিনারি পরীক্ষার দিন চলে আসে। কিন্তু এই পরীক্ষায় মিনু সাফল্য পায় না। তার বিফলতা জোশি এবং তার পরিবারের সকলকে হতাশ করলেও মিনু নিজে একেবারেই বিচলিত হয় না।

"এবারের পরীক্ষাটা একেবারে কান ঘেঁষে বেরিয়ে গিয়েছে। এবার আমি CSAT পরীক্ষায় পাশ করেছি আর জেনারেল স্টাডিজেও বেশ ভাল নম্বর পেয়েছি। এর পরের বারের পরীক্ষায় আমি নিশ্চয়ই পাশ করে যাব।" মুখে একটা সন্তুষ্টির হাসি মেখে দৃঢ় গলায় বলে মিনু। সাময়িক এই বিফলতা তার সংকল্পে যে এক ফোঁটা চিড় ধরাতে পারেনি তা তার মুখ দেখলেই বোঝা যায়।

সেই বছরের শেষের দিকে মিনু জোশি আর তার বাবা মায়ের সঙ্গে হোলি ল্যান্ডে তীর্থ করতে যায়। নব্য যুগের ইজরায়েল এবং প্যালেস্তাইনে স্থিত হোলি ল্যান্ড ভ্রমণের সময় মিনুর মনে আইএএস অফিসার হয়ে বৃহত্তর জগৎ দেখার স্বপ্নটা আরও উজ্জ্বল হয়ে ওঠে।

মিনু মনে মনে ভাবে, "এই কঠিন পরীক্ষায় কোনো একটা নামী কোচিং অ্যাকাডেমির গাইডেন্স আমার প্রয়োজন।" সিভিল সার্ভিস পরীক্ষায় পাস করার সংকল্প প্রতিদিনই যেন দৃঢ়তর হয়ে ওঠে।

ঐশ্বরিক কৃপা

হোলি ল্যান্ড থেকে ফিরে আসার কিছু দিন পরেই তার বন্ধু শেরিনের (নাম পরিবর্তিত) হাত দিয়ে একটা উপহার মিনুর কাছে এসে পৌঁছায়। "দিদি, তোমার জন্য একটা সুখবর আছে।" খবরের কাগজে ছাপা একটা বিজ্ঞাপন তার সামনে নাড়াতে নাড়াতে উত্তেজিত ভাবে শেরিন বলে। "চেন্নাইয়ের বিখ্যাত আইএএস কোচিং সেন্টার আমাদের তিরুবনন্তপুরমে একটা শাখা খুলছে।"

উত্তেজনায় মিনুর চোখ চকচক করে ওঠে। সে আগেও একাধিকবার এই অ্যাকাডেমির সুনাম শুনেছে। কিন্তু একটা কথা মনে হতেই অনিশ্চয়তার মেঘ তার আনন্দকে ম্লান করে তোলে। "কিন্তু শেরিন, এত বড় অ্যাকাডেমির ফিজও নিশ্চয়ই খুব বেশি হবে। আমি যদি তা দিতে না পারি, তাহলে?" তার উৎসাহে যে ক্রমশই ভাটা পড়ছে তা বেশ স্পষ্ট।

মিনুর সব অনিশ্চয়তা এক ঝটকায় উড়িয়ে দিয়ে শেরিন বলে, "ভালো করে বিজ্ঞাপনটা পড়ো! ওরা একটা টেস্ট সিরিজ চালু করছে। সেটার ফিজ খুব একটা বেশি নয়। আর ওরা একটা রিডিং রুমের ব্যবস্থাও করবে বলছে।"

শেরিনের উৎসাহ সত্ত্বেও মিনুর মন থেকে টাকাপয়সার দুশ্চিন্তা দূর হয় না। রাতের খাওয়াদাওয়া মিটলে জোশির কাছে তার এই দুশ্চিন্তার কথা খুলে বলে সে। একগাল হেসে জোশি বলে ওঠে, “একদম চিন্তা কোরো না মিনু; প্রভু যিশু টাকাপয়সার সংস্থানও করে দিয়েছেন। আজই আমি এরিয়ারের কিছু টাকা হাতে পেয়েছি।” মিনুর মনে হয় তার কাঁধের উপর থেকে যেন একটা ভারী বোঝা নেমে গেল।

২০১৬ সালের ১লা ডিসেম্বর মিনু টেস্ট সিরিজ দেওয়ার জন্য ওই অ্যাকাডেমিতে ভর্তি হয়। একই সঙ্গে বাড়িতেও আগামী প্রিলিমিনারি পরীক্ষার জন্য জোর কদমে প্রস্তুতি নিতে শুরু করে সে। প্রতিদিন অফিস থেকে ফিরেই সে পড়াশোনা শুরু করে যা শেষ করতে করতে বেশিরভাগ দিনই তার রাত ভোর হয়ে যায়। সপ্তাহান্তে আর ছুটির দিনগুলোতে কোনো দিকে না তাকিয়ে কেবল মাত্র পড়াশোনাতেই লেগে থাকে সে।

তবে এবারে আগের বারের মতো নিজেকে সে কেবল মাত্র পড়াশোনাতেই আটকে রাখেনি মিনু। মনোযোগ দিয়ে টেস্ট সিরিজের পরীক্ষাগুলো দেওয়ার সঙ্গে সঙ্গে সে নিয়মিত আগের বছরের প্রশ্নাবলী এবং অন্যান্য কোচিং সেন্টারের ওয়েবসাইটে প্রকাশিত বিভিন্ন প্রশ্ন সমাধানের অভ্যাস করতে থাকে। প্রস্তুতির একেবারে চূড়ান্ত সীমায় মিনু দিনে প্রায় দশ থেকে এগারো ঘণ্টা পড়াশোনার কাজে ব্যয় করত।

এর মধ্যেও ছেলেকে যথেষ্ট সময় না দিতে পারাটা কেবলই মিনুকে ভিতরে ভিতরে ব্যথিত করে তুলত। অফিস থেকে ফেরার পর ছেলের সঙ্গে খেলা করা, তাকে খাওয়ানো, তার ঘুমের সময় গল্প পড়ে শোনানো, আর তার প্লে স্কুলের বিভিন্ন অনুষ্ঠানে যোগ দেওয়ার জন্য তার মন আকুল হয়ে উঠত প্রায়শই। ছেলের বেড়ে ওঠার যে মুহূর্তগুলো তার জীবন থেকে ঝরে পড়ে যাচ্ছে, সেগুলোকেই পাওয়ার জন্য মনে মনে আকুলিবিকুলি করত সে।

মিনুর এই সমস্ত আত্মত্যাগের উপর শান্তির প্রলেপ দিত তার প্রত্যেকটি পরীক্ষায় ভাল, আরও ভাল ফল। সে সমানে টেস্ট সিরিজে হাই মার্কস পেতে থাকে, অনেক সময় টেস্ট সিরিজে প্রথম স্থানও অধিকার করত মিনু। ক্রমাগত ভালো পারফরম্যান্স ধীরে ধীরে তার আত্মপ্রত্যয় বাড়িয়ে তোলে। জীবনের এই কঠিন লড়াইয়ে প্রতি মুহূর্তে জোশি তার সঙ্গ দিয়েছে। আর্থিক এবং মানসিক সহায়তার পাশাপাশি প্রয়োজনে পারিবারিক কর্তব্য

পালন, ছেলেকে দেখাশোনা, সামাজিক চাপের থেকে মিনুকে আড়াল করা আর সময়ে অসময়ে চাপের মুখে সব সময়েই তাকে সাহস আর ভরসা জোগানো; সব কিছুই একা হাতে করে জোশি।

২০১৭ সালের প্রিলিমিনারি পরীক্ষার পরে উত্তেজনায় টগবগ করে ফুটতে ফুটতে জোশিকে মিনু বলে, “চেট্টান, আমি পুঙ্খানুপুঙ্খভাবে আনসার কি এর সঙ্গে আমার উত্তরগুলো মিলিয়েছি। প্রিলিমিনারি পরীক্ষায় আমি পাশ করবই।”

মেনসের জন্য সফল পরীক্ষার্থীদের লিস্ট বেরোতেই দেখা যায় যে মিনুর এই ভবিষ্যৎ বাণী এক্কেবারে অক্ষরে অক্ষরে মিলে গিয়েছে। জোশির পুরো পরিবার আনন্দে ফেটে পড়ে।

মন জিতে নেওয়া ওয়াইল্ড কার্ড এন্ট্রি

পরের দিন ভোরের আলো ফোটার সঙ্গে সঙ্গে আসন্ন ভয়ংকর কঠিন চ্যালেঞ্জের আসল রূপটা সকলের কাছেই পরিষ্কার হয়ে যায়। সামনে এখন মেনস পরীক্ষা। যদিও ভূগোলের প্রতি মিনুর গভীর ভালোবাসা রয়েছে বলেই সে এই বিষয়টাকে অপশনাল হিসেবে বেছে নিয়েছে; কিন্তু সেই স্কুলের পরে সেরকম গভীরভাবে এই বিষয়টা নিয়ে পড়াশোনা করা হয়ে ওঠেনি তার।

“চেট্টান, মেনস পরীক্ষায় আমাকে বড় বড় উত্তর লিখতে হবে। সাবজেক্টে গভীর দখল না থাকলে সেটা ঠিক মতো করা সম্ভব নয়। কাজেই একজন অভিজ্ঞ শিক্ষকের নজরদারিতে আমাকে বড় উত্তর লেখা প্র্যাকটিস করতে হবে।” সকালে কফি খেতে খেতে চিন্তিত মুখে জোশিকে বলে মিনু।

“কোনো চিন্তা কোরো না, আমি তোমার জন্য খুব নামী অ্যাকাডেমি খুঁজে বার করবো।” মিনুর পিঠে হালকা চাপড় দিতে দিতে তার চিন্তা খানিকটা দূর করার চেষ্টা করে জোশি।

অনেক খোঁজাখুঁজির পর মিনু আর জোশি মিলে শেষ পর্যন্ত তিরুবনন্তপুরমে একটা অ্যাকাডেমির সন্ধান পায়। অন্য আরেকজন প্রতিযোগীর কাছে এই ইনস্টিটিউটের ভূগোলের শিক্ষকদের খুব প্রশংসা শুনেছিল তারা।

মিনু আর জোশি মিলে সেখানে খোঁজখবর করতে গেলে অ্যাকাডেমির মালিকদের মধ্যে একজন তাদের সঙ্গে দেখা করেন। তিনি খুবই সহৃদয়

ভাবে মিনু এবং জোশির সঙ্গে কথা বললেও আসন্ন চ্যালেঞ্জ যে কতটা কঠিন সে বিষয়ে কোনো রাখঢাকের চেষ্টাও করেন না। "কলেজ পাস করার পরে তুমি কখনো ভূগোল পড়োনি, আর মেনস পরীক্ষার এখন মাত্র তিন মাস বাকি আছে। এই মুহূর্তে দাঁড়িয়ে গোটা সিলেবাস শেষ করাটা খুবই কঠিন।" মিনুকে সাবধান করেন তিনি। তাঁর কথায় মিনু আর জোশির মনে হতাশা জাগে।

এরপর তিনি জানান যে মিনুর উত্তর লেখার ক্ষমতার উপরে একটা পরীক্ষা নিয়ে তবেই তাকে ভর্তির সিদ্ধান্ত নেওয়া হবে। এ কথা শোনার পর মিনুর মনে সামান্য হলেও আশার সঞ্চার হয়।

সেই দিনই মিনু অ্যাকাডেমির উত্তর লেখার সেশনে যোগ দেয়। মিনুর উত্তর লেখার দক্ষতায় মুগ্ধ হয়ে ওই অ্যাকাডেমির শিক্ষকেরা তাকে ভর্তি করে নেওয়ার সিদ্ধান্ত নেন। গোটা সিলেবাস শেষ করার জন্য মিনুকে তাঁরা অত্যন্ত ডিমান্ডিং পড়াশোনার রুটিন তৈরি করে দেন। সেই রুটিন মাফিক প্রতিদিন তাকে সকাল ছয়টা থেকে আটটা এবং বিকেল সাড়ে চারটা থেকে সাড়ে ছটা—এই দুটো সেশনে যোগদান করতে হবে।

প্রতিদিন সকালে অ্যাকাডেমিতে মিনুকে ছেড়ে আসা এবং সন্ধেবেলায় অ্যাকাডেমি থেকে তাকে নিয়ে বাড়িতে ফেরার কাজটা জোশি নিজের ঘাড়ে তুলে নেওয়ায় এই নতুন রুটিনে মিনুর সঙ্গে সঙ্গে তার ওপরেও অতিরিক্ত চাপ তৈরি হয়। প্রতিদিন ভূগোলের সেশন দুটোর মাঝের সময়টা মিনু অ্যাকাডেমির রিডিং রুমে পড়াশোনা করে কাটাতো।

মেনস পরীক্ষার বিভিন্ন বিষয়ে প্রস্তুতি নেওয়ার জন্য মিনু নিজে নিজেই একটা কম্প্রিহেনসিভ স্ট্র্যাটেজি তৈরি করে। কোয়ালিফায়িং ল্যাংগুয়েজ পেপার দুটোর মধ্যে ইংরেজি নিয়ে তার কোনো চিন্তা ছিল না বটে, কিন্তু স্কুলের পরে সে আর মালায়ালাম নিয়ে কখনও পড়াশোনা করেনি। কাজেই এই ভাষা নিয়ে তার বেশ ভালো করে পড়াশোনা শুরু করা প্রয়োজন ছিল। মিনুর মা মালায়ালাম ভাষার শিক্ষক ছিলেন। কাজেই তিনি তাকে পড়ানোর এবং তার উত্তরপত্র দেখে দেওয়ার ভার নিজের কাঁধে তুলে নেন।

যে সব বিষয় প্রিলিমিনারি পরীক্ষার জন্য পড়তে হয়নি জেনারেল স্টাডিজের প্রস্তুতির জন্য আগে সেগুলোর দিকে মনোনিবেশ করে মিনু। পড়াশোনার ক্লান্তি অপনোদনের জন্য সে প্রত্যেকদিন প্রতিটা বিষয়ই অল্প অল্প করে পড়বে বলে স্থির করে।

অপশনাল সাবজেক্টের জন্য মিনু একটা অদ্ভুত কৌশল অবলম্বন করে। তার ফিজিক্যাল জিওগ্রাফির তুলনায় হিউম্যান জিওগ্রাফি পড়তে বেশি ভাল লাগত বলে ফার্স্ট পেপারে এই বিষয়ের উপর যত বেশি সম্ভব প্রশ্নের উত্তর দেওয়ার চেষ্টা করবে বলে স্থির করে সে। সেকেন্ড পেপারে ইন্ডিয়ান জিওগ্রাফির ক্ষেত্রে ইউপিএসসি সাধারণত জেনেরিক প্রশ্ন করে। মিনু খুব বুদ্ধি করে তার ভূগোলের ফার্স্ট পেপারের জ্ঞান সেকেন্ড পেপারের প্রশ্নের উত্তর দেওয়ার সময় কাজে লাগাতে শুরু করে।

নিজের সবক'টা সোশাল মিডিয়া অ্যাকাউন্ট সাময়িক ভাবে বন্ধ করে দেয় মিনু। বন্ধুদের সঙ্গে যোগাযোগ ছিন্ন করে, পারিবারিক অনুষ্ঠানে অংশগ্রহণ করা, বাইরে খেতে যাওয়া, ইত্যাদি সব কিছুই মুলতুবি রাখে সে। এমনকী, কিছুদিনের জন্য অফিসের কাজকর্মের কথাও ভুলে যায় মিনু। অর্জুন যেমন লক্ষ্যভেদ করার সময় পাখির চোখ বাদ দিয়ে আর কিছু দেখতে পাননি, তেমনই মিনুও যেন মেইনস পরীক্ষা বাদ দিয়ে জগতের অন্য কোনো কিছুই আর দেখতে পায় না।

একাগ্রতা আর নিষ্ঠার ফলে মিনু একবারেই মেনস পরীক্ষা পাশ করে যায়। তার আর তার পরিবারের সকলের কাছেই এটা একটা অবিস্মরণীয় ঘটনা। মিনুর পাশ করার উপলক্ষে সেদিন দীর্ঘক্ষণ বাড়িতে আনন্দ উৎসব চলে।

"মা, আমি তো ভাবতেই পারছি না যে আমি ইন্টারভিউ স্টেজে পৌঁছে গিয়েছি। গ্র্যান্ড স্লামে ওয়াইল্ড কার্ড এন্ট্রি প্রতিযোগী যদি ফাইনালে ওঠে তাহলে তার যেমন লাগে, আমারও অনেকটা সেই রকম বোধ হচ্ছে।" গর্বোজ্জ্বল মুখে শাশুড়িকে বলে মিনু।

সুনামির মুখোমুখি

সেই রাতে তার বাবার অভাবটা বড্ড বেশি করে অনুভব করে মিনু। বাবার সঙ্গে বড়ই গভীর সম্পর্ক ছিল তার। কেন যে তার বাবা এত তাড়াতাড়ি পৃথিবীর মায়া কাটিয়ে চলে গেলেন, তা নিয়ে আজও তার মনে প্রশ্ন জাগে। তার কাছে তার বাবা ছিলেন সাহস আর নিরাপত্তার প্রতীক; তিনি ছিলেন মিনুর নিজস্ব নায়ক।

"আজ বাবা বেঁচে থাকল কী আনন্দই না পেতেন! আমাকে নিয়ে তিনি কতই না গর্ব করতেন।" মনে মনে ভাবে মিনু। মনের মধ্যে ঘনিয়ে

আসা আবেগের ঝড়ের ছায়া পড়ে তার চোখে। ২০০৭ সালের জুন মাসে তার বাবার ডিপ্রেশনের সঙ্গে লড়াইয়ে হেরে যাওয়ার ঘটনার স্মৃতি মনে ভিড় করে আসে।

একবার মিনুদের চার্চের পক্ষ থেকে তার ভালো রেজাল্টের স্বীকৃতি দিয়ে তাকে সম্মান জানানো হয়। সেদিন সাফল্যের আনন্দে উত্তেজিত মিনু তার বাবার সঙ্গে শপিং করতে যাওয়ার পরিকল্পনা করে। কিন্তু সে ঘুণাক্ষরেও ভাবতে পারেনি, বাবার সঙ্গে আর কখনো শপিং করার সুযোগ হবে না তার।

মিনুকে বাড়িতে ছেড়ে দিয়ে পল রাজ বলেন, "আমি একবার ডাক্তারের কাছ থেকে একটা মেডিক্যাল সার্টিফিকেট নিয়ে আসি।" বহুক্ষণ কেটে যাওয়ার পরেও তিনি বাড়িতে না ফেরায় পরিবারের সকলে খুব চিন্তিত হয়ে পড়েন। পরের দিন তাঁর মৃত্যুর খবর আসে পরিবারের কাছে। আকস্মিক এই খবরে পরিবারের সকলে মানসিক ভাবে ভেঙে পড়েন। গভীর দুঃখের মধ্যেও মিনুর কানে আসে পাড়া-প্রতিবেশী, আত্মীয়-পরিজনের গুজগুজানি ফিসফিসানি। বুঝতে পারে, সকলেই আড়েঠারে তাকেই তার বাবার মৃত্যুর জন্য দায়ী করছে।

রাস্তা দিয়ে হেঁটে যাওয়ার সময় সে স্পষ্ট শুনতে পায় যে লোকে বলছে, "ওই দেখো, এই মেয়েটার জন্যই ওর বাবা মারা গিয়েছে।" বাসস্টপে কমবয়সী ছেলেরা তাকে লক্ষ্য করে অশ্লীল আওয়াজ দেয়, "বাবা তো নেই, কে আর তোমাকে দেখবে? আমাদের সঙ্গে এসে থাকো।"

কেবল ঠাকুমা আর কাকা জনের অকৃত্রিম ভালোবাসা ও সমর্থন এই ঝড়ের মধ্যেও মাথা ঠান্ডা করে এগিয়ে চলার সাহস যোগায়। তাঁরা বুক দিয়ে জগতের সমস্ত বিপদ থেকে মিনুকে আড়াল করে রাখেন।

মিনুর গ্র্যাজুয়েশন যতই শেষ হওয়ার দিকে এগোয়, ততই তার বিয়ে নিয়ে বাড়িতে আলোচনা বাড়তে থাকে। মিনুকে ঘিরে চারদিকে যে গুজব রটেছে তা কেবল মাত্র তার বিয়ে হলেই কাটবে বলে মনে করেছিলেন তার পরিবারের লোকেরা। তাই তাঁরা যত দ্রুত সম্ভব মিনুর বিয়ের বন্দোবস্ত করেন। মিনু নিজেও বাবার স্মৃতি বিজরিত এই বাড়ি থেকে অন্য কোথাও চলে যেতে চাইছিল। তাই ২০১১ সালে জোশির বিয়ের প্রস্তাব পাওয়া মাত্রই সে খুব একটা না ভেবেই রাজি হয়ে যায়।

ক্রিসমাসের উপহার

কেরালা রাজ্য সরকারের 'ডেথ ইন হারনেস' নিয়ম অনুযায়ী পল রাজ মারা যাওয়ার পর পরিবারের যেকোনো একজন গ্রুপ সি লেভেলের সরকারি চাকরি পাওয়ার কথা ছিল। পরিবারের সকলে পরামর্শ করে স্থির করেন যে মিনুই এই চাকরির জন্য চেষ্টা করবে। কাকার সহায়তায় মিনু চাকরি পাওয়ার আবেদনের প্রক্রিয়া শুরু করে।

"কোন চাকরির জন্য তুই অ্যাপ্লাই করবি বলে ভাবছিস, মিনু? পুলিশ কনস্টেবলের পোস্টে, নাকি ক্লার্কের পোস্টে?" অ্যাপ্লিকেশন ফর্মে থাকা অপশনগুলো ভালো করে পড়ে নিয়ে জিজ্ঞেস করেন জন।

একটু চিন্তা করে মিনু বলে, "পুলিশ কনস্টেবলের ডিউটির সময়ের কোনো স্থিরতা নেই, আর তাছাড়া কনস্টেবল হওয়ার জন্য বেশ শক্তি থাকারও প্রয়োজন কাকা।"

মিনুর কথায় মাথা নাড়েন জন। বলেন, "সেটা সত্যি। কিন্তু ক্লার্কের চাকরির ওয়েটিং লিস্ট অনেক সময়ই বেশ লম্বা হয়। কনস্টেবলের চাকরিতে ইমিডিয়েট ওপেনিংয়ের সংখ্যা তুলনায় অনেক বেশি।"

পুলিশের চাকরির জন্য প্রয়োজনীয় কঠিন শারীরিক ট্রেনিংয়ের কথা ভেবে ইতস্তত করে মিনু। তারপর বলে, "ক্লার্কের পজিশন যতদিন না পাওয়া যায় ততদিন না হয় আমি অপেক্ষা করব। আর এর মধ্যে পড়াশোনাটাও শেষ করে নেব।"

ঠাট্টা করে জন মিনুকে খোঁচা দেন, "আমি জানি তুই অলস। পুলিশের চাকরি করার মতো পরিশ্রমী তুই নোস।"

এইভাবে মিনুর নামও কম্প্যাশনেট গ্রাউন্ডে ক্লার্কের চাকরি প্রার্থীদের লম্বা তালিকায় অন্তর্ভুক্ত হয়। মুশকিল হল, লিস্টের প্রার্থীদের চাকরি পাওয়ার পদ্ধতি একেবারে শম্বুকগতিতে চলে। মিনুর মনে হয় এই অনন্ত প্রতীক্ষার অবসান বোধহয় আর কিছুতেই হবে না। এক একটা করে মাস কেটে যায়, আর মিনুর মনে জ্বলতে থাকা আশার প্রদীপও একটু একটু করে নিভে আসে। একমাত্র জোশিই সমানে সান্ত্বনা দিয়ে বলতে থাকে যে খুব শীঘ্রই তার হাতে অ্যাপয়েন্টমেন্ট লেটার চলে আসবে।

২০১২ সালের সেপ্টেম্বর মাসে মিনু বিশ্ববিদ্যালয়ের দ্বিতীয় স্থান অধিকার করে বায়োকেমিস্ট্রিতে স্নাতকোত্তর পাশ করে। শেষ পর্যন্ত এই

সালের ডিসেম্বর মাসের প্রথম সপ্তাহে মিনুর কাছে কেরালা পুলিশের ক্লার্কের চাকরিতে যোগ দেওয়ার অ্যাপয়েন্টমেন্ট লেটার এসে পৌঁছায়। চিঠিতে মিনুকে ২৬ ডিসেম্বর, ২০১২ তারিখে পুলিশ হেডকোয়ার্টারে (PHQ) রিপোর্ট করতে বলা হয়।

নির্ধারিত দিনে ঘুম ভাঙার পর থেকেই মিনুর মনে কেবলই তার বাবার স্মৃতি ভিড় করে আসে। তার মায়ের চোখও বার বার ভিজে ওঠে। মিনু ভোরবেলায় চার্চে গিয়ে প্রার্থনা করে আর তারপর অফিসের প্রথম দিনে যোগ দেওয়ার জন্য প্রস্তুত হয়।

"তোমার ভাগ্য খুবই ভালো যে তুমি প্রথমেই পুলিশ হেডকোয়ার্টারে অ্যাসাইনড হয়েছ। দোতলায় ১২১ নম্বর ঘরে গিয়ে বাকি পেপারওয়ার্কস শেষ করে নাও।" PHQ রিসেপশনে বসে থাকা একজন বয়স্ক মহিলা তাকে বলেন।

মিনুর বুক আনন্দে কাঁপছিল। চিরকালই সে চেয়েছিল যে তার চাকরির পোস্টিং যেন তিরুবনন্তপুরমে বা কাছাকাছি কোথাও যেন হয়। এর পরের তিন বছর মিনু কায়মনোবাক্যে PHQ এর কাজে নিজেকে সঁপে দেয়। তার মনে হয়েছিল যে তার জীবনের পথ বোধহয় নির্দিষ্ট হয়ে গিয়েছে। কিন্তু সেই যাত্রাপথ সম্পূর্ণ বদলে যায় পান্ডার উপদেশে।

অধরা স্বপ্ন

ফিরে যাওয়া যাক ২০১৮ সালের মার্চ মাসে। CSE ২০১৭ মেনস এর রেজাল্ট বেরোনোর একদিন পর মিনু উৎসাহের সঙ্গে ইন্টারভিউয়ের প্রস্তুতি নিতে শুরু করে। এই শেষ চ্যালেঞ্জ পার করার জন্য জোশিকে সঙ্গে নিয়ে সে কেরালা এক্সপ্রেসে চড়ে দিল্লির উদ্দেশ্যে যাত্রা করে।

ইন্টারভিউয়ের দিন বেশ খানিকটা আগেই ঘুম ভেঙে যায় মিনুর। প্রচণ্ড টেনশনে ভালো করে প্রাতঃরাশও করে উঠতে পারে না সে। দ্রুত একবার নিজের DAF-এ নথিভুক্ত কৃতিত্বের তালিকাটার উপরে চোখ বুলিয়ে নেয় সে। একইভাবে সেদিনের খবরের কাগজটাও এক নজরে দেখে নেয় মিনু। তারপর জোশিকে সঙ্গে নিয়ে একটা অটো ভাড়া করে কেরালা হাউজ থেকে সোজা নিউ দিল্লির শাজাহানপুরে অবস্থিত ঢোলপুর হাউজের দিকে রওনা দেয়। এই ঢোলপুর হাউজেই UPSC-এর অফিস।

ঢোলপুর হাউজের জাঁকজমক দেখে মিনুর চক্ষুস্থির হয়ে যায়। সিকিউরিটি চেক শেষ করে একটা বিরাট বড় হলঘরে প্রবেশ করে দেখে সেখানে অন্যান্য অনেক পরীক্ষার্থী অপেক্ষা করছেন। কিছুক্ষণ পর একজন UPSC আধিকারিক তাঁদের সকলকে ইন্টারভিউয়ের নিয়ম কানুন বুঝিয়ে, পরীক্ষার জন্য শুভেচ্ছা জানিয়ে চলে যান।

প্রচণ্ড টেনশনে হলে উপস্থিত কয়েকজন পরীক্ষার্থীর সঙ্গে কয়েকটা মাত্র বাক্য বিনিময় করে মিনু। বাকি সময়টা সে একরকম চুপ করেই বসে থাকে। বেশ অনেকক্ষণ অপেক্ষার পর ঠিক লাঞ্চের আগে তার ডাক আসে।

ইন্টারভিউ কক্ষে ঢুকতেই বোর্ডের চেয়ারপার্সন তাকে অভিবাদন জানিয়ে বলেন, "লাঞ্চের সময় হয়ে এসেছে। কাজেই আমরা দ্রুত ইন্টারভিউ শেষ করার চেষ্টা করব। আপনার একটা সেলফ ইন্ট্রোডাকশন দিন প্লিজ।"

মুখে জোর করে একটা হাসি টেনে মিনু তার জীবনের যাত্রাপথের কথা বলতে থাকে। মন দিয়ে তাঁর কথা শোনেন চেয়ারম্যান। কিন্তু তাঁর পরের প্রশ্নটা এতটাই অন্যরকম ছিল যে মিনু একটু হতচকিত হয়ে পড়ে। "আপনি কি এমন কিছু বলবেন যেটা আপনার ডিটেইলড অ্যাপ্লিকেশন ফর্মে (DAF) উল্লেখিত নেই?"

একটু থতমত খেয়ে যায় মিনু। সংশয়াকুল কণ্ঠে বলে ওঠে, "আর আমার কিছুই বলার নেই স্যার। আমি একজন বই এবং পর্যটনপ্রেমী।" শেষের দিকে ভয়ে গলা কেঁপে যায় তার।

"সেটা তো আপনার DAF-এ বলাই রয়েছে। একই কথা বার বার বলার কোনো প্রয়োজন নেই।" মিনুকে আরো নার্ভাস করে দিয়ে বলে ওঠেন তিনি। এরপর ইন্টারভিউয়ে তার কর্মক্ষেত্র, পড়াশোনা ইত্যাদি নিয়ে প্রশ্ন করা হয়। কেরালা পুলিশের আর্মস লাইসেন্স দেওয়ার অথরিটি নিয়ে যেমন তাকে জিজ্ঞেস করা হয়, তেমনি তার ব্যাকগ্রাউন্ড বায়োলজি হওয়া সত্ত্বেও সে কেন ভূগোল অপশনাল হিসেবে বেছে নিয়েছে, তা নিয়েও প্রশ্ন করা হয়।

"আপনি দীর্ঘদিন ধরে তিরুবনন্তপুরমে বসবাস করছেন। কখনও শহর ছেড়ে অন্য কোথাও যাওয়ার ইচ্ছা হয়নি?" বোর্ডের একজন সদস্য তাকে জিজ্ঞেস করেন।

ইন্টারভিউয়ের প্রশ্নগুলো কেমন যেন অসংলগ্ন বলে মনে হয় মিনুর। DAF থেকে যে বিষয়গুলো নিয়ে সে খুব খুঁটিয়ে প্রস্তুতি নিয়ে এসেছে,

সেখান থেকে তেমন কোনো প্রশ্নই তাকে করা হয়নি। মাত্র মিনিট পনেরোর মধ্যেই ইন্টারভিউ শেষ হয়ে যায়। হতাশায় মিনুর বুক যেন ভেঙে আসে।

ইন্টারভিউ মিটে যাওয়ার পরে পুঙ্খানুপুঙ্খ ভাবে নিজের পারফরম্যান্স বিচার করতে গিয়ে নিজের উত্তরে একাধিক দুর্বলতা দেখতে পায় মিনু। একে তো তার বডি ল্যাংগুয়েজে উৎকণ্ঠার ছাপ স্পষ্ট ছিল। তাছাড়াও কেরালায় মক ইন্টারভিউগুলোর নেগেটিভ ফিডব্যাকে তার আত্মবিশ্বাস আগেই টলে গিয়েছিল। সারা ভারত থেকে আসা এতজন পরীক্ষার্থীকে দেখে তার আত্মবিশ্বাস আরও নড়ে যায়। এর সঙ্গে যোগ হয়েছে সমস্ত প্রশ্নের উত্তর দেওয়ার অভ্যাস; তা সেই উত্তর তার জানা থাকুক বা নাই থাকুক।

স্বপ্নভঙ্গ

২৭ এপ্রিল, ২০১৮। সকাল থেকেই মিনু প্রচণ্ড নার্ভাস বোধ করতে শুরু করে। টেলিগ্রাম অ্যাপ্লিকেশনের একটা গ্রুপে শীঘ্রই UPSC এর রেজাল্ট বেরোবে বলে গুজব ছড়িয়ে পড়েছে। অফিসে কিছুতেই কাজে মন বসাতে পারে না মিনু। মুহুর্মুহু নিজের ফোন চেক করতে থাকে সে। শেষ পর্যন্ত সেই সন্ধ্যায় সফল প্রতিযোগীদের নামের পিডিএফ তালিকা মিনুর হাতে আসে। নিঃশ্বাস বন্ধ করে লিস্টের নামগুলো দেখতে থাকে; কিন্তু না, নিজের নাম খুঁজে পায় না সে।

রাতে বাড়ির ডিনার টেবিলে বাড়ির সকল সদস্যেরা আজ জড়ো হয়েছিলেন। সকলের মনে প্রবল হতাশার ছাপ স্পষ্ট। তাঁদের প্রত্যেকের চোখেই হতাশা মাখা অশ্রুবিন্দু টলটল করছে। কিন্তু এই প্রবল মন খারাপের পরিস্থিতিতেও মিনু নিজে স্থির থেকে সকলকে সান্ত্বনা দেওয়ার চেষ্টা করতে থাকে। "প্লিজ, এতটা হতাশ হয়ে পড়ো না। আচ্ছা, আমি যে ইন্টারভিউ পর্যন্ত যেতে পেরেছি, সেটাই কি একটা অসম্ভব বড় একটা অ্যাচিভমেন্ট নয়? এর পরের বছরের লিস্টে নিশ্চয়ই আমার নাম উঠবে।" সকলকে আশ্বস্ত করে মিনু।

কিন্তু ঈশ্বর তার প্রতিজ্ঞার দৃঢ়তা আর মনের জোরের আরো পরীক্ষা নেবেন বলে বোধ হয় স্থির করে রেখেছিলেন। রেজাল্ট বেরোনো পর্যন্ত এতদিনের এত টেনশন এবং তার পরবর্তী মানসিক হতাশার কারণে মিনু

মাত্র দুই সপ্তাহ পরে নির্ধারিত প্রিলিমিনারি পরীক্ষার প্রস্তুতি ঠিক মতো নিতে পারে না।

প্রিলিমিনারি পরীক্ষা ভালো না হওয়া সত্ত্বেও তার মনে আশা ছিল সে হয়তো মেনস পরীক্ষার জন্য সিলেক্টেড হবে। সেই জন্যই রেজাল্ট বেরোলে সফল পরীক্ষার্থীদের তালিকায় নিজের নাম দেখতে না পেয়ে সে একেবারে হতভম্ব হয়ে যায়। মার্কস বেরোনোর পর দেখা যায় যে জেনারেল স্টাডিজে ভালো স্কোর করলেও CSAT পরীক্ষায় সে পাশ করতে পারেনি।

ভয় আর হতাশা মিনুর কাঁধে চেপে বসে তাকে যেন একেবারে অবশ করে তোলে। অফিসে কলিগদের মুখোমুখি হতেও ভয় করতে শুরু করে তার। অফিসে যোগ দেওয়ার মতো দুঃসাহসিক কাজের সামনে নতি স্বীকার করে নিজেকে বাড়িতেই আটকে ফেলে মিনু। জোশির বহু চেষ্টা সত্ত্বেও এই হতাশার জাল কেটে কিছুতেই বেরিয়ে আসতে পারে না সে।

সব গভীর রাতের একসময় অবসান হয়। জোশির ঐকান্তিক সমর্থন ও ভালোবাসা মিনুকে ধীরে ধীরে স্বাভাবিক জীবনে ফিরিয়ে নিয়ে আসে। অনিচ্ছা সত্ত্বেও অফিসের কাজে যোগ দেয় সে। দিন কাটতে থাকে। আর মিনুও ধীরে ধীরে নিজের মধ্যে এক নতুন শক্তির সন্ধান পায়।

এই শক্তিতে ভর করেই সে ২০১৯ সালের প্রিলিমিনারি পরীক্ষায় বসার জন্য সে অফিসে আরও একবার ছুটির দরখাস্ত করে। কিন্তু ভাগ্যের অমোঘ পরিহাসে এবারেও CSAT পাশ করতে অপারগ হয় মিনু।

প্যান্ডেমিকের আশীর্বাদ

২০২০ সালের ১২ ফেব্রুয়ারি মিনু ইউপিএসসির সিভিল সার্ভিস ২০২০ এর একটা অ্যাডভার্টাইজমেন্ট দেখতে পায়। অফিস থেকে বেরিয়ে মিনু ওই অ্যাডভার্টাইজমেন্টের একটা ফটোকপি করে পরে সেই ফটোকপি জোশিকে দেখায় সে।

"আমার কি আরেকবার পরীক্ষাটা দেওয়া উচিত? যদি আমি আবার বিফল হই তাহলে কী হবে?" জোশিকে জিজ্ঞেস করে মিনু। তার দুচোখে তখন টলটল করছে জল।

"সময়ের সঙ্গে সাফল্য আসতে বাধ্য, মিনু। ছুটি নিয়ে মন দিয়ে প্রস্তুতি নাও। এবারের পরীক্ষাটা নিজের জন্য নয়, আমার জন্য দাও।" আলতো করে মিনুর হাত ধরে তাকে আশ্বস্ত করে জোশি।

"কিন্তু আমি এর মধ্যে এত কিছু মিস করে ফেলেছি! বিশেষ করে ডুডুলের (জেরেমিয়া) বড় হওয়ার মুহূর্তগুলোসারা জীবন ধরে তো জুয়া খেলা সম্ভব নয়। এবারের পরীক্ষাটাই আমার শেষ চেষ্টা হবে।" দৃঢ় স্বরে বলে ওঠে মিনু।

পরের দিন সকাল থেকেই নতুন করে সংকল্প নিয়ে মিনু সিভিল সার্ভিস পরীক্ষার প্রস্তুতি নিতে শুরু করে। কিন্তু কিছু দিনের মধ্যেই তার প্রস্তুতি কোভিড নাইন্টিন-এর কারণে থমকে যায়। ভাইরাসের ছড়িয়ে পড়া আটকানোর জন্য কেরালা গভর্নমেন্ট ৮ মার্চ ২০২০ থেকে সমস্ত কোচিং ইনস্টিটিউট বন্ধ করার নির্দেশ দেন। প্রিলিমিনারি পরীক্ষাটাও অনির্দিষ্টকালের জন্য পিছিয়ে যায়।

অসংখ্য মানুষের মতোই বাড়িতে বন্দী হয়ে পড়ে মিনু। হাতে নিরবিচ্ছিন্ন সময় পাওয়ায় বহুদিন পর নিজের জীবনের বিভিন্ন দিকগুলো সম্পর্কে চিন্তা করার অবকাশ পায় সে। তার জীবনে জোশি যে কতটা জায়গা জুড়ে রয়েছে, সে সেটা যেন আবার নতুন করে বুঝতে পারে।

"আমার ধারণা ছিল দিনের বেশিরভাগ সময়ে একে অপরের সাহচর্য পাই না বলেই আমাদের বিয়েটা টিকে গিয়েছে। কিন্তু এটা খুবই ভুল ধারণা। লকডাউনের সময় আমরা সব সময় একসঙ্গে থেকেছি। একসঙ্গে রান্না করেছি, টিভি দেখেছি, ঘণ্টার পর ঘণ্টা গল্প করেছি; সত্যি কথা বলতে কী, একে অপরের সাহচর্য খুব উপভোগ করেছি। এতদিনে বোধহয় আমি জোশিকে সত্যিই চিনতে পেরেছি।" জুম কলে গল্প করার সময় নিজের এক বন্ধুকে মিনু বলে।

জোশির বন্ধুরা মিনুর আইএএস পরীক্ষায় বসার সিদ্ধান্ত নিয়ে তাকে প্রায় সবসময়ই বিভিন্ন প্রশ্ন করত। "যদি তোর বউ সত্যিই আইএস অফিসার হয়ে যায়, তাহলে তুই কী করবি? তুই তো একটা মামুলি টেকনিশিয়ান। ওর থেকে অনেক নিচু পদে থাকবি তুই। ও তখন একটা বাংলোয় থাকবে, গাড়িতে চড়বে, প্রচুর ক্ষমতা থাকবে ওর" প্রায়ই এসব কথা বলে তারা।

একদিন মজা করতে করতে জোশি মিনুকে জিজ্ঞেস করে, "পরীক্ষায় পাশ করে আইএএস অফিসার হয়ে যাওয়ার পরেও তুমি আমার সঙ্গে বাইকে চেপে ঘুরতে যাবে তো?"

প্রাণ খোলা হাসি হেসে মিনু তাকে জড়িয়ে ধরে। বলে, "আমার চাকরিটাই খালি বদলে যাবে, কিন্তু মানুষটা তো আমি একই থাকবো। আমি সারা জীবন তোমার সঙ্গে বাইকে চেপে ঘুরতে যাব।"

কোচিং অ্যাকাডেমির উপহার

COVID 19 প্যান্ডেমিক চলাকালীন মিনু তার সব থেকে প্রিয় বন্ধু অস্বাথির (নাম পরিবর্তিত) সঙ্গে জুম কলের মাধ্যমে পড়াশোনা করত। একদিন পড়াশোনা করতে করতে অস্বাথি বলে, "মিনু তুই কি জানিস, আমাদের অ্যাকাডেমির কাছেই কোচিং অ্যাকাডেমির একটা ফ্ল্যাট আছে? তুই সেন্টার ইনচার্জের কাছে একবার অনুরোধ করে দেখ না, যদি তিনি ওই ফ্ল্যাটে থেকে আমাদের পড়াশোনা করার অনুমতি দেন! তুই ওঁদের টেস্ট সিরিজে টপ পারফর্মার। তুই যদি অনুরোধ করিস, তাহলে ওঁরা সেই অনুরোধ ফেলতে পারবেন না।"

কথাটা শুনে মুহূর্তের জন্য মিনুর চোখ উৎসাহে জ্বলজ্বল করে ওঠে। কিন্তু বেশ কয়েক মাসের জন্য তার স্বামী এবং ছেলেকে ছেড়ে থাকতে হবে ভেবে পর মুহূর্তেই তার উৎসাহে ভাটা পড়ে। তাদের দুজনের এই কথোপকথন আকস্মিক ভাবে জোশি শুনতে পেয়েছিল। মিনুকে সে-ই বুঝিয়ে সুঝিয়ে রাজি করিয়ে বলে, "তুমি আর অস্বাথি একসঙ্গে থাকলে বেশি ভালো করে পড়াশোনা করতে পারবে।" জোশির উৎসাহে মিনু তার পরের দিনই সেন্টার ইনচার্জের সঙ্গে এই বিষয়ে কথা বলে। মিনু অনুরোধ করা মাত্রই সেন্টার ইনচার্জ এই প্রস্তাবে রাজি হয়ে যান।

জিনিসপত্র ব্যাগে গুছিয়ে নিতে নিতে মিনু বেশ বুঝতে পারে তার সারা দেহে উত্তেজনার শিহরন খেলে যাচ্ছে। কিন্তু যাওয়ার সময় এগিয়ে আসতেই সমস্ত উত্তেজনা নিভে গিয়ে দুঃখের পাহাড় মাথার উপরে ভেঙে পড়তে চায় যেন। জোশি আর ছেলেকে এই কয়েক মাস ছেড়ে থাকতে হবে, এই চিন্তা করতেই তার বুকটা যেন ভেঙে আসে।

সেই রাতে অন্ধকার ঘরে শুয়ে মিনুর চোখে ঘুম আর আসতে চায় না। তার মনে কেবলই তার ছেলের আর জোশির হাসি ভরা মুখ ভেসে উঠতে থাকে। চোখের জল গড়িয়ে পড়ে দুই গাল ভাসিয়ে দেয়।

পরের দিন সকালে ব্রেকফাস্টের পর মিনু সুটকেসটা গাড়ির ডিকিতে

রাখে। তার ছেলে শক্ত করে দুই হাত দিয়ে তার গলা জড়িয়ে ধরে। তাকে চুমু খেয়ে মিনু তার কাছে প্রতিজ্ঞা করে যে প্রতিদিন সে ভিডিও কল করবে। আরো প্রতিজ্ঞা করে যে সে খুব দ্রুত সমস্ত কাজ শেষ করে তার কাছে ফিরে আসবে। ছেলের গালে চুমু খেয়ে কোনোমতে চোখের জল লুকিয়ে গাড়িতে উঠে বসে সে। মাউন্ট ইউপিএসসি জয় করার প্রবল চাপ ক্রমশই চেপে ধরে তাকে।

নতুন অ্যাপার্টমেন্টে মিনু আর অস্বাথি দুজনেই পড়াশোনায় ডুবে যায়। সময় বাঁচানোর জন্য প্রতি দু দিনে তারা একবার রান্না করে আর সপ্তাহে একবার অ্যাপার্টমেন্ট পরিস্কার করে। প্রতিদিন নিয়ম করে আত্মীয় পরিজনদের সঙ্গে ভিডিও কলে কথা বলাটাই মিনুর কাছে লাইফ লাইন হয়ে দাঁড়ায়।

২০২০ সালের ৪ অক্টোবর শেষ পর্যন্ত প্রিলিমিনারি পরীক্ষা হয়। যদিও মিনুর প্রস্তুতি খুবই ভালো ছিল কিন্তু তাও CSAT নিয়ে তার মনের মধ্যে চেপে বসা ভয়টা সে কিছুতেই ঝেড়ে ফেলতে পারছিল না। "চেট্টান, জেনারেল স্টাডিজের পার্ট নিয়ে আমি মোটামুটি কনফিডেন্ট। কিন্তু আমার ভয়টা হচ্ছে যে আমি হয়তো CSAT পাশ করতে পারবো না।" পরীক্ষা কেন্দ্রে যাওয়ার সময় জোশির কাছে স্বীকার করে মিনু।

"CSAT পাস করার একটা সহজ ট্রিক আমি জানি। কিন্তু সেটা আমি তোমাকে জেনারেল স্টাডিজের পরীক্ষার পরে বলবো।" এক গাল হেসে মিনুকে সাহস জোগায় জোশি।

এর আগের পরীক্ষার সময়েই জোশি মিনুর মধ্যে একটা অদ্ভুত প্যাটার্ন লক্ষ করে। জেনারেল স্টাডিজের পরীক্ষা দিয়ে আসার পরে আর CSAT দেওয়ার আগে মিনু গাড়িতে বসে তার উত্তর ঠিক হয়েছে কিনা সেটা মেলানোর চেষ্টা করতে থাকে। পরীক্ষায় কোনো প্রশ্নের উত্তর ভুল হয়েছে এটা বুঝতে পারলেই মিনুর মেজাজ খারাপ হয়ে যায় আর CSAT এর আগে নিজের উপর তার বিশ্বাসও কমতে শুরু করে।

মিনুর জেনারেল স্টাডিজের পরীক্ষা শেষ হওয়ার পরে জোশি ইচ্ছা করে তার কাছ থেকে প্রশ্নপত্রটা এবং ফোনটা নিয়ে নেয়। দৃঢ় গলায় বলে, "এইটাই হচ্ছে CSAT ক্লিয়ার করার আসল ট্রিক। CSAT দিয়ে বেরোনোর আগে তুমি তোমার ফোন আর এই প্রশ্নপত্র কোনোটাই হাতে পাবে না।"

জোশির এই জোরাজুরির ফলেই হয়তো মিনু চোখ বন্ধ করে CSAT পাস করে সোজা পরীক্ষার পরবর্তী ধাপের দোরগোড়ায় পৌঁছে যায়।

শেষ যুদ্ধ

প্রিলিমিনারি পরীক্ষার রেজাল্টের জন্য অপেক্ষা না করেই মিনু আর অস্বাথি মেনস পরীক্ষার প্রস্তুতি শুরু করে দেয়। মিনু ২০১৭ সালের মেনস পরীক্ষার পারফরম্যান্স এর চুলচেরা বিশ্লেষণ করে যে যে বিষয়ে সে দুর্বল, সেগুলোর উপর বেশি জোর দেয়। এছাড়াও প্রত্যেকটা পেপারের জন্য টেস্ট সিরিজ দেয়, আর খুব মনোযোগ দিয়ে বড় উত্তর লেখা অভ্যাস করতে থাকে। প্রশিক্ষকদের ফিডব্যাকের উপর নির্ভর করে সে নিজের উত্তর দেওয়ার পদ্ধতিতে কিছু কিছু পরিবর্তনও আনে।

তাদের কঠিন পরিশ্রমের ফলশ্রুতিতেই মিনু এবং অস্বাথি দুজনেই সফলভাবে মেনস পরীক্ষায় পাশ করে।

তিরুবনন্তপুরমে ইন্টারভিউ রাউন্ডের প্রস্তুতির যে খুব একটা সুযোগ নেই সেটা বুঝতে পেরে মিনু স্থির করে যে অস্বাথির সঙ্গে সে এক মাস দিল্লিতে গিয়ে থাকবে। এই এক মাস দিল্লিতে বিভিন্ন মক ইন্টারভিউয়ে অংশগ্রহণ করে মিনুর আত্মবিশ্বাস বেশ খানিকটা বেড়েও যায়।

বাড়িতে মিনু আর অস্বাথি একে অপরের সঙ্গে নিয়মিত মক ইন্টারভিউ দেওয়ার অভ্যাস করে। অস্বাথির ইন্টারভিউ হয়ে যাওয়ায় সে ফিরে গেলে মিনুর মা দিল্লিতে চলে আসেন। এর পর মায়ের সঙ্গে মক ইন্টারভিউ অভ্যাস করতে থাকে সে। মায়ের থেকে মিনু বেশ গুরুত্বপূর্ণ কিছু ফিডব্যাকও পায়। মায়ের দেওয়া সেই ফিডব্যাক অনুসরণ করে সে তার উচ্চারণ এবং উত্তর দেওয়ার ধরনে কিছু পরিবর্তন আনে।

ইন্টারভিউ রাউন্ডের ঠিক আগের দিন গাইডেন্সের জন্য মিনু পান্ডাকে ফোন করে। তিনি খুব সহজ কিন্তু গুরুত্বপূর্ণ উপদেশ দেন মিনুকে। বলেন, "যেরকমভাবে তুমি আমার সঙ্গে কথা বলছ, ঠিক এইরকম ভাবে তুমি বোর্ডের সঙ্গে কথা বোলো। জাস্ট বি ইয়োরসেলফ!" পান্ডা স্যারের এই উপদেশ মিনুর আত্মবিশ্বাস অসম্ভব বাড়িয়ে তোলে।

২১ সেপ্টেম্বর ২০২১। একটা সবুজ রঙের শাড়ি পরে মিনু তার পার্সোনালিটি টেস্টের জন্য ফের ইউপিএসসি সেন্ট্রাল হলে এসে উপস্থিত হয়। লাঞ্চের পরে তার ইন্টারভিউ হওয়ার কথা। ঠান্ডা মাথায় ইন্টারভিউয়ের জন্য অপেক্ষা করতে করতে মিনু অন্যান্য পরীক্ষার্থীদের সঙ্গে গল্পগুজব

করতে থাকে। বিকেল সাড়ে পাঁচটার সময় একজন সহায়ক এসে তাকে ইন্টারভিউ রুমে নিয়ে যায়।

মিনু ইন্টারভিউ রুমে ঢুকতেই একজন বোর্ড মেম্বার খুব ক্যাজুয়ালি বলে ওঠেন, "আমার নাতনির নামও মিনু!" তাঁর কথায় বোর্ড মেম্বাররা সকলেই হেসে ওঠেন। এক মুহূর্তের এই উষ্ণতা মিনুকে অনেকটাই সহজ করে তোলে। তার ঠোঁটেও ফুটে ওঠে সহজ হাসি।

বোর্ডের সদস্যরা তার DAF এর বিভিন্ন বিষয় নিয়ে তাকে প্রশ্ন করেন। বায়োকেমিস্ট্রি, ভূগোল এবং তার পুলিশে চাকরির অভিজ্ঞতা নিয়ে একাধিক প্রশ্নের উত্তর দিতে হয় মিনুকে। একইসঙ্গে সে তার বেড়াতে যাওয়ার গল্প, কোন কোন রাজ্যে সে গিয়েছে সেই কথা এবং তার বিদেশ দেখার গল্পও বলে বোর্ডের সদস্যদের। যদিও মিনুকে করা প্রশ্নগুলো সবকটাই কঠিন ছিল, কিন্তু তাতে কোনোভাবেই অভিভূত হয়ে পড়েনি সে।

ঢোলপুর হাউস থেকে বেরিয়ে মিনু ভাবে, "এই বারের পারফরম্যান্সটা হয় খুব ভালো হয়েছে, নয়তো খুব খারাপ। সে যাই হোক না কেন, এইবারের পরীক্ষাই আমার শেষ পরীক্ষা। এইখানে আমি আমার আইএএস পরীক্ষার যাত্রা সমাপ্ত করলাম।"

মহারানির জয়যাত্রা

২০২১ সালের ২৪ শে সেপ্টেম্বর যখন মিনু তার অফিসে পা রাখে তখন তার সারা দেহমন উত্তেজনায় চনমন করছে। হোয়াটসঅ্যাপ আর টেলিগ্রাম গ্রুপগুলোতে সকাল থেকে গুজব ছড়িয়ে পড়েছে যে আজই ইউপিএসসি ২০২০-র রেজাল্ট বেরোবে। সারাদিন কাজে মন বসাতে না পেরে মিনু কেবলি তার ফোন চেক করতে থাকে। এর মধ্যে সকাল ১১টা নাগাদ মিনুর কাছে জোশির ফোন আসে।

"মিনু COVID 19 এর সেকেন্ড ভ্যাকসিনটা আজকে নিতে যেতে হবে ভিএসসিসিতে। তুমি কি চলে আসবে, নাকি আমি তোমাকে আনতে যাব?" জিজ্ঞেস করে জোশি।

প্রচণ্ড নার্ভাস হয়ে মিনু বলে, "আমি আজকে কিছুতেই বাস ধরতে পারবো না সোনা। সবাই বলছে, আজকেই নাকি রেজাল্ট বেরোবে। আমি প্রচণ্ড নার্ভাস হয়ে রয়েছি। আমাকে নিতে এসো প্লিজ।"

জোশি সঙ্গে সঙ্গে তাকে আশ্বস্ত করে বলে, "একদম চিন্তা কোরো না, আমি এক্ষুনি তোমাকে নিতে আসছি। এবারে তুমি পাশ করবেই।" জোশির কথায় মিনু একটু আশ্বস্ত হয়।

ভ্যাকসিন নেওয়ার পরে জোশি মিনুকে অফিসে ছেড়ে দিয়ে আসতে চায়। কিন্তু মিনু তখন আর জোশিকে ছেড়ে যাওয়ার মতো মানসিক অবস্থায় নেই। সে বলে, "চেট্টান, আমি ভীষণ স্ট্রেসড হয়ে রয়েছি। অফিস থেকে বরং সেকেন্ড হাফটা ছুটি নিয়ে নিই। চলো আমরা বিচে বেড়াতে যাই।"

মিনুর মানসিক পরিস্থিতির কথা বুঝতে পেরে জোশিও সঙ্গে সঙ্গে রাজি হয়ে যায়। গাড়ি নিয়ে বিচে চলে গেলেও গরমের জন্য গাড়ির ভিতরেই বসে থাকতে বাধ্য হয় তারা। মিনুর স্ট্রেস কমানোর জন্য জোশি তার জন্য বিভিন্ন রকমের মুখরোচক খাবার কিনে আনতে থাকে।

বেলা গড়ানোর সঙ্গে সঙ্গে মিনুর মানসিক চাপও বাড়তে থাকে। হঠাৎ করে সে বলে ওঠে, "চেট্টান, আমি অস্বাথির সঙ্গে দেখা করতে চাই। চলো, ওকে সঙ্গে নিয়ে আমরা ফের বিচে আসব।"

তারা দুজনে মিলে অস্বাথির বাড়িতে গিয়ে তাকে সঙ্গে নিয়ে ফের বিচে ফিরে আসে। রেজাল্ট নিয়ে যত মেসেজ ঢুকতে থাকে, মিনুর মানসিক চাপ তার সঙ্গে পাল্লা দিয়ে বাড়তে থাকে। শেষ পর্যন্ত সন্ধ্যা ৭টা নাগাদ টেলিগ্রাম থেকে রেজাল্টের ছবি পায় মিনু।

নিঃশব্দে ভগবানের কাছে একবার প্রার্থনা করে নিয়ে দুরুদুরু বুকে অস্বাথি এবং মিনু দুজনে রেজাল্টের ছবি ডাউনলোড করে স্ক্রল করতে থাকে। হঠাৎ করে উত্তেজনায় ফেটে পড়ে অস্বাথি। গাড়ির ভিতরের নৈঃশব্দ্য খানখান করে দিয়ে সে বলে ওঠে, "কংগ্রাচুলেশন মিনু! তুই চান্স পেয়ে গিয়েছিস। তোর সিরিয়াল নম্বর ১৫০।" আনন্দে চিৎকার করে উঠে জোশি বলে, "তোমার সমস্ত পরিশ্রম সফল হয়েছে মিনু। আমি যে কতটা খুশি আর গর্বিত তা ভাষায় প্রকাশ করতে পারব না।"

মিনু নিজের নাম আর রোল নম্বর আরো একবার চেক করে নেয়। তার সমস্ত দেহ মন থেকে টেনশনের সব চিহ্ন যেন গলে পড়ে মুখের হাসিতে। আনন্দে তার চোখ উজ্জ্বল হয়ে ওঠে। কিন্তু নিজের আনন্দ চেপে রেখে অস্বাথির নাম লিস্টে খুঁজতে থাকে মিনু। দুজনে মিলে দুজনের সাফল্য উদযাপন করবে, এই ছিল তার আশা।

বেশ কয়েকবার লিস্টটা তন্নতন্ন করে খুঁজেও অস্বাথির নাম খুঁজে

পাওয়া যায় না। মিনুর সাফল্যের আনন্দ তার প্রিয় বন্ধুর বিফলতায় তিক্ত মধুর হয়ে ওঠে। একসঙ্গে পাঁচ বছরের সুকঠিন এবং দীর্ঘ যাত্রার শেষে নিজের সাফল্য উদযাপন করতে গিয়ে নিজেকে একা বলে বোধ হয় তার।

তারার জন্ম

অস্থাথির জোরাজুরিতে মিনুর তাকে তার বাড়িতে নামিয়ে দেয়। মিনুর ফোন তখন অবিরাম বেজেই চলেছে। মিনুর হয়ে জোশি ফোনে তখন সকলের সঙ্গে কথা বলছে। মিনু চোখ বন্ধ করে গাড়িতে বসে থাকে অচৈতন্যের মতো। তার ভিতরে কীরকম একটা শূন্যতার অনুভূতি হয়। সাফল্যের কথাটা যেন তখনও পুরোপুরি বিশ্বাস হতে চায় না। মিনুর মনে হয় সে নির্ঘাত স্বপ্ন দেখছে। এ যে সত্যি তাই বোঝাতে জোশি একাধিকবার তাকে চিমটিও কেটেছে। কিন্তু তবুও যেন বিশ্বাস হতে চায় না।

"মিনু, অ্যাকাডেমি থেকে ভূগোলের স্যার তোমার সঙ্গে কথা বলতে চাইছেন।" তার দিকে ফোনটা বাড়িয়ে দেয় জোশি। আচমকাই মিনুর মনে আনন্দের একটা ফোয়ারা ওঠে।

"কংগ্র্যাচুলেশন মিনু! আমরা সকলে তোমার সাফল্যে গর্বিত। প্লিজ, এখনই একবার অ্যাকাডেমিতে চলে এসো।" ফোনে এই কথাগুলো শুনে মিনুর মনে হয় তাহলে বোধহয় যা ঘটেছে সব সত্যি।

আর বেশি ভাবনা চিন্তা না করে তারা দুজনে অ্যাকাডেমিতে গিয়ে হাজির হয়। সেখানে গিয়ে দেখে শিক্ষকেরা সকলে গেটে দাঁড়িয়ে তাদের জন্য অপেক্ষা করছেন।

ভূগোল স্যারের কাছে গিয়ে মিনু তাঁকে ধন্যবাদ জানায়। ততক্ষণে দু চোখ বেয়ে নেমে আসা জলের ধারায় তার গাল ভিজে গিয়েছে।

অ্যাকাডেমির ভিতরে মিনুর জন্য একটা অভূতপূর্ব সারপ্রাইজ অপেক্ষা করছিল। মিনুর সাফল্য উদযাপন করার জন্য অ্যাকাডেমির প্রতিষ্ঠাতা একটা গেট টুগেদারের ব্যবস্থা করেছেন। অনেকের সঙ্গে সাধারণের অত্যন্ত পরিচিত একজন মন্ত্রীও সেখানে উপস্থিত। একাধিক মিডিয়ার থেকে প্রচুর প্রতিনিধিরাও এই মুহূর্তের সাক্ষী হওয়ার জন্য হাজির হয়েছেন। তাঁদের ক্যামেরা ঝলসে উঠছে মুহুর্মুহু। রেজাল্ট বেরোনোর মাত্র কয়েক মুহূর্তের মধ্যেই মিনু যেন এক ধাক্কায় লাইমলাইটের মাঝখানে চলে আসে।

এই দৃশ্যে জোশির আনন্দ যেন আর ধরে না। তার মনে হচ্ছিল মিনুর সঙ্গে সেও যেন আইএএস অফিসার হয়ে গিয়েছে। সেখানে দাঁড়িয়ে গত ছয় বছর ধরে মিনু কী অমানুষিক পরিশ্রম করেছে সে কথা ভাবে সে! ছেলেকে ছেড়ে থাকার মতো মিনুর অসংখ্য আত্মত্যাগের কথা ভাবতেই তার চোখ ভিজে আসে।

ঘণ্টাখানেক পরে, অসংখ্য সাংবাদিককে অগুনতি ইন্টারভিউ দিতে দিতে মিনু হঠাৎ খেয়াল করে ঘরের এককোনে জোশি দাঁড়িয়ে এক দৃষ্টিতে তার দিকে তাকিয়ে আছে। চোখে মিনুর জন্য অসম্ভব গর্ব আর মুখে পরিতৃপ্তির হাসি। মিনুর মনে হয় সারা ঘরের সমস্ত শব্দ যেন স্তব্ধ হয়ে এসেছে। তার বুক ছাপিয়ে জোশির জন্য ভালোবাসা আর কৃতজ্ঞতার স্রোত বয়ে যায়। জোশির চোখের দৃষ্টিতে মিনু নতুন করে ছেলেবেলায় তার কৃতিত্বে গর্বিত, আনন্দিত বাবার চাউনিকে খুঁজে পায়।

মিনু আর জোশি শেষ পর্যন্ত যখন বাড়ি ফেরে তখন ঘড়ির কাঁটা সাড়ে দশটার ঘর পেরিয়ে গিয়েছে। বাড়ির সকলে সাদরে তাদের স্বাগত জানায়। তাঁদের প্রত্যেকের ঠোঁটে লেগে রয়েছে গর্বের আর আনন্দের হাসি। সারা বাড়ি তখন আত্মীয় স্বজনে এবং সংবাদ মাধ্যমের লোকে গমগম করছে।

বাবা মাকে বাড়ি ঢুকতে দেখে ছোট্ট জেরেমিয়া এক দৌড়ে তাদের কাছে গিয়ে মিনুকে জড়িয়ে ধরে। এতক্ষণে সে বেশ বুঝতে পেরেছে যে তার মা সাঙ্ঘাতিক কিছু একটা করে ফেলেছে। ঠোঁটে হাসি আর চোখে জল মেখে মিনুকে আদরে নিজের বুকে টেনে নিয়ে মিনুর মা বলেন, "আজ যদি তোর বাবা বেঁচে থাকতেন তাহলে তিনি কী খুশিই না হতেন।"

গর্বে আনন্দে মিনুর বুক ফুলে ওঠে। এ গর্ব শুধু তার নিজের জন্য নয়, এই গর্ব তার পরিবারের মানসিক দৃঢ়তা এবং একনিষ্ঠার জন্যও বটে। তার বাবা মারা যাওয়ার পর মাকে কত কষ্ট সহ্য করতে হয়েছে, সে কথা ভেবে মিনু নিজের চোখের জল আর সামলাতে পারে না। বাঁধ ভেঙে এতক্ষণ ধরে চেপে রাখা আবেগ বন্যার গতিতে নেমে আসে তার দু চোখ বেয়ে।

সাগর পাড় থেকে হিমালয়ের পাদদেশ

উৎসব, ইন্টারভিউ আর রিইউনিয়ান মিলিয়ে পরের দুটো মাস যেন ঝড়ের গতিতে কেটে যায়। ২০২১ সালের ৩০ শে নভেম্বর মিনু দিল্লিতে যাওয়ার

প্লেন ধরার জন্য তৈরি হয়। বিগত কয়েক সপ্তাহ ধরে লালবাহাদুর শাস্ত্রী ন্যাশনাল অ্যাকাডেমি অফ অ্যাডমিনিস্ট্রেশন (LBSNAA) মুসৌরি থেকে প্রাপ্ত লিস্ট মিলিয়ে প্রচুর জিনিস কেনাকাটা করেছে সে। যখন জোশি তার জিনিসপত্র গাড়ির ডিকিতে ভরছিল সেই সময় অস্বাথি একটা ফুলের বোকে নিয়ে সেখানে উপস্থিত হয়। উষ্ণ আলিঙ্গনে মিনুকে বুকে টেনে নিয়ে সে আগামী দিনগুলোর জন্য শুভেচ্ছা জানায়। আবেগের তাড়নায় মিনুর মুখে কোনো কথা জোগায় না। কোনোমতে সে বলে, "আগামী বছর তোমাকে অ্যাকাডেমিতে একজন অফিসার হিসেবে ট্রেনিং নিতে দেখব বলে আমি অধীর আগ্রহে অপেক্ষা করছি।"

২০২১ সালের পয়লা ডিসেম্বর মিনু মিঠুন নামে আরো একজন সফল পরীক্ষার্থীর সঙ্গে একটা ট্যাক্সি করে মুসৌরির উদ্দেশ্যে রওনা দেয়। গন্তব্যে পৌঁছে পাহাড়ের কোলে অবস্থিত অ্যাকাডেমির সৌন্দর্যে মুগ্ধ হয়ে যায় সে। তার মনে গত ৬ বছর ধরে তার অমানুষিক পরিশ্রম এবং সংগ্রামের কথা ভেসে ওঠে। চোখে জল চলে আসে মিনুর। পান্ডার সঙ্গে যে কথোপকথনের ফলে আজ সে এই অ্যাকাডেমির বাইরে দাঁড়িয়ে রয়েছে, সেই সব কথা মনে হয় মিনুর।

বেশ কিছু পরে নর্মদা হোস্টেলে তার জন্য নির্ধারিত ঘরে গিয়ে ওঠে সে। ঘরের ঢুকতেই একমুখ হাসি নিয়ে একজন তার দিকে এগিয়ে আসে। "ওয়েলকাম মিনু! আমি তোমার সঙ্গে কখন দেখা হবে সেই চিন্তাই করছিলাম!" এই মেয়েটি মিনুর রুমমেট। সে ইন্ডিয়ান ইনফরমেশন সার্ভিসের জন্য সিলেক্টেড হয়েছে। মিনু একগাল হেসে তাকে জড়িয়ে ধরে।

"তুমি আমার থেকে বয়সে বড়, তাই আমি তোমাকে আক্কা বলে ডাকবো। জানো তো, তামিলে আক্কা মানে দিদি।"

মিনু হেসে বলে, "বেশ ভাই, তাই হবে! আজ থেকে আমি তোমার আক্কা।"

প্রথম দিনটা অ্যাকাডেমিতে উপস্থিত অন্যান্য অফিসারদের সঙ্গে আলাপ করতেই কেটে যায়। সন্ধেবেলা তারা সকলে মিলে রাতের খাবার খাওয়ার জন্য মেসে যায়। হোস্টেল থেকে চড়াই ভেঙে মেসে যেতে গিয়ে মিনুর কেমন যেন দম বন্ধ লাগে। খাবার টেবিলে বসেও সে বিশেষ কিছু খেতে পারে না। তার প্রচণ্ড ক্লান্ত লাগছিল, মাথা ধরেছিল, আর খাবারের স্বাদও খুব একটা ভালো লাগছিল না। কিন্তু একই সঙ্গে এত জন কম

বয়সী অফিসারদের দেখে তার খুব আনন্দও হয়। এরা সকলেই তাদের দীর্ঘদিনের স্বপ্ন সফল করতে পেরে এত আনন্দিত যে সেই আনন্দ মিনুর মধ্যেও ছড়িয়ে পড়ে।

মুসৌরির আবহাওয়ার সঙ্গে তিরুবনন্তপুরমের আবহাওয়ার কোনো মিলই নেই। চিরকাল গরমে অভ্যস্ত মিনু হঠাৎ করে এই ঠান্ডা পরিবেশে এসে খুবই অস্বস্তিতে পড়ে। প্রথমদিকে মিনুর অসুস্থতার জন্য এবং তারপরে হঠাৎ করে কোভিড ১৯ ছড়িয়ে পড়ার জন্য তাকে বেশ কিছুদিন হোস্টেলের রুমেই বন্দি থাকতে হয়।

২০২২ সালের প্রজাতন্ত্র দিবসের আগে থেকে অ্যাকাডেমিতে মিনুর জীবন বেশ রঙিন হয়ে ওঠে। সে তার সতীর্থদের সঙ্গে বন্ধুত্ব পাতায়, বিভিন্ন অনুষ্ঠানে যোগ দেয়, আর সর্বোপরি প্রতিটা মুহূর্ত প্রাণভরে উপভোগ করতে থাকে। মিনুর মনে হয় সে যেন হঠাৎ করে আবার কলেজে ফিরে গিয়েছে।

ডিস্ট্রিক্ট ট্রেনিংয়ের হাল হকিকত

ফাউন্ডেশন কোর্স চলাকালীন ক্যাডার লোকেশন হাতে পেয়ে মিনু একইসঙ্গে বিস্মিত এবং পুলকিত হয়ে ওঠে। ক্যাডার লোকেশনে তার দ্বিতীয় পছন্দ ছিল মহারাষ্ট্র আর সেই রাজ্যেই তার নতুন ঠিকানা হতে চলেছে। পুনেতে যশবন্ত রাও চৌহান অ্যাকাডেমি অফ ডেভেলপমেন্ট অ্যাডমিনিস্ট্রেশন (YASHADA) তে অল্প কিছুদিনের ট্রেনিংয়ের সময় মিনু তার কলিগদের সঙ্গে মহারাষ্ট্র দর্শন করতে যায়। এতে তাদের যেমন বেড়ানোও হয় তেমনি রাজ্যটার সঙ্গে বেশ একটা পরিচিতিও ঘটে।

এরপরে তাকে তার ট্রেনিংয়ের জন্য ওয়াসিম জেলায় পাঠিয়ে দেওয়া হয়। সেখানে তখন কালেক্টর হিসেবে পোস্টেড ছিলেন সনমুগরাজন এস। তিনি মিনুকে শুধু আন্তরিকভাবে অভ্যর্থনাই জানাননি, পরে মিনুর জীবনের অন্যতম মেন্টরও হয়ে ওঠেন।

মিনু স্থানীয় সংস্কৃতিতে অভ্যস্ত হওয়ার চেষ্টা করে। একই সঙ্গে অল্প অল্প মারাঠিও শিখতে থাকে সে। তার ভাঙা ভাঙা মারাঠিতে বলা কথা শুনে অফিসের স্টাফ থেকে সাধারণ মানুষ, সকলের মুখেই হাসি ফুটে ওঠে।

বিভিন্ন সরকারি অফিসে কাজ করার পর শেষ পর্যন্ত ওয়াসিমের চিফ

অফিসার মিউনিসিপাল কাউন্সিল হিসেবে মিনু কাজে যোগ দেয়। সপ্তাহখানেক যেতে না যেতেই সনমুগরাজন তাকে ডেকে পাঠান।

"এই শহরটার সবথেকে বড় সমস্যা হল এনক্রোচমেন্ট। রাস্তাগুলো আর ভালো করে চেনাই যায় না। সাধারণ মানুষের কী যে অসুবিধা হচ্ছে তা কহতব্য নয়। যত তাড়াতাড়ি সম্ভব এই সব এনক্রোচমেন্ট তুলে দেওয়ার জন্য একটা ড্রাইভের ব্যবস্থা করো।" একদম সোজাসুজি তাকে জানিয়ে দেন সনমুগরাজন।

মিনুর প্রচণ্ড অস্বস্তি হতে শুরু করে। এনক্রোচমেন্ট হটানো মানে প্রচুর মানুষ তাদের জীবন জীবিকা এবং ঘরবাড়ি হারাবেন। তাছাড়াও সাধারণ মানুষের কাছে তার যে একটা নরম বন্ধুত্বপূর্ণ ইমেজ তৈরি হচ্ছে, সেটাও নষ্ট হয়ে যাবে। হিউম্যানিটারিয়ান গ্রাউন্ডের কথা তুলে মিনু বলে, "কিন্তু স্যার, এতে তো হাজার হাজার লোকের প্রচণ্ড অসুবিধা হবে। কত পরিবারের এতে রুটিরুজি নষ্ট হবে।"

কিন্তু মিনুর যুক্তিতে সনমুগরাজনের মন গলে না। "এগুলো সমস্ত সরকারি রাস্তার উপরে তৈরি হওয়া বেআইনি স্ট্রাকচার। এইসব বেআইনি স্ট্রাকচারের জন্য প্রতিদিন যে হাজার হাজার লোকের কত অসুবিধা হচ্ছে, সে কথাও তো তোমাকে ভাবতে হবে।" কঠিন গলায় বলেন তিনি।

এনক্রোচমেন্ট ভেঙে দেওয়ার ড্রাইভের কাজটা যাতে তাকে না করতে হয় সেই জন্য মিনু, নিজের মনে একটু সাহস সঞ্চয় করে মিনতির সুরে বলে, "তা ঠিক স্যার। কিন্তু এখানে অনেক পার্মানেন্ট আর সেমি পার্মানেন্ট স্ট্রাকচার রয়েছে। এসব ভেঙে ফেলার কাজটা খুবই কঠিন হবে। একজন রেগুলার চিফ অফিসার এই কাজটা করলে বোধহয় ভালো হয়।"

কালেক্টর সাহেব কিন্তু নিজের সিদ্ধান্তে অনড় থাকেন। তিনি বলেন, "আমি বুঝতে পারছি কাজটা খুবই কঠিন। কিন্তু তোমার মতো ইয়াং অফিসাররাই তো একটুও ভয় না পেয়ে বা কারো প্রতি পক্ষপাতিত্ব না করে এই রকম জটিল এবং কঠিন কাজ সমাধা করবে। তাছাড়াও এই কাজটা করতে গিয়ে এমন একটা অমূল্য এক্সপেরিয়েন্স তোমার হবে যার ফলে ভবিষ্যতে অনেক কঠিন অ্যাসাইনমেন্ট তোমার কাছে সহজ বলে মনে হবে।

আমি এই ড্রাইভ কমপ্লিট করার জন্য তোমাকে সব রকমের সাহায্য করব। আজই তুমি এই অপারেশনের প্রস্তুতি শুরু করো। আশা করছি,

আগামী দুই সপ্তাহের মধ্যে কাজটা তুমি করে ফেলতে পারবে।" আদেশের সুরে বলেন তিনি।

কালেক্টর সাহেবের কাছ থেকে পরিষ্কার আদেশ পেয়ে মিনু তার শান্তিপূর্ণ বন্ধু ভাবাপন্ন ভাবমূর্তি পরিত্যাগ করে সাধারণের কাছে এক ভয়ংকর রূপে ধরা দেয়।

সেজন্য অনেক রকম বাধাবিপত্তির মুখেও পড়তে হয় তাকে। সবার আগে আসে আইনি লড়াই। জেলা আদালতে তার এবং কালেক্টর সাহেবের বিরুদ্ধে দেড়শো কেস জমা পড়ে। কিন্তু তাতে ভয় না পেয়ে মিনু প্রিন্সিপাল ডিস্ট্রিক্ট জাজের সঙ্গে সাক্ষাৎ করে। এই বিষয়ে তার জোরালো যুক্তি শুনে জজ সাহেব সমস্ত পিটিশন খারিজ করে দেন।

কিন্তু এতেই বাধার অবসান হয় না। স্থানীয় রাজনৈতিক নেতাদের কাছ থেকে এবার আসতে থাকে রাজনৈতিক চাপ। উচ্ছেদের দিন বিশাল জনতা এক জায়গায় জড়ো হয়। মিনুর বিরুদ্ধে তারা স্লোগান দিতে থাকে। কয়েকজন পাথরও ছোড়ে। কিন্তু মিনু ঠান্ডা মাথায় উত্তেজিত জনতাকে শান্ত করে।

জবরদখল উচ্ছেদ শেষ্ হওয়ার পরে শহরের চেহারা যেভাবে বদলে যায় তা দেখে আশ্চর্য হয়ে যায় মিনু। ওয়াসিমের নাগরিকেরাও শহরের এই আমূল পরিবর্তন বিশ্বাস করতে পারে না। বোধহয় এই প্রথমবার তারা নিজেদের শহর যে ঠিক কতটা সুন্দর তা বুঝতে পারে। চওড়া রাস্তা, সুন্দর ফোয়ারা, যেগুলো একসময় জবরদখল হয়ে গিয়েছিল, তা পুনরায় জনসমক্ষে বেরিয়ে আসে। শহরটা যে কত যত্ন সহকারে পরিকল্পনা মাফিক তৈরি করা হয়েছিল, তা খুব সহজেই বোঝা যায়।

আগস্ট ২০২২ এ তার ডিস্ট্রিক্ট ট্রেনিং শেষ হওয়ার পর মিনু যখন ওয়াসিম ছেড়ে চলে যায় তখন তাকে বিদায় জানানোর জন্য সাধারণ মানুষ সার্কিট হাউসে ভিড় করে আসেন। তার ড্রাইভার আর পিএসও'র পরিবার পথে খাওয়ার জন্য লাঞ্চ প্যাক করে দেয়। সকলের কাছে কৃতজ্ঞতা জ্ঞাপন করার পর মিনু নতুন আরেকটা জেলায় যাওয়ার জন্য গাড়িতে উঠে বসে, যেখানে তার জন্য আরো অনেক রকমের চ্যালেঞ্জ অপেক্ষা করে রয়েছে।

***

মিনুর গল্পের কয়েকটি প্রধান বক্তব্য

১. **আইএস হওয়ার স্বপ্ন ভুলে যেয়ো না:** বিয়ের পরে বা মা হওয়ার পরে ভারতের বেশিরভাগ মহিলারাই তাদের আইএএস হওয়ার স্বপ্ন জলাঞ্জলি দেন। মিনুর এই যাত্রা দেখিয়ে দেয় যে দৃঢ়প্রতিজ্ঞ হলে, বাড়ির এবং অফিসের সমস্ত দায়িত্বকর্তব্য সামলানোর পরেও তুমি তোমার স্বপ্ন সফল করতে পারো।

২. **বয়স কোনো বাধা নয়:** ইউপিএসসির বেঁধে দেওয়া বয়স সীমার মধ্যে যেকোনো সময় তুমি তোমার আইএএস হওয়ার স্বপ্ন সফল করতে পারো। কম বয়সি পরীক্ষার্থীদের সঙ্গে প্রতিযোগিতা করার কথা ভেবে ভেঙে পড়ো না। কঠিন পরিশ্রমের সঙ্গে সঙ্গে রুটিন মাফিক পড়াশোনা করলে যে কোনো বয়সের বাধা অতিক্রম করা সম্ভব। নিজের বয়স এবং জীবনের অভিজ্ঞতাকে বাধা নয় বরং সম্পদ হিসেবে মনে করো।

৩. **বিফলতাকে সফল হওয়ার সিঁড়ি হিসাবে দেখো:** সিভিল সার্ভিস পরীক্ষায় বিফল হওয়াটা খুব সাধারণ ব্যাপার। কাজেই এটাকে একটা শিক্ষা মনে করে এগোনো প্রয়োজন। পরীক্ষার সবকটা ধাপ অতিক্রম করার পরেও পরবর্তী প্রিলিমিনারিতে তুমি পাস নাও করতে পারো। কাজেই ভেঙে পড়ো না। বিফলতাকে অস্ত্র করে নিজেকে আরো শক্ত করে তোলো যাতে পরবর্তী পরীক্ষায় তুমি আরো ভালো ফল করতে পারো।

৪. **CSAT পরীক্ষা মন দিয়ে দাও:** CSAT পরীক্ষা কোয়ালিফাইং বলে অনেক পরীক্ষার্থীই এটাকে ততটা গুরুত্ব দেয় না। কিন্তু এই পেপার খুবই গুরুত্বপূর্ণ। প্রতিবছর হাজার হাজার পরীক্ষার্থীর জেনারেল স্টাডিজ পেপার ভালো হওয়া সত্ত্বেও CSAT পরীক্ষায় তারা পাস করতে পারেন না। নিজের শক্তি আর দুর্বলতা আগে থেকে পর্যালোচনা করে নিয়ে CSAT পরীক্ষার জন্য নিজেকে প্রস্তুত করো। CSAT পরীক্ষার আগে জেনারেল স্টাডিজ পরীক্ষায় তোমার পারফরম্যান্স কীরকম হয়েছে সেটা নিয়ে আর ভেবো

না। পরীক্ষা দেওয়ার সময় তোমার মন যেন শান্ত এবং একনিষ্ঠ থাকে সেই চেষ্টা করতে হবে।

৫. **কম্পিটিশনকে ভয় পেয়ো না বা নিজেকে ছোট বলে মনে করো না:** কম্পিটিশনকে ভয় কোরো না। দিল্লি কিংবা অন্যান্য মেট্রো সিটির থেকে আসা পরীক্ষার্থীদের থেকে নিজেকে কিছু কম বলেও মনে কোরো না। তোমার পরিশ্রম, নিয়মানুবর্তিতা এবং অধ্যাবসায় সবথেকে বেশি গুরুত্বপূর্ণ। নিজের সঙ্গে নিজে প্রতিযোগিতা করো। সমানে যাতে নিজের উন্নতি হয় সেই চেষ্টা করো। হীনমন্যতাকে কোনোভাবেই জিততে দিও না।

৬. **ঠান্ডা মাথায়, সৎভাবে, আত্মবিশ্বাসের সঙ্গে ইন্টারভিউ দাও:** ইন্টারভিউয়ে কেবল তুমি কতটা জানো সেটাই দেখা হয় না বরং তার থেকে বেশি দেখা হয় তোমার পার্সোনালিটি কীরকম সেটা। আত্মবিশ্বাস নিয়ে ইন্টারভিউ বোর্ডের সামনে দাঁড়াও। মাথা ঠান্ডা রাখো। সৎভাবে সমস্ত প্রশ্নের উত্তর দাও। যদি কোনো প্রশ্নের উত্তর জানা না থাকে সেটা স্বীকার করতে ভয় পেয়ো না। জ্ঞানের সঙ্গে সঙ্গে সততাকেও বোর্ড সমানভাবে স্বীকৃতি দেয়। ইন্টারভিউকে একটা কথোপকথনের মতো বলে মনে করো। সহজ ভাবে কথা বলো যাতে তোমার সত্যিকারের পার্সোনালিটিটা সহজেই বোঝা যায়।

দ্বিতীয় অধ্যায়

প্রথম চেষ্টাতেই লক্ষ্যভেদ

প্রবল আনন্দের উচ্চকিত চিৎকারে রেগার পুরা ফেটে পড়ে

২০২১ সালের ২৪ সেপ্টেম্বর। দিল্লির করোল বাগের রেগারপুরার রাস্তায় সূর্যের আলো, শব্দ, বর্ণ, আর গন্ধের মিশেল অদ্ভুত ক্যালাইডোস্কোপের সৃষ্টি করেছে। রাস্তার ধারের খাবার দোকান আর আর চায়ের ঠেকগুলোয় ভিড় করে আসা জনতার গলার শব্দে আর রেডিও থেকে ভেসে আসা গানের আওয়াজে গোটা এলাকা গমগম করছে।

একসময় চামড়ার ফ্যাক্টরির কেন্দ্রস্থল ছিল রেগার পুরা। কিন্তু এখন পেইং গেস্ট আর বিভিন্ন রকমের দোকানে ছেয়ে গিয়েছে এই গোটা অঞ্চলটা। দিল্লির অনেক নামী কোচিং অ্যাকাডেমির খুব কাছে অবস্থিত হওয়ায় আর এই অঞ্চলে প্রচুর সস্তায় থাকার জায়গার ব্যবস্থা থাকার কারণে সিভিল সার্ভিস পরীক্ষার্থীদের কাছে রেগার পুরা অত্যন্ত জনপ্রিয় হয়ে উঠেছে।

সেদিন সন্ধ্যা ৬টা ৪৫ মিনিট নাগাদ রেগার পুরার ঘন জনবসতির মধ্যস্থিত একটা অত্যন্ত সাধারণ চারতলা বাড়ির ভিতর থেকে আচমকা আনন্দে উচ্ছ্বল চিৎকার ভেসে আসে। আবেগের বিপুল ঝড় বয়ে যায় বাড়িটার একতলায়।

উচ্চকিত এই চিৎকারে চমকে গিয়ে বাড়িটির একই তলায় বসবাসকারী তিনটি ছেলে শব্দের উৎস স্থল লক্ষ্য করে দৌড়ে যায়। চিৎকারটা শুরু হয়েছে এক কোনের একটা খুব ছোট্ট ঘর থেকে। সেই ঘরে সত্যম গান্ধী বলে একটা মুখচোরা ছেলে থাকে। মাত্র বছর দেড়েক আগে থেকে সে এই ঘরটায় থাকতে শুরু করেছে। ঘর থেকে একেবারেই বেরোয় না

বলেই হয়তো সত্যম এই বাড়িতে থাকা অন্যান্য ছেলেদের কাছে বেশ পরিচিত।

ঘরের ভিতরে কিছু একটা সাংঘাতিক ঘটনা ঘটেছে মনে করে সেই তিনটি ছেলের একজন বন্ধ দরজাটায় ধাক্কা মেরে বসে। সবাইকে অবাক করে দিয়ে ওই সামান্য ধাক্কায় দরজাটা খুলেও যায়। ঘরের ভিতরের দৃশ্য একেবারে অবাক করার মতোই বটে। ছোট্ট ৫০ স্কোয়ার ফুটের ঘরটা বই, ম্যাগাজিন আর খবরের কাগজের ভারে যেন ফেটে পড়ছে। টেবিল, খাট, এমনকী মেঝেতে পর্যন্ত বইপত্র ছড়িয়ে রয়েছে।

এই প্রচণ্ড অগোছালো ঘরটার ঠিক মাঝখানে পাতা খাটের উপর দাঁড়িয়ে আনন্দে চিৎকার করছে সত্যম গান্ধী। বাচ্চা ছেলেদের মতো খাটের উপরে লাফাচ্ছে সে। তার গলার স্বর থেকে সে কাঁদছে না হাসছে তা ঠিক মতো করে বোঝাই দায়। "আমি পেরেছি! আমি পেরেছি! আমি ভাবতেই পারছি না যে আমি প্রথমবারেই করতে পেরেছি!!"

প্রচণ্ড কৌতূহলী হয়ে একজন ছেলে জিজ্ঞেস করে, "ভাই, কী হয়েছে?"

হঠাৎ করে ঘরের মধ্যে তিনটে ছেলেকে দাঁড়িয়ে থাকতে দেখে একটু লজ্জিত হয়ে পড়ে সত্যম। তারপরই এক গাল হেসে বলে, "আমি সিভিল সার্ভিস পরীক্ষায় (CSE) পাশ করে গিয়েছি। প্রথমবারের চেষ্টাতেই আমি দশম স্থান অধিকার করেছি।" কথা বলতে বলতেই চোখ থেকে নেমে আসা আনন্দাশ্রু কাঁপা কাঁপা হাতে মুছে নেয় সে।

ছেলেগুলো ভাসা ভাসা জানতো যে সত্যম সিভিল সার্ভিস পরীক্ষার প্রস্তুতি নিচ্ছে। তার একনিষ্ঠতা আর সংকল্প যে কতটা তার পরিচয় তারা আগেই পেয়েছে। কিন্তু সত্যমের এই কীর্তিতে তারা সত্যিই ভীষণ অবাক হয়ে যায়। তাদের পাশের ঘরের শান্ত ছেলেটা সিভিল সার্ভিস পরীক্ষায় টপ র‍্যাঙ্ক করেছে! এ যে অভাবনীয়!!

"এ তো দারুণ খবর ভাই! আমরা তোমার জন্য খুব গর্বিত।" একইসঙ্গে তিনজনে বলে ওঠে। তারা সত্যমকে বুকে জড়িয়ে ধরে, হাতে হাত মিলিয়ে এই সাফল্যে আন্তরিক অভিনন্দন জানায়। তারপর সেই ছোট্ট ঘরের যেটুকু জায়গা খালি ছিল, সেখানেই সকলে মিলে বসে পড়ে। সত্যমের ফোনে তখন অবিরাম অভিনন্দনের মেসেজ ঢুকছে। ঘরটা ছোট হওয়ার কারণেই ফোনের সব কথোপকথন তারা তিনজন একেবারে স্পষ্ট শুনতে পাচ্ছিল।

"বাবা, আমি ইউপিএসসির সিভিল সার্ভিস পরীক্ষায় দশম হয়েছি।" বাবাকে ফোন করে আনন্দে উচ্ছ্বলিত কণ্ঠে বলে সত্যম।

"দারুণ খবর বাবা! আমি জানতাম, তুমি পারবেই।" সত্যমের বাবার গলা থেকে গর্ব ঝরে পড়ছিল।

"আরে শুনছো? তোমার ছেলে তো আইএএস অফিসার হয়ে গেল!" রান্নাঘরে ব্যস্ত সত্যমের মাকে চিৎকার করে জানান তার বাবা। রান্নার সরঞ্জাম ছড়িয়ে ফেলে রেখে দ্রুত পায়ে এসে বাবার হাত থেকে ফোনটা কেড়ে নেন তার মা।

"মা, ভগবান তোমার প্রার্থনা শুনেছেন।" সত্যম বলে। মায়ের গলা শোনা মাত্রই তার দুচোখ দিয়ে নতুন করে জলের ধারা নেমেছে।

ঘরের মধ্যে থাকা ছেলে তিনটিও সত্যমের মায়ের কান্না ভেজা আনন্দিত গলা শুনতে পায়। কিছুক্ষণ পরে নিজের বিহ্বলতা সামান্য কাটিয়ে সত্যমের মা বলেন, "ভগবান শিব আমাদের আশীর্বাদ করেছেন। খুব ভালো হয়েছে বাবা! তুমি আমাদের গর্ব!"

এর মধ্যেই সত্যমের কলেজের বন্ধু নতাংশ, একটা ছোট কেক নিয়ে হাজির হয়। সত্যম সেই কেকটা কাটলে তার মুখে চোখে ক্রিম মাখিয়ে তবেই প্রত্যেকে এক এক টুকরো কেক খায়।

নতাংশ বলে, "চল, বাইরে কোথাও গিয়ে সেলিব্রেট করি!"

কিন্তু বড় পার্টি দেওয়ার মতো পয়সা তখন সত্যমের কাছে ছিল না। তাতে একটুও বিচলিত না হয়ে তারা একসঙ্গে করোল বাগের গুরু গোবিন্দ সিং মার্কেটের একটা ছোট চায়ের দোকানে গিয়ে হাজির হয়। এত বিশাল সাফল্য উদযাপন করে গরম গরম চা আর লাড্ডু দিয়ে।

দিঘরার প্রথম গান্ধী

বিহারের সমস্তিপুর জেলার দিঘরা নামের একটা ছোট্ট গ্রামে সত্যমের বাড়ি। তার বাবা, অখিলেশ কুমার, গ্রামের কাছেই পুষাতে রাজেন্দ্র এগ্রিকালচারাল ইউনিভার্সিটির আখ বিভাগের একজন অ্যাসিস্ট্যান্ট হিসেবে কাজ করেন। সত্যমের মা মঞ্জু দেবী দক্ষভাবে একা হাতে তাদের বাড়ির কাজ সামলান।

খুব ছোটবেলায় সত্যম একটা অদ্ভুত কাজ করে ফেলে গ্রামের মধ্যে প্রথম 'গান্ধী' উপাধিতে ভূষিত হয় সে। সেটা কীভাবে হলো?

পুজোর ছুটিতে তাদের বাবা-মা দেওঘরে তীর্থ করতে গেলে সত্যম আর তার ভাই শিবম তাদের মামা প্রেম রঞ্জন এবং মামীমা সিদ্ধির সঙ্গে মুজাফফরপুরে থাকতো।

"সত্যম ভীষণ শান্ত ছেলে। ও যেন একেবারে গান্ধীজীর মতো অহিংসায় বিশ্বাসী। কখনো কারো সঙ্গে ঝগড়া করে না। বরং আনন্দ করে সবার সঙ্গে নিজের খেলনা আর লজেন্স ভাগ করে নেয়।" একদিন সন্ধ্যায় বলে ওঠেন সিদ্ধি।

"একদম ঠিক বলেছো। তুমি ওকে যাই দাও না কেন, তাই আনন্দ করে খেয়ে নেয়। এমনকী উচ্ছে খেতে দিলেও ও একটুও বিরক্ত হয় না।" ঘরের এক কোনায় খেলায় মত্ত সত্যমের দিকে তাকিয়ে একটু হেসে প্রেম রঞ্জন বলেন।

"সেই জন্যই তো আমি ওর নাম দিয়েছি গান্ধী। আমাদের ছোট্ট গান্ধী বাবা।" হেসে উঠে বলে সিদ্ধি।

আর তারপর থেকেই সত্যমের নাম হয়ে যায় সত্যম গান্ধী। সিদ্ধির দেওয়া এই উপাধিটা সত্যমের বাবার এতই পছন্দ হয় যে তিনি ২০০৫ সালে কেন্দ্রীয় বিদ্যালয়ে ছেলেকে ভর্তি করানোর সময়ে ফর্মে সত্যম কুমারের বদলে ছেলের নাম লেখেন সত্যম গান্ধী।

সত্যমেরও এই গান্ধী পদবীটা খুবই পছন্দ ছিল। স্কুলে একবার যেমন খুশি সাজো প্রতিযোগিতায় মহাত্মা গান্ধীও সেজেছিল সে।

সত্যমদের গ্রামের একজন সম্মানীয় ব্যক্তি হলেন সচ্চিদানন্দ রাই। আর তাঁর সবথেকে প্রিয় নাতি হল সত্যম। রাজেন্দ্র বিশ্ববিদ্যালয়ের অ্যাসিস্ট্যান্টের পদ থেকে অবসর নিয়েছিলেন সচ্চিদানন্দ। প্রত্যেক সন্ধেয় গ্রামের সব ছোট ছেলেমেয়েরা সচ্চিদানন্দের বাড়িতে এসে জড়ো হতো। তিনি তাদের স্কুলের পড়াশোনা দেখিয়ে দিতেন আর অনেক গল্প শোনাতেন।

"যখন আমাদের গ্রামে প্রথম টিভি এসেছিল, তখন সবাই মনে করত যে কেউ একজন যন্ত্রটার ভিতরে বসে কথা বলছে।" দুচোখে হাসি মেখে বলেন তিনি।

"আর গ্রামেরই কেউ একজন একবার একটা টর্চ নিয়ে এসেছিল। প্রথমবার সেই অদ্ভুত যন্ত্র দেখে সবাই মনে করেছিল যে ওটাকে ধরলে

বোধহয় হাত পুড়ে যাবে। আমার বেশ মনে আছে, আমরা খুবই ভয় পেতাম যন্ত্রটাকে।” পুরোনো দিনের আরো একটা গল্প বলেন সচ্চিদানন্দ।

প্রত্যেকদিন পড়ার জন্য খবরের কাগজের একটা পাতা সত্যমের হাতে তুলে দিতেন তিনি। এভাবেই তিনি পড়ার প্রতি সত্যমের মধ্যে অকৃত্রিম ভালোবাসা জাগিয়ে তুলতে সহায়তা করেন। কালেক্টররা গ্রামে গ্রামে ঘুরে গ্রামবাসীদের সমস্যার সমাধান করেন, এই কথাটা সত্যমের মনে একটা অদ্ভুত কৌতূহল জাগিয়ে তোলে। সে বহুল ক্ষমতাশালী এই অপরিচিত লোকগুলোর পরিচয় সম্পর্কে আরো বিস্তারিতভাবে জানতে আগ্রহী হয়। একদিন সন্ধেবেলায় কৌতূহল আর ধরে না রাখতে পেরে সে সচ্চিদানন্দকে তাঁদের বিষয়ে জিজ্ঞেস করে।

“বাবা, কালেক্টর হলেন জেলার সব থেকে বড় সরকারি আধিকারিক। কেবলমাত্র আইএএস অফিসাররাই কালেক্টর হতে পারেন।” আরো একটু গুছিয়ে বলেন সত্যমের দাদু। খুব মন দিয়ে দাদুর বলা প্রত্যেকটা কথা শোনে সত্যম।

চোখে একটা আশার দীপ্তি নিয়ে দাদু বলেন, “আমাদের পরিবারটা এত বড়। আশা করি আমার নাতি নাতনিদের মধ্যে কেউ না কেউ একজন আইএএস অফিসার হবে।”

“দাদু আমি তোমার ইচ্ছা পূরণ করব। তুমি দেখো, আমি একদিন কালেক্টর হয়ে দেখাবো।” ছোট্ট সত্যম বলে ওঠে। তার দু'চোখে দৃঢ় প্রতিজ্ঞার ছাপ স্পষ্ট।

সেই মুহূর্ত থেকে সত্যমের মনে একজন আইএএস অফিসার হয়ে ওঠার ইচ্ছাটা ধিকি ধিকি করে জ্বলতে থাকে। তাকে খুব দ্রুত আইএএস অফিসার হতে হবে, কারণ তার দাদুর বয়স ৮৫ ছুঁয়েছে।

চাপ থেকেই হিরে জন্মায়

আকাশে ভোরের আলো ফুটতে না ফুটতেই দিঘরায় সত্যমদের এক কামরার ঘরে দৈনন্দিন কাজকর্ম শুরু হয়ে যেত। মঞ্জু দেবী রান্নাবান্না শেষ করে বারান্দায় শুয়ে থাকা সত্যম আর শিবমের ঘুম ভাঙাতেন।

অখিলেশ তাদের যাতায়াতের একমাত্র বাহনটাকে প্রস্তুত করতেন। বাহন বলতে আদ্যিকালের বদ্যি বুড়ো একটা সাইকেল; যার সামনের চাকার উপরে দুটো গামছা কায়দা করে বেঁধে রাখা হয়েছে। ওই দুটো

গামছা আসলে সত্যম আর শিবমের বসার জায়গা। প্রতিদিন সকালবেলা সাইকেলের সামনের চাকার উপরে আটকানো ওই গামছায় কে বসবে তা নিয়ে দুই ভাইয়ের মধ্যে একচোট ঝগড়া হয়ে যেত। কাঁটায় কাঁটায় সাড়ে ছটা বাজলেই ৫ কিলোমিটার দূরের স্কুলে যাওয়ার জন্য বেরিয়ে পড়তে হতো তাদের।

ছেলেবেলা থেকেই ছাত্র হিসেবে সত্যম খুবই ভালো। বিতর্ক বা সাধারণ জ্ঞান প্রতিযোগিতায় অংশ নেওয়ার জন্য এক রকমের প্যাশন কাজ করত তার মধ্যে। বিজ্ঞান প্রদর্শনীতেও তার বুদ্ধির ঝলক দেখা যেত। দশম শ্রেণীতে পড়ার সময় পুষার জলবায়ু পরিবর্তনের উপরে তার তৈরি মডেল শিশুদের বিজ্ঞান কংগ্রেসের জাতীয় স্তরে স্থান পায়।

কিশোর বয়সে কেরিয়ার নিয়ে সকলেরই একাধিক স্বপ্ন থাকে। আইএএস অফিসার হওয়া ছাড়াও সেনাবাহিনী, বিশেষত ভারতীয় বায়ু সেনায় কাজ করা নিয়ে সত্যম সবিশেষ আগ্রহী ছিল। ঘুমিয়ে ঘুমিয়ে প্রায়ই সে দুরন্ত গতির একটা যুদ্ধ বিমান চালাচ্ছে এইরকম স্বপ্ন দেখত। ইন্টারনেটের মাধ্যমে গবেষণা করে সত্যম জানতে পারে যে IAF-এ যোগদান করার জন্য ন্যাশনাল ডিফেন্স একাডেমির প্রবেশিকা পরীক্ষায় খুব হাই র‍্যাংক করা প্রয়োজন। এটাও জানতে পারে যে এই প্রবেশিকা পরীক্ষায় উচ্চমাধ্যমিকের পরে বসতে হয়।

দশম শ্রেণীর পরীক্ষার ফলপ্রকাশের পরে সত্যমের পরিবারের সকলে খুশিতে ফেটে পড়ে। সত্যমের ১০/১০ GPA পাওয়ার আনন্দে তাদের বাড়িতে হালুয়া রান্না শুরু হয়ে যায়। আরো হাজার হাজার বাবা মায়ের মতোই সত্যমের বাবা অখিলেশ কুমার স্বপ্ন দেখতে শুরু করেন যে তাঁর ছেলে বড় হয়ে ইঞ্জিনিয়ার হবে।

"মঞ্জু, খুব শিগগিরই তোমার ছেলে ইঞ্জিনিয়ার হয়ে যাবে।" গরম গরম হালুয়া খেতে খেতে হাসি মুখে বলে ওঠেন অখিলেশ কুমার।

"কিন্তু বাবা, আমার হিউম্যানিটিজ খুব ভালো লাগে। আমি আর্টস নিয়ে পড়তে চাই।" তার বাবার এই অপ্রত্যাশিত ঘোষণায় অবাক হয়ে গিয়ে একটু অনিচ্ছা নিয়েই বলে সত্যম।

ভুরু কুঁচকিয়ে বিরক্ত ভঙ্গিতে অখিলেশ বলেন, "না, তোমাকে বিজ্ঞান নিয়েই পড়তে হবে। যাদের রেজাল্ট খারাপ হয় বা যাদের পড়াশোনা করার তেমন ইচ্ছা নেই, কেবল তারাই আর্টস নিয়ে পড়ে।"

অখিলেশের সিদ্ধান্ত এবং তাঁর বলার ভঙ্গি অযৌক্তিক বলে মনে হলেও ভারতের বেশিরভাগ বাবা মায়ের চিন্তাভাবনা এই খাতেই প্রবাহিত হয়। আর তাঁদের সন্তানেরা সারাজীবন ধরে সেই সিদ্ধান্তের ভার বহন করতে বাধ্য হয়।

বাবার কথানুযায়ী, সত্যম সায়েন্স নেয়। পরে দ্বাদশ শ্রেণীতে পড়ার সময় বাবার চাপে ইন্ডিয়ান ইনস্টিটিউট অফ টেকনোলজি (IIT) তে ভর্তি হওয়ার প্রবেশিকা পরীক্ষা জয়েন্ট এন্ট্রান্স এগজামিনেশনেও (JEE) বসতে বাধ্য হয়। ইঞ্জিনিয়ারিংয়ে কোনো আগ্রহ না থাকায় এবং পরীক্ষার জন্য যথাযথ প্রস্তুতি না নেওয়ায় টেলিফোন নম্বরের মতো ৬ সংখ্যার র‍্যাঙ্ক হয় সত্যমের।

কিন্তু এই রেজাল্টে মন খারাপ না করে সত্যম দিল্লি বিশ্ববিদ্যালয়ে ভর্তি হওয়ার লক্ষ্যে অবিচল থাকে।

স্বপ্নভঙ্গ

২০১৭ সাল। সেপ্টেম্বর মাসের এক শান্ত সন্ধ্যায় বেঙ্গালুরুর ক্যারিয়াপ্পা কলোনিতে ১৭ সার্ভিসেস সিলেকশন বোর্ড (SSB) ক্যাম্পাসে ৪০ জন অল্পবয়সী ছেলে দুরুদুরু বুকে বসে রয়েছে। বছর আঠারো-কুড়ির এই ছেলেরা NDA তে যোগ দেওয়ার স্বপ্ন নিয়ে সেনাবাহিনীতে কমিশনড হওয়ার জন্য অপেক্ষা করছে।

তাদের সাফল্যের প্রবল আকাঙ্খা চারদিকের বাতাসে যেন বারুদের গন্ধের মতো ছড়িয়ে পড়ছে। একবুক আশা নিয়ে কনফারেন্স রুমে বসে রেজাল্টের অপেক্ষা করছে তারা। বিগত সাতদিন ধরে নিজেদের মানসিক স্থিতি, বুদ্ধিমত্তা, শারীরিক সক্ষমতা, সৃজনশীল চিন্তাভাবনার ক্ষমতা, নেতৃত্ব দেওয়ার ক্ষমতা ইত্যাদি প্রমাণের জন্য তারা অসংখ্য পরীক্ষা আর ইন্টারভিউয়ের মুখোমুখি হয়েছে।

একটা কাগজ হাতে করে এসএসবি-র প্রেসিডেন্ট ঘরে ঢুকতেই সকলের টেনশন যেন দ্বিগুণ হয়ে ওঠে। ঘরে উপস্থিত সকলে নিজেদের জায়গা থেকে উঠে দাঁড়িয়ে তাঁকে সম্মান জানায়।

"গুড ইভনিং বয়েজ, তোমাদের যে কতটা টেনশন হচ্ছে, তা আমি বেশ বুঝতে পারছি। আমি রেজাল্টটা কীভাবে বলব? র‍্যান্ডমলি বলব?

না তোমাদের চেস্ট নাম্বার অনুযায়ী এক এক করে বলব?” জিজ্ঞেস করেন তিনি।

“র‍্যান্ডমলি বলুন স্যার।” একসঙ্গে সকলে জোর গলায় বলে ওঠে।

“ভেরি ওয়েল। মন দিয়ে শোনো। যে সমস্ত ক্যান্ডিডেট রেকমেন্ডেশন পেয়েছে তাদের চেস্ট নম্বর হলো উনচল্লিশ, পাঁচ, এগারো, এবং আঠাশ।”

‘চেস্ট নম্বর এগারো’ এই ঘোষণাটা সত্যমের কানে যেন মধু বর্ষণ করে। এক মুহূর্তের জন্য অবিশ্বাস তাকে ঘিরে ধরে। সে কি সত্যিই প্রথমবারের চেষ্টাতে SSB -র পরীক্ষায় পাশ করেছে? একটু পরে তার সব দ্বিধা দ্বন্দ্বের অবসান ঘটলে আনন্দে আত্মহারা হয়ে যায় সত্যম। IAF পাইলট হওয়ার তার দীর্ঘদিনের স্বপ্ন বোধ হয় এবার পূর্ণ হতে চলেছে।

পরের দিন ভোরের আলো ফোটার সঙ্গে সঙ্গে বাছাই করা চার পরীক্ষার্থীকে কম্প্রিহেনসিভ মেডিক্যাল একজামিনেশনের জন্য বেঙ্গালুরুর কমান্ড হাসপাতালে নিয়ে যাওয়া হয়। দীর্ঘ পাঁচ দিন ধরে বিভিন্ন পরীক্ষা নিরীক্ষা করে এই সব ক্যান্ডিডেটদের ফিটনেস আর মেডিক্যাল প্যারামিটার খুঁটিয়ে দেখা হয়।

মেডিক্যাল পরীক্ষার শেষ দিনটা নির্ধারিত ছিল চোখের পরীক্ষার জন্য। আত্মবিশ্বাসে ভরপুর সত্যম তখন নিশ্চিত যে সে চোখের পরীক্ষায় পাশ করবেই। ট্রেন ধরে গ্রামে ফিরে বাড়ির সকলের সঙ্গে তার সাফল্য উদযাপন করার জন্য মনে মনে অধীর হয়ে উঠেছিল সে। স্বপ্ন দেখতে শুরু করেছিল যে সে নীল আকাশে মেঘের ফাঁক দিয়ে ইউনিফর্ম পরিহিত অবস্থায় যুদ্ধ বিমান চালিয়ে উড়ে চলেছে।

অন্তিম দিন শুরু হল দৃষ্টিশক্তির পরীক্ষা দিয়ে। এই পরীক্ষায় সত্যম খুব সহজেই উৎরে যায়। এরপরে তাকে একটা অন্ধকার ঘরে নিয়ে যাওয়া হয়। সত্যম শুনতে পেয়েছিল যে ওই অন্ধকার ঘরে ল্যান্টার্ন টেস্ট নামে একটা অদ্ভুত পরীক্ষা হয়। চোখের পরীক্ষা শুরু হলে বিভিন্ন রঙের LED আলোর সামনে বসে সত্যম কনফিডেন্টলি কোন আলো কী রঙের তা বলে যেতে থাকে। ঘরে উপস্থিত বাকি তিনজন ক্যানডিডেটকে হাসতে দেখে তার আত্মবিশ্বাসে একটু টাল খায়। “এরা হাসছে কেন?” মনে মনে ভাবে সে।

“ঠিক আছে সত্যম, তোমার আরও একটা টেস্ট নেওয়া যাক। এই টেস্টটার নাম ইশিহারা টেস্ট।” ডাক্তারবাবু বলে ওঠেন। তিনি সত্যমকে

সঙ্গে করে পাশের ঘরে নিয়ে গিয়ে তার হাতে একটা বই ধরিয়ে দেন। সত্যম দেখে বইয়ের প্রতিটা পাতা বিভিন্ন রঙের ঘন ডটে ভর্তি।

ডাক্তারবাবু বলেন, "খুব মন দিয়ে প্রতিটা পাতা দেখে সেখানে কোন কোন নম্বর লেখা রয়েছে সেটা আমাকে বলো তো।"

সত্যম বইটার প্রতিটা পাতা উল্টিয়ে ডটের মাঝে লুকিয়ে থাকা নম্বর খুঁজে বের করার আপ্রাণ চেষ্টা করতে থাকে। শেষ পর্যন্ত বলে ওঠে, "স্যার, এই বইয়ের কোনো পাতায় আমি কোনো নম্বর দেখতে পাচ্ছি না। এখানে তো কেবল ডট রয়েছে।" সত্যমের মনের মধ্যে যে সৃষ্টি হওয়া প্রবল বিভ্রান্তির ছাপ পড়ে তার মুখে।

এরপরেই ডাক্তার বাবু সাংঘাতিক খবরটা তাকে দেন। "তুমি সেনাবাহিনীতে যোগ দেওয়ার মতো শারীরিক ভাবে সক্ষম নও।"

ডাক্তারবাবুর বলা কথাটা সত্যম ঠিক বোধগম্য হয় না। "উনি কী বলছেন? কেনই বা একথা বলছেন?" তার মনের মধ্যে ঝড়ের বেগে হাজার রকমের প্রশ্ন ভেসে উঠতে থাকে।

"স্যার, এরকম বলবেন না প্লিজ। আমি একদম সুস্থ। যদি কোনো ছোটখাটো সমস্যা থাকে, তাহলে আমি তার চিকিৎসা করাব।" অনুরোধের সুরে বলতে থাকে সত্যম। চিন্তায়, কান্নায় তার গলার স্বর বুঁজে আসে।

"তুমি কলার ব্লাইন্ড সত্যম। তুমি কয়েকটা রঙের মধ্যে কোনো পার্থক্য করতে পারো না।" সত্যমকে বুঝিয়ে বলার চেষ্টা করেন তিনি।

"স্যার, আমি চিকিৎসা করাব। এটা ঠিক করার জন্য নিশ্চয়ই কোনো ওষুধ বা অপারেশন আছে।" মিনতি করে সত্যম। সে যে কতটা মরিয়া তা তার গলার স্বরে স্পষ্ট বোঝা যায়।

"দুর্ভাগ্যবশত এটা একটা জিনগত সমস্যা। এর কোনো চিকিৎসা হয় না। তোমার কপালটাই খারাপ!" ডাক্তারবাবু সত্যমকে সামান্য হলেও সান্ত্বনা দেওয়ার চেষ্টা করেন।

সেই রাতে সত্যমের চোখের জল আর বাঁধ মনে না। "আমার সঙ্গেই এটা কেন হল? এখানে আমার দোষ কোথায়?" সমানে এ কথা তার মাথায় ঘুরতে থাকে।

ধীরে ধীরে এই ঘটনার প্রভাবটা উপলব্ধি করতে শুরু করে সত্যম। তার সেনাবাহিনীতে যোগ দেওয়ার পথ চিরতরে বন্ধ হয়ে গিয়েছে। এই কঠিন সত্যের সামনে দাঁড়িয়ে তার মনে একটা দৃঢ় প্রতিজ্ঞা জন্ম নেয়।

"আমার কাছে পরিবারের মুখ উজ্জ্বল করার জন্য এখন একটাই পথ রয়েছে। আমি সেনাবাহিনীতে যোগ না দিয়ে আইএএস অফিসার হব, সেটাই হয়তো ভগবানের ইচ্ছে।" নিজেকেই নিজে ফিসফিসিয়ে বলে সে।

রোল মডেল আবিষ্কার

দিল্লি বিশ্ববিদ্যালয়ের দীন দয়াল সিং কলেজে রাষ্ট্রবিজ্ঞান নিয়ে স্নাতক স্তরে (BA) ভর্তি হয় সত্যম। ফার্স্ট ইয়ারের শেষের দিকে হঠাৎ করেই কলেজের নোটিস বোর্ডে একটা ইন্টারেস্টিং আনাউন্সমেন্ট দেখতে পায় সে: রাঁচির কালেক্টর অফিসে একটা আনপেইড সামার ইন্টার্নশিপে আবেদনের নোটিস। সঙ্গে সঙ্গে সে এই পদে আবেদন করে দেয়। আর কয়েকদিন বাদে যখন তার কাছে সিলেকশনের মেসেজ এসে পৌঁছায়, তখন আনন্দে নেচে ওঠে সে।

কালেক্টরের অফিসে পৌঁছে সে আরো এগারো জন ইন্টার্নের দলে যোগ দেয়। কালেক্টর মহিমপট রায় এই ইন্টার্নদের সঙ্গে নিজে একটা ওরিয়েন্টেশন সেশন করেন। সত্যম তার জীবনে এই প্রথম রক্ত মাংসের একজন কালেক্টরকে দেখে। এই অভিজ্ঞতায় তার মনে উত্তেজনার সঙ্গে সঙ্গে অদ্ভুত এক কৌতূহলেরও সৃষ্টি হয়।

কালেক্টর সাহেবের বুদ্ধিমত্তায়, বাচনশৈলীতে মুগ্ধ হয়ে যায় সত্যম। খুব সাবলীল ভাবে তিনি ইন্টার্নদের থেকে ঠিক কী জাতীয় কাজ আশা করছেন তা বুঝিয়ে দেন। সত্যম বুঝতে পারে যে সরকারের গ্রামীণ উন্নয়ন প্রকল্পের বাস্তবায়ন সম্বন্ধে খুঁটিয়ে স্টাডি করে তার প্রভাব নিয়ে একটা বিস্তারিত রিপোর্ট লিখতে হবে তাদের।

প্রত্যেক ইন্টার্নকে একটা করে ব্লক নির্ধারিত করে দেওয়া হয়। সত্যমের ভাগে পশ্চিমবঙ্গের সীমান্ত লাগোয়া সিলি ব্লক পড়ে। প্রায় দেড় মাস ধরে সে স্থানীয় ব্লক ডেভেলপমেন্ট অফিসারের প্রাত্যহিক কাজের সঙ্গে ওতপ্রোত ভাবে জুড়ে থাকে। প্রকল্প বাস্তবায়নের প্রভাব সম্বন্ধে বিস্তারিত জানা ছাড়াও সত্যম "লিডার অফ লাইট" নামে একটা অন্য ধরনের প্রকল্পের সঙ্গেও যুক্ত হয়। এই প্রকল্পটিতে মহিলা স্বনির্ভর গোষ্ঠীর সদস্যদের সোলার ল্যাম্প অ্যাসেম্বল করা শেখানো হচ্ছিল।

এই অভিজ্ঞতা সত্যমকে প্রবল তৃপ্তি দেয়। একজন আইএএস অফিসারের

কাজের বিস্তৃতি এবং প্রভাব যে কতদূর, তা বুঝতে পেরে এই পেশার প্রতি তার প্যাশন আরো গভীর হয়ে যায়।

ইন্টার্নশিপের শেষদিনে রায়সাহেব তাঁর বাংলোতে একটা নৈশভোজের আয়োজন করেন। সেইদিন নৈশভোজের আসরে তিনি ইন্টার্নদের প্রত্যেককে তাদের কাজের অভিজ্ঞতার কথা শেয়ার করতে বলেন। এই ইন্টার্নশিপ চলাকালীনই সত্যম রায়সাহেবের মধ্যে তার রোল মডেলকে খুঁজে পায়।

লাজপত নগরের বর্ষাতি

প্রথমবার দিল্লি NCR এ আসার পরে সত্যম নয়ডার সেক্টর ৬২ তে তার মামাবাড়িতে গিয়ে ওঠে। নিস্তরঙ্গ গ্রামে বড় হওয়া সত্যম দিল্লি শহরের বিশাল বড় বড় বাড়ি, মেট্রোরেল আর সর্বোপরি অগণ্য মানুষ দেখে মুগ্ধ হয়ে যায়। কিন্তু কয়েক মাসের মধ্যেই সে বুঝতে পারে যে নয়ডা থেকে দীন দয়াল সিং কলেজে রোজ যাতায়াত করাটা তার পক্ষে সম্ভব নয়। খরচ বেশি তো হয়ই, তার উপর প্রত্যেকদিন যাতায়াত করতে তিন ঘণ্টারও বেশি সময় লেগে যায়।

তাই সেকেন্ড ইয়ারের প্রথম থেকেই সে কলেজের কাছে কোনো একটা থাকার জায়গা খুঁজতে শুরু করে। অনেক খোঁজাখুঁজির পর শেষ পর্যন্ত লাজপত নগরে ৭০০০ টাকা ভাড়ায় একটা থাকার জায়গা পছন্দ হয় তার। দিল্লিতে তার প্রথম থাকার জায়গাটা হল বহুতল বাড়ির ছাদের উপরে টিনের ছাউনি দেওয়া একটা ঘর; স্থানীয় ভাষায় যাকে বর্ষাতি বলে। বিছানা কেনার মতো সামর্থ্য না থাকায় সে একটা তোষক এবং রান্নার জন্য গ্যাস স্টোভের ব্যবস্থা করে।

প্রথম দিকে রান্না করাটা সত্যমের কাছে একটা বিভীষিকা বলে মনে হত। কিন্তু কেনা খাবারের দাম অত্যন্ত বেশি। এক একবার বাইরে খেলে ১০০ টাকার মতো খরচ হয়ে যায়। ফলে, খরচ কমানোর জন্য সে না খেয়ে কাটাতে শুরু করে। যার ফলে কিছুদিনের মধ্যেই তার স্বাস্থ্যের অবনতি হয়। সেকেন্ড ইয়ারের শেষে ৬৫ কেজির সত্যম ওজন কমে মাত্র ৫২ কেজিতে এসে দাঁড়ায়।

এই সব বাধার মুখে পড়া সত্ত্বেও আইএএস হওয়ার প্রতিজ্ঞা দৃঢ়তর হয়ে ওঠে সত্যমের মনে। সিভিল সার্ভিস পরীক্ষার পদ্ধতি সম্বন্ধে প্রয়োজনীয়

সব তথ্য সংগ্রহের জন্য সে ব্যাপক গবেষণা করতে থাকে। একই সঙ্গে প্রতিদিন দি হিন্দু সংবাদপত্র পড়াটা সত্যমের অভ্যাসে দাঁড়িয়ে যায়।

কলেজে কমল নয়ন চৌবে এবং প্রকাশের মতো অসম্ভব ভালো মেন্টর পায় সত্যম। কিন্তু কয়েক জন বাদ দিয়ে বেশিরভাগ প্রফেসররাই তাকে আইএএস পরীক্ষায় বসা থেকে বিরত করতে চেষ্টা করেন। বদলে তাঁরা তাকে অ্যাকাডেমিক্সে কেরিয়ার বেছে নেওয়ার জন্য উদ্বুদ্ধ করতে থাকেন।

কিন্তু সত্যম নিজের সিদ্ধান্তে অটল থাকে। গ্র্যাজুয়েশনের সেকেন্ড ইয়ার থেকেই সে কলেজের পড়াশোনার পাশাপাশি সিভিল সার্ভিস পরীক্ষার প্রস্তুতি নিতে শুরু করে। এত দ্রুত প্রস্তুতি নিতে শুরু করেছিল বলেই পরবর্তী কালে এই কঠিন যাত্রায় তার অনেক সুবিধা হয়।

ক্রমবর্ধমান পারিবারিক ঋণের বোঝা

সত্যমের পড়াশোনার জন্য তার বাবা বটুক দেব নামে স্থানীয় একজন মহাজনের কাছ থেকে চড়া সুদে কিছু টাকা ধার করেন। তার বাবার এই ঋণের ভারও সত্যমের কাঁধে ক্রমেই চেপে বসছিল। অর্থনৈতিক এই চাপের মুখে দাঁড়িয়ে সত্যম স্থির করে যে তার গ্র্যাজুয়েশনের ফাইনাল ইয়ারেই সে মাউন্ট ইউপিএসসি জয় করার চেষ্টা করবে। ২০২০ সালের প্রিলিমিনারি পরীক্ষার প্রস্তুতির উদ্দেশ্যে সে ২০১৯ সালের এপ্রিল মাসে করোল বাগের একটা জনপ্রিয় কোচিং সেন্টারে ভর্তি হয়। কিন্তু লাজপত নগর থেকে কোচিংয়ে যাতায়াতে প্রচুর সময় নষ্ট হওয়ায় সত্যম বর্ষাতি ছেড়ে অন্য কোথাও থাকার সিদ্ধান্ত নেয়।

অনেক চেষ্টার পর রেগার পুরায় তার বাজেটের মধ্যেই একটা ছোট্ট ঘর খুঁজে পায় সত্যম। চারতলা বাড়িটার এককোনের ছোট্ট ১০ ফুট বাই ৫ ফুট ঘরটায় কোনোমতে একটা খাট আর ছোট একটা স্টাডি টেবিল-চেয়ার রাখার মতোই জায়গা ছিল। ঘরে কোনো আলমারি না থাকায় সত্যম খাটে আর মাটিতে তার বইপত্র জড়ো করে রাখতে শুরু করে। কম ভাড়া ছাড়াও এই ঘরটার ওর কোচিং সেন্টারের খুব কাছে হওয়ায় তার প্রচণ্ড সুবিধা হয়।

পরিবারের অর্থনৈতিক দুরাবস্থার কথা চিন্তা করে সত্যম স্থির করে প্রতি মাসে ১২ হাজার টাকার বেশি খরচ করবে না। এর মধ্যে বাড়ির ভাড়াই ৮ হাজার টাকা হওয়ায় তার খাবারের খরচে বেশ টান পড়ে।

শেষ পর্যন্ত ৬৫ টাকায় এক বেলা খাবারের হিসাবে দুবেলা খাবার দেবে এমন একটা টিফিন সার্ভিসের থেকে খাবার নেওয়ার ব্যবস্থা করে সত্যম।

প্রতিদিন বিকেল সাড়ে পাঁচটা থেকে সন্ধ্যা সাড়ে সাতটা পর্যন্ত কোচিং ক্লাস থাকায় সত্যম প্রথম দিকে সকালে কলেজ এবং বিকেলে কোচিং ক্লাস ব্যালেন্স করার চেষ্টা করেছিল। কিন্তু কিছুদিন পরেই সে বুঝতে পারে যে এই রুটিন মেনে চললে সিভিল সার্ভিস পরীক্ষার প্রস্তুতি নেওয়ার জন্য তার হাতে বিশেষ সময় থাকবে না। তাছাড়া কলেজে যাওয়ার জন্য নিয়মিত যাতায়াতের খরচ যোগাড় করাও তার কাছে বেশ কঠিন হয়ে পড়ছিল। কাজেই সে সিদ্ধান্ত নেয় যে পরীক্ষা দেওয়া আর অ্যাসাইনমেন্ট জমা দেওয়া বাদ দিয়ে আর কখনোই সে কলেজে যাবে না।

সত্যমের এই সিদ্ধান্তে তার কলেজের অনেক শিক্ষকই বেশ অসন্তুষ্ট হন। যে ক'দিন সত্যম কলেজে যেত তখন তাঁরা তাকে ব্যঙ্গ করে 'কালেক্টর সাহেব' বলে ডাকতেন। তাকে অপমান করার জন্য অনেক শিক্ষকই তাকে ক্লাসে অত্যন্ত কঠিন প্রশ্নের উত্তর দিতে বলতেন। সেই প্রশ্নের উত্তর দিতে সত্যম অপারগ হলে তাকে নিয়ে যথেষ্ট ব্যঙ্গও করতেন তাঁরা।

এই সমস্ত ঘটনায় সত্যম খুবই লজ্জিত বোধ করলেও নিজের সিদ্ধান্ত থেকে সে কিছুতেই সরে আসে না। বরং এতে তার মানসিক দৃঢ়তা আরো বাড়তে থাকে। দ্বিগুণ উৎসাহে সে আরো মন দিয়ে পড়াশোনা করতে শুরু করে। একাগ্র চিত্তে পড়াশোনা করার জন্য সমস্ত কিছু থেকে বিচ্ছিন্ন হয়ে নিজেকে ছোট্ট ওই ঘরে বন্দী করে ফেলে সে।

সময় ম্যানেজ করার কৌশল

পরীক্ষার প্রস্তুতির জন্য সময় ম্যানেজ করাটাই সত্যমের কাছে সব থেকে গুরুত্বপূর্ণ হয়ে ওঠে। প্রত্যেক রাতে ঘুমোতে যাওয়ার আগে সারাদিনের প্রতিটি মুহূর্ত সে কীভাবে কাটিয়েছে তার পুঙ্খানুপুঙ্খ হিসাব একটা কাগজে লিখতে থাকে যাতে পরিষ্কার বোঝা যায় দিনের কতটা সময় নষ্ট হয়েছে। ধীরে ধীরে এইভাবে তার মধ্যে কঠোর শৃঙ্খলা মেনে চলার অভ্যাস জন্মায়। মাত্র দু মাসের মধ্যে এই অভ্যাসটা তার জীবনশৈলীর অংশ হয়ে দাঁড়ায়, যার ফলে পড়াশোনার জন্য বরাদ্দ সময়ও উল্লেখযোগ্য ভাবে বৃদ্ধি পায়।

কলেজে যাওয়ার সময়েও সত্যম সব সময় পড়াশোনার জন্য প্রয়োজনীয়

জিনিসপত্র নিয়ে যেত, যাতে বাসে, মেট্রোয়, এমনকী কলেজের ক্লাসের ফাঁকেও সে পরীক্ষার প্রস্তুতির জন্য পড়াশোনা করতে পারে। প্রতিদিন নির্দিষ্ট সময়ের বেশ কিছুটা আগেই সে কোচিং সেন্টারে গিয়ে উপস্থিত হতে শুরু করে যাতে ক্লাসের প্রথম বেঞ্চিতে সে বসার জায়গা পায়। অন্যান্য প্রতিযোগীরা লাইনে দাঁড়িয়ে নিজেদের মধ্যে কথা বললেও সত্যম সেই সময়টা তার নোট পড়ার কাজে ব্যয় করত।

দিন কয়েক যেতে না যেতেই সত্যম বুঝতে পারে যে কোচিং সেন্টারের সব কটা ক্লাসের মান তেমন ভালো নয়। যদি সে নিজে নিজে এই বিষয়গুলো পড়তে শুরু করে তাহলে ক্লাসের জন্য বরাদ্দ মোট সময়ের এক তৃতীয়াংশ সময়েই সে সিলেবাস শেষ করে ফেলতে পারবে। এই কোচিং সেন্টারে ভর্তি হওয়ার জন্য ১.৬ লাখ টাকা খরচ হয়েছিল সত্যমের। তার মানে, প্রতি ক্লাস পিছু তার ৫০০ টাকা করে খরচ হচ্ছিল। কিন্তু এই ক্ষেত্রে টাকার কথা চিন্তা না করে সত্যম নিজের সময় বাঁচানোকেই প্রাধান্য দেয়। সে কেবল সেই সমস্ত বিষয়ের ক্লাসেই হাজির হতে শুরু করে যে সমস্ত বিষয়ের প্রস্তুতি নিতে তার সামান্য হলেও সমস্যা হচ্ছে।

স্যোশাল মিডিয়া, শর্ট ভিডিও আর রিল যে কতটা নেশা ধরিয়ে দেয় এবং তাতে দিনের যে কতটা সময় নষ্ট হয় তা বুঝতে পেরেই সত্যম নিজের সমস্ত সোশ্যাল মিডিয়া অ্যাকাউন্ট ডিঅ্যাকটিভেট করে দেয়। নিজের তোলা ছবি ইন্সটাগ্রামে পোস্ট করতে সে খুব পছন্দ করলেও এক্ষেত্রে নিজের পছন্দকে একেবারেই প্রাধান্য না দিয়ে সেটাকেও ডিঅ্যাক্টিভেট করে। এর ফলে পড়াশোনায় মনোযোগ অটুট রাখতে সুবিধা হয় তার।

বন্ধুদের সঙ্গে যোগাযোগ রক্ষার জন্য প্রতিদিন কতটা সময় দিতে হয় সেটা বুঝে নিয়ে সে ইচ্ছে করেই বন্ধুদের সঙ্গে দূরত্ব তৈরি করে। সময় নষ্ট না করাকে জীবনের মূল মন্ত্র করে তুলে সত্যম আন্তরিক ভাবে বিশ্বাস করতে শুরু করে যে তার সত্যিকারের বন্ধুরা তার এই আপাত দূরত্বের কারণ নিশ্চয়ই বুঝতে পারবে।

সে কেবল দুজন বন্ধুর সঙ্গে যোগাযোগ রক্ষা করার সিদ্ধান্ত নিয়েছিল, নাতাংশ এবং হর্ষ। নাতাংশ তার কলেজের বন্ধু হলেও হর্ষের সঙ্গে তার কোচিং সেন্টারে গিয়ে আলাপ হয়। পড়াশোনার সময়ে ইকোনমি নিয়ে

তার কোনো রকম অসুবিধা হলেই যে কোনো সময় সে হর্ষকে ফোন করত।

মাস্টার স্ট্র্যাটেজিস্ট

পরীক্ষা প্রস্তুতি শুরু করার আগেই সত্যম আইএএস অফিসারদের অনেক ভিডিও দেখেছিল, তাঁদের লেখা অনেক ব্লগ এবং উত্তরপত্রও পড়ে দেখেছিল। সেখান থেকে যে গুরুত্বপূর্ণ বিষয়টা সে বুঝতে পারে তা হল, বই এবং নোটস বার বার পড়া প্রয়োজন। একই সঙ্গে সে বুঝতে পেরেছিল যে যা মেলে সেই সব কিছু নির্বিচারে না পড়ে সব থেকে ভালো সোর্স থেকে কয়েকটা বই বা নোটস বেছে নিয়ে সেগুলোকেই ভালো করে পড়া উচিত।

দীর্ঘ ছয়মাস ধরে এই পরীক্ষার প্রস্তুতি কীভাবে নেবে তা প্ল্যান করার ক্ষেত্রে অসাধারণ দক্ষতা দেখায় সত্যম। সে প্রত্যেক সপ্তাহের এবং প্রত্যেক দিনের জন্য আলাদা আলাদা করে লক্ষ্য স্থির করে। প্রতিদিন সে কোনো বিষয়ের কত পাতা পড়বে, বা কোন সপ্তাহে কোন চ্যাপ্টার পড়বে আগে থেকেই সেটা পুঙ্খানুপুঙ্খভাবে নির্ধারণ করে নেয় সত্যম। তার দৃঢ় বিশ্বাস, কোনো লক্ষ্য স্থির না করে কেবল মাত্র ঘণ্টার পর ঘণ্টা পড়াশোনা করলে সে কিছুতেই সাফল্য পাবে না। বরং সে মনে করে, প্রত্যেকেরই নিজেদের প্রাত্যহিক লক্ষ্য স্থির করে তা পূরণ করার চেষ্টা করা উচিত।

প্রস্তুতির প্রথম দিকের কয়েক মাস সত্যম প্রতিদিন সবকটি বিষয় পড়ত। প্রতিদিনই সে চেষ্টা করত যাতে ঘুমোতে যাওয়ার আগে সে তার প্রাত্যহিক লক্ষ্য পূরণ করতে পারে। যদি কোনো কারণে তার প্রাত্যহিক লক্ষ্যপূরণ না হত, তাহলে সেই ফাঁক সে পূরণ করত রবিবার। এই রকম কঠোরভাবে রুটিন মেনে পড়াশোনার করার ফলে প্রিলিমিনারি পরীক্ষার আগেই সত্যম সমস্ত বিষয়ই একাধিকবার রিভিশন করে ফেলে।

এছাড়াও প্রস্তুতির সময় সত্যম বুঝতে পারে কোন কোন বিষয়ের কোন কোন অংশ থেকে প্রশ্ন আসার সম্ভাবনা বেশি। সে খেয়াল করে যে অনেক পরীক্ষার্থীই বিশ্বের ইতিহাস বা স্বাধীনতার পরবর্তী সময়ের ইতিহাসের উপরে জোর দেন, কিন্তু পরীক্ষায় এই সব বিষয়ের উপর তেমন প্রশ্ন আসে না। তার থেকে বরং পলিটি, মধ্য যুগের ইতিহাস, ইকোনমিক্স এবং ভূগোলের মতো বিষয় থেকে সাধারণত পরীক্ষায় অনেক প্রশ্ন আসে। কাজেই এই সব বিষয়ে মনোযোগ দেওয়াটাই কম সময়ে প্রস্তুতি নেওয়ার ভালো কৌশল।

ভালো করে প্রস্তুতি নেওয়ার জন্য সে কোচিংয়ের পড়াশোনা আর সেলফ স্টাডিকে সম্পূর্ণ আলাদা করে ফেলার মতো গুরুত্বপূর্ণ পদক্ষেপ

নেয়। সত্যম মনে করত যে দিনের বেলায় কোচিংয়ে পড়া স্টাডি মেটেরিয়াল বাড়িতে এসে ফের পড়ার কোনো মানে হয় না। সে একটা উল্টো কৌশল পালন করতে শুরু করে। কোচিং সেন্টারে যে বিষয়টা পড়ানো হত তার আগেই বাড়িতে সে সেটাকে পড়ে ফেলত। এর ফলে ক্লাসে ওই বিষয়টা পড়ানোর সময় তার যে যে জায়গায় খটকা রয়েছে সেগুলো শিক্ষককে জিজ্ঞেস করে নিত। ফলে কোচিং সেশন চলাকালীনই বিষয়টা আরো গভীরভাবে বুঝতে তার বেশ সুবিধা হত।

কারেন্ট অ্যাফেয়ার্সে আপডেটেড থাকার জন্য সত্যম প্রত্যেকদিন সকালে দি হিন্দু আর রাতে ঘুমোতে যাওয়ার আগে ইন্ডিয়ান এক্সপ্রেস পড়ত। প্রথম দিকে পুরো খবরের কাগজটা পড়লেও পরের দিকে সে নির্দিষ্ট কিছু খবর পড়ার দিকেই মনোযোগ দেয়। মেনস পরীক্ষার প্রস্তুতির সময়ে যে মানসিক ক্লান্তি আসবে সেই কথাও সত্যম আগে থেকেই বুঝতে পেরেছিল। কাজেই পরীক্ষার বেশ আগে থেকেই নিজের কমফোর্ট জোনের বাইরে বেরোনোর অভ্যাস করতে শুরু করে সে।

এই ক্ষেত্রে সত্যম একটা অদ্ভুত পদ্ধতির সাহায্য নেয়, যার নাম সে দেয় অ্যাডাপ্টেশন ফর্মুলা। প্রিপেয়ার - টেস্ট - আইডেন্টিফাই উইকনেস - প্রিপেয়ার: এই ছক অনুযায়ী সে এক এক করে নিজের কোন কোন জায়গা দুর্বল তা সে চিনে নিয়ে একে একে সেই দুর্বলতাগুলো কাটিয়ে ওঠে। যে সমস্ত বিষয়ে সে কম নম্বর পায় সেগুলোর প্রতি বেশি মনোযোগ দিতে শুরু করে। যে সমস্ত বিষয়ের ক্ষেত্রে সে একাধিক ভুল করছে, সেই সমস্ত বিষয়ের একদম মূলে ফিরে গিয়ে কনসেপ্ট ক্লিয়ার করে নিয়ে একই ভুল কেন সে বারবার করছে সেটা খুঁজে বের করার চেষ্টা করে।

বেশিরভাগ পরীক্ষার্থীরা ভাল করে প্রস্তুতি নেওয়ার আগেই মক টেস্ট দিতে শুরু করে। এই ভুল কিন্তু সত্যম করেনি। প্রথম থেকেই সে বরং ভালো করে প্রস্তুতি নেওয়ার দিকে বেশি জোর দিয়েছিল। প্রস্তুতির ভিত পাকা হওয়ার পরেই সে মক টেস্ট দিতে শুরু করে।

সমন্বিত ভাবে প্রস্তুতির সুবিধা

সত্যম প্রিলিমিনারি আর মেনস পরীক্ষার জন্য আলাদা করে প্রস্তুতি না নিয়ে একই সঙ্গে দুটোর প্রস্তুতি নিতে শুরু করে। তার বিশ্বাস ছিল,

প্রিলিমিনারির প্রস্তুতি ভালো করে নিলে মেনস পরীক্ষায় সাফল্য পেতে অনেকটাই সুবিধা হবে।

মেনস পরীক্ষার প্রস্তুতির জন্য যে কেবল বুনিয়াদি বইপত্র পড়াই যথেষ্ট নয়, সেটা বুঝতে পেরে সত্যম অন্যান্য সাপ্লিমেন্টারি পেপার, যেমন ভাজিরামের ইয়েলো বুকস আর ভিশন আইএএস এর অন্যান্য স্টাডি মেটেরিয়াল পড়তে শুরু করে। একই বিষয়ে দুটো বই পড়ে সেখান থেকে নোটস বানাতেও শুরু করে সত্যম যাতে তার নোটসের মান আরও ভালো হয়। যদিও এই পদ্ধতিতে পড়াশোনা করায় প্রতিটা বিষয়ের সিলেবাস শেষ করতে তার অনেকটা বেশি সময় লাগে, কিন্তু বিষয়ের উপর তার দখলও বাড়ে তাল মিলিয়ে।

২০২০ সালের সেপ্টেম্বর মাসে সত্যম খুব মন দিয়ে UPSC মেনসের সিলেবাস পড়ে দেখে। তারপর একটা A4 কাগজে সিলেবাসটা টুকে সেটাকে তার পড়ার টেবিলের সামনে দেওয়ালে আটকে দেয়, যাতে প্রয়োজনে এক ঝলকে সিলেবাস দেখে নেওয়া সম্ভব হয়। তার মনে হয়েছিল এতে কেবল মাত্র জরুরি টপিকগুলোর উপরে মনোনিবেশ করতে তার খুব সুবিধা হবে।

প্রথম দিকে খাতায় নোট নিলেও কিছুদিনের মধ্যে সত্যম এই পদ্ধতিতে নোটস বানানোর অসুবিধাটা বুঝতে পারে। এরপর থেকে সে কেবল মাত্র লুজ A4 কাগজেই নোট বানাতে শুরু করে। এর ফলে প্রয়োজন অনুযায়ী ম্যাগাজিন আর খবরের কাগজ থেকে গুরুত্বপূর্ণ তথ্য তার নোটস-এ যোগ করাটা তার কাছে আরও সহজ হয়ে যায়।

কোভিড ১৯ ডিরেলমেন্ট

মার্চ ২০২০। ভারতে কোভিড ১৯ দেখা দেয়। এর আগেই সংবাদপত্রে অন্যান্য দেশে এই রোগটা ঠিক কতটা ক্ষতি করেছে সেটা পড়েছে বলে প্রথম থেকেই পরিস্থিতির গুরুত্ব বুঝতে সত্যমের কোনো অসুবিধা হয়নি। ১৫ মার্চ পর্যন্ত দিল্লিতে মাত্র দশ জন কোভিড রুগীকে চিহ্নিত করা গেলেও সত্যম বেশ বুঝতে পারে যে যেকোনো মুহূর্তে পরিস্থিতি ঘোরালো হওয়ার সম্ভাবনা রয়েছে। কাজেই দ্রুত বাড়িতে ফেরার জন্য পরের দিনের ট্রেনের টিকিট বুক করে সে। বড় বড় দুটো ব্যাগে সমস্ত বইপত্র ভরে নিয়ে গ্রামের বাড়ি যাওয়ার জন্য রওনা দিলেও দিল্লির ঘরটা সে ছেড়ে দেয়নি।

তার মনে হয়েছিল খুব তাড়াতাড়ি সব কিছু ঠিক হয়ে গেলে সে ফিরে আসবে। সত্যমের ভাই শিবম তখন চণ্ডীগড়ে পড়াশোনা করে। সত্যমের সঙ্গে সেও গ্রামে ফিরে যায়।

একব্যাগ বই নিয়ে সত্যম আর শিবম পুষা স্টেশনে নেমে কীভাবে এই ভারী ব্যাগ দুটো নিয়ে বাড়ি যাবে তা নিয়ে যখন চিন্তা করছিল, সেই সময়েই দুজন পুলিশকর্মী হঠাৎ করে তাদের দিকে ধেয়ে আসেন। সত্যম এবং শিবম দুজনেই এতে খুব ভয় পেয়ে যায়।

"এত ভারী ব্যাগে কী আছে? এখনই খুলে দেখাও।" একজন পুলিশ কর্মী আদেশ করেন।

"স্যার, এই ব্যাগে বই ছাড়া আর কিছুই নেই। আপনি নিজেই দেখুন।" এই বলে একটা ব্যাগের চেন খুলে দেখায় শিবম।

কিন্তু পুলিশ কর্মীরা তাতে একেবারেই সন্তুষ্ট হন না। "আমরা বোকা নই! সব বই বের করে দেখাও। তোমরা নির্ঘাত বইয়ের তলায় মদের বোতল নিয়ে যাচ্ছ।" কঠিন গলায় বলেন একজন পুলিশ কর্মী।

সেই সময়ে বিহারে মদ বিক্রি একেবারেই বন্ধ ছিল। কাজেই মদ চোরা চালানের ঘটনাও ক্রমেই বাড়ছিল। দুজন কমবয়সী ছেলেকে ভারী ব্যাগ টেনে নিয়ে যেতে দেখে পুলিশ কর্মীরা ভেবেছিলেন যে তারা নির্ঘাত মদ পাচার করছে।

বেশি কথা না বাড়িয়ে সত্যম আর শিবম দুটো ব্যাগ থেকেই একটা একটা করে বই নামিয়ে রাখতে শুরু করে প্ল্যাটফর্মের উপর।

অতিমারীর জন্য সিভিল সার্ভিসের প্রিলিমিনারি পরীক্ষা ৩০ মে থেকে পিছিয়ে ৪ অক্টোবর ২০২০-তে ফেলা হয়। সারা দেশ জুড়ে লক ডাউনের কথা চিন্তা করেই UPSC পরীক্ষার্থীদের পরীক্ষা কেন্দ্র পরিবর্তনের সুযোগ দেয়। সত্যম পরিস্থিতির কথা বিচার করে দিল্লির পরিবর্তে পাটনায় পরীক্ষা দেবে বলে স্থির করে।

কিন্তু কিছুদিন বাড়িতে থাকার পরই সে বুঝতে পারে যে এখানে তেমন মন দিয়ে পড়াশোনা করে ওঠা তার পক্ষে অসম্ভব। সেই জন্য ওই অতিমারীর মধ্যেই জীবনের ঝুঁকি নিয়ে সে দিল্লি ফিরে আসে। অতিমারীর জন্য যে অতিরিক্ত সময় সে হাতে পায় তাতে তার প্রস্তুতিতে খুবই সুবিধা হয়। এই সময়টাকে কাজে লাগিয়ে সে বিভিন্ন বিষয়ের উপরে বিস্তারিত নোট তৈরি করে। শুধু তাই-ই নয়, যে বিষয়গুলো সে পড়বে না বলে স্থির করেছিল, সেগুলোও পড়ে ফেলে।

কিন্তু পরীক্ষার দিন কয়েক আগেই অগ্নিপরীক্ষার মুখে পড়ে সত্যম। পরীক্ষার যখন আর মাত্র কয়েকদিন বাকি, তখন হঠাৎই তার প্রবল জ্বর আসে। ৩০ সেপ্টেম্বর রাতে তার জ্বর ১০৪ ডিগ্রি ছোঁয়। এত শরীর খারাপ সত্ত্বেও তখন হাসপাতালে যাওয়ার আর কোনো উপায় ছিল না তার। পড়াশোনায় যাতে কোনো বাধা না পড়ে সেটা নিশ্চিত করতে স্থানীয় ফার্মাসি থেকে প্যারাসিটামল আর মাল্টিভিটামিন ট্যাবলেট খেয়ে অসুখের সঙ্গে যুঝতে থাকে সে।

যেহেতু এখন আর কোনো ভাবেই পরীক্ষাকেন্দ্র বদল করা সম্ভব নয়, তাই সত্যমকে প্রিলিমিনারী পরীক্ষার দেওয়ার জন্য ট্রেনে চেপে পাটনা যেতেই হত। পাটনার উদ্দেশ্যে যখন সে ট্রেনে চাপে, তখনও তার গায়ে ধুম জ্বর। পরীক্ষা দেওয়ার পর নিজের উত্তর পত্রের সঙ্গে বিভিন্ন কোচিং সেন্টার থেকে বের হওয়া আনসার কি মিলিয়ে সে স্পষ্ট বুঝতে পারে যে প্রিলিমিনারি পরীক্ষায় সে পাশ করে যাবে। প্রস্তুতি থেকে দু দিনের বিশ্রাম নিয়ে ফের মেনস পরীক্ষার জন্য প্রস্তুতি নিতে শুরু করে সত্যম।

পরবর্তী বাধা অতিক্রম

প্রিলিমিনারি পরীক্ষার পরের কয়েক মাস সমস্ত বিষয়ের উপরে নোটস তৈরি করতে থাকে সত্যম। এই সময়ে সে প্রতিদিন অন্তত ১২ ঘণ্টা পড়াশোনার পেছনে ব্যয় করতো। সবিশেষ পরিকল্পনার মাধ্যমে সে বিভিন্ন বিষয় নিয়ে পড়াশোনা এবং প্রশ্নের উত্তর লেখা অভ্যাস করার মধ্যে একটা অদ্ভুত ব্যালেন্স আনতে সক্ষম হয়।

এই সময়ে হঠাৎ ভয়ংকর অর্থনৈতিক সংকটের সম্মুখীন হতে হয় সত্যমকে। তখন জেনারেল স্টাডিজ এবং এথিক্সের পেপারের জন্য টেস্ট সিরিজ কেনার পরিকল্পনা করছিল সে। তাছাড়াও পলিটিক্যাল সায়েন্স আর ইন্টারন্যাশনাল রিলেশন্স এই বিষয় দুটির জন্য ক্র্যাশ কোর্সে ভর্তি হওয়ার প্রয়োজন তাও বুঝতে পারছিল। কিন্তু এই সব কিছুর জন্য তার ১ লাখ টাকার প্রয়োজন। এই পরিমাণ টাকা জোগাড় করতে গেলে তার পরিবারকে যে বিরাট অর্থনৈতিক বোঝা বইতে হবে তাতে কোনো সন্দেহ নেই।

দিশেহারা সত্যম কী করা উচিত সেটা বুঝতে পারে না। এই সংকটের ছাপ তার চোখে মুখেও পড়তে শুরু করে। একদিন কোচিং ক্লাসে সত্যমকে

হর্ষ জিজ্ঞেস করে যে তার কী হয়েছে। হর্ষ যথেষ্ট ধনবান পরিবারের ছেলে। তার নম্রতা, পড়াশোনার প্রতি ভালোবাসা আর সময় নষ্ট না করতে যাওয়ার প্রবল ইচ্ছার জন্য প্রথম থেকেই সে সত্যমকে প্রেরণা জুগিয়েছে হর্ষ। কাজেই তার সমস্যার কথা হর্ষকে খুলে বলতে একটুও দ্বিধা করে না সে।

সেদিনই হর্ষর বাবা সত্যমকে ফোন করেন। তিনি সত্যমকে বলেন যে তার টেস্ট সিরিজ এবং ক্র্যাশ কোর্সে ভর্তির খরচ তিনি দেবেন। অযাচিত এই সাহায্যে কৃতজ্ঞতায় তার মন ভরে গেলেও প্রথম দিকে সত্যম এই টাকা নেওয়ার বিষয়ে ইতস্তত করতে থাকে। কিন্তু হর্ষর বাবার সনির্বন্ধ অনুরোধ এড়াতে না পেরে শেষ পর্যন্ত এই টাকাটা সে নিতে রাজি হয় একটাই শর্তে যে পরবর্তীকালে এই টাকা সে ফেরত দিয়ে দেবে। এই টেস্ট সিরিজটা সত্যমের উত্তর লেখার দক্ষতা বাড়াতে যে কতটা সাহায্য করেছিল সেটা কেবল সেই জানে।

প্রবন্ধ পেপারের জন্য সত্যম প্রধানত খবরের কাগজ, ভিডিও, টেস্ট সিরিজ এবং কোচিং সেন্টারের মেটিরিয়াল থেকে তথ্য সংগ্রহ করত। কিন্তু পরে তার উত্তরপত্রকে আরো সাবলীল করে তোলার জন্য দৈনন্দিন জীবন থেকে উদাহরণ খুঁজে বের করারও চেষ্টা করত সে। আর সেই সমস্ত উদাহরণ কীভাবে কাজে লাগানো যায় সে বিষয়ে সে সর্বক্ষণ ভাবনা চিন্তাও করত।

পরীক্ষায় হাতের লেখা ভালো হওয়ার গুরুত্ব যে কতটা, সেটা সত্যম বেশ বুঝতে পেরেছিল। কাজেই দ্রুত উত্তর লেখার পাশাপাশি তার হাতের লেখা যেন পাঠযোগ্য থাকে সেদিকেও কড়া নজর রেখেছিল সে। মনে মনে বিভিন্ন ভিডিওয় সিভিল সার্ভিস পরীক্ষায় ভালো ফল করা পরীক্ষার্থীদের দেওয়া টিপসগুলো আলোচনা করত সত্যম। বিশেষ করে 'মেনস পরীক্ষায় সাফল্যের জন্য পরীক্ষার্থীদের সমস্ত প্রশ্নের উত্তর নির্দিষ্ট সময়ের মধ্যে লিখে আসা উচিত'; এই টিপসটা সত্যমের মাথায় একেবারে গেঁথে গিয়েছিল।

প্রথমদিকে অপশনাল সাবজেক্ট এর জন্য তেমন একটা প্রস্তুতি নেয়নি সত্য। নভেম্বরের প্রথম থেকে সে তার অপশনাল সাবজেক্ট পলিটিকাল সায়েন্স এবং ইন্টারন্যাশনাল রিলেশনস নিয়ে ভাবনা চিন্তা করতে শুরু করে। প্রথম থেকেই সত্যমের ধারণা ছিল যে এই দুটো বিষয় সে কেবলমাত্র বই পড়েই বুঝতে পারবে। অপশনাল সাবজেক্টের প্রস্তুতির ক্ষেত্রে তার

দৃষ্টিভঙ্গি প্রথম থেকেই খুব ক্যাজুয়াল ছিল। এমনকী, এই বিষয়গুলোর উত্তর লেখার জন্য সে কোনো নোটসও তৈরি করেনি। কিন্তু আসলে ব্যাপারটা যে কীরকম, সেটা সে এই দুটো বিষয়ের উপর মক টেস্ট দেওয়ার পর প্রথম বুঝতে পারে। তার ভুল শুধরে নেওয়ার জন্য সত্যম যথাসম্ভব বই এবং নোটস ডাউনলোড করে লিবজেন থেকে। তারপরে সেই বই থেকে পাওয়া তথ্য এবং আরেকটা নামী কোচিং সেন্টারের শিক্ষকের নোটস মিলিয়ে সে নিজের জন্য বিস্তারিত নোটস তৈরি করে।

নার্ভাস ব্রেক ডাউন

সত্যম তখন দিনে ১২ ঘণ্টার বেশি সময় ধরে পরীক্ষার জন্য পড়াশোনা করে। প্রথমদিকে রাত্তির এগারোটার মধ্যেই সে পড়াশোনা শেষ করে ফেলতো, যাতে তার ঘুমের কোনো ব্যাঘাত না ঘটে। কিন্তু কিছুদিনের মধ্যেই সে বুঝতে পারে রাত্তিরে চারিদিক স্তব্ধ থাকায় সেই সময় পড়ায় মন বসানো খুব সোজা। কাজেই সে তার নির্দিষ্ট পড়াশোনার রুটিন ভেঙে একটা অন্যরকমের অদ্ভুত রুটিন তৈরি করে নেয়। এই রুটিন অনুযায়ী সারা রাতর পড়াশোনা করার পর একেবারে সকাল আটটায় ঘুমোতে যেত আর ঘুম থেকে উঠত বেলা তিনটের সময়।

সত্যম তার পরিবারের অর্থনৈতিক অবস্থা সম্পর্কে সম্পূর্ণভাবে ওয়াকিবহাল ছিল। সময় যে তার কাছে অত্যন্ত কম, সেটা যেন সে নিজের দেহের মধ্যে বুঝতে পারত। মেনস পরীক্ষা যত এগিয়ে আসে ততই সিভিল সার্ভিসের বিরাট সিলেবাস শেষ করার চাপ সত্যমের মনের উপর একটা হিমালয়ান্তিক দুশ্চিন্তা এবং চাপ সৃষ্টি করে। এরই ফলস্বরূপ ২৯ শে ডিসেম্বর ২০২০-তে, মেনস পরীক্ষার মাত্র দিন কয়েক আগে, তার নার্ভাস ব্রেক ডাউন হয়।

প্রতিদিনের মতো সেদিনও সে রাতে ন'টা নাগাদ বাড়িতে ফোন করেছিল। ফোনে মায়ের গলা পাওয়া মাত্রই সত্যম চিৎকার করে কাঁদতে শুরু করে। ভয়ংকর চিন্তিত হয়ে সত্যমের মা জিজ্ঞেস করেন, "কী হয়েছে বাবা? আর কাঁদে না! একটু শান্ত হও, আর আমাকে কী হয়েছে সবটা খুলে বলো।"

"আই অ্যাম সরি মা! আমি জানি তোমরা আমার পড়াশোনার জন্য অনেক টাকা লোন নিয়েছো, কিন্তু আমার মনে হয় না এবছর আমি পাশ

করতে পারবো। আমি আরো ভালো করে প্রস্তুতি নিয়ে আগামী বছর আবার পরীক্ষা দেব। এখন আমার মাত্র ২১ বছর বয়স। কাজেই আমি আরো অনেকবার এই পরীক্ষাটা দিতে পারব।"

সত্যমের মা তাকে সাহস যোগান। "আমি সব জানি বাবা! প্রথমবারেই যে তুমি প্রিলিমিনারি পরীক্ষা পাস করেছ তাতেই আমরা খুব গর্বিত। টাকা পয়সার কথা তুমি একদম চিন্তা কোরো না। মাথা ঠান্ডা করো। পরীক্ষা না হয় তুমি সামনের বছর দিও।" সত্যমের বাবাও তার মায়ের এই কথার সমর্থন জানান।

বাবা মায়ের সঙ্গে আরও কিছুক্ষণ কথা বলার পরে সত্যম ফোন রেখে দেয়। তাঁদের দেওয়া সাহস তাকে মানসিক শক্তি জোটাতে সাহায্য করে। মনে মনে সে ভাবে, প্রথমবারেই তাকে পরীক্ষায় পাশ করে আইএএস অফিসার হতেই হবে। কাজেই বাকি সমস্ত কথা ভুলে গিয়ে পরের দিন সকাল আটটা অবধি মন দিয়ে পড়াশোনা করে। তারপর ফোন সুইচ অফ করে ঘুমোতে যায়।

বেলা তিনটের সময় ঘুম থেকে উঠে ফোনটা সুইচ অন করেই ভয় পেয়ে যায় সত্যম। ফোনে তার বাড়ি থেকে অন্তত ষাটটা মিসড কল। সঙ্গে সঙ্গে বাড়িতে ফোন করে সে। সত্যমের মা ফোন তুলে তার গলা শোনা মাত্রই কান্না ভেজা গলায় ফুঁপিয়ে ওঠেন।

"সত্যম বাবা, তুই কোথায় ছিলিস? তোকে কেন ফোনে পাওয়া যাচ্ছিল না? তুই ঠিক আছিস তো বাবা? তোর সঙ্গে কাল রাতে কথা বলার পরে আমরা খুবই চিন্তায় ছিলাম। তোর মানসিক পরিস্থিতি আমরা বুঝতে পারছি বাবা। তুই যদি পরীক্ষার নাও দিস তাতেও আমরা কিছু মনে করব না। কিন্তু নিজেকে কোনো ভাবেই কষ্ট দিস না বাবা!" এক নিঃশ্বাসে বলে চলেন তিনি।

অনেক কষ্ট করে সত্যম তার বাবা-মাকে শান্ত করে। তার পরে সময় নিয়ে শেষ পর্যন্ত তাঁদের বোঝাতে সমর্থ হয় যে সে একদম ঠিক আছে। প্রতিদিনই সারারাত পড়াশোনার পরে সকালে ঘুমোতে যায় সে। ঘুম থেকে উঠতে রোজই বেলা তিনটে হয় তার।

বাবা মায়ের সঙ্গে কথা বলে ফোন রেখে দেওয়ার পরে মনে মনে নিজেকে বড্ড দোষী বলে মনে হয় সত্যমের। কিন্তু একই সময়ে তার পরিবারের লোকেরা তাকে কতটা ভালোবাসে এটা বুঝতে পেরে নিজেকে

ধন্য বলে মনে হয় তার। সে বুঝতে পারে যে তার আইএএস অফিসার হওয়ার স্বপ্ন কেবলমাত্র তারই নয়; তার গোটা পরিবারের।

নিজের ডিপ্রেশন আর একাকীত্ব কাটানোর জন্য সত্যম কাছের লাইব্রেরীতে যাতায়াত শুরু করে। তার ছোট্ট ঘরের বাইরে অন্য রকম একটা পরিবেশে নানা রকম মানুষের মাঝে বসে পড়াশোনা করতে তার বেশ ভালো লাগতে শুরু করে। সত্যম তার পড়াশোনার রুটিনে ফের একটু পরিবর্তন নিয়ে আসে। প্রত্যেক ৬ ঘণ্টা পড়াশোনার পরে ৪ ঘণ্টা করে ঘুমিয়ে নেয় সে। প্রিলিমিনারি থেকে মেনস পরীক্ষার মাঝের সময়টায় সে আর চুল কাটাবে না বলে স্থির করেছিল। তার সঙ্গে কোনো ব্যায়াম না করায় তার বেশ ওজনও বেড়েছিল। এই সময় মোটা হয়ে যাওয়া, এক মুখ চুল দাড়িওয়ালা সত্যমকে দেখলে তার কলেজের কোনো সহপাঠীই যে চিনতে পারত না, সেটা নিশ্চিত।

অ্যাডমিট কার্ডের কাহিনী

৭ জানুয়ারি, ২০২১। মেনস পরীক্ষার প্রথম দিন। ভোর পর্যন্ত পড়াশোনা করে সত্যম ঘুমোতে গিয়েছিল। তার ঘুম যখন ভাঙে, তখন সকাল ৭টা বাজে। দ্রুত হাত মুখ ধুয়ে নিয়ে সে তার অ্যাডমিট কার্ড আর আধার কার্ডের কপি খুঁজতে শুরু করে। পরীক্ষা কেন্দ্রে এই দুটোই দেখাতে হবে। খুঁজতে খুঁজতে সারা ঘর তোলপাড় করে ফেলে সত্যম। টেবিল আর মেঝের উপরে রাখা বইয়ের স্তুপের প্রত্যেকটা উল্টে পাল্টে দেখতে থাকে সে, যদি ভুল করে বইয়ের ভাঁজে ওই দুটো জিনিস রেখে থাকে। কিন্তু কিছুতেই এই দুটোর একটাও খুঁজে পায় না সে। তার ফোনে এই দুটো জিনিসের ছবি থাকলেও দুর্ভাগ্যবশত পরীক্ষাকেন্দ্রে মোবাইল ফোন নিয়ে যাওয়ার নিয়ম নেই।

প্রচণ্ড চিন্তিত এবং ভীত হয়ে ঘর থেকে বেরিয়ে আসে সে। দিল্লিতে তখন প্রবল ঠান্ডা। চারিদিক ঘন কুয়াশার চাদরে ঢেকে রয়েছে। দৌড়ে পাশের করোল বাগ মার্কেটে এই দুটো ডকুমেন্ট প্রিন্ট করাতে যায় সত্যম। কিন্তু সব দোকান বন্ধ। দোকানের সাইনবোর্ড থেকে মোবাইল নম্বর দেখে দেখে সে একাধিক দোকানের মালিককে ফোন করে তাকে সাহায্য করার জন্য অনুরোধ জানায়। কিন্তু কেউই তাকে সাহায্য করার জন্য এগোয় না।

অসহায় সত্যম কী করবে বুঝতে না পেরে শেষ পর্যন্ত ফুটপাথের উপর বসে কাঁদতে শুরু করে। স্বপ্নভঙ্গের আশঙ্কায় আর মানসিক চাপে তার চোখ বেয়ে জলের ধারা বয়ে চলে।

হঠাৎ করে নিজের হাতঘড়ির দিকে চোখ পড়তেই সে দেখে প্রায় ৮টা বাজে। আর মাত্র আধ ঘণ্টা পরেই পরীক্ষাকেন্দ্রে পরীক্ষার্থীরা প্রবেশ করতে শুরু করবেন। মরিয়া সত্যম নিজেকে একটু শান্ত করে একটা অটো ধরে পরীক্ষা কেন্দ্রে যাবে বলে স্থির করে। রাস্তায় যেতে যেতে ভগবানের কাছে অলৌকিক জাদু দেখানোর জন্য আকুল প্রার্থনা করতে থাকে সে।

তার এই প্রার্থনা কাজে দেয়। ব্যতিক্রমী ঘটনা হিসাবে পরীক্ষাকেন্দ্রের অধিকর্তা তাকে মোবাইল ফোন ভিতরে নিয়ে গিয়ে পরীক্ষককে তার সমস্ত ডকুমেন্ট দেখিয়ে ফের বাইরে জমা করে যাওয়ার অনুমতি দেন। কিন্তু সকাল থেকে এই মানসিক চাপের ফলে পরীক্ষার সময়ে প্রবন্ধ লেখার জন্য যে সমস্ত কোটেশন আর গল্প আর উদাহরণ তৈরি করে এসেছিল সে, তার আর কিছুই মনে করতে পারে না। বিভিন্ন রকম তথ্য, পরিসংখ্যান আর অনেক রকম খুটিনাটি তথ্য তার মন থেকে যেন একেবারে মুছে গিয়েছে বলে মনে হয় তার। যাই হোক, সে শেষ পর্যন্ত নির্দিষ্ট সময়ের মধ্যে দুটো প্রবন্ধই শেষ করতে সক্ষম হয়।

কিন্তু এর পরের জেনারেল স্টাডিজ এবং অপশনাল সাবজেক্টের পেপারের পরীক্ষায় সে সব প্রশ্নের উত্তরই ভালোভাবে লিখে আসে। পরীক্ষা শেষ হওয়ার পর সত্যমের আত্মবিশ্বাস ফিরে আসে। পরীক্ষার বিশ্লেষণের পরে মেনস পরীক্ষা পাশ করার সম্ভাবনা যে তার প্রায় ৯০% সে মোটামুটি নিশ্চিত হয় এই বিষয়ে।

রাস্তার উপর নাচ

মেনস পরীক্ষা শেষ হয়ে গেলে সত্যম এবার নিজের শরীরের দিকে নজর দেবে বলে স্থির করে। প্রত্যেকদিন নিয়ম করে জিমে যেতে এবং জগিং করতে শুরু করে সে। মাঝে একবার গ্রামের বাড়িতে গিয়ে পরিবারের সঙ্গেও দেখা করে আসে। বেশ কয়েকটা ট্রেকেও যায় সে।

২৪ মার্চ, ২০২১। সত্যমের কোচিংয়ে অ্যাকাডেমির টেলিগ্রাম গ্রুপে মেনস পরীক্ষার আসন্ন রেজাল্ট নিয়ে মেসেজের পর মেসেজ ঢুকতে শুরু

করে। সারা দিন অধীর আগ্রহে রেজাল্টের খবরের জন্য অপেক্ষায় ক্লান্ত সত্যম জিমে যাওয়ার সিদ্ধান্ত নেয়। ব্যায়াম করার মাঝে হঠাৎ ফোনের দিকে চোখ পড়তেই উত্তেজনায় বুকটা একটু কেঁপে ওঠে তার। কেউ একজন গ্রুপে মেনস এর রেজাল্টের পিডিএফ পাঠিয়েছে।

দ্রুত পায়ে জিম থেকে বেরিয়ে আসে সত্যম। রাস্তার ধারে দাঁড়িয়ে পিডিএফ ডাউনলোড করে নিজের নাম খুঁজে বার করার চেষ্টা করতে করতে হঠাৎই উত্তেজনায়, আনন্দে ফেটে পড়ে জিমের বাইরের ফুটপাতে পাগলের মতো চিৎকার করে লাফাতে থাকে সে। জিমের ভিতর থেকে লোকেরা কাচের দেওয়ালের ভিতর থেকে আচমকা তার এই আনন্দের কারণ খুঁজে বার করার চেষ্টা চালিয়ে যেতে থাকে।

আনন্দে লাফাতে লাফাতেই সত্যমের হঠাৎ খেয়াল হয় যে সে রাস্তায় দাঁড়িয়ে রয়েছে আর তার চারিদিকে ক্রমেই লোকের ভিড় বাড়ছে। লজ্জিত মুখে জিমের ভিতরে ঢুকে পড়ে সে। সেখানেও ছোটখাটো ভিড় জমে যায় তাকে ঘিরে। সকলেই তার কাছে এই উদ্বেলিত আনন্দের কারণ জানতে চেয়ে হামলে পড়ে।

সত্যম যখন তার আনন্দের কারণটা ভেঙে বলে, উপস্থিত সকলেই খুব বিস্মিত হয়ে যান। অনেকেই, যাঁদের মধ্যে কয়েকজন বেশ কয়েকবার সিভিল সার্ভিসের প্রিলিমিনারি পরীক্ষায় অকৃতকার্য হয়েছেন, কিছুতেই তার কথা বিশ্বাস করতে চান না। সকলের হয়ে তাঁদের মধ্যেই একজন বলে ওঠেন, "তোমাকে দেখে তো ফার্স্ট ইয়ার কলেজ স্টুডেন্ট বলে মনে হয়। তুমি এই কঠিন পরীক্ষা পাশ করলে কীভাবে?"

পুনর্জন্ম

৩১ শে মে ২০২১ সত্যমের ইন্টারভিউয়ের ডেট পড়ে। কিন্তু ইন্টারভিউয়ের জন্য মনে মনে অত্যন্ত উত্তেজিত সত্যমের জীবন ফের আরেকবার ওলোট-পালোট করে দেয় কোভিড ১৯ অতিমারী। এইবার ভাইরাসের ডেলটা ভেরিয়েন্ট সারা ভারত তোলপাড় করে তোলে। ১০ই এপ্রিল সত্যম প্রবল জ্বর এবং টানা কাশিতে কাবু হয়ে পড়লে একবার কোভিড টেস্টের সিদ্ধান্ত নেয়। টেস্টের রেজাল্টে পরিষ্কার হয়ে যায় যে সে কোভিড ১৯-এ আক্রান্ত হয়েছে।

দিল্লির অবস্থা তখন অত্যন্ত শোচনীয়। হাসপাতালে বেড পাওয়া তো দূর, একটু অক্সিজেন জোগাড় করাও অসম্ভব হয়ে পড়েছিল। ভাইরাসের আক্রমণে অসুস্থ অবস্থায় একলা এই ছোট্ট ঘরের মধ্যেই সে মারা যাবে, এই ভাবনাটা সত্যমকে একেবারে জেরবার করে ফেলে। যেকোনো উপায়ে একটু চিকিৎসার ব্যবস্থা করতে হবে, মনে মনে এই স্থির করে কোনো রকমের সে ডক্টর রাম মনোহর লোহিয়া (RML) হাসপাতালে গিয়ে পৌঁছয়।

কিন্তু হাসপাতালে পৌঁছে দেখে অবস্থা ভয়াবহ। হাসপাতালের সামনে তখন অ্যাম্বুলেন্সের লাইন, ভিতরে রোগীরা যেখানে সেখানে অক্সিজেন সাপোর্টে পড়ে রয়েছে, আর একের পর এক মৃতদেহ প্লাস্টিকের ব্যাগবন্দী করে নিয়ে যাওয়া হচ্ছে। চিন্তায়, ভয়ে কাতর সত্যম এই হাসপাতালে না ঢুকে কোনোরকমে পাশের বি এল কাপুর হসপিটালে গিয়ে উপস্থিত হয়। কিন্তু সেখানের অবস্থাও আগের হাসপাতালের মতোই। এখান থেকে আর বেরোয় না সত্যম। মন শক্ত করে হাসপাতালে বারান্দায় দীর্ঘক্ষণ ডাক্তারের জন্য অপেক্ষা করে অবশেষে ডাক্তারের দেখা পায় সে।

মরিয়া সত্যম বারবার ডাক্তার বাবুকে তাকে ভর্তি করে নেওয়ার অনুরোধ করে। বারবার করে বলে যে সে একা থাকে, তার শরীর ভীষণ খারাপ; কাজেই তাকে যেন দয়া করে ভর্তি করে নেওয়া হয়। ডাক্তারবাবুর প্রত্যুত্তর কিন্তু বড়ই রূঢ় ছিল। শব্দ করে হেসে উঠে তিনি বলেন, "তোমার বয়স অনেক কম আর তোমাকে দেখে তেমন অসুস্থ বলেও মনে হচ্ছে না। তুমি কি দেখতে পাচ্ছ না, শয়ে শয়ে তোমার থেকে অনেক বেশি অসুস্থ রোগী পড়ে রয়েছেন, যাঁদের তোমার থেকে বেশি ওই বেডের প্রয়োজন?" এই বলে তিনি দ্রুত পায়ে সত্যমের সামনে থেকে চলে যান।

হতাশ হলেও ভেঙে পড়ে না সত্যম। হাসপাতাল থেকে ধীরে ধীরে নিজের ঘরে ফিরে আসে। কাছের ওষুধের দোকান থেকে হোয়াটসঅ্যাপে ঘুরতে থাকা একটা প্রেসক্রিপশন অনুযায়ী কয়েকটা ওষুধপত্র, যেমন প্যারাসিটামল, জিংক, অ্যাজিথ্রোমাইসিন, মাল্টিভিটামিন, আর একটা পালস অক্সিমিটার কিনে নিয়ে আসে। নির্দিষ্ট সময় অন্তর সে ওষুধ খায় এবং নিয়মিত দেহে অক্সিজেনের পরিমাণ মাপতে থাকে। তিনদিনের মাথায় তার অক্সিজেন স্যাচুরেশন ৮৮ তে নেমে এলে অত্যন্ত ভয় পেয়ে যায় সত্যম। অক্সিজেন স্যাচুরেশন আরো কমে গেলে যে কী হবে, তা নিয়ে

দুশ্চিন্তা করতে থাকে সে। সৌভাগ্যবশত, তার অক্সিজেন স্যাচুরেশন এর থেকে বেশি আর নামেনি।

কিন্তু তা সত্ত্বেও প্রবল গায়ে ব্যথা আর শ্বাসকষ্টে কাবু হয়ে পড়ে সে। তার সঙ্গে ভয়, একাকীত্ব, আর সকলের থেকে বিচ্ছিন্ন হয়ে থাকার ভার তার মনের মধ্যে ক্রমেই চেপে বসতে থাকে। সারাদিন ধরে অ্যাম্বুলেন্সের সাইরেনের শব্দ তার একাকীত্বকে যেন হাজারগুণ বাড়িয়ে তোলে। সত্যমের বাবা মা এবং ভাই তার এই মানসিক ও শারীরিক অবস্থায় অত্যন্ত চিন্তিত হয়ে পড়েন।

যে টিফিন সার্ভিস থেকে সত্যমের দুবেলার খাবার আসত, অতিমারীর কারণে সেটাও বন্ধ হয়ে যায়। এতে আরো চিন্তিত হয়ে পড়ে সত্যম। বেঁচে থাকাটাই যখন তার কাছে একটা চ্যালেঞ্জ হয়ে দাঁড়িয়েছে, তখন হঠাৎ করেই তার মনে পড়ে লাজপত নগরের বর্ষাতির বাড়ি থেকে আনা গ্যাস স্টোভের কথা। সত্যমের মনের কোণে একটা আশার ফুলকি জ্বলে ওঠে। সে স্টোভটা বের করে পরিষ্কার করে আগুন জ্বালানোর চেষ্টা চালাতে থাকে। স্টোভটা শেষ পর্যন্ত জ্বললে সত্যমের মনে আনন্দের বন্যা বয়ে যায়। পাশের একটা মুদির দোকান থেকে কিছু চাল কিনে নিয়ে এসে শেষ পর্যন্ত নিজের জন্য অল্প কিছু রান্না করতে সক্ষম হয় সে।

সবকিছুরই শেষ আছে। সত্যমের জ্বরও আস্তে আস্তে কমে যায়। একটু সুস্থ হয়ে সত্যমের মনে হয় সে যেন নতুন জীবন ফিরে পেয়েছে। কিন্তু তার বুকের মধ্যে অদ্ভুত একটা কষ্ট অনুভব করতে থাকে সে। অনেকটা সময় বেরিয়ে গেলেও সেটা কিছুতেই কমে না। সত্যমের মনে হয় যে পরিবেশ বদল করলে সে দ্রুত সুস্থ হয়ে উঠবে। সেই জন্য তার লাজপত নগরের ছোট ঘরটা ছেড়ে সে নয়ডায় তার মামার বাড়িতে গিয়ে ওঠে। কোভিড সেরে যাওয়ার পরেও বিভিন্ন রকম শারীরিক অসুস্থতায় সে তিন মাস প্রায় শয্যাশায়ী হয়ে থাকে। সৌভাগ্যবশত, কোভিড-১৯ অতিমারীর কারণে ইউপিএসসির ইন্টারভিউ মে মাস থেকে ১লা সেপ্টেম্বরে পিছিয়ে যায়। এর ফলে সত্যম শারীরিক অসুস্থতা কাটিয়ে ওঠার জন্য প্রয়োজনীয় অবকাশের পাশাপাশি ইন্টারভিউয়ের প্রস্তুতির জন্যও বেশ কিছুটা সময় পায়।

ডিটেইলড অ্যাপ্লিকেশন ফর্ম (DAF) থেকে যতরকম প্রশ্ন আসা সম্ভব বলে সত্যমের মনে হয়েছিল তার সবকিছুর উত্তর তৈরি করে রেখেছিল সে। নিজের আত্মবিশ্বাস আর ইংরেজি বলার দক্ষতা বাড়ানোর জন্য সে

একাধিক অনলাইন আর অফলাইন মক ইন্টারভিউতে যোগ দেয়, ইউটিউবে বিগত বছরের টপারদের ইন্টারভিউয়ের ভিডিও দেখে। যে সমস্ত পরীক্ষার্থীরা ২০০ উপরে র‍্যাঙ্ক করেছিল তাদের ইন্টারভিউও খুব মন দিয়ে অনুসরণ করে। এছাড়াও ইংরেজির উপর দখল বাড়ানোর জন্য সে সিনেমা এবং প্রচুর ফিকশন আর নন ফিকশন বই পড়তে থাকে।

বিভিন্ন মক ইন্টারভিউতে পাওয়া প্রশংসা সূচক রিভিউয়ে সত্যমের আত্মবিশ্বাস ক্রমেই বাড়তে থাকে। কয়েকটি মক ইন্টারভিউয়ে ইন্টারভিউয়াররা তাকে কথা বলার সময় ভুরু নাচাতে বারণ করেন, আরো নরম গলায় কথা বলতে বলেন এবং আর্মি অফিসারদের মতো মেরুদণ্ড সিধে করে বুক চিতিয়ে বসতে বলেন। কিন্তু সত্যমের মনে হয় এইসব দিকে বেশি মনোযোগ দিলে সে প্রশ্নের উত্তর ঠিক মতো করে নাও দিতে পারে। সেই জন্য ইন্টারভিউ দেওয়ার কৌশল সে নিজের মতো করেই সাজিয়ে নেবে বলে শেষ পর্যন্ত স্থির করে।

বিরল প্রশংসা

অন্যদিকে, ইন্টারভিউয়ে ডাক পাওয়াটা তার জন্য আরো বড় অর্থনৈতিক সমস্যা তৈরি করে। ইন্টারভিউ দিতে যাওয়ার জন্য তাকে নতুন শার্ট, স্যুট, টাই এবং একজোড়া জুতো কিনতে হতো; সবমিলিয়ে যার দাম কোনোভাবেই ১০ হাজার টাকার কম নয়। কাজেই এই টাকার ব্যবস্থা করতে তার বাবাকে ফের বটুকদেবের কাছ থেকে চড়া সুদে টাকা ধার করেন।

শেষ পর্যন্ত ইন্টারভিউয়ের দিন ঘনিয়ে আসে। ২০২১ সালের ১ সেপ্টেম্বর সকাল ১১ টার সময় স্যুট আর টাই, মুখে ফেস শিল্ড, মাস্ক আর হাতে গ্লাভস পরে সত্যম আয়নার সামনে দাঁড়ায়। আয়নায় নিজের প্রতিবিম্ব দেখে তার অজান্তেই তার ঠোঁটের কোণে একটা আলগা হাসি ফুটে ওঠে। নিজেকে দেখে তার মনে হয় সে যেন নিউক্লিয়ার রিয়্যাক্টরের ভিতরে ঢোকার জন্য প্রস্তুতি নিয়েছে। ভগবানের কাছে আশীর্বাদ কামনা করে মামা মামীকে প্রণাম করে পোস্ট লাঞ্চ ইন্টারভিউয়ে যোগ দেওয়ার জন্য সত্যম ইউপিএসসি বিল্ডিংয়ের দিকে রওনা দেয়।

ইউপিএসসি বিল্ডিংয়ের সেন্ট্রাল হলে ঢুকে সত্যম দেখে আরো জনা যাটেক পরীক্ষার্থী আলাদা আলাদা রোয়ে বসে অপেক্ষা করছেন। তবে

এই হলের পরিবেশ এ যাবৎ কাল পর্যন্ত সত্যম যত মক ইন্টারভিউতে উপস্থিত হয়েছে, সেসবের থেকে সম্পূর্ণ আলাদা। ইন্টারভিউ নেওয়ার ঘরটাও একদম আলাদা রকম দেখতে। চারদিকে অনেকগুলো ক্যামেরা লাগানো বিশাল একটা ঘরের বদলে, যে ঘরে সত্যম ইন্টারভিউ দিতে ঢোকে তা আর পাঁচটা সরকারি অফিসের ঘরের থেকে খুব একটা আলাদা নয়। একটা ছোট ঘরে অশ্বক্ষুরাকৃতি একটা টেবিলের উল্টোদিকে পাঁচজন ব্যক্তি বসে রয়েছেন: এই দৃশ্যটায় সত্যম এতটাই অবাক হয়ে যায় যে এক মুহূর্তের জন্য তার মনে হয় সে বোধ হয় ভুল ঘরে ঢুকে পড়েছে।

সেদিন সকালেই খবরের কাগজে কোয়ার্টারলি জিডিপির তথ্য নিয়ে খবর বেরিয়েছে। সত্যম ধরেই নিয়েছিল ইন্টারভিউতে নির্ঘাত ইকনমিক্স নিয়ে প্রশ্ন করা হবে। কিন্তু সত্যমকে অবাক করে দিয়ে ইন্টারভিউয়ারদের কেউই ইকনমিক্স নিয়ে কোনো প্রশ্ন তাকে করেননি।

ইন্টারভিউ রুমে সত্যম পা রাখতেই বোর্ডের চেয়ারম্যান হাতের ইশারায় তাকে তার ফেস শিল্ড খুলে নিজের সম্বন্ধে কিছু বলার জন্য অনুরোধ করেন। এরপর তার DAF থেকে বেশ কিছু প্রশ্ন তাকে করা হয়। প্যানেলের ইন্টারভিউয়াররা NDA এর জন্য SSB পরীক্ষায় তার অভিজ্ঞতা কেমন ছিল তা নিয়ে বেশ কিছু প্রশ্ন করেন। ইন্টারভিউয়ারদের একজন জিজ্ঞেস করেন, "তুমি কোন পুষা থেকে এসেছ? বিহারের আসল পুষা, নাকি দিল্লির নকলটা?" এই প্রশ্নে ঘরের পরিবেশ মুহূর্তের মধ্যে হালকা হয়ে আসে।

এরপর ইন্টারভিউয়াররা ঝাড়খন্ড এবং বিহারের উন্নয়নের সমস্যা নিয়ে কথা বলতে শুরু করেন। কলেজের ফটোগ্রাফি সোসাইটিতে প্রেসিডেন্ট হিসেবে কাজ করার সময় সত্যম কী কী শিখেছে এবং কোন কোন প্রজেক্টে নেতৃত্ব দিয়েছে, সে সমস্ত নিয়ে বিস্তারিত প্রশ্ন করেন তারা। আলোচনাটা শেষ পর্যন্ত ভারতীয় সিনেমার ভবিষ্যৎ অবধি গড়ায়।

সত্যম হাতে সময় থাকলে সায়েন্স ফিকশন পড়তে পছন্দ করে শুনে একজন বোর্ড মেম্বার তাকে ভারতের মহাকাশ গবেষণার বিষয়ে প্রশ্ন করেন। তিনি সত্যমকে জিজ্ঞেস করেন যে মহাকাশ গবেষণায় ভারত কেন ততটা উন্নতি করতে পারছে না সে বিষয়ে কি সে কিছু জানে? সেখান থেকে আলোচনাটা এখন সিনেমায় যা কিছু দেখানো হচ্ছে ভবিষ্যতে তাই ঘটবে এই জাতীয় জল্পনায় এসে দাঁড়ায়।

এরপর বিষয়ের পরিবর্তন করে বোর্ডের মেম্বাররা প্রধানমন্ত্রীর অন্যতম প্রজেক্ট "ভোকাল অ্যাবাউট লোকাল" নিয়ে প্রশ্ন করেন। ভারত এবং চীনের উন্নয়নের একটা তুলনামূল্য বিচারও হয়ে যায় ইন্টারভিউ চলাকালীন। বোর্ডের একজন সদস্য যে সত্যমের উত্তরে খুশি নন তা তাঁর বিরক্ত মুখভঙ্গি থেকেই স্পষ্ট বোঝা যাচ্ছিল। সত্যম তাঁর চোখে চোখ রেখে কথা বলার চেষ্টা করা সত্ত্বেও তিনি ইচ্ছে করে তার দৃষ্টি সরিয়ে জানলার দিয়ে বাইরে তাকিয়ে থাকছিলেন। সত্যমের মনে হয়, বোর্ড মেম্বাররা হয়তো তার মানসিক দৃঢ়তা কতটা সেটা পরীক্ষা করছেন। এই সবকিছুর মধ্যে টেবিলের এককোনে বসে এক মহিলা সদস্য খুব মন দিয়ে সত্যমের মুখের ভাব এবং প্রতিটা প্রশ্নে সে কীরকম করে উত্তর দিচ্ছে তা খেয়াল করতে থাকেন।

ইন্টারভিউ দিয়ে বেরিয়ে আসার পরে সত্যম ঠিক বুঝতে পারে না যে তার ইন্টারভিউ আদৌ ভালো হয়েছে না খারাপ। কিন্তু ইন্টারভিউ শেষ করে ঘর থেকে বেরিয়ে আসার আগে একজন বোর্ড মেম্বার, যিনি তাকে বিহার এবং ঝাড়খণ্ডের উন্নয়ন নিয়ে প্রশ্ন করেছিলেন, তিনি হঠাৎই তার প্রশংসা করে বলেন, "খুব ভালো ইন্টারভিউ দিয়েছো!"

বোর্ড মেম্বারদের কাছ থেকে এইরকম প্রশংসা সূচক ফিডব্যাক তেমন খুব একটা মেলে না। তাই এই ফিডব্যাকে সত্যম খুবই খুশি হয়েছিল। আর এই প্রশংসা বাক্য রেজাল্ট বেরোনোর আগের দীর্ঘ অনিশ্চিত সময়টায় আত্মবিশ্বাস ধরে রাখতে তাকে সাহায্যও করে।

ব্যাগ গোছানো শেষ: মুসৌরি না দিঘরা?

সত্যম বেশ ভালই জানে যে তাদের পরিবারের অর্থনৈতিক অবস্থা ততটা ভালো না। কাজেই দিল্লিতে থেকে পড়াশোনা এবং কোচিংয়ের খরচ চালানো তার পরিবারের পক্ষে অসম্ভব। আর তাছাড়া প্রত্যেকদিনই বটুকদেবের থেকে নেওয়া ধারে সুদের পরিমাণ বেড়েই চলেছে। তার জন্যই যে তার বাবা মাকে এত চড়া সুদে ধার নিতে হয়েছে, এটা ভাবলেই সত্যমের মাথায় যেন চিন্তার পাহাড় চেপে বসে। এইরকম অর্থনৈতিক সংকটের মাঝখানে দাঁড়িয়ে সত্যম সিদ্ধান্ত নেয়: তার লাজপতনগরের ছোট ঘরটা ছেড়ে ব্যাগপত্র গুছিয়ে হয় সে মুসৌরিতে LBSNAA তে আইএএস অফিসার

হিসেবে ট্রেনিংয়ে যাবে নইলে একেবারে গ্রামে গিয়ে পরেরবারের সিভিল সার্ভিস পরীক্ষার জন্য পড়াশোনা শুরু করবে।

২০২১ সালের ২৪ শে সেপ্টেম্বর ইউপিএসসির রেজাল্ট বেরোনোর কথা। সেদিন সকাল থেকেই সত্যম অত্যন্ত নার্ভাস বোধ করছিল। হোয়াটসঅ্যাপ আর টেলিগ্রামে ঢুকতে থাকা হাজার হাজার মেসেজ অবিশ্বাস্য রকমের টান টান উত্তেজনার পরিবেশ তৈরি করেছিল। এরকম মানসিক চাপের মুখে দাঁড়িয়ে শেষ পর্যন্ত বেলা তিনটের সময় সত্যম পড়াশোনায় ক্ষান্ত দেয়। সন্ধ্যা সওয়া ছটা নাগাদ টেলিগ্রামে মেসেজে একটা পিডিএফ আসতেই তার টেনশন একেবারে এভারেস্টের চূড়ায় উঠে যায়।

নিজের রেজাল্টটা নিজেই সবার আগে দেখবে এটা মনে মনে স্থির করে সত্যম পিডিএফটা ডাউনলোড করে ফোনের ফ্লাইট মোড অন করে দেয়। ভগবানের কাছে নিভৃতে একবার প্রার্থনা করে নিয়ে সে প্রথম থেকে পরীক্ষার্থীদের নামগুলো পড়তে থাকে। পড়তে পড়তেই ভীষণ অবাক হয়ে গিয়ে দেখে তার নামটা রেজাল্টের প্রথম পাতাতেই রয়েছে। নিজের চোখকে ঠিক বিশ্বাস হয় না সত্যমের। বারবার করে নিজের নাম আর রোল নাম্বার মেলাতে থাকে সে। অনেকবার মেলানোর পরেও ঠিক তার বিশ্বাস হতে চায় না। মনে হয় তার সঙ্গে কেউ মজা করছে। আসলে যে ঠিক কী হয়েছে সেটা বুঝে নেওয়ার জন্যই হয়তো ফোনের ফ্লাইট মোড অফ করে সে। আর তারপরেই বন্যার মতো অভিনন্দনের মেসেজ ঢুকতে থাকে তার ফোনে। এই মেসেজের ধাক্কায় তার মনে যেটুকু সন্দেহ ছিল তা দূর হয়ে যায়।

কী কাণ্ড যে ঘটে গেছে সেটা যত সে বুঝতে পারে, ততই সত্যম উপলব্ধি করে যে সে নিজের জীবনের পথ পরিবর্তনের সঙ্গে সঙ্গে তার পরিবারের জীবনও বদলে ফেলেছে। সে তার দাদুর স্বপ্ন পূরণ করতে পেরেছে আর তার বাবা-মায়ের মুখ রক্ষা করেছে, এই ভেবেই আনন্দে আটখানা হয়ে যায় সত্যম।

এরই মধ্যে সংবাদ মাধ্যমের লোকেরা সত্যমের দিঘরার গ্রামের বাড়িতে গিয়ে উপস্থিত হয়। তার অনুপস্থিতিতে তার বাবা-মা সাংবাদিকদের সমস্ত প্রশ্নের উত্তর দেন। সত্যমকে অবাক করে দিয়ে আইএএস জামাইয়ের খোঁজে থাকা অনেক মেয়ের বাবারাও এসে তার বাড়িতে ভিড় করেন। এইরকম খবরের চ্যানেলের ভিডিওতে মাকে তার একটা ছবিতে তিলক পরাতে

দেখে হেসে ওঠে সত্যম। একটা প্রচণ্ড দমকা হাওয়ায় তার জীবন যে একেবারে ওলোটপালোট হয়ে গিয়েছে সে বিষয়ে আর কোনো সন্দেহ নেই।

নায়কের ঘরে ফেরা

এত ভালো র‍্যাঙ্ক করে আইএএস অফিসার হওয়াটা বিহারে অন্তত একটা বিশাল ব্যাপার। কাজেই রেজাল্ট বেরোনোর বেশ কিছুদিন পর পর্যন্ত সত্যমের বাড়িতে তার শুভানুধ্যায়ীদের ভিড় লেগেই থাকে। পরিবারের সঙ্গে শান্তিতে কয়েক দিন কাটাবে বলে সত্যম কাউকে কিছু না বলে ১৯ অক্টোবর ২০২১-এ বাড়ি যাওয়ার জন্য ট্রেনের টিকিট কাটে। যদিও তার বাড়ি ফেরার বিষয়ে কাউকে কিছু না জানানোরই ইচ্ছা ছিল; কিন্তু তার জন্য গ্রামে যে চিত্র অপেক্ষা করেছিল তা সে স্বপ্নেও ভাবতে পারেনি।

ট্রেন থেকে নেমে সত্যম দেখে তার জন্য কেবল তার বাবা-মা আর ভাই-ই স্টেশনে অপেক্ষা করে নেই; তাদের সঙ্গে ছোটখাটো জনতার ভিড়ও অপেক্ষা করে রয়েছে। তারা সবাই সত্যমকে গাঁদা ফুলের মালা পরাতে চায়। স্টেশনের বাইরে তাকে নিতে আসার জন্য গাড়ির লম্বা লাইন লেগে গিয়েছে। সেই গাড়িগুলোর মধ্যেই একটা আবার বিশেষভাবে ফুল দিয়ে সাজানো। সারা প্লাটফর্মটা লোকজনে গমগম করছে। ট্রেন থেকে নামার কয়েক মিনিটের মধ্যে সত্যম ফুলের চাদরে ঢেকে যায়।

গ্রামে পৌঁছতেই অভিনন্দনের বন্যায় ভেসে যায় সত্যম। গ্রামে ঢোকার পথটায় সিংহ দরজার মতো একটা বিশাল বড় ওয়েলকাম লেখা গেট তৈরি করা হয়েছিল। সত্যম যে রাস্তাতেই যাক না কেন, সেখানেই এইরকম বড় বড় গেট তার চোখে পড়ে। তার ছবি দিয়ে অভিনন্দন জানিয়ে তৈরি পোস্টারে সারা গ্রাম ঢেকে গিয়েছে। তার মাথার উপরে বৃষ্টির মতো ঝরে পড়ছে ফুল। চারদিক দেখে মনে সত্যমের মনে হচ্ছিল যেন খুব বড় একটা উৎসবের মাঝে এসে উপস্থিত হয়েছে সে। সারা গ্রামের এই রকম আনন্দ উদযাপন দেখে তার দাদু আর বাবা-মা যে খুবই আনন্দ পাচ্ছেন তা সত্যম বেশ বুঝতে পারে।

বেশি হইচই চেঁচামেচি সত্যমের কখনোই খুব একটা পছন্দ করে না। কিন্তু তার মা তাকে সান্ত্বনা দেয় এই বলে যে গ্রামের লোকেরা তাকে ভালোবাসে বলেই না এইরকম আনন্দ করছে। “রাগ করিস না বাবা!

গ্রামের লোকেরা তোকে যে কত ভালোবাসে, এটা তারই বহিঃপ্রকাশ। গ্রামের কাছে তো তুই এখন একটা রোল মডেলে পরিণত হয়েছিস। কাজেই এখন ব্যবহার করিস না যাতে তোকে দেখে তারা মনে করে যে তুই বড্ড জেদি আর একগুঁয়ে হয়ে গিয়েছিস।"

সত্যমের বাড়ির ঠিক বাইরে একটা অনুষ্ঠানের আয়োজন করা হয়েছিল। সেখানে গ্রামের সমস্ত সম্ভ্রান্ত ব্যক্তিরা এসে উপস্থিত হয়ে বক্তৃতা রাখেন। সত্যম খুবই ক্লান্ত হয়ে গেলেও তাকে সেখানে কিছু বলার জন্য অনুরোধ করা হয়।

দিন কয়েক পরে তার কাছে তার স্কুলের অনুষ্ঠানের প্রধান অতিথি হিসেবে আমন্ত্রণ জানিয়ে চিঠি এলে প্রচণ্ড খুশিয়াল হয়ে ওঠে সত্যম। মাত্র বছর তিনেক আগেই স্কুলের বাৎসরিক উৎসবে আর স্পোর্টস ডে-তে বন্ধুদের সঙ্গে এক লাইনে দাঁড়িয়ে ডিস্ট্রিক্ট ম্যাজিস্ট্রেট আর অন্যান্য সম্মানীয় ব্যক্তিদের আমন্ত্রণ জানিয়েছে সে। সেসব অনুষ্ঠানে তাদের বক্তৃতা শুনেছে। এখন প্রধান অতিথি হিসেবে সে ঠিক একই রকমের সম্মান পাবে স্কুলের ছাত্রদের থেকে, এ কথা ভাবতেই তার মনে একটা অদ্ভুত রকমের সন্তোষ জন্মায়।

গ্রামে থাকাকালীন সত্যমকে ঘিরে সবসময়ই ছোটখাটো একটা ভিড় জমা হয়ে থাকতো। আশপাশের গ্রামের অনেক ধনী ব্যক্তিরা তাঁদের মেয়ের বিয়ের প্রস্তাব নিয়ে সত্যমের বাড়িতে আসতে শুরু করেন। বড় বড় দামি গাড়িতে প্রচুর ড্রাই ফ্রুটস আর মিষ্টি নিয়ে তার সঙ্গে দেখা করতে আসা লোকেদের বহর দেখে সত্যমের বাবা-মা পর্যন্ত অবাক হয়ে যান। সত্যমের অনেক আত্মীয়-স্বজন, এমনকী যাদের সঙ্গে সে জীবনে কথা পর্যন্ত বলেনি, তাঁরাও তার বাড়ির সামনে ভিড় করেন।

প্রথম দিকে সত্যমের মনে হয়েছিল যে সে বিহার ক্যাডারে চান্স পাবে। কিন্তু হোয়াটসঅ্যাপে আসা একটা মেসেজ থেকে সে জানতে পারে যে পরীক্ষায় প্রথম এবং সপ্তম স্থানাধিকারী প্রার্থীদের বাড়িও বিহারে হওয়ায় বিহার ক্যাডারে সুযোগ পাওয়ার সম্ভাবনা কম।

ক্যাডার আলোকেশানের তালিকা প্রকাশ হওয়ার পরে দেখা যায় সত্যম মহারাষ্ট্র ক্যাডারে চান্স পেয়েছে। এতে যে শুধু সত্যমেরই মন খারাপ হয়ে যায় তাই নয়, তার গ্রামের সকলেই একটু মুষড়ে পড়ে। তার কাছে আসা বিয়ের প্রস্তাবেও ভাটা পড়তে শুরু করে।

বইপোকার রূপান্তর

সারা জীবন মন দিয়ে পড়াশোনা করে আসা সত্যম LBSNAA তে যাওয়ার পরে নিজের ফিটনেসের দিকে নজর দেয়। ক্লাস শেষ হয়ে যাওয়ার পরে সোজা রাইডিং গ্রাউন্ডে গিয়ে প্রতিদিন এক থেকে দেড় ঘণ্টা ঘোড়ায় চড়া শেখার পর সেখান থেকেই জিমে গিয়ে ব্যায়াম করত সে। এরই সঙ্গে খেলাধুলো আর প্রতিদিন সকালে দৌড়াতে যাওয়াও অভ্যাস করে সত্যম। সপ্তাহের শেষে বন্ধুদের সঙ্গে প্রায়ই ট্রেকে যেতেও শুরু করে সে।

খাইয়ে হিসেবে তার নাম থাকলেও, এই প্রচণ্ড কায়িক পরিশ্রমের ফলে কয়েক মাসের মধ্যেই পাঁচ কেজি ওজন কমিয়ে ফেলে সত্যম। তার ওজন ৭২ কেজি থেকে ৬৭ কেজিতে নেমে আসে সে। মনে মনে সাঁতার শেখারও প্রবল ইচ্ছা ছিল সত্যমের। কিন্তু জলে নামলেই তার যেরকম দমবন্ধকর অনুভূতি হত সেটাকে কিছুতেই কাটিয়ে উঠতে না পারায় অনিচ্ছা সত্ত্বেও সাঁতার শেখায় ক্ষান্ত দেয় সে।

তার তুলনায় তার রুমমেট অভিষেক একটা একেবারে অন্যরকমের রুটিন মেনে চলতে শুরু করে। সত্যম সকালবেলা ব্যায়াম করে ফিরে এসে দেখত অভিষেক তখনও অবধি ঘুমোচ্ছে। সকাল ৮:৫৫ এর সময় তাকে ঘুম থেকে ডেকে তোলার জন্য সত্যম টুথব্রাশে টুথপেস্ট লাগিয়ে তার সামনে নিয়ে গিয়ে বলতো, "ভাই, এবার যদি ঘুম থেকে না উঠিস তাহলে সকাল ন'টার ক্লাসে যেতে তোর কেন দেরি হল সেই নিয়ে মেমোরান্ডাম দিতে হবে!"

ধুলেতে বাল্যবিবাহ সমস্যা

মহারাষ্ট্রের ধুলে জেলায় সত্যমের ডিস্ট্রিক্ট ট্রেনিং পড়ে। সেখানে ২০১৪ সালের আইএএস ব্যাচের জলজ শর্মা তাকে ট্রেনিং দেওয়ার ভার পান। শর্মার কথা বলতে গেলে সত্যমের নারকেলের কথা মনে পড়ে। নারকেলের যেরকম বাইরেটা শক্ত ভিতরটা আর্দ্র এবং নরম, জলজ শর্মারও তাই। বাইরের ব্যবহারটা কঠিন এবং রুক্ষ হলেও ভিতরে তিনি সবসময়ই কম্প্যাশনেট এবং তাঁর কাছে ট্রেনিংয়ে আসা সকলের প্রতি সমান ভাবে সাপোর্টিভ। ট্রেনিংয়ের প্রথম দিকে মিটিংয়ে যে ভাষায় কথা বলা হত, তা

বুঝতে বেশ কষ্ট হত সত্যমের। ধীরে ধীরে অবশ্য সবই অভ্যাস হয়ে যায়।

নিজের বয়স নিয়েও সত্যমের বেশ চিন্তা ছিল। একজন আইএএস অফিসারের হিসেবে তার বয়স খুবই কম। কাজেই তার থেকে অনেক বেশি বয়স্ক সাব-অর্ডিনেটদের কীভাবে সামলাবে তা নিয়ে প্রায়ই বেশ দুশ্চিন্তা করতো সে। কিন্তু সে যেভাবে দক্ষ হাতে ব্লক ডেভেলপমেন্ট অফিসার, তহশিলদার এবং সাবডিভিশনাল ম্যাজিস্ট্রেটের দায়িত্ব পালন করে, তাতে নিজেই ভীষণ অবাক হয়ে যায় সত্যম।

একইসঙ্গে কীভাবে রাজনৈতিক নেতা এবং অন্যান্য প্রভাবশালী ব্যক্তিত্বদের টেলিফোন কল হ্যান্ডেল করতে হবে এবং রাজনৈতিক চাপ কাটিয়ে কাজ করতে হবে সেটাও শিখে নেয় সত্যম।

ধুলে এলাকাটা আদিবাসী অধ্যুষিত হওয়ায় এখানে এমন কিছু সমস্যা আছে যা অন্যান্য সমস্ত জায়গা থেকে আলাদা। ধুলের অন্যতম প্রধান সমস্যা হল বাল্যবিবাহ। এখানে যত বিয়ে হয় তার প্রায় ৪০ শতাংশই বাল্যবিবাহ। সত্যম যথাসাধ্য চেষ্টা করে যাতে ধুলের এই বাল্যবিবাহের সংখ্যা কমে। বাল্যবিবাহের ফলে মেয়েদের জীবনে কী কী সমস্যা তৈরি হতে পারে তা বাবা মায়েদের বোঝানোর জন্য একাধিকবার আদিবাসী গ্রামে নিজে যায় সত্যম। একই সঙ্গে ১০৯৮ এই টোল ফ্রি নম্বর এর গুরুত্ব সম্পর্কেও সচেতনতা তৈরির চেষ্টা করে সে। এছাড়া বেশ কিছু জায়গায় নাবালিকার বিবাহ অনুষ্ঠান সম্পন্ন হওয়ার আগে গিয়ে বিয়ে বন্ধ করার মতোও কাজ করে সে।

এই সমস্ত কাজ করার সময়ই সত্যম তার নিজের দৃষ্টিভঙ্গির সঙ্গে গ্রামবাসীদের দৃষ্টিভঙ্গির কতটা তারতম্য আছে তা বুঝতে পারে। দারিদ্র এবং নিরক্ষরতার কারণে এই গরীব আদিবাসী গ্রামবাসীদের দৃষ্টিভঙ্গি এমনভাবে তৈরি হয়েছে যে বেশিরভাগ লোকেরা জানেই না পনেরো বছরের মেয়ের বিয়ে দেওয়া আইনত অপরাধ। তারা মনে করে মেয়ের বিয়ে দেওয়া মানে তার ভবিষ্যৎ সুরক্ষিত করা।

সত্যম বুঝতে পারে যে গ্রামবাসীদের দৃষ্টিভঙ্গিও তার বোঝা উচিত। শুধুমাত্র আইন এবং পলিসি দেখিয়ে অবস্থার উন্নতি করা সম্ভব নয়। সামাজিক পরিবর্তন আনতে হলে এমন ভাবে এবং এমন ভাষায় সাধারণ মানুষকে বোঝাতে হবে যেটা তারা বুঝতে পারে। তা না হলে কোনোভাবেই আকাঙ্ক্ষিত পরিবর্তন আনা সম্ভব নয়।

সত্যমের ঘটনা থেকে শিক্ষণীয় বিষয়গুলি হল:

১. **প্রথমবার পরীক্ষা দিয়েই টপ র‍্যাঙ্ক করা সম্ভব:** প্রথমবার পরীক্ষা দিয়েই প্রথম দিকে র‍্যাঙ্ক করে মাউন্ট ইউপিএসসি জয় করা সম্ভব। নিয়মানুবর্তিতা, একাগ্রতা আর নিষ্ঠার সঙ্গে রুটিন ধরে মন দিয়ে পড়াশোনা করলে গ্র্যাজুয়েশনের পরেই ইউপিএসসি পরীক্ষায় সাফল্য লাভ সম্ভব।

২. **ব্যর্থতাকে সাফল্যের সিঁড়ি বানিয়ে নাও:** সমস্যা এবং ব্যর্থতায় মন খারাপ কোরো না। একটা দরজা বন্ধ হয়ে গেলে অন্যদিকে আরো অনেক নতুন সুযোগ আসে। ব্যর্থতাকে নিজের শক্তি বাড়ানোর সুযোগ হিসাবে ধরে নতুন করে লক্ষ্যভেদ করার প্রস্তুতি নাও। মনে রেখো, প্রতিটা ব্যর্থতাই তোমাকে কোনো না কোনো শিক্ষা দিয়ে যাবে, যা তোমাকে তোমার লক্ষ্যের আরও কাছে যেতে সাহায্য করবে।

৩. **পরীক্ষার দিনের মানসিক চাপ কমানোর জন্য অর্গানাইজড হওয়া প্রয়োজন:** পরীক্ষার দিনের প্রয়োজনীয় সমস্ত কাগজপত্র হাতের কাছে গুছিয়ে রাখো। পরীক্ষার দিন সকালে এগুলো হারিয়ে ফেললে অযথা মানসিক চাপ তৈরি হয় যা তোমার মনোসংযোগ নষ্ট করে দিতে পারে। পরীক্ষার আগের রাতেই সব কিছু গুছিয়ে রাখো যাতে পরীক্ষার দিন সকাল বেলাতে তোমার মন এবং মস্তিষ্ক শান্ত থাকে। এতে পরীক্ষার সময়ে তুমি আরো ভালোভাবে মনোসংযোগ করতে পারবে।

৪. **টাইম ম্যানেজমেন্ট অভ্যাস করতে হবে:** পুঙ্খানুপুঙ্খভাবে সময় ম্যানেজ করা শিখতে হবে। প্রতিদিনের কাজের যদি হিসেব রাখো তাহলে কঠিন রুটিন মেনে চলতে অনেক বেশি সুবিধা হবে। আর এতে তোমাদের মধ্যে নিয়মানুবর্তিতাও তৈরি হবে। তাছাড়া এতে সময়ের অপব্যবহার বন্ধ করতে সুবিধা হবে। বন্ধুদের সঙ্গে আড্ডা বা অন্যান্য কথাবার্তা কমিয়ে দিয়ে নিজেকে পড়াশোনার

মধ্যে ডুবিয়ে দাও। স্যোশাল মিডিয়ায় সময় কম দিলে তোমার প্রোডাক্টিভিটি বাড়াতে সুবিধা হবে।

৫. **অপশনাল বিষয়কে অবহেলা কোরো না:** যদি তুমি কলেজে অপশনাল বিষয় নিয়ে পড়াশোনা করেও থাকো, তাহলেও কোনো ভাবেই এই বিষয়কে অবহেলা করা উচিত নয়। সিলেবাস, প্রয়োজনীয় বইপত্র এবং পরীক্ষকদের মানসিকতা, এই সব কিছুই কলেজের তুলনায় সিভিল সার্ভিসের ক্ষেত্রে আলাদা হবে। অপশনাল পেপারে ভাল নম্বর কেবলমাত্র তোমায় সাফল্য পেতে সাহায্য করবে না, এটা তোমাকে পছন্দ মতো ক্যাডার আর সার্ভিস পেতেও সহায়তা করবে।

৬. **লোকের ব্যঙ্গ বা অপমান উপেক্ষা করে নিজের লক্ষ্য স্থির থাকো:** অন্য লোকেরা তোমাকে নিয়ে ব্যঙ্গ করলে বা তোমাকে অপমান করলেও তা নিয়ে বিশেষ মাথা ঘামিও না। তোমার সাফল্য নিয়ে ভাবলেও অনেকের হিংসা হবে। কাজেই নিজের মনোসংযোগ বজায় রেখে লক্ষ্যে স্থির থাকো। তোমার সাফল্যই সমস্ত ব্যঙ্গের জবাব দেবে।

তৃতীয় অধ্যায়

সার্ভেন্টস কোয়ার্টার থেকে বাংলোয় উত্তরণ

"আমি কোনো একদিন বাংলোয় থাকব"

২০০১ সালের কনকনে ঠান্ডা শীতের সকালে দিল্লির সিভিল লাইন্সের একটা বিশাল বাংলোয় হৃদয় বিদারক দ্বন্দ্বের ঘটনা ঘটে যায়। পাবলিক ওয়ার্কস ডিপার্টমেন্টের (PWD) আধিকারিকদের সঙ্গে এই বাংলোর ঠিক পিছনে অবস্থিত সার্ভেন্টস কোয়ার্টারের বাসিন্দাদের প্রবল ঝগড়া চলছে। ঝগড়ার শব্দে গেটের বাইরে মজা দেখার জন্য ছোটখাটো একটা ভিড় জমা হয়েছে।

কিছুদিন আগে পর্যন্ত এই বাংলোতে দিল্লির মুখ্য সচিব পি.ভি. জয়কৃষ্ণন থাকতেন। সার্ভেন্টস কোয়ার্টারে বসবাসকারী তিনটি পরিবার কিছুদিন আগেই চোখের জলে মিস্টার এবং মিসেস জয়কৃষ্ণনকে বিদায় জানিয়েছে। সার্ভেন্টস কোয়ার্টারের সকলের হয়ে উমা সরকারি আধিকারিকদের তাঁদের দুশ্চিন্তার কথা জানাচ্ছিলেন।

গত ছয় বছর ধরে উমা তার স্বামী টিকম সিং, আট বছরের মেয়ে ডলি এবং ছয় বছরের ছেলে ভরতকে নিয়ে এখানেই রয়েছেন। টিকম কমলা নগরের একটা দোকানে কাজ করেন। ভরতের তো জন্মই হয়েছে এই কোয়ার্টারে। এখন একজন অ্যাসিস্ট্যান্ট ইঞ্জিনিয়ারের নেতৃত্বে PWD দফতরের আধিকারিকেরা এসে হঠাৎ করে তাঁদের উঠে যেতে বলছেন। তাঁদের বক্তব্য হচ্ছে, যেহেতু বাংলোয় এখন কেউ থাকছেন না, কাজেই এই কোয়ার্টারে তাঁদের থাকা চলবে না।

এই ফতোয়ার বিরুদ্ধে প্রতিবাদ করে উমা বলেন, “স্যার, আমরা এত বছর ধরে এই কোয়ার্টারে থাকছি, হঠাৎ করে আমাদের চলে যেতে বলছেন কেন?”

“বাংলোয় যদি কেউ না থাকেন, তাহলে সার্ভেন্টস কোয়ার্টারে আমরা কাউকে থাকতে দিতে পারি না।” কড়া গলায় বলে ওঠেন অ্যাসিস্ট্যান্ট ইঞ্জিনিয়ার।

গঙ্গা নামে সার্ভেন্টস কোয়ার্টারের আরেক বাসিন্দা এগিয়ে এসে মিনতির সুরে বলেন, “স্যার, আমাদের একটু দয়া করুন। এই ঠান্ডায় ছোট বাচ্চাদের নিয়ে আমরা কোথায় যাব?”

কঠিন গলায় বলে ওঠেন ইঞ্জিনিয়ার, “তোমাদের আর কতবার একই কথা বলতে হবে? বলেছি না, তোমাদের এখানে আর থাকা চলবে না। সে নিয়ম নেই।”

মরিয়া হয়ে শেষবারের মতো দুই হাত জোড় করে বলে ওঠে উমা, “স্যার, আর কিছুদিনের মধ্যেই তো নতুন চিফ সেক্রেটারি চলে আসবেন। আমরা সকলে মিলে তাঁদের সেবাযত্ন করব। এ তো মাত্র কয়েকদিনের ব্যাপার। দয়া করে এই ক’দিন আমাদের এখানেই থাকার অনুমতি দিন।”

অ্যাসিস্ট্যান্ট ইঞ্জিনিয়ার কঠিন সিদ্ধান্তের সুরে বলেন “তোমাদের তো বলা হয়েছে যে সেটা কোনোভাবেই সম্ভব নয়। আর আমাদের সময় নষ্ট কোরো না। কালকের মধ্যে নিজেদের সব জিনিসপত্র সরিয়ে নিয়ে যাবে। নইলে আমরা সে সব ফেলে দিতে বাধ্য হব।” এই বলে এক ধাক্কায় উমাকে সরিয়ে দিয়ে সদলবলে তিনি বেরিয়ে যান।

ঘটনার অভিঘাতে, হতাশায় বাকরুদ্ধ তিনটি পরিবার স্তব্ধ হয়ে দাঁড়িয়ে থাকে। দিল্লিতে তখন চূড়ান্ত ঠান্ডা, আর তাঁদের অন্য কোনো আশ্রয়স্থল নেই। এত কম সময়ের মধ্যে কাছেপিঠের অন্য কোনো সার্ভেন্টস কোয়ার্টারে একটা ঘর ভাড়া পাওয়ার আশাও দুরাশা। কাছের বস্তিতে একটা ঘর ভাড়া নেওয়ার জন্য যত টাকার প্রয়োজন, তত টাকাও তাঁদের কাছে নেই। সেই রাতে তিনটি পরিবারের কেউ দু’ চোখের পাতা এক করতে পারেন না।

উমা পরের দিন ফের একবার PWD এর আধিকারিকদের কাছে তাদের সাহায্য করার অনুরোধ করবেন বলে স্থির করেন। কিন্তু তাঁর হাজার উপরোধেও কোনো কাজ হয় না। বরং PWD এর আধিকারিকেরা

পুলিশ আর মজুরদের সঙ্গে করে নিয়ে এসে তাঁদের সব জিনিসপত্র বাইরে ফেলে দেন।

নিজের সংসারের সামান্য কিছু জিনিসপত্র মাটি থেকে কুড়িয়ে একটা রিকশায় তুলতে তুলতে রাগে, হতাশায়, জেদে উমার বুকটা যেন ফেটে পড়তে থাকে। দুই ছেলেমেয়েকে বুকে জড়িয়ে ধরে বাংলো চত্বর থেকে বেরিয়ে আসেন তিনি। হঠাৎ করে আশ্রয়হীন হওয়ার অনিশ্চয়তার সঙ্গে সঙ্গে PWD আধিকারিকদের দুর্ব্যবহার তাঁর বুকের মধ্যে যেন আগুন জ্বালিয়ে দিয়েছিল। দু' চোখ দিয়ে অবিরাম তপ্ত জলের ধারা গড়িয়ে পড়ছিল। মনে মনে একটা সাঙ্ঘাতিক প্রতিজ্ঞা করে বসেন উমা। "আমার ছেলেমেয়েরাও অফিসার হবে। আমিও একদিন বাংলোয় থাকবো।"

বাঁচার জন্য সংগ্রাম

মরিয়া হয়ে উমা তার দাদা রাজেশ চৌহানের স্মরণাপন্ন হন। রাজেশ দিল্লি জল বোর্ডে (DJB) ড্রাইভারের কাজ করতেন। সেই সময়ে রাজেশ DJB এর চন্দ্রওয়াল ওয়াটার ওয়ার্কসের এক কামরার একটা ছোট্ট কোয়ার্টারে বউ আর দুই মেয়েকে নিয়ে থাকতেন। নিজেদের থাকার জায়গা অপ্রতুল হওয়া সত্ত্বেও তিনি উমার দিকে সাহায্যের হাত বাড়িয়ে দেন।

দুটো পরিবার একসঙ্গে থাকার মতো জায়গা রাজেশের কোয়ার্টারে ছিল না। দিন কয়েক সেখানে থাকতেই উমা আর টিকম বুঝতে পারেন যে তাঁরা সেখানে থাকায় রাজেশের পরিবারের ঠিক কতটা অসুবিধার মধ্যে পড়েছেন। তাই যত তাড়াতাড়ি সম্ভব বাড়ির ছাদের উপরে টিনের তৈরি ছোট্ট কুঁড়ে ঘরে (বর্ষাতি) চলে যাবেন বলে স্থির করেন উমা।

উমাদের ফুটো টিন দিয়ে ছাওয়া নীচু ছাদ আর একেবারে খালি দেওয়ালের বর্ষাতিতে মাত্র ৮০ স্কোয়ারফুট জায়গা ছিল। রোদ বৃষ্টির হাত উমাদের বাঁচানোর কোনো ক্ষমতাই এই ছোট বর্ষাতির ছিল না। কিন্তু তা সত্ত্বেও বছরভর সেখানেই থাকতে বাধ্য হন তাঁরা। বছরখানেক বাদে কাছেই একজন আইএএস অফিসারের সার্ভেন্টস কোয়ার্টারে জায়গা পাওয়ার পর তাঁদের বাড়ির খোঁজ শেষ হয়।

উমা আইএএস অফিসারের বাড়িতে সহায়িকার কাজে যোগ দেওয়ার পরে তাঁরা যে কোয়ার্টার পান তা আগের কোয়ার্টারের তুলনায় বেশ

অনেকটাই বড়। এর ফলে, উমাদের দৈনন্দিন কষ্টের পরিমাণও বেশ কিছুটা লাঘব হয়। কিন্তু এই স্বস্তিও ক্ষণিকের। বছরখানেকের মধ্যেই সেই বাসা ছাড়তে বাধ্য হন উমারা। এরপর উমা কাছেই শ্যাম নাথ মার্গে দিল্লি ট্রান্সকো (Delhi Transco) এর একটা ফ্ল্যাটে গৃহ সহায়িকার কাজ পান। ফলে, সপরিবারে তাঁরা সেই ফ্ল্যাটের সঙ্গে সংযুক্ত সার্ভেন্টস কোয়ার্টারে গিয়ে ওঠেন।

নতুন কমপ্লেক্সে প্রতিটা ফ্ল্যাট সংলগ্ন দুটো করে মোট ১৪টা সার্ভেন্টস কোয়ার্টার একই সারিতে থাকায় বেশ কলোনির মতো পরিবেশ সৃষ্টি হয়েছিল। টিকমের ভাই অমর সিংও পরিবার নিয়ে এই ফ্ল্যাটগুলোর একটায় থাকতো। নতুন জায়গায় এসে ডলি আর ভরত খুব খুশি হয়। একে তো তাদের স্কুল ঠিক রাস্তার উল্টোপারেই, আর তাছাড়া এখানে সমবয়সী অনেক ছেলেমেয়ে থাকায় তাদের খেলার সঙ্গীর অভাব হয় না।

কিন্তু উমা আর টিকম কিছুদিনের মধ্যেই বেশ বুঝতে পারেন যে কলোনির পরিবেশ তাঁদের ছেলেমেয়েকে বড় করে তোলার পক্ষে ঠিক উপযুক্ত নয়। কলোনির অন্যান্য ছেলেমেয়েরা পড়াশোনা করার বদলে সারাদিন খালি খেলা করে। আর তাছাড়া তাদের কথাবার্তাও খুবই অশ্লীল ভাষায় কথা বলে। ভরত আর ডলির ভবিষ্যতের কথা ভেবে আশঙ্কিত হয়ে অন্যান্য বাচ্চাদের সঙ্গে তাদের মেলামেশা বন্ধ করে দেন। উমা আর টিকম দুজনকেই একসঙ্গে বাড়ির বাইরে যেতে হলে তাঁরা ডলি আর ভরতকে ঘরে তালাবন্ধ করে রেখে যেতেন। বেচারা ভরত আর ডলি ঘরের ছোট্ট জানলা দিয়ে তাদের বন্ধুদের খেলা করতে দেখে বেজায় মন খারাপ করত।

বাড়িতে কেবল টিভির কানেকশন না থাকায় দুই ভাই বোন দূরদর্শন ছাড়া টিভিতে অন্য কোনো চ্যানেলও দেখতে পেত না। তাছাড়া, পরীক্ষা এগিয়ে এলেই উমা টিভির পাওয়ার আর অ্যান্টেনার তার খুলে বিছানার চাদরে জড়িয়ে তুলে রাখতেন।

জীবন বদলে দেওয়ার মতো সুযোগ

২০০৩ সালের এক সন্ধ্যায় টিকম কাজ থেকে ফেরার সময় এক বাক্স মিষ্টি নিয়ে বাড়িতে ঢোকেন। তাঁর চোখমুখ খুশিতে ঝলমল করছে। মিষ্টির বাক্স

খুলে উমার সামনে ধরে গর্বিত গলায় তিনি বলেন, "আমি চাণক্যপুরীর সংস্কৃতি স্কুলে পিয়নের চাকরি পেয়েছি।"

"কিন্তু চাণক্যপুরী তো অনেক দূর! রোজ যাতায়াত করতে তোমার অসুবিধা হবে না?" চিন্তিত গলায় উমা বলে ওঠেন।

"খুব নামী স্কুল, বুঝলে উমা? আইএএস অফিসার, আর্মি অফিসার আর মন্ত্রীদের ছেলেমেয়েরা ওখানে পড়ে। তাছাড়া, টাকাপয়সাও বেশ ভালই দিচ্ছে।" উমাকে সান্ত্বনা দিয়ে বলেন টিকম।

তাঁর কথা শুনে উমাও স্বপ্ন দেখতে শুরু করেন। "আশা করি একদিন ডলি আর ভরতও এই সংস্কৃতি স্কুলে পড়বে।"

কখনও কখনও হৃদয় থেকে উৎসারিত আশার কথা ভগবানের কানে গিয়ে পৌঁছায়। আর সময়ে সময়ে তিনি সেই ইচ্ছা পূরণও করেন।

বছর দুয়েক পরে এক সন্ধ্যায় আনন্দে উদ্বেলিত হয়ে বাড়ি ফেরেন টিকম। উমা তাঁর হাতে খাওয়ার জলের গ্লাস তুলে দিতেই খুশিয়াল গলায় তিনি বলে ওঠেন, "ভরতের জন্য একটা অভূতপূর্ব সুযোগ এসেছে, বুঝলে? এতে ওর জীবন বদলে যেতে পারে। ওর সামনে সংস্কৃতি স্কুলে পড়াশোনা করার সুযোগ এসেছে।" তার দু'চোখ তখন আশায়, উত্তেজনায় চকচক করছে।

আনন্দে ফেটে পড়লেও নিজের কৌতূহল চেপে রাখতে পারেন না উমা। "এটা কী করে সম্ভব হল? সংস্কৃতি স্কুলে তো কেবল মাত্র সিনিয়র আইএএস অফিসার এবং অন্যান্য সিভিল সার্ভিস অফিসারদের ছেলেমেয়েরাই পড়াশোনা করতে পারে।"

"আরে রাইটস টু এডুকেশন অ্যাক্টের জন্য প্রতিটা স্কুলকে দরিদ্র পরিবারের ছেলেমেয়েদেরও ভর্তি করাতে হবে। খুব শীগগিরি সংস্কৃতি স্কুল একটা পরীক্ষার ব্যবস্থা করবে। আর স্কুলের স্টাফদের ছেলেমেয়েদের সবার আগে এই সুযোগ দেওয়া হবে।" উমার অব্যক্ত প্রশ্নগুলো আগেই বুঝতে পেরে বুঝিয়ে বলেন টিকম।

প্রথমে খুব আনন্দ হলেও টাকাপয়সার কথা চিন্তা করে ফের উমার আনন্দ ফিকে হয়ে আসে। "স্কুলের মাইনে তো অনেক হবে। তার উপরে ইউনিফর্ম আর বইপত্রের খরচ তো আছেই।" চিন্তাকীর্ণ মুখে বলে ওঠেন উমা।

"চিন্তা কোরো না। আমাদের মতো গরীব পরিবারের ছেলেমেয়েদের

মাইনে মকুব করে দেওয়া হবে। আর স্কুল থেকে বইপত্র আর ইউনিফর্ম বিনা মূল্যে দেওয়া হবে।” টিকম আশ্বস্ত করেন উমাকে।

এতক্ষণ বাবা মায়ের কথোপকথন চুপ করে শুনতে শুনতে ভরতের মনের মধ্যে আবেগের ঝড় ওঠে। সংস্কৃতি স্কুলে পড়াশোনা করা নিয়ে একদিকে যেমন তার প্রচণ্ড উত্তেজনা হচ্ছিল, অন্যদিকে সরকারি স্কুলে তার বন্ধুদের ছেড়ে চলে যেতে হবে ভেবে মন খারাপও হচ্ছিল।

দিন কয়েক পরে ভরত সংস্কৃতি স্কুলে ষষ্ঠ শ্রেণীর প্রবেশিকা পরীক্ষায় বসে। পরদিন সন্ধ্যায় একটা নতুন ইউনিফর্ম, স্কুল ব্যাগ আর তার সঙ্গে এক গাদা নতুন বই সঙ্গে করে টিকম বাড়ি ফেরেন। চোখে আনন্দাশ্রু নিয়ে তিনি জানান যে ভরত সংস্কৃতি স্কুলে ভর্তি হয়ে গিয়েছে।

তাঁদের সন্তান রাজনৈতিক নেতা এবং উচ্চ পদস্থ সরকারি আধিকারিকদের ছেলেমেয়েদের সঙ্গে একই স্কুলে পড়াশোনা করবে, উমাদের মতো দরিদ্র পরিবারের বাবা মায়ের কাছে এর থেকে আনন্দ আর গর্বের বোধ আর কিছুই নেই।

দুঃস্বপ্নের শুরু

পরদিন থেকেই ভরতের জীবনে একটা নাটকীয় পরিবর্তন আসে। সে কখনও ভাবতেই পারেনি যে তাকে প্রতি পদে এমন করে পড়াশোনার দক্ষতা, শারীরিক সহ্য ক্ষমতা, সামাজিক গ্রহণযোগ্যতা এবং মানসিক শক্তির পরীক্ষা দিতে হবে। দিনের সবচেয়ে কঠিন কাজগুলোর মধ্যে একটা ছিল স্কুলে পৌঁছানো। ভোর সাড়ে চারটেয় দিনের আলো ফুটতে না ফুটতেই উমা তাকে ঘুম থেকে তুলে দিতেন। যে সময় অন্যান্য বাচ্চারা ঘুমিয়ে কাদা হয়ে থাকে, সেই সময় ভরতকে স্কুলের জন্য তৈরি হতে হতো। স্কুল শুরু হওয়ার এক ঘণ্টা আগে টিকমকে স্কুলে পৌঁছতে হতো। কাজেই অত সকালে ঘুম থেকে ওঠা ছাড়া ছোট্ট ভরতের কাছে আর কোনো রাস্তা ছিল না। স্কুলে যাওয়ার জন্য তাদের দিল্লি ট্রান্সপোর্ট কর্পোরেশনের পরপর তিনটে বাস বদলাতে হতো। তারা স্কুলে যাতে ঠিক সময়ে পৌঁছতে পারে সে জন্য প্রতিদিন পাঁচটার সময় স্কুলের উদ্দেশ্যে রওনা হত।

বাকি বাচ্চাদের জন্য স্কুল ছুটির ঘণ্টা পড়ে যাওয়ার পরেও ভরতের স্কুল শেষ হতো না। বিকেল চারটে পর্যন্ত টিকমকে স্কুলের বিভিন্ন কাজে

লেগে থাকতে হতো। কাজেই বাবার জন্য অপেক্ষা করা ছাড়া ভরতের কাছে আর কোনো উপায় থাকত না। বাড়ি ফেরার সময়ও দিল্লি কর্পোরেশনের বাসের প্রচণ্ড ভিড় ঠেলতে হত তাদের। বাড়ি ফিরতে ফিরতে সন্ধে ছটা বেজে যেত ভরত এবং টিকমের। বাড়ি ফিরতে ফিরতে প্রচণ্ড ক্লান্ত হয়ে গেলেও বিশ্রাম নেওয়ার কোনো অবকাশ থাকত না তার। বাড়ি ফেরার সঙ্গে সঙ্গে হাত মুখ ধুয়ে সামান্য কিছু নাকে মুখে গুঁজেই তাকে দৌড়াতে হতে টিউশন ক্লাসে। রাত আটটার সময় টিউশন ক্লাসে পড়াশোনা শেষ করে বাড়ি ফিরত ভরত। কোনো কোনো সময় ডলি বাসস্টপে ভরতের টিফিন নিয়ে দাঁড়িয়ে থাকত, যাতে বাসস্ট্যান্ড থেকেই একদম সোজা টিউশনে চলে যেতে পারে সে। দিনের শেষে ভরত এতটাই ক্লান্ত হয়ে পড়তো যে বন্ধুদের সঙ্গে গল্প করার বা খেলার তার আর কোনো শক্তি থাকত না।

সংস্কৃতি স্কুলে ভরতের প্রথম দিন খুবই বিভ্রান্তি জনক ছিল। প্রথম দিনই ভরত বুঝতে পেরেছিল যে স্কুলের অন্যান্য পড়ুয়াদের সঙ্গে মিশে যাওয়াটা তার জন্য বেশ কঠিন হবে। প্রতিদিন স্কুল শুরু হওয়ার আগে অ্যাসেম্বলিতে সারাদিনের জন্য বিভিন্ন রকম নির্দেশ দেওয়া হতো। কিন্তু ইংরেজি ভাষার এই নির্দেশাবলী ভরতের বোধগম্য হতো না। কারোর কাছে সাহায্য চাওয়ারও উপায় ছিল না ভরতের। কারণ উত্তর মিলত সেই একই ভাষায়, ইংরেজি।

ক্লাসের অন্যান্য ছেলেমেয়েদের সঙ্গে সম্পর্ক তৈরির ব্যাপারটা আরো বড় চ্যালেঞ্জ ছিল। ভরত ছাড়াও তাদের ক্লাসে আরো চারজন ইকনোমিকালি উইকার সেকশন (EWS) এর ছাত্র ছিল-পঙ্কজ, সুশীল, হেনা এবং গুরমিত। প্রথম থেকেই ক্লাসে বাকিদের থেকে এরা পাঁচজন একেবারে আলাদা হয়ে যায়। ক্লাসের বাকি ছেলেমেয়েদের অর্থনৈতিক সাচ্ছল্য তাদের মাঝখানে একটা দূরতিক্রম্য পাঁচিলের সৃষ্টি করে। অভিজাত গোষ্ঠীর ছেলেমেয়েরা প্রায়ই তাদের পাঁচজনকে নিয়ে ব্যঙ্গ করত। ব্যঙ্গ করার বিষয় ছিল তাদের তেল চপচপে চুল, মোটা করে পরা কাজল, ইংরেজি ভাষায় দুর্বলতা এবং আপাত হীনমন্যতা। এছাড়াও রোগা পাতলা ভরতকে অন্যান্য ছাত্রেরা স্কুলে প্রায়ই পীড়ন করত।

সংস্কৃতি স্কুল এবং ভরতের আগের স্কুলের মাঝখানে পড়াশোনার গুণমানের যে বিরাট ব্যবধান রয়েছে প্রতিদিনই তা আরও স্পষ্ট করে বুঝতে পারত সে। তার আগের স্কুলে ভরত প্রথম স্থান অধিকার করলেও

এই স্কুলে এসে পড়াশোনায় বাকি ছাত্রছাত্রীদের সঙ্গে তাল মেলাতে গিয়ে রীতিমতো হিমশিম খেতে হচ্ছিল তাকে। তার উপরে সমস্ত কথাবার্তাই ইংরেজিতে হওয়ায় শিক্ষকদের সঙ্গেও তার কমিউনিকেশন সংক্রান্ত ব্যবধান বাড়তেই থাকে। ইংরেজিতে ততটা ভালো করে কথা বলতে না পারায় মৌখিক পরীক্ষা ভরতের কাছে একটা প্রবল ভয়ের জায়গা হয়ে দাঁড়ায়।

পড়াশোনার ক্ষেত্রে এই ব্যবধান কমানোর জন্য স্কুলের তরফ থেকে EWS ছাত্র-ছাত্রীদের জন্য বিশেষ ক্লাসের ব্যবস্থা করা হয়। এই ক্লাসেই আসিয়া ম্যাডাম ভরতের মেন্টর হয়ে দাঁড়ান। ধীরে ধীরে তিনি তাকে ইংরেজি ভাষায় দখল বাড়াতে সাহায্য করেন। আর ইংরেজিতে দখল বাড়ার সঙ্গে সঙ্গে ভরতের হারিয়ে যাওয়া আত্মবিশ্বাসও একটু একটু করে ফিরে আসতে শুরু করে।

প্রচুর চেষ্টা সত্ত্বেও পরীক্ষায় ভরতের তেমন ভালো ফল হয় না। বাবা মায়ের হতাশা আর বকুনির হাত থেকে নিজেকে বাঁচানোর জন্য ভরত খারাপ রেজাল্টের কথা বাড়িতে লুকোতে শুরু করে। কিন্তু পেরেন্টস টিচার মিটিংয়ের সময় টিকম ভরতের রেজাল্টের কথা জেনে ফেললে মাঝেমধ্যেই বকুনি এবং সময়ে সময়ে চড়-থাপ্পড়ও জুটতে থাকে ভরতের কপালে। নিজের পুরোনো স্কুলে ফিরে যাওয়ার জন্য আকুল হয়ে ওঠে ভরত। তার এই মানসিক অতৃপ্তি তার আত্মবিশ্বাসের উপর প্রভাব ফেলতে শুরু করে। ফলস্বরূপ চাপা একটা হীনমন্যতার সৃষ্টি হয় ভরতের মনে।

সংস্কৃতি স্কুলের প্রথম তিন বছর ভরতের কাছে যেন একটা দুঃস্বপ্নের মতো ছিল। কিন্তু নবম শ্রেণীতে ওঠার সময় থেকে কীভাবে তার মধ্যে যেন একটা স্থৈর্য তৈরি হয়। ক্লাসের ছেলেমেয়েদের মধ্যে তৈরি হওয়া অদৃশ্য পাঁচিল ভেঙে ফেলে সে অভিজাত গোষ্ঠীর ছেলে-মেয়েদের সঙ্গে বন্ধুত্ব করতে শুরু করে। কিন্তু স্কুলের এই প্রচণ্ড চাপ সহ্য করতে না পেরে বাকি EWS শ্রেণীর ছেলেমেয়েরা মাঝপথেই স্কুল ছেড়ে চলে যায়। কিন্তু কী এক মন্ত্রবলে ভরত এই প্রবল চাপের পরিস্থিতিতেও নিজেকে মানিয়ে নেয়।

ঠিক সময়ে জেগে ওঠা

সংস্কৃতি স্কুলের মাধ্যমেই উচ্চপদস্থ সিভিল সার্ভিস আধিকারিকদের দুনিয়ার সঙ্গে ভরতের প্রথম পরিচিতি হয়। স্কুলে তার বন্ধুরাও প্রায়ই তাদের

বাবা-মায়ের সম্মানীয় ভূমিকার কথা গল্প করত। এই সমস্ত কিছু মিলিয়েই ভরতের মনের মধ্যে কোথাও একটা ধারণা তৈরি হয়েছিল যে সিভিল সার্ভিস পরীক্ষায় যদি সে পাশ করতে পারে তাহলে তার পরিবারের সমস্ত দুঃখ দুর্দশা ঘুচে যাবে এবং তাদের পারিবারিক সম্মানও অনেক বাড়বে।

ক্লাস টেনের পরীক্ষায় ভরত খুবই ভালো ফল করে। দশের মধ্যে তার CGPA ছিল ৮.৮। ক্লাস ইলেভেনের জন্য সে পছন্দের বিষয় হিসেবে ফিজিক্স, কেমিস্ট্রি, অঙ্ক, ইংরেজি আর কম্পিউটার সায়েন্স বেছে নেয়। ক্লাসের বাকি ছেলেমেয়েদের দেখে সেও তার বাবা-মাকে আইআইটি জয়েন্টের কোচিংয়ে ভর্তি হওয়ার জন্য এক লাখ টাকা দেওয়ার জন্য রাজি করিয়ে ফেলে। তার বাবা মা যথাসাধ্য চেষ্টা করলেও পড়াশোনায় ঢিলেমি দিতে শুরু করে ভরত।

কোনো মতে পরীক্ষায় যতটুকু দরকার ততটুকু নম্বর পাওয়াটাই ভরতের কাছে নতুন লক্ষ্য হয়ে দাঁড়ায়। ক্লাস না করে স্কুল ক্যাম্পাসের চারিদিকে একজন বন্ধুর সঙ্গে ঘুরে বেড়ানোটা তার অভ্যাসে দাঁড়িয়ে যায়। এই সবকিছুই পড়াশোনার ক্ষেত্রে সর্বনাশের মূল। আর সেই সর্বনাশও খুব দ্রুত নেমে আসে ভরতের জীবনে। ক্লাস টুয়েলভের প্রি-বোর্ড পরীক্ষায় ভরত তিনটে বিষয়ে ফেল করে। ভরত বাড়ি ফেরা মাত্রই লজ্জায়, রাগে ফুটন্ত টিকম বাড়ি ফেরা মাত্রই তাকে প্রচণ্ড বকাবকি শুরু করেন।

"তোর জন্য স্কুলে আমার বদনাম হচ্ছে। প্রিন্সিপাল আজ বিকেলে তার ঘরে আমাকে ডেকে প্রচণ্ড বকাবকি করেছেন। লজ্জায় আমার মাথা কাটা গিয়েছে। তোর জন্য স্কুলের সামগ্রিক রেজাল্ট খারাপ হয়ে যাবে বলে তোকে স্কুল থেকে বার করে দেবেন বলে ধমকেছেন তিনি আমাকে।"

এরকম পরিস্থিতিতে টিকমের মতো উমারও প্রচণ্ড মন খারাপ হয়ে যায়। পরের দিন সকালেই একটু মানসিক শান্তি পাওয়ার আশায় তিনি ভরতকে নিয়ে চারটে আলাদা আলাদা মন্দিরে যান।

বাবা মায়ের এইরকম মানসিক যন্ত্রণা ভরতকে যেন একটা ঘোরের মধ্যে থেকে এক ঝটকায় বার করে নিয়ে আসে। এর পরবর্তী চার মাস কঠিন রুটিন মেনে পড়াশোনায় নিজেকে ডুবিয়ে দেয় ভরত। তার এই পরিশ্রমের ঝলক দেখতে পাওয়া যায়, ক্লাস টুয়েলভ এর রেজাল্টে। সেখানে তার বেস্ট ফোর সাবজেক্টে ভরত ৮৮ পার্সেন্ট নম্বর পায়। আইআইটি জয়েন্ট পরীক্ষায় পাস করতে না পারলেও অল ইন্ডিয়া ইঞ্জিনিয়ারিং এন্ট্রান্স এক্সামে

(AIEEE) সে বেশ ভালো র‍্যাঙ্ক করে। যার ফলে দিল্লি টেকনোলজিক্যাল ইউনিভার্সিটি (DTU)-তে পড়াশোনার সুযোগ পায় সে। ভরতের এই সাফল্যে টিকম আর উমা আনন্দে ফেটে পড়েন।

বিভিন্ন রকম গাড়ির প্রতি চিরকালই অন্যরকম একটা আকর্ষণ ছিল ভরতের। তাই DTU-এ ভর্তি হওয়ার সময় সে মেকানিক্যাল ইঞ্জিনিয়ারিংকে নিজের পছন্দের বিষয় হিসেবে বেছে নেয়। আর মেকানিক্যাল ইঞ্জিনিয়ারিং যে সিভিল সার্ভিস পরীক্ষার অপশনাল সাবজেক্ট হিসেবে নেওয়া যায়, সেটা জেনে সে আরো বেশি আনন্দ পায়। সংস্কৃতি স্কুলে সিভিল সার্ভিস পরীক্ষা নিয়ে যে বীজ তার মনে রোপিত হয়েছিল তা ধীরে ধীরে শিকড় ছড়াতে থাকে তার মনে।

হংকং-এ টিম ইন্ডিয়া

DTU-এর ব্যস্ত করিডোরে ভরত নতুন করে সাম্য খুঁজে পায়। এখানে আর কোনো আভিজাত্যের অহং নেই। এখানে তাকে আর EWS ট্যাগটা বহন করতে হবে না। এখানে কেউ তার পারিবারিক আর্থিক অবস্থার কথা জানে না। তাছাড়া পরীক্ষায় পাশ করার পর তার বাবার দেওয়া নতুন মোবাইল ফোন আর মাসিক ১৫০০ টাকা হাত খরচ তার জীবনে স্বাধীনতার স্বাদ এনে দেয়।

প্রথম থেকেই DTU-এর গাড়ির টিম ভরতের খুব পছন্দ হয়েছিল। টিম সোলারিস, সোলার পাওয়ার গাড়ি নিয়ে গবেষণা করে আর টিম ডিফায়েন্স রেসিং হাই স্পিড গাড়ি নিয়ে কাজ করে। কিন্তু এসবের থেকেও অনেক বেশি লোভনীয় ছিল সেন্টার ফর অ্যাডভান্সড স্টাডিজ অ্যান্ড রিসার্চ ইন অটোমোবাইল ইঞ্জিনিয়ারিং (CASRAE), যাকে সবাই ভালোবেসে বায়ো ডিজেল ল্যাব বলে, সেখানে কাজ করার সুযোগ পাওয়া। এই ল্যাবরেটরিতে অল্টারনেট ফুয়েল আর অ্যাডভান্সড ব্রেকিং সিস্টেম নিয়ে গবেষণা করা হয়।

ভরত এই ল্যাবরেটরিতে কাজ করার জন্য প্রবেশিকা পরীক্ষায় বসলেও পাশ করতে পারেনি। বায়ো ডিজেল ল্যাবে কাজ করার স্বপ্ন ভেঙে গেলেও মনের জোর হারায়নি ভরত। এই সময়ে হঠাৎ করেই সে একটা ডিজাইনিং কম্পিটিশনের সন্ধান পায়। দৃষ্টিহীনদের সহায়তা করার জন্য বিভিন্ন যন্ত্রপাতি ডিজাইনিং নিয়ে এই কম্পিটিশনের আয়োজন করা হয়েছিল। এই

কম্পিটিশনে জিততে পারলে সে হংকংয়ে ভারতীয় দলের একজন সদস্য হয়ে দেশকে রিপ্রেসেন্ট করতে পারবে, এটা ভেবেই ভরতের মনে এক ফুলকি উদ্দীপনার আগুন জ্বলে ওঠে। কলেজের অন্যান্য ইঞ্জিনিয়ারিং শাখার কয়েকজন বন্ধু-বান্ধবকে সঙ্গে নিয়ে সে একটা টিম তৈরি করে। সেই টিমে সে নিজে ছাড়াও ছিল আশিস, গৌতম এবং মোঃ জুবের। তারা চারজনে মিলে একটা স্মার্ট ওয়াকিং স্টিক তৈরি করে, যার নাম দেয় 'নেত্র'।

নেত্রতে তারা লাইট ডিটেক্টর সেন্সর লাগিয়েছিল যাতে অন্ধকার হলেই লাঠিটিতে একটা এলইডি লাইট জ্বলে ওঠে। এছাড়াও তারা সেটাতে একটা আল্ট্রা সাউন্ড সেন্সর লাগিয়েছিল, যেটা লাঠি ব্যবহারকারী ব্যক্তি কোনো বস্তু বা ব্যক্তির সামনে এলে সতর্কতামূলক আওয়াজ সৃষ্টি করে। এছাড়া লাঠিতে সিমকার্ড লাগানোর ব্যবস্থা এবং ইমার্জেন্সি বাটন লাগানো হয়। সেই বাটন প্রেস করে যে কোনো লোককে প্রয়োজনে জিপিএস কো-অরডিনেটস পাঠানো সম্ভব। এরই সঙ্গে তারা একটা অ্যান্ড্রয়েড অ্যাপ্লিকেশন তৈরি করে যার মাধ্যমে এই সমস্ত নোটিফিকেশন এবং যে মেসেজটি পাঠিয়েছে তার লোকেশন দেখা সম্ভব।

তাদের তৈরি নেত্র এই প্রতিযোগিতায় অভাবনীয় সাফল্যের মুখ দেখে। জাতীয় স্তরের প্রতিযোগিতায় আইআইটি দিল্লির প্রতিযোগীদের হারিয়ে প্রথম স্থান অধিকার করে ২০১৩ সালে ইনস্টিটিউট অফ মেকানিক্যাল ইঞ্জিনিয়ার্স (IMechE) আয়োজিত আন্তর্জাতিক প্রতিযোগিতায় যোগ দেওয়ার টিকিট পায় ভরতরা। মাত্র ১৮ বছর বয়সে আন্তর্জাতিক মঞ্চে প্রতিযোগী হিসেবে অংশগ্রহণের ভরতের এই অভিজ্ঞতা যে অনবদ্য, তা বলাই বাহুল্য।

হংকংয়ে টিম ইন্ডিয়া 'নেত্র' নামের এই ওয়াকিং স্টিক প্রদর্শন করে। সারা পৃথিবীর বিভিন্ন দেশ থেকে আসা বিচারকেরা এর বিভিন্ন বৈশিষ্ট্যাবলী, সহজলভ্যতা এবং ইউজার ফ্রেন্ডলি ডিজাইনের ভূয়ষী প্রশংসা করেন। যে দৃষ্টিহীন ব্যক্তিরা এই ওয়াকিং স্টিক ব্যবহার করেন তাঁরা টিম ইন্ডিয়ার সদস্যদের আন্তরিক ধন্যবাদ এবং শুভেচ্ছা জানান। প্রতিযোগিতায় তৃতীয় স্থান অধিকার করা এবং পুরস্কার হিসেবে ১০০ পাউন্ড জেতাটা টিম ইন্ডিয়ার জন্য বিরাট গর্বের বিষয় ছিল। অনুষ্ঠানের শেষে চীফ এক্সিকিউটিভ বিজয়ী দলের ছেলেমেয়েদের নৈশ ভোজনে আমন্ত্রণ জানালে টিমের ছেলেদের আনন্দ আরো বেড়ে যায়।

কম নম্বর পাওয়া ছেলেটার বিরাট বড় প্লেসমেন্ট

হংকংয়ের এই প্রতিযোগিতায় তৃতীয় স্থান অধিকার করায় ভরতের জন্য DTU এর বায়ো ডিজেল ল্যাবরেটরির দরজা খুলে যায়। ল্যাবরেটরিতে কাজের সুযোগ পেতেই ভরত তার সদ্ব্যবহার করতে শুরু করে। একাগ্র চিত্তে প্রতিদিন ঘন্টার পর ঘন্টা ল্যাবরেটরিতে গবেষণা করার ফলে কিছু দিনের মধ্যেই আন্তর্জাতিক জার্নালে তার দুটো রিসার্চ পেপার প্রকাশিত হয়। এই রিসার্চ পেপার দুটোর একটা ছিল রিজেনারেটিভ ব্রেকিংয়ের উপর আর অন্যটা অল্টারনেটিভ ফুয়েল হিসেবে হাইড্রোজেনের ভূমিকার উপর।

একবার বায়োডিজেল ল্যাবের একজন প্রফেসর ভরত আর তার বন্ধু অদম্য কাককে একটা ১০ বছরের পুরোনো পেট্রোল জেনারেটরকে হাইড্রোজেন দিয়ে চালিয়ে দেখাতে বলেন। ভরত আর তার বন্ধু খুবই উৎসাহ নিয়ে এই চ্যালেঞ্জ গ্রহণ করে। এই প্রোজেক্টের জন্য বরাদ্দ সামান্য টাকার উপর নির্ভর করে দুজনে মিলে তিন মাস ধরে অসম্ভব পরিশ্রম করে চলে। একদিন সন্ধ্যায় তাদের এই অমানুষিক পরিশ্রমের ফল মেলে। হাইড্রোজেন ফুয়েলে ভর করে গর্জে ওঠে ১০ বছরের পুরোনো জেনারেটরটা।

গবেষণায় তার এই একাগ্রতা ভরতের পরীক্ষার রেজাল্টে নেতিবাচক প্রভাব ফেলে। সেকেন্ড ইয়ারের পরীক্ষার ফল প্রকাশের পরে দেখা যায় সে মোট ৫৮ শতাংশ নম্বর পেয়েছে। এই সময়েই ভরত তার সিনিয়রদের প্লেসমেন্ট রেকর্ড দেখে বুঝতে পারে যে প্লেসমেন্টের পরীক্ষায় বসবার জন্য ন্যূনতম ৬৫ শতাংশ নম্বর থাকা প্রয়োজন। মনে মনে পরীক্ষার নম্বর বাড়ানোর কথা স্থির করে পড়াশোনায় মন প্রাণ ঢেলে দেয় সে। তৃতীয় বর্ষের পরীক্ষার শেষে তার এগ্রিগেট গিয়ে দাঁড়ায় ৬৬ শতাংশে।

২০১৫ সালের পয়লা অগাস্ট মাসে প্লেসমেন্ট শুরু হয়। ভরতের এগ্রিগেট ৭০ শতাংশের কম থাকায় প্রথমদিকে পরপর অনেকগুলো প্লেসমেন্টের পরীক্ষায় বসার সুযোগ থেকে বঞ্চিত হয় সে। যে ক'টা পরীক্ষায় সে বসার সুযোগ পেয়েছিল সেগুলোর কোনোটারই লিখিত পরীক্ষায় পাশ করতে পারেনি। ১৫ ই সেপ্টেম্বর পর্যন্ত ভরতের কাছে কোনো চাকরির অফার ছিল না। ১৬ই সেপ্টেম্বর টাটা মোটরসের প্লেসমেন্টে

লিখিত পরীক্ষায় পাশ করে ভরত। ইন্টারভিউও বেশ ভালই হয় তার। ইন্টারভিউয়ের সমস্ত প্রশ্নই তার রিসার্চ প্রজেক্ট নিয়ে হওয়ায় তার পক্ষে ইন্টারভিউ দেওয়াটা বেশ সহজ হয়ে যায়।

রেজাল্টে খুব কম নম্বর থাকায় ক্লাসের পিছনের দিকের ১০% ছেলেদের মধ্যে একজন হিসেবে পরিগণিত হওয়া সত্ত্বেও ভরত টাটা মোটরসে চাকরির অফার পায়। তার এই সাফল্যে তার শিক্ষকেরা এবং ক্লাসমেটরা খুবই অবাক হয়ে যান। আসলে বায়ো ডিজেল ল্যাবে তার গবেষণা এবং আন্তর্জাতিক জার্নালে তার রিসার্চ পেপার প্রকাশ এই প্লেসমেন্টের ক্ষেত্রে খুবই গুরুত্বপূর্ণ ভূমিকা পালন করে।

ভরতকে দিল্লির টাটা মোটরসের অপারেশনস বিভাগে যোগ দিতে বলা হয়। গবেষণার দিকে ভরতের খুবই আগ্রহ থাকায় সে ভেবেছিল তার পোস্টিং পুনের ইঞ্জিনিয়ারিং রিসার্চ সেন্টারে হবে। কিন্তু তার না হওয়ায় প্রাথমিকভাবে একটু মনমরা হয়ে পড়ে সে। তখনও সে জানতো না যে তার জন্য সম্পূর্ণ অন্য ভবিষ্যৎ অপেক্ষা করে রয়েছে।

হিমালয়ান্তিক সিদ্ধান্ত

টাটা মোটরসে চাকরি পাওয়ায় ভরতের কাঁধ থেকে অর্থনৈতিক চিন্তার একটা বিরাট ভারী বোঝা নেমে যায়। কাজে জয়েন করার আগে হাতে বছর খানেক সময় থাকায় ক্যারিয়ারের অন্যান্য দিক নিয়ে চিন্তাভাবনার জন্য কিছুটা অবকাশ পায় সে। তার মনের মধ্যে আরো বড় কিছু করে দেখানোর একটা আকাঙ্ক্ষা রয়েই গেছিল। তার মনের মধ্যে ঘুমিয়ে থাকা সিভিল সার্ভিস পরীক্ষার সেই স্বপ্নটা, যেটা আইএএস অফিসারদের বাংলোয় থাকার সময় এবং সংস্কৃতি স্কুলে পড়ার সময় তৈরি হয়েছিল, সেটা আবার ফিরে আসে।

কিন্তু ভরতের মনে তখন নিজের ক্ষমতা নিয়ে প্রচুর দ্বন্দ্ব থাকায় তার এই ইচ্ছার কথা কাউকে না জানিয়ে গুগলে আর ইউটিউবে সিভিল সার্ভিস পরীক্ষা নিয়ে গবেষণা করতে শুরু করে সে। সেখান থেকেই সে জানতে পারে যে NCERT এর বইগুলো সিভিল সার্ভিস পরীক্ষার প্রস্তুতির প্রথম ধাপ। কাজেই সে প্রাথমিক ভাবে সেগুলোকেই খুঁটিয়ে খুঁটিয়ে পড়তে শুরু করে।

২০১৬ সালের আগস্ট মাসে ভরত মুম্বাইয়ে টাটা মোটরসের অফিসে যোগ দেয়। এক সপ্তাহ পরে তাকে ট্রেনিংয়ের জন্য লক্ষ্ণৌয়ে পাঠানো হয়। জীবনে এই প্রথমবার বাড়ির নিরাপত্তার বাইরে বেরোয় ভরত। অকস্মাৎ এই স্বাধীনতা এবং প্রত্যেক মাসে নিয়ম করে ৪৫ হাজার টাকা হাতে পাওয়ায় ভরত লাগামছাড়া ধূমপান করতে শুরু করে। তখনও সে জানতো না যে সামনে কী রকম ঝড় তার জন্য অপেক্ষা করে রয়েছে।

ডিসেম্বরের এক রাতে লক্ষ্ণৌয়ের টাটা মোটরস গেস্ট হাউসের ঘরে ভোর সাড়ে চারটে নাগাদ কাশতে কাশতে ঘুম ভেঙ্গে যায় ভরতের। তার থুতুর সঙ্গে তখন রক্ত উঠছিল। ভরতের মনে হয় তার বোধহয় ভয়ঙ্কর কোনো রোগ হয়েছে। আতঙ্কে চোখে জল চলে আসে তার। ঝড়ের মতো তার মনে নিজের অস্তিত্ব নিয়ে প্রশ্ন ধেয়ে আসে। জীবন যে কতটা ঠুনকো তা সে হঠাৎ করেই যেন বুঝতে পারে। "আমি জীবনে কী করলাম? আমার পরিবারেরই বা কী হবে? আমাদের কোনো টাকা নেই, কোনো বাড়ি নেই, বাবাও কিছুদিনের মধ্যে রিটায়ার করে যাবেন, বোনের এখনো বিয়ে হয়নি। এই অবস্থায় ভবিষ্যতে কী হবে?" এই উপলব্ধি ভরতের ভিতর অবধি নাড়িয়ে দেয়।

সেই অসহায় মুহূর্তে দাঁড়িয়ে দুটো জীবন বদলে দেবার মতো সিদ্ধান্ত নেয় ভরত। প্রথম সিদ্ধান্তটা ধূমপান একেবারে ছেড়ে দেওয়ার। আর দ্বিতীয় সিদ্ধান্তটা হল ভয়ংকর কঠিন মাউন্ট ইউপিএসসি জয় করার। দীর্ঘদিন ধরেই ভরতের মনে হতো যে পরিবারের আর্থিক দুরবস্থা কাটিয়ে উঠে সামাজিক স্বীকৃতি পাওয়ার একমাত্র উপায় হল সিভিল সার্ভিস। এখন সেই পথেই যাত্রা করবে বলে স্থির করে সে।

ভরতের জীবনের চাকা ঘুরতেই থাকে। লক্ষ্ণৌয়ে ট্রেনিং শেষ করার পর ভরতের পোস্টিং হয় ডিটিসির রোহিনী ডিপোয়। তার কাজ ছিল একটা বাস মেনটেনেন্স টিমের সুপারভিশন করা। কর্মক্ষেত্রে প্রথম দিকে ভরতের বেশ ভালই লাগে। এই প্রথম টিমের লোকেরা যে কোনো গাইডেন্স বা রিপোর্টিংয়ের জন্য তার কাছে আসতে শুরু করে। প্রতিদিন ডিপোয় বাস মেইন্টেনেন্সের বিভিন্ন রকম যান্ত্রিক শব্দের সঙ্গে সঙ্গেই এনসিইআরটির বইয়ের পাতা উল্টানোর শব্দও পাওয়া যেত। তার স্বপ্ন এবং বাস্তব এই দুটোর মধ্যে ভারসাম্য আনার আপ্রাণ চেষ্টা করতে থাকে ভরত। ইতিমধ্যেই সে CSE ২০১৭ এর প্রিলিমিনারি পরীক্ষার ফর্ম পূরণ করে ফেলে।

সারাদিনের প্রচণ্ড কাজের চাপ, কাজের শিফটের বিভিন্ন সময়, এবং সপ্তাহে ছদিন অফিসে যাওয়ার জন্য ভরত CSE পরীক্ষার প্রস্তুতির জন্য প্রয়োজনীয় সময় দিতে পারে না। ফলে, ২০১৭ সালের ১৮ই জুন প্রিলিমিনারি পরীক্ষায় বসলেও তাতে সফল হয় না সে।

জেনারেল স্টাডিজ পরীক্ষার পরে CSAT পরীক্ষার জন্য অপেক্ষা করছিল ভরত। সেই সময়েই লাঞ্চ খেতে খেতে টিকম তাকে জিজ্ঞেস করেন, "পরীক্ষা কেমন হলো?"

"আমার মনে হয় না আমি এবার পাস করতে পারব বাবা। এই পরীক্ষায় পাস করার জন্য আমাকে আমার চাকরি ছেড়ে দিতে হবে। সারাদিন ধরে পড়াশোনা করতে হবে।" ভরত একেবারে কঠিন সত্যিটাই টিকমকে বলে।

হঠাৎ করেই চারপাশের পরিবেশটা যেন ভারী হয়ে ওঠে। টাটা কোম্পানির চাকরির নিরাপত্তা, পরিবারের নতুন আর্থিক স্থিতি, আর সামাজিক সম্মানের হাতছানি; এই সবকিছুই ভরতের এই প্রস্তাবের সঙ্গে ভীষণভাবে জড়িত। কিন্তু এসব কোনো কিছুর পরোয়া না করে টিকম ভরতকে ভরসা যোগান, "চাকরির জন্য চিন্তা করিস না। মন দিয়ে পড়াশোনা কর। জান লড়িয়ে দে।"

অবাক হয়ে যায় ভরত। তৎক্ষণাৎ চাকরি ছাড়ার মতো বিরাট বড় সিদ্ধান্ত নিয়ে ফেলে সে বলে, "আমি প্রতিজ্ঞা করছি বাবা, আমি কিছুতেই তোমাকে নিরাশ করবো না।"

পরের দিনই চাকরিতে ইস্তফা পত্র জমা দেয় ভরত।

দুটো বিরাট ভুল

জেনারেল স্টাডিজের জন্য একটা নামী কোচিং ইনস্টিটিউটে ভর্তি হওয়ার প্রবল ইচ্ছা ছিল ভরতের। কিন্তু তার সেই ইচ্ছা ভেঙে যায় যখন সে জানতে পারে সেই কোচিং ইনস্টিটিউটের ফি দেড় লাখ টাকার উপরে। কিন্তু ইচ্ছার যদি জোর থাকে তাহলে একটা দরজা বন্ধ হয়ে গেলেও কোনো না কোনো দিক থেকে আরেকটা দরজা খুলেই যায়।

ভরত টাটা মোটরসের তার এক সিনিয়র রজতের সঙ্গে এই বিষয়ে পরামর্শ করার সিদ্ধান্ত নেয়। এক বছর আগেই রজত আইএএস হওয়ার স্বপ্ন পূরণ করার জন্য চাকরি ছেড়ে দিয়ে জেনারেল স্টাডিজের প্রস্তুতির

জন্য দিল্লির একটা খুব নামকরা কোচিং ইনস্টিটিউটে ভর্তি হয়েছিল। সেই ইনস্টিটিউট আবার ছাত্রদের রেকর্ডেড লেকচার দিত। ভরতের অর্থনৈতিক চাপের কথা জানা থাকায় রজত তাকে সাহায্য করতে রাজি হয়। উদার ভাবে সে বলে, "একটা হার্ডডিস্ক নিয়ে এসে আমার ল্যাপটপ থেকে সমস্ত লেকচার কপি করে নিয়ে যা!"

একবুক অবিশ্বাস ভরা বিস্ময় নিয়ে এক জায়গায় স্থির হয়ে দাঁড়িয়ে থাকে ভরত। রজতের প্রস্তাব এতটাই আশ্চর্যজনক যে এটাকে আদৌ সত্যি বলে সে ঠিক বিশ্বাস করে উঠতে পারে না। পরদিন সকালে ঘুম থেকে উঠেই যত তাড়াতাড়ি সম্ভব সে রজতের বাড়িতে গিয়ে উপস্থিত হয়। এই অবিশ্বাস্য সুযোগ হাতছাড়া করতে সে কিছুতেই চায় না। এক বুক কৃতজ্ঞতা নিয়ে রজতের কম্পিউটার থেকে সমস্ত লেকচার ডাউনলোড করে ফেলে ভরত।

তার পরবর্তী চ্যালেঞ্জ ছিল অপশনাল সাবজেক্ট বেছে নেওয়া। একগাদা অপশনাল পেপারের মধ্যে থেকে ভরত অপশনাল হিসেবে ভূগোলকে বেছে নেয়। সমস্ত সোশ্যাল সায়েন্সের বিষয়ের মধ্যে একমাত্র ভূগোলই টেকনিক্যাল কৌতুহলোদ্দীপক বলে মনে হত তার। ভূগোলের সিলেবাসের বিভিন্ন বৈজ্ঞানিক কনসেপ্ট, যেমন কনডাকশন, কনভেকশন, উইন্ড টেম্পারেচার, অ্যাটমোস্ফেরিক প্রেসার, এবং প্রেসিপিটেশন ইত্যাদির সঙ্গে কলেজে পড়ার সময় থেকেই তার অল্পবিস্তর পরিচয়ও ছিল।

যেহেতু ভূগোল নিয়ে ভরতের তেমন গভীর ধারণা ছিল না, তাই সে একটা সাড়ে তিন মাসের কোর্সে ভর্তি হয়। খুব আগ্রহ নিয়ে সে ক্লাসের সামনের বেঞ্চে বসে প্রত্যেকটা লেকচার মন দিয়ে শোনে। মনে মনে প্রতিজ্ঞা করে যে সে একটি ক্লাসও মিস করবে না।

সিভিল সার্ভিসের প্রস্তুতির কয়েকদিনের মধ্যেই ভরত বুঝতে পারে যে বাড়িতে বসে পড়াশোনা করাটা তার জন্য অত্যন্ত কঠিন। সেই জন্য সে করোল বাগের একটা প্রাইভেট লাইব্রেরিতে যোগ দেয়। নামে লাইব্রেরি হলেও সেখানে পড়াশোনা করার জন্য প্রচুর স্টাডি টেবিল আর চেয়ার সমৃদ্ধ শীতাতপ নিয়ন্ত্রিত রিডিং রুম ছিল।

প্রতিদিন সূর্য ওঠার সঙ্গে সঙ্গেই ভরতের দৈনন্দিন রুটিন শুরু হয়ে যেত। সকাল সাতটায় বাড়ি থেকে বেরিয়ে পড়ত সে। যাতায়াত করার পথেই খুঁটিয়ে খবরের কাগজ পড়ে ফেলত ভরত। আর রাত্তির নটায়

মেট্রো করে বাড়ি ফেরার সময় সারাদিন ধরে তৈরি করা নোটে চোখ বোলাত সে।

প্রিলিমিনারি পরীক্ষার আগের দিন প্রচণ্ড নার্ভাস হয়ে পড়ে ভরত। মানসিক চাপে সে এতটাই কাবু হয়ে পড়ে যে রাতে ঘন্টা দুয়েকের বেশি ঘুমোতে পারে না সে। টাটার মতো কোম্পানিতে সম্মানীয় পদের চাকরি ছেড়ে আসার বিরাট চাপ তার মনের মধ্যে কাজ করে। তাছাড়া চাকরির বেতন থেকে জমানো পয়সাও দ্রুত কমে আসছিল প্রতিদিন। সে বেশ বুঝতে পারছিল এই বছরই পরীক্ষায় পাশ করতে হবে তাকে। এবছর পাশ করতে না পারা মানে আরো এক বছরের শ্রম এবং অপেক্ষা।

পরীক্ষা বেশ ভালোই হয় ভরতের। পরীক্ষার পরে কোচিং ইনস্টিটিউটগুলো থেকে প্রকাশিত পরীক্ষার আনসার কি মেলানোর পরে আত্মবিশ্বাস ফিরে আসে তার। আর একটুও সময় নষ্ট না করে মেনস পরীক্ষার জন্য প্রস্তুতি নিতে শুরু করে সে।

কিন্তু মেনস পরীক্ষার প্রস্তুতি নেওয়ার সময় সে একটা বিরাট বড় ভুল করে বসে। প্রায় একমাস ধরে স্বাধীনতা পরবর্তী সময়ের ইতিহাস এবং বিশ্বের ইতিহাস পড়ে ভরত। কিন্তু এই দুটো অংশ থেকে সাধারণত খুবই কম সংখ্যক প্রশ্ন পরীক্ষায় আসে। ভরতের আরো একটা ভুল হল কোচিং সেন্টারের দেওয়া ভূগোলের নোটসের উপর অতিরিক্ত ভরসা করা। বেশি নোটস না পড়ে তার উচিত ছিল ভালো টেক্সট বই পড়া। মেনস পরীক্ষার পরে পরীক্ষা ভালো হয়নি বুঝতে পেরে ভরতের মনে আশঙ্কার কালো মেঘ ঘনিয়ে আসে।

সাফল্য অসাফল্যের নকশা

মেনস পরীক্ষার পরের এক মাস মন খারাপ করে বাড়িতে শুয়ে বসে কাটিয়ে দেয় ভরত। মেনসের রেজাল্টে সে পাশ করে গিয়েছে সেটা দেখার পর বেশ কিছুদিন নিজের চোখকে বিশ্বাসই করতে পারেনি ভরত। তাকে ৮ মার্চ, ২০১৯-এ ইন্টারভিউয়ের জন্য ডেকে পাঠানো হয়।

নির্ধারিত দিনে, খুব ভোরে ঘুম ভেঙে যায় ভরতের। দিনের আলো ফোটার আগে থেকেই উমা তার সাফল্যের জন্য ভগবানের কাছে প্রার্থনা করে চলেছিলেন। ভোরের শান্ত সমাহিত পরিবেশে টিকম ভরতের সাফল্য

কামনা করে তাকে আশীর্বাদ করেন। তারপর সাড়ে পাঁচটা নাগাদ তিনি কাজে বেরিয়ে যান। হালকা ব্রেকফাস্ট সেরে মায়ের আশীর্বাদ নিয়ে একটা অটোরিকশায় চেপে বিখ্যাত ঢোলপুর হাউজের দিকে রওনা দেয় ভরত।

ভরতের কাছে বাড়ি থেকে ইন্টারভিউ রুম পর্যন্ত তার এই যাত্রা তীর্থযাত্রার সমান ছিল। ইন্টারভিউ রুমে ঢোকার সময় তার সারা দেহ চিন্তায় অবশ হয়ে আসে। বিভিন্ন জায়গায় মক ইন্টারভিউ দেওয়ার সময় বারবার যে প্রশ্নের সম্মুখীন হয়েছে সে, এখানেও তার নাম সংক্রান্ত সেই প্রশ্নটাই সবার আগে করা হয়। এই প্রশ্নের উত্তর দেওয়ার জন্য মানসিকভাবে তৈরিই ছিল ভরত।

কিন্তু বোর্ডের চেয়ারম্যানের পরবর্তী প্রশ্ন ইন্টারভিউয়ের অভিমুখ হঠাৎ করে ঘুরিয়ে দেয়। "আচ্ছা, তুমি কি জানো, সিনেমাতে কোন নামটা শাহরুখ খান বারবার ব্যবহার করেন?" এই জিজ্ঞাসাটা কোনোভাবেই ভরতের প্রস্তুতির সঙ্গে সম্পর্কিত নয়। কাজেই সামান্য হতচকিত হয়ে যায় সে। চেয়ারম্যান সাহেব সিনেমার জগতের বিভিন্ন বিষয় নিয়ে তাকে প্রশ্ন করেই চলেন। "সিনেমায় অভিনেতারা কেন যে একই নাম বারবার ব্যবহার করে কে জানে? আচ্ছা, তাঁরা কি কুসংস্কারের জন্য এমন করেন?" তারপরেই আসে আরেকটা প্যাঁচানো প্রশ্ন, "সিনেমায় মনোজ কুমারের কমন নাম কোনটা ছিল বলতে পারো আর কেন?"

ইন্টারভিউয়ের পরের দিনগুলোতে অধীর হয়ে রেজাল্টের অপেক্ষা করতে থাকে ভরত। এরই মধ্যে তার ঠাকুমার মৃত্যুতে তাদের পরিবারের উপরে শোকের ছায়া নেমে আসে। দুঃখের এই পরিবেশের মধ্যে সিভিল সার্ভিসের রেজাল্ট আরো হতাশা বয়ে আনে। লিস্টে ভরতের নাম নেই।

উমা আর টিকম হতাশ হলেও ভরতকে উৎসাহ দিতে ছাড়েন না। "প্রথমবারের চেষ্টাতেই ইন্টারভিউ পর্যন্ত পৌঁছে যাওয়াটা চাট্টিখানি ব্যাপার নয়। আরো একবার পরীক্ষাটা দে। এবারে পাশ করলে তুই নিশ্চয়ই আইএএস অফিসার হবি।" ভরতকে সান্ত্বনা দেন তাঁরা।

কিন্তু ইউপিএসসি পরীক্ষার নিরন্তর ছন্দ প্রতিযোগীদের শ্বাস নেওয়ার অবকাশ দেয় না। রেজাল্ট বেরোনোর দিন কয়েকের মধ্যেই পরবর্তী প্রিলিমিনারি পরীক্ষার দিন চলে আসে। কাজেই মন খারাপ বা কান্নাকাটি করার কোনো সময়ই থাকে না ভরতের কাছে। সে বাধ্য হয় পড়াশোনার জগতে ফের মনোনিবেশ করতে।

কোনো সন্দেহ নেই যে এবারের চ্যালেঞ্জটা আরো কঠিন। কিন্তু ভরতের প্রতিজ্ঞাও এবার দৃঢ়তর।

প্রস্তুতির পরিধি বিস্তার

২০১৯ সালের প্রিলিমিনারির রেজাল্ট ফের ভরতের মনে উজ্জ্বল ভবিষ্যতের স্বপ্ন জাগিয়ে তোলে। একইসঙ্গে ২০১৮ সালের মেনস পরীক্ষার নম্বর প্রকাশ করে ইউপিএসসি। ভরত দেখে যে অপশনাল সাবজেক্ট ভূগোলে সে খুবই কম নম্বর পেয়েছে। এবারে সে কোনোভাবেই হেরে যাবে না, এই প্রতিজ্ঞা নিয়ে ভরত আরো বেশি সময় ধরে ভূগোল পড়তে শুরু করে। সমস্ত রেকমেন্ডেড বই এবং নামী কোচিং ক্লাসের নোটস খুঁটিয়ে খুঁটিয়ে পড়ে সে।

কিন্তু তার এত চেষ্টা সত্ত্বেও ২০১৯ সালের মেনসের ভূগোল পরীক্ষা ততটাও ভালো হয় না। কাজেই সাফল্য নিয়ে ফের দ্বিধায় পড়ে ভরত। কিন্তু এবার মন খারাপ করে বাড়িতে বসে না থেকে ভরত সিদ্ধান্ত নেয় যে শুধু ইউপিএসসি-র গণ্ডিতে নিজেকে আটকে না রেখে পরিধি বিস্তারে মন দেবে। মধ্যপ্রদেশ প্রভিন্সিয়াল সিভিল সার্ভিস পরীক্ষার (MPPCS) জন্য অ্যাপ্লাই করে ভরত। বেশিরভাগ আইএএস প্রতিযোগীরা এইরকম কোনো বিকল্পের কথা ভাবতেই চায় না। MPPCS পরীক্ষার চ্যালেঞ্জ আবার অন্যরকম। তাছাড়াও এই পরীক্ষায় রাজ্যভিত্তিক প্রশ্ন থাকে।

একটা ভালো চাকরি এবং সম্মানজনক জীবনের খোঁজে ভরত সেন্ট্রাল আর্মড পুলিশ ফোর্সেস (CAPF) এর অ্যাসিস্ট্যান্ট কমান্ডান্টের পোস্টেও চাকরির পরীক্ষা দেয়। লিখিত পরীক্ষায় পাশ করলেও তা নিয়ে আনন্দ করার অবকাশ ছিল না ভরতের। তার সামনে তখন প্রচণ্ড কঠিন শারীরিক পরীক্ষা অপেক্ষা করছে। এই পরীক্ষায় পাশ করার জন্য তাকে ১৬ সেকেন্ডের কম সময়ে ১০০ মিটার দৌড়াতে হবে। এছাড়াও তিন মিনিট ৪৫ সেকেন্ডের মধ্যে ৮০০ মিটার দৌড়, সাড়ে তিন মিটার লং জাম্প, আর সাড়ে চার মিটার শটপাট থ্রোও করতে হবে।

শারীরিক পরীক্ষার ব্যাপারটাই ভরতকে বড্ড ভীত করে তোলে। তার কারণ, সিভিল সার্ভিস পরীক্ষার প্রস্তুতির সময় তার ওজন বেড়ে ১০০ কেজি হয়ে গিয়েছিল। আর শুধু অতিরিক্ত ওজনটাই একমাত্র চিন্তার কারণ

নয়, এই পরীক্ষায় পাশ করার জন্য প্রয়োজনীয় শারীরিক সক্ষমতাই ছিল না ভরতের। কিন্তু চ্যালেঞ্জের সম্মুখে পড়লে তবেই বোঝা যায় কোনো মানুষের চারিত্রিক দৃঢ়তা কতটা।

কাজেই এই চ্যালেঞ্জের সামনে পড়ে মুষড়ে না গিয়ে মন শক্ত করে ২৫ দিনের মধ্যে ১৫ কেজি ওজন ঝরিয়ে ফেলার মতো কঠিন সিদ্ধান্ত নেয় ভরত। যেদিন তার শারীরিক সক্ষমতার পরীক্ষা ছিল, সেদিন চূড়ান্ত ফিট ভরত উত্তেজনায় চনমন করছিল। ট্র্যাক আর শটপাট ছোড়ার ক্ষেত্রে খুব সহজেই উৎরে গেলেও লং জাম্পের সময়ে সমস্যা দেখা দেয়। প্রথম বারের চেষ্টার সময়েই পায়ের পেশীতে টান ধরায় আর লং জাম্প দিতে পারে না ভরত। ফলস্বরূপ, পরীক্ষাতেও পাশ করাটা তার আর হয়ে ওঠে না।

চাকরির পরীক্ষার ক্ষেত্রে ভরতের নিম্নগতি অব্যাহত থাকে। রিজার্ভ ব্যাঙ্কের গ্রেড বি অফিসারের পদেও পরীক্ষা দিয়েছিল ভরত। কিন্তু সেই পরীক্ষাতেও সে অসফল হয়। বারবার অসফল হওয়া সত্ত্বেও সে স্টাফ সিলেকশন কমিশনের কমন গ্র্যাজুয়েট লেভেল পরীক্ষায় বসার চেষ্টা করে। কিন্তু ভুলবশত পরীক্ষার মেন ফর্ম পূরণ করেনি সে। যার ফলে পরীক্ষার আগে কিছুতেই আর অ্যাডমিট কার্ড ডাউনলোড করা হয়ে ওঠে না তার। এই ঘটনা ভরতের মন একেবারে ভেঙে দেয়।

প্রত্যেকদিন সে নিজেকে প্রশ্ন করতে শুরু করে, টাটা মোটরসের চাকরিটা ছাড়া তার ঠিক হয়েছিল কিনা সেই নিয়ে। যে তিন বছর সে সিভিল সার্ভিস পরীক্ষার প্রস্তুতির জন্য নষ্ট করেছে, সেই তিন বছরে তার বন্ধুরা কর্পোরেট জগতে আরো উঁচুতে উঠে গিয়েছে। অনেকেই এমবিএ পাশ করে অনেক বেশি বেতনের চাকরিও পেয়েছে।

একদিন আর এই মানসিক চাপ সহ্য করতে না পেরে মুহূর্তের দুর্বলতায় মায়ের সামনে কান্নায় ভেঙে পড়ে ভরত। কাঁদতে কাঁদতে তার জীবনের সমস্ত রকমের দুশ্চিন্তা আর দুর্ভাবনার কথা খুলে বলে তার মাকে। ছেলের কষ্টে উমার বুক ভেঙে এলেও শান্ত হয়ে সব কথা শোনেন তিনি। তার পর তার কাঁধে একটা হাত রেখে নরম গলায় বলেন, "তোমার পথ চলা এখনও শেষ হয়নি বাবা। নিজের উপরে বিশ্বাস রাখো। তোমার স্বপ্ন এখনো তোমার হাতের নাগালের মধ্যেই রয়েছে।"

হন্যে হয়ে চাকরির খোঁজ

চূড়ান্ত অনিশ্চয় স্বপ্ন আর বাস্তবের ঠিক মাঝখানে নিজেকে আবিষ্কার করে ভরত। নিজের সঙ্গে যুদ্ধ করতে করতে সে ভাবে, "কোনো একটা কোম্পানিতে যদি একটা চাকরি পাই তাহলে আর সিভিল সার্ভিস পরীক্ষার প্রস্তুতি নেওয়া সম্ভব হবে না। আমাকে উপার্জন করতে হবে ঠিকই, কিন্তু প্রস্তুতির জন্য সময়ও বার করতে হবে।"

অনেক চিন্তা ভাবনার পরে সে কোচিং ইনস্টিটিউটে কন্টেন্ট ডেভেলপারের চাকরি নেবে বলে স্থির করে। "এভাবে আমি টাকাও রোজগার করতে পারব আর CSE এর প্রস্তুতিও নিতে পারব", মনে মনে ভাবে ভরত। প্রতিজ্ঞ চিত্তে পঁচিশটি কোচিং ইনস্টিটিউটে চাকরির দরখাস্ত করে সে। কিন্তু কোনো জায়গা থেকেই কোনো উত্তর আসে না।

এতেও মুষড়ে না পড়ে করোল বাগে সশরীরে হাজির হয় ভরত। করোল বাগ হল সিভিল সার্ভিস কোচিং ইনস্টিটিউটের প্রাণকেন্দ্র। কিন্তু যেখানেই সে যাক না কেন, তার প্রয়োজনের কথা শুনে সকলেই তাকে ফিরিয়ে দেয়। এই হতাশার সমুদ্রে ভাসতে ভাসতেই ভরত মালুকা আইএএস নামে একটা ছোটখাট কোচিং সেন্টারে গিয়ে উপস্থিত হয়। বছর তিরিশের গোঁফ-দাড়ি শোভিত সর্দার লচ্ছন সিং মালুকা ভরতের ক্লান্ত, হতাশ মুখ আর ঘামে ভেজা জামার দিকে তাকিয়েই পরিস্থিতির আন্দাজ পান।

"স্যার, আমি আপনার সঙ্গে একটু কথা বলতে চাই।" আরও একবার অপমান সহ্য করার জন্য মানসিকভাবে নিজেকে প্রস্তুত করে নিয়ে বলে ওঠে ভরত। আশ্চর্যজনক ভাবে মালুকা তাকে ফিরিয়ে না দিয়ে তাকে বসতে বলেন এবং একগ্লাস জল তার দিকে বাড়িয়ে দেন।

এক ঢোকে গ্লাসের জল শেষ করে ফেলে ভরত। তারপর ধীরে ধীরে তার কথা বলতে থাকে। "স্যার, আমি একবছর মিলিয়ে দুইবার প্রিলিমিনারি পরীক্ষায় পাশ করেছি। আমি একটা কন্টেন্ট ডেভেলপারের কাজ খুঁজছি।"

মালুকা তার অপশনাল সাবজেক্ট কী, সে বিষয়ে জিজ্ঞাসা করতেই ভরতের মনে একটু আশার ঝলক খেলে গেল। কিন্তু মালুকার পরের কথাতেই তার সব আশা এক ফুঁয়ে নিভে এল।

"দুর্ভাগ্যজনক ব্যাপারটা হল, আমাদের ইনস্টিটিউট ততটাও বড় নয়। আর আমাদের অলরেডি তিনজন কন্টেন্ট ক্রিয়েটার রয়েছে।" মালুকা বলেন।

ভরতকে কোনো কথা বলার সুযোগ না দিয়েই ফের বলে ওঠেন তিনি, "কিন্তু আমাদের একজন ভূগোলের শিক্ষক প্রয়োজন। তুমি কি পড়াতে পারবে? আমি প্রতি আড়াই ঘণ্টা ক্লাস নেওয়ার জন্য তোমাকে ১৬০০ টাকা করে দেব।"

চোখের পলক পড়ার আগেই মালুকার প্রস্তাবে রাজি হয়ে যায় ভরত। কৃতজ্ঞতায় তার চিত্ত ভরে ওঠে। মালুকার প্রস্তাব তার কেবল আর্থিক সমস্যার সমাধান করবে না, একই সঙ্গে তাকে আরো গভীর ভাবে ভূগোল বিষয়টাকে বুঝতে সাহায্যে করবে। মুহূর্তের মধ্যে ভরতের নিভে আসা আত্মবিশ্বাস জেগে ওঠে।

ফিরে আসা

ভাগ্য অবশ্য ভরতের জন্য আরো একটা ক্রুর মোচড় নিয়ে অপেক্ষা করছিল। ২০২০ সালের ১৪ই জানুয়ারি আরো একবার ভরতের উপর হতাশার কালো মেঘ ঘনিয়ে আসে। ২০১৯ এর মেনসের রেজাল্টে দেখা যায় পরীক্ষায় সে পাশ করতে পারেনি। যদিও তখনও মার্কস ব্রেকআপ প্রকাশিত হয়নি, কিন্তু মনে মনে ভরত বেশ বুঝতে পারে যে তার অপশনাল সাবজেক্ট ভূগোলই তার সঙ্গে বিশ্বাসঘাতকতা করেছে। তাই একটা শক্ত সিদ্ধান্ত নিয়ে বসে সে। ২০২০ সালের পরীক্ষার জন্য অপশনাল সাবজেক্ট হিসাবে পলিটিকাল সায়েন্স আর ইন্টারন্যাশনাল রিলেশনস নেবে বলে স্থির করে ভরত।

মার্চ ২০২০ থেকে কোভিড-১৯ অতিমারীর জন্য সারা দেশে লক ডাউন জারি করা হয়। ফলে সিভিল সার্ভিস পরীক্ষার প্রিলিমিনারিও পিছিয়ে যায়। এই আপাত অন্ধকার সময় ভরতকে তার নতুন অপশনাল সাবজেক্ট পড়ার একটা সুবর্ণ সুযোগ এনে দেয়। ওই সাবজেক্টের একজন স্বনামধন্য শিক্ষকের নোটস আর সমস্ত রেকমেন্ডেড বই কিনে ফেলে পড়াশোনা শুরু করে দেয় ভরত।

কিন্তু আত্মবিশ্বাস কম থাকায় নিজের উপরে ভরসা রাখতে না পেরে সে ইন্ডিয়ান কোস্ট গার্ডের অ্যাসিস্ট্যান্ট কমান্ড্যান্ট পদে এবং ন্যাশনাল ব্যাংক ফর এগ্রিকালচারাল এন্ড রুরাল ডেভেলপমেন্ট (NABARD) এর অ্যাসিস্ট্যান্ট ম্যানেজারের পদে চাকরির আবেদন করে। খুব শীঘ্রই সার্ভিস

সিলেকশন বোর্ড (SSB) থেকে কোস্ট গার্ড পদের পরীক্ষার জন্য ডাক পায় ভরত। পরীক্ষার প্রথম ধাপও খুব সহজেই টপকে যায় সে। NABARD এর স্ক্রিনিং টেস্টও খুব সহজেই পাশ করে যায় ভরত।

সেপ্টেম্বর এবং অক্টোবর মাসে পরপর NABARD এর পরীক্ষা, কোস্ট গার্ড পরীক্ষার দ্বিতীয় পর্যায় এবং সিভিল সার্ভিসের প্রিলিমিনারি পরীক্ষা পড়ে। প্রথমেই কোস্ট গার্ড SSB পরীক্ষা পড়েছিল। সেই পরীক্ষায় সাফল্য পায় ভরত। কিন্তু কোস্ট গার্ডের চাকরি তার লক্ষ্য না হওয়ায় অন্যান্য পরীক্ষার্থীদের মতো আনন্দে ভেসে যায় না সে। একই সঙ্গে ভরত সিভিল সার্ভিস পরীক্ষার প্রিলিমিনারি এবং NABARD এর মেনস পরীক্ষাতেও পাশ করে যায়।

কিন্তু এই সাফল্য ক্ষণস্থায়ী। প্রতিটি সাফল্যের সঙ্গে সঙ্গে নতুন চ্যালেঞ্জের উদয় হয় ভরতের জীবনে। কোস্ট গার্ডের তরফ থেকে ২০২০ সালের ২৬ ডিসেম্বর কাজে যোগ দিতে বলা হয় ভরতকে। কিন্তু ২০২১ সালের ১০ জানুয়ারি থেকে সিভিল সার্ভিসের মেনস পরীক্ষা শুরু হওয়ার কথা। সে সিভিল সার্ভিসের মেনস পরীক্ষা দিতে চায়, এ কথা জানিয়ে ভরত অনেক অনুরোধ করলেও সে কথায় কেউ কর্ণপাত করেনি। এমতাবস্থায় সাহসে ভর করে কোস্ট গার্ডের চাকরি ছেড়ে দেয় ভরত। আরও একবার নিশ্চিত জীবন ছেড়ে সে অনিশ্চিত স্বপ্নের দিকে ধাওয়া করে। এই সাঙ্ঘাতিক সিদ্ধান্ত নেওয়ার সময়ও তার বাবা মা স্তম্ভের মতো শক্ত হয়ে ভরতের পাশে দাঁড়ান।

কিছুদিনের মধ্যেই NABARD-এর পরীক্ষার ফল প্রকাশিত হয়। দেখা যায় তাতেও সাফল্য পেয়েছে ভরত। ২৩ মার্চ ২০২১, লক্ষ্ণৌতে NABARD-এর ট্রেনিং সেন্টারে পা রাখে ভরত। অবশেষে তার তিন বছরের অনিশ্চিত জীবনে দাঁড়ি পড়ে। একসপ্তাহের ট্রেনিং শেষে শিমলার রিজিওনাল অফিসে ভরতের পোস্টিং হয়।

ইউপিএসসি স্বপ্নের কবরস্থান

ভরতের ভাগ্যদেবী কিন্তু তাঁর কলম চালানো বন্ধ করেননি। ভরত NABARD-এ যোগ দেওয়ার পরদিনই সিভিল সার্ভিস মেনস পরীক্ষার রেজাল্ট বেরোয়। দেখা যায় পরীক্ষায় পাশ করে গিয়েছে ভরত। রেজাল্ট

দেখার পর তার সারা দেহে আনন্দের একটা ঢেউ খেলে যায়। কিন্তু খুব শীঘ্রই কঠিন বাস্তব তার আনন্দে ভাটা ফেলে। ভরত বুঝতে পারে কী ভীষণ হিংসে NABARD-এর প্রতিটি কোনায় ছড়িয়ে রয়েছে।

ভরতের এক সহকর্মী তাকে NABARD-এর আধিকারিকেরা সিভিল সার্ভিস পরীক্ষাকে ঠিক কতটা অপছন্দ করেন সে কথা জানান। তিনি বলেন, "রিজার্ভ ব্যাঙ্ক এবং NABARD হল সিভিল সার্ভিস পরীক্ষার্থীদের কবরস্থান। এখানকার প্রায় সমস্ত কর্মীই কোনো না কোনো সময়ে সিভিল সার্ভিস পরীক্ষা দিয়েছেন, কিন্তু সাফল্য পাননি। তাই এখানে কর্মরত কেউ সিভিল সার্ভিস পরীক্ষার প্রস্তুতি নিচ্ছে একথা ঘুণাক্ষরেও কেউ জানতে পারলেই তার ঘাড়ে ইচ্ছাকৃত ভাবে কাজের বোঝা চাপিয়ে দেওয়া হয়।"

ভরতের সেই সহকর্মীর কথা খুব শীঘ্রই সত্যি বলে প্রমাণিত হয়। ভরতের কিছু সিনিয়র অফিসার তাকে টার্গেট করে তার ঘাড়ে প্রচুর কাজ চাপিয়ে দিতে শুরু করেন যাতে সে সিভিল সার্ভিসের অন্তিম ধাপ পেরোনোর জন্য যথাযোগ্য প্রস্তুতি নিতে না পারে। তাকে সুপারভিশন ডিপার্টমেন্টে ট্রান্সফার করে দেওয়া হয়। এই ডিপার্টমেন্টের সব কাজই ভীষণ টেকনিক্যাল হওয়ায় সাধারণত অ্যাকাউন্ট্যান্টরাই এখানে পোস্টিং পান। এই দফতরের কাজ করার সময়ে ভরতকে প্রতিদিন রিজিওনাল রুরাল ব্যাংক এবং কো-অপারেটিভ ব্যাঙ্কদের অ্যাকাউন্ট পরীক্ষা এবং অডিট করতে হত। বিনা কারণে বকুনি খাওয়া এবং অপমানিত হওয়া কর্মক্ষেত্রে তার নিত্য দিনের রুটিন হয়ে দাঁড়ায়।

এই ঝড়ের মুখে দাঁড়িয়েও ভরত ইন্টারভিউকে পাখির চোখ করে লড়ে যেতে থাকে। যখনই একটু সময় পায়, তখনই পরীক্ষার প্রস্তুতি নেওয়ার চেষ্টা করতে থাকে সে। প্রতিটি মুহূর্তের দাম যে কতটা হতে পরে তার এই সময়ে বেশ বুঝতে পারে সে। এইবারের পরীক্ষাই যে মাউন্ট ইউপিএসসি জয়ের শেষ সুযোগ তা যেন প্রতিদিনই আরো স্পষ্ট ভাবে বুঝতে পারে ভরত।

কোচিং ইনস্টিটিউটদের প্রতি ইউপিএসসির অবহেলা

দ্বিতীয় বার পার্সোনালিটি টেস্ট দিতে গিয়ে ভরত একটা অন্যরকমের চ্যালেঞ্জের সম্মুখীন হয়। পরীক্ষার জন্য আবেদনের সময় সে মালুকা আইএএস-এ চাকরি

করত, কাজেই সেই কথাই আবেদন পত্রে লিখেছিল সে। কিন্তু তার পরে NABARD এ চাকরি পাওয়ার কথা সে আর লিখতে পারেনি, তার কারণ DAF আপডেট করার তখনও পর্যন্ত কোনো ব্যবস্থা ছিল না।

এখন যেহেতু সে NABARD এ কর্মরত, তাই ভরত আশা করেছিল যে তাকে ব্যাঙ্কিং, ইন্সিওরেন্স এবং ফিনান্সিয়াল সেক্টর সংক্রান্ত প্রশ্ন করা হবে। কাজেই খুব মন দিয়ে এই সমস্ত বিষয়ে পড়াশোনা করে সে। তার মনে হয় যে বোর্ড তাকে কোচিং সেন্টারে কাজ করার বিষয়ে জিজ্ঞেস করলেও সে যে এখন NABARD-এ কাজ করে সেকথা বললে কথোপকথনের অভিমুখ বদলে যাবে। কিন্তু মানুষ ভাবে এক আর হয় আরেক। ভরত যেরকম ভেবেছিল তা একেবারেই ঘটে না।

ইন্টারভিউ শুরু হলে দেখা যায় বোর্ডের সকলেই কোচিং কালচারের প্রবল বিরোধী। কাজেই তাঁরা সমানে ভরতকে কোচিং কালচার নিয়ে প্রশ্ন করতে থাকেন। বোর্ডের চেয়ারম্যান ইন্টারভিউয়ের শুরুতেই প্রথম গুলিটা ছোড়েন। আর্থ সামাজিক বিভেদ নিয়ে তিনি জিজ্ঞেস করেন, "তোমার কি মনে হয় যাদের পয়সা আছে এবং যাদের নেই তাদের সঙ্গে যা কিছু ঘটছে, সেটা ভালো হচ্ছে?"

একই সঙ্গে প্রায় আরেকটা প্রশ্ন আছড়ে পড়ে। "তোমার কি মনে হয় কোচিং সেন্টারগুলো খুব ভাল কাজ করছে?" কোচিং সেন্টার নিয়ে ইউপিএসসি-র চিন্তার কথা তুলে ধরে চেয়ারপার্সন বলেন, "ইউপিএসসি চায় একজন ছাত্র কোনো একটা বিষয়ের উপরে ২০০ পাতা পড়ুক। কিন্তু তোমাদের মতো কোচিং সেন্টারেরা সেটাকে ২০ পাতার মধ্যে নামিয়ে আনো। তোমার কি মনে হয় সেটা ঠিক?" ঝড়ের মতো এই আক্রমণ চলতেই থাকে। ভরত যদিও বোঝানোর বহু চেষ্টা করে যে সে এখন আর কোনো কোচিং ইনস্টিটিউটে কাজ করে না, কিন্তু বোর্ড তার কথায় কোনো আমলই দেয় না।

কোচিং ইনস্টিটিউট নিয়ে বোর্ডের এই আক্রমণ আত্মবিশ্বাসের সঙ্গে মোকাবিলা করে ভরত। কোচিং সেন্টারগুলো নিয়ে তার নিজের কী ধারণা সেটা স্পষ্ট করে বোঝাতে গিয়ে সে বলে যে কোচিং সেন্টারগুলো গাইড করলেও কোনো সাবজেক্টের গভীরে প্রবেশ করার দায়িত্ব একজন ছাত্রের নিজস্ব। ঠান্ডা মাথায় একের পর এক প্রশ্নের উত্তর দিয়ে চলে ভরত। তার ফলে শেষ পর্যন্ত প্রশ্নের বিষয় পরিবর্তিত হয়। বোর্ড ধীরে ধীরে ভরতের

শখ নিয়ে প্রশ্ন করতে শুরু করলে মনে মনে একটা স্বস্তির শ্বাস নেয় সে। খুবই আশ্চর্যজনক ভাবে NABARD-এ তার ভূমিকা বা ফিনান্সিয়াল সেক্টর নিয়ে একটাও প্রশ্নের সম্মুখীন হতে হয় না ভরতকে।

পার্কিং এরিয়ায় চেঁচামেচি

২৪ সেপ্টেম্বর, ২০২১। কনকনে ঠান্ডা সেদিন শিমলায়। NABARD আধিকারিক বোঝাই একটা কনফারেন্স রুমে নিজের অ্যাসিস্ট্যান্ট রোহনকে সঙ্গে নিয়ে উপস্থিত ছিল ভরত। মিটিংয়ে বারবার মনোযোগ হারানোর জন্যে বসের কাছ থেকে মাঝে মধ্যেই বকুনি খাচ্ছিল সে। চারদিকে প্রচণ্ড গুজব রটেছে সে আজই ইউপিএসসি ২০২০-র সিভিল সার্ভিস পরীক্ষার ফল ঘোষণা করবে। টেলিগ্রাম গ্রুপে কেউ একজন ইউপিএসসি এর নোটিশ বোর্ড পরিষ্কার করার ছবিও তুলে পাঠিয়েছে।

একথা একান্তে রোহনকে জানায় ভরত। রোহনও সামনের বছর সিভিল সার্ভিস পরীক্ষা দেওয়ার প্রস্তুতি নিচ্ছে। সন্ধ্যা ৬টা নাগাদ ভরতের কাজকর্ম শেষ হলে রোহন তাকে বাড়িতে ছেড়ে আসার প্রস্তাব দেয়। “স্যার,আমি এক্ষুনি আমার ঘর থেকে গাড়ির চাবিটা নিয়ে আসছি। আপনি পার্কিং লটে একটু অপেক্ষা করুন।”

রোহনের জন্য অপেক্ষা করতে করতে ভরত তার টেলিফোনে টেলিগ্রাম অ্যাপটা খুলতেই তার হৃদস্পন্দন যেন থেমে আসে। কেউ একজন ২০২০ সালের সিভিল সার্ভিসের রেজাল্ট পোস্ট করেছে। দমবন্ধ করে নিজের নাম খুঁজতে শুরু করে ভরত। ‘ভরত সিং’ এই নামটা দেখতে পেয়েই, এক মুহূর্তের মধ্যে যেন জমে পাথর হয়ে যায় সে। ঠিক সেই সময়েই তার ফোন বেজে ওঠে। প্রতিদিনের মতো সেদিনও তার মা, উমা, তাকে ফোন করেছে। প্রতিদিনই উমা তাকে ফোন করে খবরাখবর নেন, আর বাড়ির জন্য দোকান থেকে কী কী কিনে নিয়ে যেতে হবে সেটা বলে দেন।

মনে মনে দীর্ঘদিন ধরে ভরতের ইচ্ছা ছিল যে সে সিভিল সার্ভিস পরীক্ষায় সফল হলে সে কথা প্রথমে তার মাকে জানাবে। সে দিন ভগবান তার সেই আকাঙ্ক্ষা পূরণ করে দেন। যে মুহূর্তে সে রেজাল্ট দেখছিল ঠিক তখনই তার মা তাকে ফোন করে। আবেগের আতিশয্যে চোখের জল ধরে রাখতে পারে না ভরত। পার্কিং লটে দাঁড়িয়েই ঝরঝর করে

কেঁদে ফেলে সে। চারদিকে কে আছে, বা পার্কিং লটের গার্ডরা কী মনে করবে, সে সমস্ত কিছু পরোয়া করার মতো মনের অবস্থা ছিল না তার।

"মা, তোমার ছেলে আইএএস অফিসার হয়ে গিয়েছে।" আনন্দে উচ্ছ্বসিত হয়ে বলে ওঠে ভরত।

প্রচণ্ড আনন্দে উমা চেঁচিয়ে ওঠেন, "ডলির বাবা, ভরত পাশ করে গিয়েছে, তাড়াতাড়ি এসো!" তাঁর চোখ দিয়ে ঝরঝর করে ঝরে পড়তে থাকে জল।

ভরতের যখন এইরকম আবেগমথিত অবস্থা, তখন সেখানে রোহন ছুটে আসে। টেলিগ্রামে আগেই রেজাল্ট দেখে নিয়েছিল সে। বলে, "কনগ্র্যাচুলেশন স্যার, এইরকম কঠিন পরীক্ষা পাশ করার জন্য আপনাকে অনেক অভিনন্দন!" উত্তেজনা আর ধরে না রাখতে পেরে রোহন ভরতকে জড়িয়ে ধরে তাকে কোলে তুলে নেয়। তখনো ফোনে নিজের পরিবারের সঙ্গে কথা বলে চলেছে ভরত।

এক নতুন জীবনের শুরু

পরিবারের সঙ্গে ফোনে কথা বলা শেষ করার পরেও পার্কিং লটেই দাঁড়িয়ে থাকে ভরত। সে যেন ঘোরের মধ্যে চলে যায়। কিছুতেই বুঝতে পারে না যে তার এর পরে কী করা উচিত। কিন্তু তার দেহে মনে একটা স্বস্তির ঢেউ বয়ে যায় আর তাকে সিভিল সার্ভিস পরীক্ষার এই অসম্ভব কঠিন পর্যায়ের মধ্যে দিয়ে যেতে হবে না। মাউন্ট ইউপিএসসি জয় করে ফেলেছে সে।

"স্যার সিনিয়র অফিসাররা এখনো মিটিং করছেন। চলুন, উপরে গিয়ে খবরটা ওনাদের দিই।" রোহনের গলার স্বরে চমক ভাঙে ভরতের। তার মনের মধ্যে তখনও চিন্তার ঝড় বয়ে চলেছে। অনেকটা যন্ত্রের মতো রোহনের পেছনে হাঁটতে থাকে ভরত। কনফারেন্স রুমে ঢোকার আগে একবার ওয়াশরুমে গিয়ে মুখে চোখে জল ছিটিয়ে নিজেকে একটু শান্ত করার চেষ্টা করে সে।

ইতিমধ্যে রোহন কনফারেন্স রুমের বাইরে বসে থাকা পিয়ন সঞ্জয়কে এই খবরটা জানায়। চিফ জেনারেল ম্যানেজারের (CGM) পার্সোনাল স্টাফ হওয়ায় সঞ্জয় সাধারণত অফিসে খুব গুরুগম্ভীর ভাব বজায় রাখে। ভরতের মতো অ্যাসিস্ট্যান্ট ম্যানেজারদের সঙ্গে সে তো বাক্যালাপই করে না। কিন্তু এই অবিশ্বাস্য দিনে ভরত কনফারেন্স রুমের সামনে পৌঁছতেই সঞ্জয় প্রায় লাফে তার পায়ে পড়ে গিয়ে আন্তরিক গলায় তাকে অভিনন্দন জানাতে লাগল।

ভরতের ঘোর তখনও কাটেনি। কোনো মতে সঞ্জয়ের অভিনন্দন গ্রহণ করে রোহনের সঙ্গে কনফারেন্স রুমের ভিতর ঢোকে সে। ঘরে ঢুকেই রোহন সোজা CGM এর কাছে চলে যায়। সিনিয়র অফিসারদের এই মিটিংয়ের পরিচালনা করছিলেন তিনি। এক মুহূর্তের জন্য তার এবং CGM এর পদের বিশাল ফারাকের কথা ভুলে গিয়ে রোহন বলে ওঠে, “স্যার, ভরত স্যার পাস করে গিয়েছেন!”

“কী পাশ করে গিয়েছেন?” ভুরু কুঁচকে জিজ্ঞাসা করেন CGM। তাঁকে দেখলে স্পষ্টই বোঝা যায় যে হঠাৎ করে একজন ক্লার্ক তার মিটিংয়ে যে ব্যাঘাত ঘটাচ্ছে তা তিনি একেবারেই পছন্দ করছেন না। “আইএএস পরীক্ষায় স্যার! কয়েক মিনিট আগে রেজাল্ট বেরিয়েছে।” পাশে দাঁড়ানো ভরতকে দেখিয়ে রোহন বলে ওঠে।

সঙ্গে সঙ্গে নিজের চেয়ার ছেড়ে উঠে দাঁড়ান CGM। ভরতের দিকে অভিনন্দন সূচক করমর্দনের জন্য হাত বাড়িয়ে দেন তিনি। ঘরে উপস্থিত প্রত্যেক অফিসার ভরতকে অভিনন্দন জানান। এমনকি ভরতের ডিজিএম, যিনি এর আগে প্রতিপদে ভরতকে হয়রান করেছেন, ইন্টারভিউয়ের প্রস্তুতির জন্য তাকে ছুটি দিতে চাননি, তিনি পর্যন্ত মুখে একটা হাসি মেখে ভরতের দিকে অভিনন্দনের হাত বাড়িয়ে দেন। বলেন, “ভাই, যদি আমি তোমার সঙ্গে দেখা করতে আসি তাহলে তুমি আমাকে একটা অ্যাপয়েন্টমেন্ট আর বসার জায়গা দেবে তো?” সারা ঘর হাসিতে ফেটে পড়ে।

ইউপিএসসি রেজাল্ট বের হওয়ার কিছুক্ষণের মধ্যেই ভরতের মনে হয় সে যেন একটা নতুন জীবন শুরু করেছে।

এই সাফল্য কি সত্যিই বাস্তব?

ভরতের এই সাফল্য সে আর তার পরিবার মিলে খুব সামান্যভাবে উদযাপন করে। ভরতের সফল হওয়ার খবরটা খুব ঘনিষ্ঠ কয়েকজন বাদ দিয়ে আর বিশেষ কাউকে জানানোও হয় না। NABARD-এর কাজের প্রতি দায়িত্বশীল হওয়ায় দিল্লি না ফিরে ভরত শিমলাতেই তার দৈনন্দিন রুটিন পালন করতে থাকে। সব কাজ মিটিয়ে দিনকুড়ি বাদে দিল্লিতে এসে পৌঁছলে তার মা তার আরতি করেন, এরপরে একটা ছোট কেক কেটে বাড়ির সকলে মিলে তার সাফল্য উদযাপন করে।

একাধিকবার রেজাল্টে নিজের নাম এবং রোল নাম্বার দেখা সত্ত্বেও ভরতের তখনো ঠিক বিশ্বাস হয়নি যে সে সত্যিই সিভিল সার্ভিস পরীক্ষায় পাস করেছে। মাঝেমধ্যেই তার মনে হতে থাকে যে এটা হয়তো সত্যি নয়, সে স্বপ্ন দেখছে। মনে মনে ভয় পেতে থাকে সে যে তার এই সুযোগটা হয়তো তার হাতছাড়া হয়ে যাবে। সেই জন্যই খুব বেশি লোককে এ কথা না জানানোর জন্য বাবা মাকে অনুরোধ করে। একবার ট্রেনিংয়ের জন্য LBSNAA তে চলে গেলে তারপর সকলকে এই বিষয়ে জানাতে চায় সে।

ভরত নিজের মনে মনে আরো একটা সিদ্ধান্ত নেয় যে সে কিছুতেই কোনো কোচিং সেন্টারে টপারস টকে অংশ নেবে না। কিন্তু তার দুঃসময়ে মালুকা তাকে খুব সাহায্য করায় তাঁর অনুরোধ সে ঠেলতে পারে না।

স্টাফরুম থেকে লেকচার হলের দিকে হেঁটে যাওয়ার সময় ভরতের মনে বছরখানেক আগের হাজারো স্মৃতি ভিড় করে আসে। ২০২০ সালে মেনস পরীক্ষার অসফল হওয়ার পরে যখন এই সিঁড়িগুলো দিয়ে সে হেঁটে যেত তখন তার মাথা হতাশায় নত, দুই পা অপমানে ভারী। রেজাল্ট নিয়ে ছাত্ররা তাকে প্রশ্ন করবে, এই আশঙ্কায় লেকচার হলে কোনো ছাত্রের চোখে চোখ মেলাত না সে।

কিন্তু এখন পরিস্থিতি সম্পূর্ণ ভিন্ন। গর্বিত এবং আনন্দিত ভরত মালুকার সঙ্গে বুক ফুলিয়ে তার আনন্দ ভাগ করে নেওয়ার জন্য সেই একই পথ অতিক্রম করে। মালুকা একটা ফুলের বোকে দিয়ে তাকে সম্মান জানানোর পরে দেড় ঘণ্টা ধরে ভরত ছাত্রদের সামনে বক্তব্য রাখে।

ক্যাডার নিয়ে সমস্যা

১৪ মার্চ, ২০২২। সন্ধ্যা ৭টার দিকে LBSNAA এর কাবেরী হোস্টেলে নিজের ঘরে একাই ছিল ভরত। একটু তাড়াতাড়ি খাবার খাওয়ার জন্য তার রুমমেট বেশ কিছুক্ষণ আগেই মেসে চলে গিয়েছে। বন্ধুদের সঙ্গে মল রোড থেকে একটু আগেই হেঁটে ফিরেছে ভরত। আরও একঘন্টা পরে অফিসার্স মেসে তাদের সঙ্গে রাতের খাবার খাওয়ার কথা তার।

১৭ মার্চ, ২০২২ এ ক্যাডার অ্যালোকেশন প্রকাশিত হওয়ার কথা। তাই নিয়ে LBSNAA তে প্রবল উত্তেজনা ছড়িয়ে পড়েছে। ভরত ট্রেনিংয়ের এই শেষ মুহূর্তগুলো বন্ধুদের সঙ্গে কাটাবে বলে অধীর হয়ে রয়েছে। তাদের

অনেকেই মাল্টিপল সিভিল সার্ভিসের যৌথ ট্রেনিং শেষ করে নিজেদের ক্যাডারের ট্রেনিং অ্যাকাডেমিতে চলে যাবে।

হঠাৎ করেই করিডোরে কে যেন চিৎকার করে উঠল "ক্যাডার অ্যালোকেশন প্রকাশিত হয়েছে।"

ক্যাডার অ্যালোকেশন খুবই গুরুত্বপূর্ণ একটা বিষয়। যে ক্যাডারে অ্যালোকেশন হবে, সেখানকার স্থানীয় ভাষাই যে কেবল শিখতে হবে শুধু তাই নয়, সেই জায়গায় জীবনের বেশ অনেকটা সময় কাটাতে হবে। ভরত সঙ্গে সঙ্গে সে নিজের মোবাইলে হোয়াটস অ্যাপ খুলে দেখে সিভিল সার্ভিসের গ্রুপে কেউ একজন ইতিমধ্যেই একটা পিডিএফ পাঠিয়ে দিয়েছে।

তার প্রেফারেন্স এবং র‍্যাঙ্ক অনুযায়ী ভরতের অন্ধ্রপ্রদেশ ক্যাডারে সুযোগ পাওয়ার কথা ছিল। কিন্তু সেই ডকুমেন্টে নিজের নাম খুঁজতে গিয়ে ভরত দেখে যে তার নাম পশ্চিমবঙ্গ ক্যাডারে রয়েছে। ক্যাডার অ্যালোকেশন দেখে গভীর চিন্তায় ডুবে যায় ভরত। চমক ভাঙে ফোনের শব্দে। ভরতের বন্ধু এবং ব্যাচমেট রাহুল রেড্ডি ফোন করেছে। আইপিএস অফিসার রাহুল ক্যাডার অ্যালোকেশনের জন্য ভরতকে অভিনন্দন জানায়।

"রেড্ডি, আমি একটু হতভম্ব হয়ে গিয়েছি। আমার ধারণা ছিল আমার অন্ধ্রপ্রদেশে অ্যালোকেশন হবে" নিজের বিভ্রান্তির কথা জানায় ভরত।

ঠান্ডা মাথায় রেড্ডি ভরতকে বোঝায়, "অন্ধ্রপ্রদেশে তোর পরিবারের কে থাকে? তুই কি তেলেগু জানিস? না অন্ধ্রপ্রদেশের কোনো প্রভাবশালী লোককে চিনিস?"

রাহুলের কথা একটু চিন্তা করে ভরত উত্তর দেয়, "না।"

"তাহলে তোর অ্যালোকেশন পশ্চিমবঙ্গে হল না অন্ধ্রপ্রদেশে, তাতে কী আসে যায়?" যুক্তি দিয়ে বলে রেড্ডি।

রেড্ডি সঙ্গে কথা বলার পর ভরতের মুখে হাসি ফোটে। দিল্লি থেকে এই দুটো রাজ্যের দূরত্ব প্রায় একই। দুই ক্ষেত্রেই স্থানীয় ভাষা শিখতে হবে তাকে। একটু বড় করে ভেবে দেখলে, তার কাছে পশ্চিমবঙ্গ এবং অন্ধ্রপ্রদেশ একই ব্যাপার।

গঙ্গাসাগর মেলার আয়োজন

আইএএস প্রোফেশনাল কোর্সের প্রথম পর্ব LBSNAA এ শেষ করার পর

জেলার ট্রেনিং ভরতের জীবনে নতুন শিক্ষার সুযোগ এনে দেয়। তাকে দক্ষিণ ২৪ পরগনা জেলায় ট্রেনিংয়ের জন্য পাঠানো হয়েছিল। সেখানে সে বিভিন্ন অফিসে ট্রেনিং নেওয়ার সঙ্গে সঙ্গে বিডিও-র দায়িত্বও পালন করে। কিন্তু এত কাজের মধ্যেও সাগর দ্বীপে গঙ্গাসাগর মেলার আয়োজন করে সে খুবই আনন্দ পায়।

এই বিশাল মেলায় উত্তর প্রদেশের পূর্বপ্রান্ত, বিহার, ঝাড়খণ্ড এবং ছত্তিশগড় থেকে প্রচুর তীর্থযাত্রী আসেন। মকর সংক্রান্তিতে লাখ লাখ পুণ্যার্থী গঙ্গা আর বঙ্গোপসাগরের পবিত্র সঙ্গমস্থলে ডুব দেন।

এই বিপুল জনসমাগম ছাড়াও গঙ্গা সাগর মেলার আয়োজন করার প্রধান অসুবিধা হল যে মেলাটা মাত্র ২৮০ বর্গ কিলোমিটারের একটা দ্বীপে সংঘটিত হয়। ভরতের দায়িত্ব ছিল সার্ভেইল্যান্স ক্যামেরার সাহায্যে জনগণের উপর নজরদারি করা আর নিয়মশৃঙ্খলা বজায় থাকছে কিনা সেদিকে খেয়াল রাখা। নিজের দায়িত্ব পালনের জন্য ভরতকে বিভিন্ন লোকের সঙ্গে কথা বলতে হওয়ায় কেন্দ্র এবং রাজ্য সরকারের ভূমিকার বিষয়গুলি তার কাছে আরো বেশি স্পষ্ট হয়ে ওঠে।

মেলায় বিভিন্ন সম্মানিত ব্যক্তিদের ভিজিটের বিষয়ে প্রোটোকল শিখতে হয় ভরতকে। সংবাদ মাধ্যমের লোকেদের সঙ্গে কী ভাবে কথা বলতে হয় সেটাও শিখে নিতে থাকে সে। বিবিধ এই অভিজ্ঞতার মাধ্যমে এই রকমের বিরাট ক্ষেত্রে কী রকমের জটিল সম্পর্ক কাজ করে সে সম্পর্কেও তার সম্যক ধারণা হয়। সর্বক্ষণ স্থানীয় বাঙালিদের সঙ্গে কথা বলে তার বাংলা বলার বেশ প্র্যাকটিসও হয়ে যায়। এর ফলে এখানকার স্থানীয় লোকেদের সঙ্গে একটা আত্মিক যোগাযোগ তৈরি হয় ভরতের।

তার সঙ্গে দেখা করার জন্য উমা এবং টিকমের কলকাতায় আসাটাও ভরতের জীবনের অন্যতম একটা ঘটনা। ভরতের বাংলোয় প্রবেশ করতে করতে আনন্দে, গর্বে উমার চোখ ছলছল করতে থাকে। নিঃশব্দে গড়িয়ে পড়া তাঁর চোখের জলে দুই দশক আগে ঘটে যাওয়া ঘটনার স্মৃতি ছলকে ওঠে। সে সময়ে এই রকমই একটা বাংলো থেকে জোর তাকে বের করে দেওয়া হয়েছিল।

ভরতের সাফল্য কেবল তার নিজের জীবনকে যে বদলে দিয়েছে তাই নয়, তার পরিবারের দুঃখ কষ্ট সব কিছুই লাঘব করেছে। তার জীবনের কষ্টের গল্পকে ধৈর্য এবং জয়ের গল্পে বদলে দিয়েছে।

আলমা ম্যাটারের উষ্ণ অভ্যর্থনা

২৭ জুলাই, ২০২৩। ২০১২ সালে পাশ করে যাওয়ার পর এই প্রথম বার দুরুদুরু বুকে সংস্কৃতি স্কুলে পা দেয় ভরত। স্কুলের পঁচিশতম জন্মদিনের অনুষ্ঠানে অতিথি হিসাবে আমন্ত্রণ জানানো হয়েছিল তাকে।

ছাত্রছাত্রীদের উৎসাহিত করার জন্য স্কুলের তরফে সিভিল সার্ভিসকে নিজের কেরিয়ার হিসাবে নেওয়ার স্বপ্ন দেখা এবং তার সঙ্গে থাকা চ্যালেঞ্জের বিষয়ে একটা প্যানেল ডিসকাশনের আয়োজন করা হয়েছিল। ভরত স্থির করে যে এই অনুষ্ঠানে সে তার মাকে সঙ্গে করে নিয়ে যাবে। কারণ তার এই কঠিন যাত্রায় তার মা একেবারে শক্ত পিলারের মতো সর্বদা তার পাশে ছিলেন। কিন্তু স্কুলের তরফে যেভাবে তাকে অভ্যর্থনা জানানো হয় তা সে কখনও কল্পনা করেনি।

স্কুল চত্বরে পা দিতেই সারা ক্যাম্পাস জুড়ে তাকে স্বাগত জানানোর জন্য টাঙানো ব্যানার চোখে পড়ে ভরতের। যে সমস্ত শিক্ষক এবং ছাত্রেরা তাকে ততটাও ভালো ছাত্র বলে মনে করতেন না, আজ তাঁদের কাছেই সে সাফল্যের উদাহরণ হয়ে দাঁড়িয়েছে।

এক ঝাঁক উৎসাহী ছেলেমেয়েদের মাঝে নিজেকে হারিয়ে ফেলে ভরত। ছাত্রছাত্রীরা ছাড়াও শিক্ষক এবং স্টাফ মেম্বাররা তাকে সাদর অভ্যর্থনা জানান, তার সঙ্গে সেলফি তুলতে চান। স্কুলের করিডোর জুড়ে তাকে নিয়েই শ্রদ্ধা ও বিস্ময়ের ফিসফিসানি ছড়িয়ে পড়ে।

স্টাফ রুমে যেতেই ভরতের শিক্ষকেরা তাকে উষ্ণ অভ্যর্থনায় ভরিয়ে তোলেন। আনন্দিত ভরত তাঁদের স্কুল পরবর্তী জীবনের গল্প বলতে থাকে।

নীতা গাঙ্গুলি নামে ভরতের একজন শিক্ষিকা ঠাট্টা করে বলেন, "পরের বছর আমি গঙ্গা সাগর মেলায় গিয়ে তোর লালবাতি লাগানো গাড়ি চড়ে ঘুরব।"

তাঁর ঠাট্টায় যোগ দেন শ্রাবস্তী ম্যাডাম এবং মনীষা চৌবে ম্যাডাম। তাঁরাও তাঁদের কলকাতা ঘুরতে আসার ইচ্ছের কথা বলেন। তাঁরা বলেন কলকাতায় এলে তাঁরা কোনো ট্রাফিক রুল মানবেন না, আর নো পার্কিং জোনে গাড়ি পার্ক করবেন। এই হালকা হাসিঠাট্টা প্রতিটি মুহূর্ত উপভোগ করতে থাকে ভরত। কৃতজ্ঞ চিত্তে সে রুচি সিংঘল ম্যাডামকে তার ইংরেজির ভুলভ্রান্তি শুধরে দেওয়ার জন্য ধন্যবাদ জানায়।

ভরতের পাশে বসে থাকা তার বাবা মায়ের মুখের গর্বোজ্জ্বল হাসি ক্যানভাসে আঁকা ছবির মতো দেখতে লাগছিল। এই হাসি ঠাট্টার মধ্যেই টিকমের সহকর্মীরা তার কাছে ভরতের সাফল্যে বিস্ময় প্রকাশ করেন। তাঁদের মধ্যে একজন বলে ওঠেন, "আমি তোমার সঙ্গে একটা সেলফি তুলে নিয়ে গিয়ে আমার ছেলেকে দেখাব। তোমার সাফল্যের গল্পে ও অনেকটা সাহস পাবে।"

এরপরে ভরত অডিটোরিয়ামে প্রবেশ করে। সেখানে তখন ছাত্রছাত্রীরা এবং শিক্ষকেরা অধীর আগ্রহে তার জন্য অপেক্ষা করে রয়েছে। সামনের সারিতেই ভরতের বাবা মা বসে গর্বিত চোখে স্টেজের উপরে তাঁদের ছেলের দিকে তাকিয়ে রয়েছেন।

"সংস্কৃতি স্কুল আমার জীবনের খুব গুরুত্বপূর্ণ স্থান। সেটা যে কেবল আমি এখানে পড়াশোনা করেছি সেই জন্যই নয়, আমার বাবা তাঁর জীবনের কুড়ি বছর এই স্কুলকে দিয়েছেন, সেই জন্যও বটে।" ভরতের কণ্ঠস্বর থেকে তার মনের মধ্যে যে আবেগের ঝড় চলছে তা স্পষ্ট টের পাওয়া যায়।

সে বলতে থাকে, "সংস্কৃতি স্কুলে ক্লাস সিক্সে ভর্তি হওয়ার পর আমি প্রথম বুঝতে পারি আমার জীবনের বাইরেও এমন একটা জীবন রয়েছে, যেখানে যেকোনো লোকই সাফল্য পাওয়ার চেষ্টা করতে পারে।" ভরতের জীবনের গল্পে মুগ্ধ হয়ে দর্শকের সকলে তার প্রতিটি কথা মন দিয়ে শুনতে থাকে।

EWS শ্রেণীর ছেলেমেয়েদের উদ্দেশ্য করে দৃঢ় কিন্তু আন্তরিক কণ্ঠে সে বলে, "স্কুলে ইউনিফর্ম পরিহিত অবস্থায় তোমাদের মনে হতে পারে যে বাকিদের সঙ্গে তোমাদের কোনো তফাৎ নেই। কিন্তু স্কুলের বাইরে পা ফেললেই তোমাদের একটা বিরাট বৈষম্যের মুখোমুখি হতে হবে। এই বৈষম্য ঘোচানোর জন্য কঠিন পরিশ্রম করতে হবে তোমাদের।" তার এই কথায় সারা অডিটোরিয়ামে হাততালির বন্যা বয়ে যায়।

সেশনের শেষে ভরতের মন আনন্দ আর গর্বে ভরে ওঠে। শিক্ষক শিক্ষিকারা একজোটে শুধু তাকেই নয়, উমা এবং টিকমকেও অভিনন্দন জানান। তার সঙ্গে ছবি তোলার জন্য শিক্ষক এবং ছাত্রদের মধ্যে হুড়োহুড়ি পড়ে যায়। সেই সময়ে ভরতের মনে হয় যে তার দুঃসময়ে তার বাবা-মা তাকে কত সমর্থনই না করেছে।

নিজেকে খুব ভাগ্যবান বলে মনে হয় তার। কৃতজ্ঞতায়, শ্রদ্ধায় সে দুই হাতে বুকে টেনে নেয় তাঁদের দু'জনকে।

ভরতের ঘটনা থেকে শিক্ষণীয় বিষয়গুলি হল:

১. **পরিবারের যাত্রা:** মাউন্ট ইউপিএসসি জয়ের এই সংগ্রাম শুধু পরীক্ষার্থীর নয়, তার সঙ্গে তার পরিবারেরও। পরিবারের আর্থিক অনটন এবং অন্যান্য বহু অসুবিধা থাকা সত্ত্বেও ভরতের বাবা মা তাকে ঝুঁকি নেওয়ায় উৎসাহিত করেন এবং তার দুঃসময়ে তাকে সাহস যোগান। তাঁরাই ভরতের পাশে শক্ত খুঁটির মতো দাঁড়িয়ে তাকে নিজের লক্ষ্যে স্থির থাকতে সাহায্য করেন।

২. **লোহার মতো কঠিন মানসিকতার প্রয়োজন:** সিভিল সার্ভিস পরীক্ষায় পাশ করাটা আসলে স্নায়ুর খেলা। কাজেই এখানে সাফল্য পেতে গেলে লৌহকঠিন মানসিকতার প্রয়োজন। অসাফল্য, ডিপ্রেশন, অনিশ্চয়তা, এবং দুঃসময়; এই সব কিছুই এই যাত্রায় আসবে। যারা সমস্ত রকমের বাধা বিপত্তি কাটিয়ে লড়ে যেতে পারবে তারাই আইএএস হিসেবে LBSNAA এর দরজা খোলার যোগ্যতা অর্জন করবে।

৩. **সময়ের সদ্ব্যবহার:** সিভিল সার্ভিস পরীক্ষার প্রস্তুতি আসলে সময়ের সঙ্গে প্রতিযোগিতা। খুব কম সময়ের মধ্যে বিরাট বড় সিলেবাস শেষ করতে হবে। বিগত বছরের প্রশ্ন খুঁটিয়ে পড়ে কোন কোন টপিক থেকে বেশি প্রশ্ন আসছে তা খুঁজে বের করা প্রয়োজন। কাজেই পরীক্ষার্থীদের সময়ের সদ্ব্যবহার করে কোন কোন টপিক থেকে বেশি প্রশ্ন আসে সে দিকে মনোনিবেশ করা উচিত।

৪. **সাবধানে অপশনাল সাবজেক্ট চয়ন:** অপশনাল সাবজেক্টের উপরে অনেক সময়ই সিভিল সার্ভিস পরীক্ষার সাফল্য নির্ভর করে। দুই একবার ইন্টারনেটে সার্চ করেই নিজের অপশনাল সাবজেক্ট বেছে নিয়ো না। সেই বিষয়ের প্রতি তোমার আগ্রহ, বিষয়ের সিলেবাস, উপযুক্ত স্টাডি মেটেরিয়াল পাওয়া সম্ভব কিনা, সাবজেক্টে নম্বর কেমন ওঠে এবং জেনারেল স্টাডিজ পেপারের সঙ্গে সিলেবাস মেলে কিনা, এরকম বিবিধ বিষয় খতিয়ে দেখে তবেই এই বিষয়ে সিদ্ধান্ত নেওয়া উচিত।

৫. **নোটস এর বাইরে:** অন্য কারোর তৈরি নোটের উপর চোখ বন্ধ করে ভরসা করলে আখেরে ক্ষতিই হবে। নোটস পড়া ছাড়াও সিলেবাস অনুযায়ী সাবজেক্টের টপিকগুলো ভালো বই থেকে খুঁটিয়ে পড়লে তবেই বিষয়ের গভীরে পৌঁছনো সম্ভব। আর একমাত্র এভাবে প্রস্তুতি নিলে তবেই পরীক্ষায় উন্নত মানের উত্তর লিখে আসতে পারবে।

চতুর্থ অধ্যায়

দৃষ্টি হারালেও অন্তর্দৃষ্টি অটুট

অন্ধকার গহ্বর

২০১১ সালের ডিসেম্বর মাসের এক বিকেলে হাসপাতালের নিস্তব্ধ ঘরের ভিতরে হাঁটতে হাঁটতে বাবাকে ডাকছিল অঞ্জলি। অনিশ্চয়তায় তার গলা কেঁপে কেঁপে উঠছিল।

"বাবা, তুমি কোথায়? খুব অন্ধকার! প্লিজ আলোটা জ্বালিয়ে দাও।" কষ্ট করে বিছানায় উঠে বসতে বসতে অঞ্জলির মনে জ্ঞান হারানোর ঠিক আগের মুহূর্তের টুকরো টুকরো স্মৃতি ফিরে আসছিল।

বিহারের সমস্তিপুর জেলার ব্যাসপুর নামের একটা অজ পাড়াগাঁয়ে অঞ্জলির জন্ম। ২০০৮ সালে অঞ্জলির সঙ্গে তার ভাই সংস্কার এবং বোন স্বাতীকে নিয়ে অশোক এবং সঞ্জু শর্মা গ্রাম ছেড়ে চলে সিকিমে চলে আসেন। অঞ্জলিকে গ্যাংটকের তাডং এ কেন্দ্রীয় বিদ্যালয়ে ভর্তি করান তাঁরা। অশোক একটা ওষুধের ফ্যাক্টরিতে কাজ করতেন আর সঞ্জু ছেলেমেয়েদের আর বাড়ির কাজকর্ম সামলাতেন একা হাতে।

মেধাবী অঞ্জলির জীবন বেশ ভালই কাটছিল যতদিন পর্যন্ত না তার মাথায় যন্ত্রণা শুরু হয়। প্রথম দিকে মাথা যন্ত্রণার ওষুধ খেয়ে ব্যথা সামলানোর চেষ্টা করলেও তার মাথা যন্ত্রণা ক্রমশ বাড়তেই থাকে। শেষ পর্যন্ত মাথার যন্ত্রণা অঞ্জলির সহ্যের বাইরে চলে গেলে কাছের একটা ডিসপেনসারিতে নিয়ে যাওয়া হয় তাকে। অঞ্জলির জীবনের ঝড় তখন সবে মাত্র শুরু হয়েছে।

আরও কয়েকদিন পর অঞ্জলির মাথার যন্ত্রণা প্রচণ্ড বেড়ে যায়। যন্ত্রণায় ছটফট করতে করতে অঞ্জলিকে বলই বমি করছিল তখন। দ্রুত একটা ট্যাক্সি ধরে তার বাবা মা তাকে কালিম্পংয়ের হাসপাতালে নিয়ে যায়। সেই দুই ঘণ্টার যাত্রা অঞ্জলির কাছে যে কী ভয়াবহ ছিল তা আর কহতব্য নয়। হাসপাতালে পৌঁছলে একজন নার্স যখন তার হাতে চ্যানেল করছিলেন, তখন অঞ্জলি জ্ঞান হারায়।

ছয় দিনের অধীর অপেক্ষায় ছিলেন অঞ্জলির বাবা মা। চিকিৎসার জন্য অঞ্জলিকে প্রথমে কালিম্পং থেকে শিলিগুড়ি আর তারপর পাটনায় নিয়ে যান তাঁরা। এর বেশির ভাগ সময়েই অঞ্জলি প্রায় অজ্ঞান অবস্থায় ছিল। তার চারপাশে যে কী ঘটছে সে বিষয়ে কোনো জ্ঞান ছিল না তার।

অঞ্জলির আলো জ্বালানোর অনুরোধ শুনে তার বাবা মা দুজনেই তার কাছে এগিয়ে আসেন। ভয়ে ভয়ে অশোক বলে ওঠেন, "এই তো আমি এখানে, মা!" তাঁর কণ্ঠস্বর আবেগে রুদ্ধপ্রায়। কিন্তু যেহেতু অঞ্জলি কিছুই দেখতে পাচ্ছিল না, তার বিভ্রান্তি ক্রমেই বেড়ে চলছিল। "তোমরা আলো জ্বালাচ্ছ না কেন?" জিজ্ঞেস করে অঞ্জলি। তার গলার স্বরে হতাশা মিশ্রিত বিরক্তি স্পষ্ট।

"মা, ঘরে তো যথেষ্ট আলো রয়েছে। ঠিক করে তোমার চোখ দুটো খোলার চেষ্টা করো।" সঞ্জু বলে ওঠেন। তাঁর গলা তখন ভয়ে কাঁপছে।

মায়ের কথায় চোখ খোলার চেষ্টা করে অঞ্জলি। বিভ্রান্তিতে তার ভুরু কুঁচকে ওঠে। "ঠাট্টা কোরো না বাবা! এখানে খুব অন্ধকার। প্লিজ আমাকে আমার ফোনটা দাও। যদি পাওয়ারকাট হয়ে থাকে তাহলে আমি টর্চ জ্বালিয়ে দিচ্ছি।" অঞ্জলির গলায় বিরক্তির ছাপ স্পষ্ট।

অঞ্জলির কথাগুলো অশোকের বুকে ছোরার মতো বেঁধে। আকুল ভাবে কী যে ঘটছে সেটা বোঝার চেষ্টা করেন তিনি। তাঁর মনে কেমন যেন একটা আতঙ্ক ফণা তোলে। ঘর থেকে তিনি একছুটে বেরিয়ে যান ডাক্তার বা নার্সদের ডেকে আনার জন্য। সঞ্জু আদর করে জড়িয়ে ধরে অঞ্জলিকে।

করিডোরে বেরিয়ে মরিয়া হয়ে চেঁচিয়ে ওঠেন অশোক, "সিস্টার, প্লিজ আমাদের সাহায্য করুন।"

ডাক্তারের অপেক্ষারত অশোকের কাছে প্রতিটা মুহূর্ত এক যুগের সমান বলে মনে হচ্ছিল। শেষ পর্যন্ত একজন নার্সকে সঙ্গে নিয়ে ডাক্তারবাবু এসে উপস্থিত হন। খুব সাবধানে অঞ্জলিকে পরীক্ষা করতে করতে ডাক্তারবাবুর

মুখ ক্রমশই গম্ভীর হয়ে ওঠে। তারপর ধীরে ধীরে তিনি অঞ্জলির বাবা-মাকে তাঁদের সব থেকে ভয়ের কথাটাই খুলে বলেন।

"মনে হচ্ছে অঞ্জলির দৃষ্টিশক্তি নষ্ট হয়ে গিয়েছে। যদিও কিছুদিন পর এটা ঠিক হয়ে গেলেও যেতে পারে। কিন্তু সত্যিই আর কোনোদিন ওর দৃষ্টিশক্তি ফিরে আসবে কিনা সেটা এখনই কিছু বলা সম্ভব নয়।" ডাক্তারবাবুর কথায় অঞ্জলির বাবা মায়ের মনে ভীষণ ধাক্কা লাগে। অবিশ্বাস, আর দুঃখের ঢেউ বয়ে যায় তাঁদের মনে।

অঞ্জলির গাল বেয়ে উষ্ণ জলের স্রোত নেমে আসে। তার মনে হয় তাসের ঘরের মতো তার চারপাশের পৃথিবীটা যেন ভেঙে পড়ছে। "আমি দেখতে পাচ্ছি না। আমি কিচ্ছু দেখতে পাচ্ছি না।" দুঃখে ভারী গলায় ফিসফিসিয়ে ওঠে সে।

অঞ্জলির পরিবারের সকলে যেন একটা নিকষ কালো অন্ধকারের মধ্যে তলিয়ে যেতে থাকে।

দৈব হস্তক্ষেপ

অঞ্জলির শারীরিক অবস্থা খুব দ্রুত অবনতি হতে শুরু করে। পাটনার ডাক্তাররা তার প্রাণ বাঁচানোর জন্য আপ্রাণ চেষ্টা করলেও অঞ্জলির দুটো হাত অবশ হতে শুরু করায় তাঁরা তাকে নিউ দিল্লির অল ইন্ডিয়া ইনস্টিটিউট অফ মেডিক্যাল সায়েন্সেস-এ (AIIMS) পাঠিয়ে দেন।

AIIMS এর ডাক্তারেরা দেবদূতের মতো অঞ্জলির পাশে দাঁড়ান। তাঁরা পরীক্ষা করে বুঝতে পারেন যে অঞ্জলির টিউবারকুলার মেনিনজাইটিস বা ব্রেইন টিবি হয়েছে। এই অসুখের অগ্রগতি রোধ করার জন্য দ্রুত চিকিৎসা শুরু করেন তাঁরা। কিন্তু ওষুধপত্রে তাঁরা অঞ্জলির হাত পায়ের প্যারালাইসিস প্রতিরোধ করতে সক্ষম হলেও তার চোখের নার্ভ এতটাই ক্ষতিগ্রস্ত হয়েছিল যে তার দৃষ্টিশক্তি আর ফিরে আসে না। এই অসুখের ফলে অঞ্জলির ৯৫% দৃষ্টিশক্তি নষ্ট হয়ে যায়। যেটুকু সে দেখতে পায় তাও খুব আবছা। চোখের খুব কাছে কোনো কিছু আনলে সে শুধু সাদায় কালোয় পার্থক্য করতে পারে সে।

দৃষ্টিশক্তি না থাকা অঞ্জলির মনের উপর খুব খারাপ প্রভাব ফেলে। তার রঙিন আনন্দচ্ছল জীবনটা হঠাৎ করেই যেন আঁধারে ঢেকে যায়। সে

যে আর কখনও পৃথিবীর রং আর আলোর কোনোটাই দেখতে পাবে না, এই ধারণাটাই তার বুকে ঠান্ডা একটা ছোরার মতো গেঁথে যায়। বাড়িতে বন্দী অবস্থায় হতাশার সাগরে ক্রমশই ডুবে যেতে থাকে অঞ্জলি।

কিন্তু জীবন থেমে থাকে না। ধীরে ধীরে, পরিবারের সমর্থন আর ভালোবাসায় এই নতুন জীবনে অভ্যস্ত হতে শুরু করে অঞ্জলি। বাড়ির ভিতরে খুব সাবধানে চলাফেরা করতে শিখে নেয় সে। স্বাধীনভাবে চলাফেরা করতে গিয়ে অনেকবার বেশ জখমও হয় সে। এই নিয়ে হতাশ হয়ে সাময়িক কান্নাকাটি করলেও অঞ্জলি কোনোমতেই হাল ছাড়ে না।

এই রকম মানসিক পরিস্থিতির মধ্যেও পড়াশোনার প্রতি তার অদম্য ভালোবাসা একই রকম রয়ে যায়। অনেক সময়ই কাঁদতে কাঁদতে তার পরিবারের কাছে সে তার স্কুলের বইপত্র এনে দিতে অনুরোধ করত। তার কষ্ট তার মা বাবা এবং বোনের মনও দুঃখে ভারাক্রান্ত করে তুলত।

মাস ছয়েক পরে এই অন্ধকারের মধ্যে একটা ছোট আলোর রেখা দেখা দেয়। সেদিন সকালে যখন ফোন বাজে তখন সঞ্জু অঞ্জলিকে প্রাতরাশ খেতে সাহায্য করছিলেন আর অশোক অফিসে যাওয়ার জন্য তৈরি হচ্ছিলেন। ফোন তুলে অশোক বুঝতে পারেন অঞ্জলির সোশাল সায়েন্স শিক্ষক সুমিত ফোন করেছেন।

ফোনে কথা বলা শেষ করেই দৌড়ে অঞ্জলির ঘরে আসেন তিনি। "অঞ্জলি মা, অভিনন্দন! তুমি ক্লাস টেনের পরীক্ষা পাশ করে গিয়েছ।" গর্বিত গলায় বলেন অশোক। অঞ্জলি খবরটা বিশ্বাসই করতে পারে না। সে অবাক হয়ে জিজ্ঞাসা করে "ফাইনাল পরীক্ষা না দিয়ে আমি কী করে ক্লাস টেন পাশ করে গেলাম?"

আনন্দিত গলায় অশোক বলে ওঠেন, "আমার ধারণা তোমার জন্য ঈশ্বর অনেক বড় কোনো কিছুর ব্যবস্থা করে রেখেছেন।" তিনি অঞ্জলিকে বুঝিয়ে বলেন যে সেই বছর CBSE ক্লাস টেনের বোর্ডের পরীক্ষা বাতিল করে দিয়েছে। ফাইনাল পরীক্ষা স্কুলের মধ্যেই নেওয়ার নির্দেশ জারি করেছে তারা। সেখানে ইন্টারনাল অ্যাসেসমেন্টে ছাত্রছাত্রীদের পারফরমেনসের উপরে বেশি গুরুত্ব দেওয়ার নির্দেশও দেওয়া রয়েছে। হাফ ইয়ারলি পরীক্ষায় অঞ্জলির অত ভাল ফল এবং অ্যাসেসমেন্টে তার ভাল পারফরমেনসের কথা বিবেচনা করে স্থির হয়েছে যে সে ক্লাস টেন পাশ করার যোগ্য।

এই খবর শোনার পর বাড়ির কারোর চোখ আর শুকনো থাকে না। ফোন কলটা যেন ঈশ্বর প্রেরিত দেবদূতের মতো এই রকম দমবন্ধ পরিস্থিতির মাঝে এক ঝলক তাজা বাতাস বয়ে আনে। নতুন সংকল্পের উপরে ভর করে অঞ্জলি স্থির করে যে সে আবার স্কুলে ভর্তি হবে। "আমার দৃষ্টিশক্তি নষ্ট হয়ে গিয়েছে ঠিকই, কিন্তু আমার মন, বুদ্ধি এবং সমস্ত অনুভূতি একই রকম রয়ে গিয়েছে। এখন থেকে সেগুলোকেই সব থেকে ভালো ভাবে ব্যবহার করার চেষ্টা করব আমি।"

পড়াশোনা করতে অঞ্জলি বরাবরই খুব ভালোবাসে। সে নিজেও জানত যে পড়াশোনায় সে খুবই ভালো। ক্লাস টেন পাশ করে যাওয়ার এই খবরে দৃষ্টিশক্তি নষ্ট হয়ে যাওয়া সত্ত্বেও সে নিজের মধ্যে একটা অদ্ভুত জোর খুঁজে পায়। তাছাড়াও সে বুঝতে পেরেছিল যে একমাত্র পড়াশোনার উপর ভর করেই সে সম্মানজনক জীবন কাটাতে পারে। কিন্তু সম্পূর্ণ সুস্থ হয়ে উঠতে অঞ্জলির বেশকিছু সময় লাগে। তাছাড়া দৃষ্টিশক্তি ছাড়া জীবন কাটানো অভ্যাস করতেও বেশ কিছুটা সময় লেগে যায় তার। সব মিলিয়ে বছরখানেকের বেশি সময় অঞ্জলি পড়াশোনার জগতের বাইরে কাটাতে বাধ্য হয়।

অঞ্জলি স্কুলে যাওয়ার বিষয়ে অশোকদের বেশ কিছু আত্মীয়-স্বজন বাদ সেধেছিলেন। অন্ধ মেয়ে স্কুলে গেলে তার নিরাপত্তা নিয়ে অসুবিধা হতে পারে বলে জানিয়েছিলেন তারা। কিন্তু অশোক নিজের সিদ্ধান্তে অনড় থাকেন।

আশ্চর্যজনক টপার

২০১৩ সালের জুলাই মাসের প্রথম সপ্তাহ অঞ্জলির জীবনের এক নতুন অধ্যায়ের সূত্রপাত করে। বাবার হাতটা শক্ত করে চেপে ধরে সে ফের তার স্কুলের করিডোরে গিয়ে দাঁড়ায়। ক্লাসরুমে ঢুকতেই তার ক্লাসমেটেরা আর শিক্ষকেরা তাকে উষ্ণ অভ্যর্থনা জানায়। সেই মুহূর্তে নিজের মনের ভেতর একটা অদ্ভুত আবেগ অনুভব করে অঞ্জলি। সে বেশ বুঝতে পারে তার নতুন জন্ম হচ্ছে।

তার ক্লাসমেটদের বেশিরভাগই তার অনুপস্থিতিতে পড়াশোনায় অনেকটা এগিয়ে যাওয়ায় প্রথমে অঞ্জলিকে ক্লাস ইলেভেনের জুনিয়র ব্যাচে রাখা

হয়। দৃষ্টিশক্তি হারিয়ে ফেলার আগে অঞ্জলির ইচ্ছা ছিল যে বড় হয়ে সে বিজ্ঞানী কিংবা ইঞ্জিনিয়ার হবে। দরিদ্রদের সুবিধার জন্য নিত্য নতুন জিনিসপত্র আবিষ্কার করাই ছিল তার স্বপ্ন। কিন্তু চোখের দৃষ্টি হারিয়ে ফেলার পর সে হিউম্যানিটিজ নিতে বাধ্য হয়, তার কারণ আর যাই হোক, অঙ্ক আর বিজ্ঞান কানে শুনে পড়া অসম্ভব।

এই বিপুল বাধা সত্ত্বেও ঠান্ডা মাথায় দৃঢ়সংকল্প নিয়ে পড়াশোনা শুরু করে অঞ্জলি। ক্লাসের প্রতিটা লেকচার প্রবল মনোযোগ দিয়ে শুনত অঞ্জলি। চেষ্টা করত যাতে লেকচারের প্রত্যেকটা কথা তার মনের মধ্যে গেঁথে যায়। বাড়িতে ফেরার পর তার বাবা কিংবা স্বাতী তার স্কুলের পড়াগুলো জোরে জোরে পড়ে শোনাতো তাকে। তার মাও কখনো কখনো হিন্দি বিষয়ে পড়াশোনা করতে তাকে সাহায্য করত।

ফিজিক্যাল এডুকেশন ক্লাসে তার ক্লাসমেটরা যখন বাইরে হুড়োহুড়ি করে খেলা করত সেই সময় বেশির ভাগ সময়েই মন খারাপ করে নিজের জায়গায় বসে থাকতো অঞ্জলি। মাঝে মাঝে ব্ল্যাকবোর্ডে বড় বড় অক্ষরে ক্লাসে শোনা পড়াগুলো লিখে রিভিশন করার চেষ্টা করত সে।

প্রথম ইউনিট টেস্টে নিজের পরীক্ষা নিজে হাতে লিখে দেওয়ার সিদ্ধান্ত নেয় অঞ্জলি। কিন্তু অনেক চেষ্টা সত্ত্বেও সে প্রশ্নগুলো ঠিক করে দেখতেও পায় না আর তার উত্তরও লিখতে পারে না। হতাশায় চোখে জল চলে আসে তার। পরীক্ষার খাতা চোখের জলে ভেসে যেতে থাকে। খানিক পরেই তার এক শিক্ষক একটা সমাধান বাতলে দেন। তিনি অঞ্জলিকে একটা নতুন উত্তরপত্র দেন আর তার সঙ্গে নবম শ্রেণীর একটি মেয়েকে তার রাইটার হিসেবে নিযুক্ত করেন।

তারপর অঞ্জলিকে বলেন, “অঞ্জলি, ও তোমাকে প্রশ্নগুলো পড়ে শোনাবে আর তোমার হয়ে খাতায় উত্তরগুলো লিখে দেবে। আমি তোমাকে পরীক্ষা দেওয়ার জন্য অতিরিক্ত সময় দেবো। তুমি লেখো।”

বেশ কিছুদিন পরে পলিটিকাল সায়েন্স সাবজেক্টের ফার্স্ট ইউনিট টেস্টের রেজাল্ট বেরোলে দেখা যায় পরীক্ষায় হায়েস্ট মার্কস পেয়েছে অঞ্জলি। রেজাল্ট বেরোনোর পর ক্লাসমেট আর শিক্ষকদের কাছ থেকে স্ট্যান্ডিং ওভেশন পেয়ে তার বুক গর্বে ফুলে ওঠে। পরীক্ষায় তার এই ভালো রেজাল্ট অঞ্জলির মধ্যে একটা নতুন আত্মবিশ্বাস জাগিয়ে তোলে। তার এই সাফল্যে তার বাবা-মাও ভীষণ আনন্দিত হন।

পরবর্তী বছর দুয়েক ধরে অঞ্জলি পড়াশুনায় জান-প্রাণ লাগিয়ে দেয়। তার পরিবারের সকলে, এমনকী তার ভাই সংস্কার পর্যন্ত ঘণ্টার পর ঘণ্টা ধরে বিভিন্ন বিষয়ের পড়া তাকে পড়ে শোনাতো। তার স্কুলের টিচাররা আর ক্লাসমেটরাও তাকে যথাসম্ভব সাহায্য করার চেষ্টা করেন। কঠিন পরিশ্রম আর দৃঢ় সংকল্পের ফলে ক্লাস টুয়েলভের বোর্ড এক্সামে তার স্কুল থেকে অঞ্জলি ফার্স্ট হয়। চতুর্দিক থেকে প্রশংসার বন্যা বয়ে যায়। ইউনিয়ন মিনিস্ট্রি অফ এডুকেশন থেকে এর জন্য প্রশংসাও পায় অঞ্জলি।

বাবাকে সঙ্গে নিয়ে স্কুলে মার্কশিট নিতে যায় অঞ্জলি। স্টাফরুমে শিক্ষকদের সঙ্গে দেখা করতে গেলে তাঁরা অঞ্জলিকে উষ্ণ অভিনন্দন জানান।

"খুব মনোযোগ দিয়ে পড়াশোনা করো বাছা! তোমার মধ্যে একদিন আইএএস অফিসার হওয়ার সম্ভাবনা আছে।" অঞ্জলিকে বুকে টেনে নিয়ে তার ক্লাস টিচার তাকে বলেন।

সেই সময় ইউপিএসসি বা আইএএস নিয়ে অঞ্জলির কোনো ধারণাই ছিল না। কিন্তু ক্লাস টিচারের এই উক্তি তার মনে একটা উচ্চাকাঙ্ক্ষার বীজ বপন করে দেয়। সুমিত স্যার গ্র্যাজুয়েশন করার জন্য অঞ্জলিকে দিল্লি ইউনিভার্সিটিতে পাঠানোর কথা বলেন অশোককে। একইসঙ্গে দিল্লিতে কী ধরনের সুযোগ-সুবিধা অঞ্জলি পেতে পারে সে বিষয়েও জানান তিনি।

অঞ্জলির বাবাকে তিনি বলেন, "আমার এই এত বছরের শিক্ষক জীবনে এত দৃঢ়প্রতিজ্ঞ উজ্জ্বল ছাত্র আজ অবধি দেখিনি!"

তা সত্ত্বেও দিল্লি ইউনিভার্সিটিতে পড়াশোনা করার বিষয়টা অঞ্জলি আর তার বাবা-মা দুপক্ষকেই একটু চিন্তায় ফেলে দেয়। "একা একা ওখানে ও থাকবে কী করে? ওকে কে-ই বা ওর পড়াগুলো পড়ে শোনাবে?" মনে মনে ভাবতে থাকেন তাঁরা।

অসংখ্য পতন এবং অনেক জয়

এক মাস পরে গ্যাংটকের সরকারি কলেজে বিএ ক্লাসে ভর্তি হতে যায় অঞ্জলি। অ্যাডমিশন কাউন্টারে বসে থাকা মহিলা একজন অন্ধ মেয়ে ভর্তি হতে চাইছে দেখে তাঁর বিস্ময় চেপে রাখতে না পেরে তিনি অঞ্জলিকে ভর্তি হওয়ায় বাধা দিতে চান।

"কলেজের ক্যাম্পাস অনেক বড় আর তাছাড়া ক্লাসগুলো তো বিল্ডিংয়ের

বিভিন্ন তলায় হয়। তুমি কি ম্যানেজ করতে পারবে?” ব্যঙ্গ করে জিজ্ঞেস করেন তিনি।

দৃঢ় গলায় অঞ্জলি বলে, “আমি ঠিক ম্যানেজ করে নেব ম্যাডাম!”

“এখানকার অ্যাটেনডেন্স পলিসিও খুব স্ট্রিক্ট। তোমাকে ৭৫ পার্সেন্ট অ্যাটেনডেন্স রাখতেই হবে।” যে কোনোভাবে অঞ্জলিকে নিরাশ করার চেষ্টা করতে থাকেন তিনি।

“আমি ইতিমধ্যেই অনেক চ্যালেঞ্জ অতিক্রম করেছি ম্যাডাম; আমার ধারণা এইটুকু সমস্যা আমি ঠিক সামলে নেব।” একগাল হেসে উত্তর দেয় অঞ্জলি।

ক্লাস টুয়েলভে প্রচুর নম্বর পাওয়ায় কলেজে ভর্তি হতে যে তার কোনো অসুবিধা হবে না, সেই বিষয়ে সে এক রকম নিশ্চিতই ছিল। ভূগোল পড়তে ভালোবাসায় বিএ অনার্সে সাবজেক্ট হিসেবে ভূগোলকেই বেছে নেয় সে। কিন্তু ভূগোলের প্রফেসর তার ভর্তির আবেদন নাকচ করে দেন।

“স্যার, রাজ্যের মধ্যে ভূগোলে সব থেকে বেশি নম্বর যে ক'জন পেয়েছে তাদের মধ্যে আমি একজন। তাহলে ভূগোল নিয়ে আমি পড়াশোনা করতে পারব না কেন?” বিদ্রোহের সুরে প্রশ্ন করে অঞ্জলি।

“বাছা, ভূগোলে প্রচুর প্র্যাকটিক্যাল করতে হয়। তোমার পক্ষে সেটা সামলে ওঠা খুবই কঠিন হবে।” উদার স্বরে অঞ্জলিকে বুঝিয়ে বলেন তিনি।

তার মেন্টর সুমিত স্যারের সঙ্গে পরামর্শ করার পর শেষ পর্যন্ত অঞ্জলি ইংরেজিতে অনার্স নেওয়ার সিদ্ধান্ত নেয়। এই বিষয়টা তাকে তার পরিবারের লোকেরা পড়ে শোনাতেও পারবে। ইংরেজি ছাড়াও প্র্যাক্টিক্যাল নেই এমন মাইনর সাবজেক্ট হিসেবে সে সোশিয়োলজি এবং ভূগোলকে বেছে নেয়।

অপরিচিত কলেজ চত্বরে ঘোরাফেরা করাটা অঞ্জলির কাছে নতুন চ্যালেঞ্জ হয়ে দাঁড়ায়। প্রায়ই হাঁটাচলা করতে গিয়ে হোঁচট খেয়ে পড়ে যায় সে। নিজেই আবার উঠে দাঁড়ায়। চোখের জলের সঙ্গে কখনো কখনো দু' এক ফোঁটা রক্তও মিশে যায় তার। কিন্তু এই সমস্ত ছোটখাটো বাধাকে তার সংকল্পের সামনে প্রাচীর হয়ে তাড়াতাড়ি দিতে চায় না অঞ্জলি।

এই কলেজে অঞ্জলিই প্রথম দৃষ্টিহীন ছাত্র হওয়ায় প্রায়ই তাকে বিস্ময় এবং অযাচিত পরামর্শের সম্মুখীন হতে হতো। কোনো কোনো শিক্ষকেরা তাকে স্পেশাল স্কুলে পড়ার পরামর্শ দেন। অনেকে আবার তাকে চলাফেরার

সুবিধার জন্য লাঠি ব্যবহার করার পরামর্শও দেন। কিন্তু অঞ্জলি নিজের পছন্দ-অপছন্দের ক্ষেত্রে অনমনীয় ভাব গ্রহণ করে।

যাতায়াত করাটাও কম ঝামেলার ছিল না। গাড়ি করে তার বাড়ি থেকে কলেজ যেতে প্রায় এক ঘণ্টা সময় লাগতো। এই সমস্যার সমাধান করার জন্য তার পরিবারের লোকেরা তাকে কোনো একটা বাসে বা ট্যাক্সিতে তুলে দিতো। কলেজ পৌঁছানোর পর অঞ্জলি তার আশপাশের মানুষদের কাউকে বলতো তাকে ক্লাসে দিয়ে আসার জন্য। ফেরার সময় আবার তার বন্ধুদের সাহায্যে বাসে বা গাড়িতে উঠে পড়তো সে।

কলেজে যাওয়ার বা ফেরার সময় মাঝপথে মাঝে মাঝেই ট্যাক্সি খারাপ হয়ে যেত। কখনো কখনো ভুল জায়গায় বাস থেকে নেমেও পড়েছে অঞ্জলি। সেই সমস্ত ক্ষেত্রে সে অন্যান্য লোকের কাছে সাহায্য চাইতো ট্যাক্সি ধরে দেওয়ার জন্য। সিকিমের লোকজন খুব উপকারী এবং এখানকার পরিবেশও খুব নিরাপদ; তাই যাতায়াতে তার কখনো কোনো অসুবিধা হয়নি। সিকিমে বসবাস করার জন্য অঞ্জলি আর তার বাবা-মা সবসময়ই নিজেদের ভাগ্যবান বলে মনে করত।

কোনোরকম লাঠি ব্যবহার না করে বা তার যে কোনো রকম শারীরিক অক্ষমতা রয়েছে তা প্রকাশ না করে বন্ধুদের সঙ্গে মিশতে চাইত অঞ্জলি। সেই জন্যেই সে ব্রেইল শিখতে চায়নি। বাইরে থেকে তাকে দেখলে কেউ বুঝতেই পারে না যে সে দৃষ্টিহীন। একদিন কলেজের কাছে একটা বাজারে বন্ধুদের হাতে হাত রেখে হাঁটছিল অঞ্জলি। সেই সময়ে এক মহিলা জিজ্ঞাসা করেন যে তার বন্ধুরা তাকে কেন সাহায্য করছে। নিজের দৃষ্টিহীনতার কথা না বলে অঞ্জলি বলে যে তার পায়ে ব্যথা করছে বলে তার বন্ধুরা তাকে সাহায্য করছে।

ধীরে ধীরে অঞ্জলি কলেজ কমিউনিটিতে নিজের জায়গা তৈরি করে নেয়। তার কান দুটো তার চোখের জায়গা নেয়। সময়ের সঙ্গে সঙ্গে অন্যান্য ছাত্রছাত্রীরাও তাকে চিনে ফেলে এবং প্রয়োজন অপ্রয়োজনে তাকে সাহায্য করতে এগিয়ে আসে। নিজের ছোট নোকিয়া ফোনটার কিপ্যাড মুখস্ত করে ফেলেছিল অঞ্জলি। স্মৃতি থেকে সেই কিপ্যাড টিপে ফোন ব্যবহার করত সে। কখনো কখনো গোলমাল হয়ে গেলেও বেশিরভাগ সময়ই তার কোনো অসুবিধা হতো না।

ইউটিউবের সাহায্যে এগিয়ে চলা

ইন্টারনেট এবং স্মার্টফোনের ব্যবহার সারা পৃথিবীতে ব্যাপক পরিবর্তন এনেছে। ২৯ শে মার্চ ২০১৬ এর অঞ্জলির বাবা তাকে একটা স্মার্ট ফোন উপহার দিলে তার জীবনেও ব্যাপক পরিবর্তন আসে।

এই যন্ত্রটা কলেজের পড়াশোনা করার বিষয়ে অঞ্জলির কাছে একটা অত্যাবশ্যক টুল হয়ে দাঁড়ায়। হোয়াটসঅ্যাপ গ্রুপের মাধ্যমে কলেজের নোটস এবং গুরুত্বপূর্ণ তথ্য সহজেই পেতে শুরু করে সে। অঞ্জলির বোন স্বাতী এবং ভাই সংস্কার খুব উৎসাহ নিয়ে ভয়েস কমান্ডের মাধ্যমে কীভাবে ফোনের বিভিন্ন অ্যাপ্লিকেশন ব্যবহার করা সম্ভব তা তাকে শিখিয়ে দেয়। সমস্ত অ্যাপ্লিকেশনের মধ্যে ইউটিউব সবথেকে বেশি পছন্দ হয় অঞ্জলির।

প্রথম দিকে ইউটিউবে কেবলমাত্র গান শুনত অঞ্জলি। কিন্তু কিছুদিন পরে তার মনের মধ্যে অন্য এক রকমের ভাবনার উদয় হয়। স্কুলের ক্লাস টিচারের বলা কথাটা ফের তার মনে পড়ে। এতদিন চাপা পড়ে থাকা উচ্চাকাঙ্ক্ষাটা ধীরে ধীরে বাড়তে থাকে অঞ্জলির মনে। নিজের তাগিদেই ইউটিউবে কীভাবে একজন আইএএস অফিসার হওয়া যায় তা নিয়ে টপারস টক, সেমিনার, আর্টিকেল এবং বিভিন্ন ভিডিও শুনতে থাকে সে।

এমন করেই দিন গড়িয়ে সপ্তাহ কেটে যায়। ইতিমধ্যে ইউপিএসসির সিভিল সার্ভিস পরীক্ষায় কতগুলো সাবজেক্ট এবং তার সিলেবাস কী ইত্যাদি বিভিন্ন বিষয়ে পুঙ্খানুপুঙ্খ সমস্ত তথ্য জোগাড় করে ফেলে অঞ্জলি। প্রয়োজনীয় বইয়ের নামের একটা তালিকাও তৈরি করে সে। এছাড়াও সিভিল সার্ভিস পরীক্ষার সিলেবাসের অন্তর্গত বিভিন্ন সাবজেক্টের অডিও এবং ভিডিও লেসন শুনতে থাকে সে।

কলেজের পড়াশোনার সঙ্গে সঙ্গে সিভিল সার্ভিস পরীক্ষার কঠিন প্রস্তুতি চালাতে থাকে অঞ্জলি। কলেজের প্রতিটা লেকচার শোনার সময় এবং অ্যাসাইনমেন্ট তৈরি করার সময় সিভিল সার্ভিসেসের সিলেবাস মাথায় রাখতে শুরু করে সে। যার ফলে তার পড়াশোনা এবং সিভিল সার্ভিস পরীক্ষার প্রস্তুতি সমান তালে চালাতে তার কোনো সমস্যাই হয় না। এমনকী কলেজের অপশনাল পেপার বাছাই করার সময়েও সিভিল সার্ভিস পরীক্ষার কথা মাথায় রেখেছিল অঞ্জলি।

মনে কঠিন সংকল্প থাকলেও মাঝে মাঝেই ভয় আর দ্বিধা মাথা চাড়া

দিয়ে উঠত অঞ্জলির মনে। বেশিরভাগ আইএএস টপাররা আইআইটি, এইমস (AIIMS), দিল্লি ইউনিভার্সিটি থেকে পাশ করে বেরিয়েছেন। এই তথ্য অঞ্জলিরকে অনেকটাই দমিয়ে দিত। "এদের মতো প্রতিযোগীদের সঙ্গে কি আমি আদৌ পাল্লা দিতে পারব?" মনে মনে ভাবত সে। সিকিমের একটা ছোট গ্রামে থাকার কারণে তার কাছে না আছে রিসোর্স, না আছে কোনো ভালো ইনস্টিটিউটের গাইডেন্স। নিজের সীমাবদ্ধতা অঞ্জলির ঘাড়ের উপর যেন ক্রমেই চেপে বসতে থাকে। সফলভাবে আইএএস পরীক্ষায় পাশ করেছে এরকম কোনো মেন্টর তার সামনে না থাকায় তার অনিশ্চয়তা আরো বেড়ে যায়।

বেশিরভাগ আইএএস প্রতিযোগীদের মনেই চিন্তার কালো মেঘ কোনো না কোনো সময় ঘনিয়ে আসে। যাঁরা গ্রাম বা দেশের প্রত্যন্ত কোনো অংশে থাকেন তাঁদের মনে এ নিয়ে বিশেষ চিন্তা থাকেই। যাঁরা এই সমস্ত চিন্তাভাবনা জয় করতে পারেন, তাঁরাই সাফল্য পান। অঞ্জলি কি এইসব দুশ্চিন্তার ভারে চাপা পড়ে যাবে, না এগুলো পেরিয়ে সাফল্য পাবে?

বিরাট বড় সিদ্ধান্ত

২০১৮-র জুন মাস। অঞ্জলি তখন নিজের জীবনের চৌরাস্তায় দাঁড়িয়ে। সামনে দুটো আলাদা আলাদা পথ দেখতে পাচ্ছে সে। মাস্টার্স ডিগ্রিতে ভর্তি হওয়ার জন্য বাসে চড়ার সময় তার মনের মধ্যে আবেগের ঝড় ওঠে।

"আমি কি সত্যিই স্নাতকোত্তর ডিগ্রী করতে চাই?" মনে মনে চিন্তা করে সে। ভবিষ্যতের অনিশ্চয়তা তার ঘাড়ের উপর চেপে বসছিল। প্রাত্যহিক কলেজে উপস্থিত হতে গেলে তাকে যে সিভিল সার্ভিস পরীক্ষার প্রস্তুতির জন্য প্রয়োজনীয় সময়ের অভাব ঘটবে তার বেশ বুঝতে পারে অঞ্জলি। প্রবল দ্বিধা তার মনের সংকল্পকে কুরে কুরে খায়। মনে প্রশ্নের ঝড় বয়ে যায় তার।

"কীভাবে আমি ম্যানেজ করব? মাস্টার ডিগ্রী থাকলে কি আমার ক্যারিয়ারে কোনো সুবিধা হবে? নাকি এটা আমার লক্ষ্য থেকে আমাকে বিচ্যুত করে দেবে?" মনে মনে ভাবতে থাকে সে।

তার বাসটা যতই তার কলেজের কাছে এগোয়, অঞ্জলির মনের মধ্যে

ততই কঠিন একটা সংকল্প দানা বাঁধতে থাকে। বাস থেকে কলেজের সামনে নেমে মাস্টার্সে ভর্তি হওয়ার জন্য আবেদনপত্র জমা দিতে যাওয়ার বদলে সে তার সমস্ত কাগজপত্র নিয়ে বাড়ি যাওয়ার বাসে উঠে পড়ে।

বাবার ফোনে ফোন করে কাঁপা কাঁপা গলায় অঞ্জলি তার সিদ্ধান্তের কথা জানায়। এই সিদ্ধান্তই পরবর্তীতে তার ভাগ্য বদলে দেবে। "বাবা, আমি একটা ডিসিশন নিয়েছি। আমি কলেজে ভর্তি হব না। তার বদলে আমি আইএএস অফিসার হওয়ার জন্য পড়াশোনা করব।"

এক মুহূর্তের জন্য নিঃশব্দ হয়ে থাকে টেলিফোনটা। তারপরেই তার বাবার অকুণ্ঠ সমর্থন ভেসে আসে টেলিফোনের লাইন বেয়ে। অঞ্জলির মনের দ্বিধার ঝড়ের মধ্যে আশার আলো দেখায় তার বাবার এই সমর্থন।

"তোর ওপর আমার অগাধ বিশ্বাস মা! তুই যে পথেই যাস না কেন, আমি সব সময় তোর পাশে আছি।"

চোখ খুলে দেওয়ার মতো বার্তালাপ

যদিও মাউন্ট ইউপিএসসি জয় করার সংকল্প তার মনের মধ্যে দৃঢ়তর হয়ে উঠেছে তা সত্ত্বেও অঞ্জলি বুঝতে পারে যে এ পথে যাত্রা করার আগে তাকে এ বিষয়ে বিস্তারিত তথ্য জেনে নিতে হবে। একটা কঠিন ইনস্টিটিউট থেকে সে গুড্ডি ঝা নামে আরো একজন দৃষ্টিহীন সিভিল সার্ভিসেস পরীক্ষার্থীর নম্বর পায়। গুড্ডি দিল্লির জওহরলাল নেহেরু ইউনিভার্সিটিতে পড়াশোনা করে। প্রচণ্ড কৌতুহল নিয়ে এ বিষয়ে আরো জানার জন্য অঞ্জলি গুড্ডি সঙ্গে যোগাযোগ করে। তার ধারণা ছিল যে গুড্ডির সঙ্গে কথা বললে তার নিজের জীবনের যাত্রাপথের সম্বন্ধে গুরুত্বপূর্ণ কিছু তথ্য পাবেই সে।

"দিদি তুমি জওহরলাল নেহেরু ইউনিভার্সিটির হোস্টেলে একা একা কীভাবে থাকো?" ফোনে গুড্ডিকে এই কথাটা জিজ্ঞাসা করতে গিয়ে অঞ্জলির গলা কেঁপে যায়। "আমার তো কোথাও যাওয়ার জন্য বা কোনো কাজ করার জন্য কারোর না কারোর সাহায্য প্রয়োজন হয়।"

গুড্ডির উত্তরটা অঞ্জলির কাছে একটা নতুন দিগন্ত খুলে দেয়। "আমি শুধু একা একা যে থাকি তাই নয়, আর পাঁচটা সুস্থ স্বাভাবিক মানুষের মতো আমি আমার নিজের সমস্ত কাজ নিজেই করি। মাঝে মাঝেই আমরা বাইরে খেতে যাই বা অন্যান্য এন্টারটেইনমেন্টের জন্য ক্যাম্পাসের

বাইরে যাই।" গুড্ডির আত্মবিশ্বাসের আভাস ফোনের মধ্যে দিয়েও বেশ বোঝা যায়।

গুড্ডির উত্তরে অঞ্জলির মনে প্রবল বিস্ময়ের সঞ্চার হয়। তার মনে হয় তারই মতো একজন যখন অকল্পনীয় শারীরিক বাধা অতিক্রম করে স্বাধীনভাবে আনন্দপূর্ণ জীবন যাপন করছে, তখন নির্দিষ্ট গণ্ডির বাইরে বেরিয়ে আরও অনেক কিছু করে ফেলা তার পক্ষেও সম্ভব।

কয়েক মুহূর্তের জন্য নিজের মনের গহীনে ডুব দিয়েছিল অঞ্জলি। ভুলেই গিয়েছিল যে সে গুড্ডির সঙ্গে ফোনে কথা বলছে। গুড্ডির গলার স্বরে তার চমক ভাঙে। "তুমিও আইএএস অফিসার হতে চাইছ জেনে খুব ভালো লাগলো। পরীক্ষার জন্য তুমি কী রকম ভাবে প্রিপারেশন নেবে বলে ঠিক করেছো?" গুড্ডি জিজ্ঞাসা করে তাকে।

"দিদি, আমি খুব কনফিউজড হয়ে রয়েছি। আমার স্কুল কলেজে পড়ার সময় তো বাবা-মা আমার পড়াগুলো জোরে জোরে পড়ে শোনাতো। কিন্তু সিভিল সার্ভিসের সিলেবাস তো বিরাট বড়। আমি ভাবছি একটা লোককে হায়ার করব কিনা যে আমাকে আমার কোর্স মেটেরিয়াল আর বইপত্র পড়ে শোনাবে।" গুড্ডির কাছে নিজের মনের কথা বলে ফেলে অঞ্জলি।

"কী বলছো তুমি? আমি তো এ কথা ভাবতেই পারছি না! কোন জগতে পড়ে আছো তুমি?" সজোরে হেসে ফেলে বলে ওঠে গুড্ডি।

"তোমাকে এত পড়া কে পড়ে শোনাবে? আর তাছাড়া এইভাবে পড়াশোনা করে এত বিরাট বড় সিলেবাস তুমি শেষ করবে কীভাবে?" হাসি থামিয়ে অঞ্জলিকে জিজ্ঞেস করে গুড্ডি। তার গলার স্বরে চিন্তার ছাপ স্পষ্ট।

"তাহলে আমার কী করা উচিত দিদি? ক্লাস ইলেভেন থেকে এভাবেই তো আমি পড়াশোনা করে এসেছি। প্লিজ তুমি আমাকে একটু বুদ্ধি দাও!" অনুরোধ করে অঞ্জলি।

"অনেক রকমের সফটওয়্যার টুলস আছে; তার মধ্যে কয়েকটা টেক্সট টু স্পিচ অ্যাপ্লিকেশনও আছে, এগুলো তোমাকে নোট নিতে আর পড়াশোনা করতে সাহায্য করবে। একটা ল্যাপটপ কিনে প্রয়োজনীয় সফটওয়্যারগুলো ডাউনলোড করে ফেলো যাতে নিজে নিজেই তুমি পড়াশোনা করতে পারো।" উপায় বাতলায় গুড্ডি।

একটুও সময় নষ্ট না করে অঞ্জলির বাবা পরদিনই তার জন্য একটা

ল্যাপটপ কিনে আনেন। কিন্তু কীভাবে যে সে সেটাকে ব্যবহার করবে বা কোন কোন সফটওয়্যার ডাউনলোড করবে, সে বিষয়ে অঞ্জলির কোনো ধারণাই ছিল না। সিকিমে তাকে সাহায্য করার মতো কেউ না থাকায় এর পরবর্তী ধাপ যে কী হবে সেটা নিয়ে প্রবল অনিশ্চয়তার মধ্যে পড়ে সে।

ইউটিউবে পুঙ্খানুপুঙ্খ গবেষণা করার পর অঞ্জলি 'আইওয়ে ন্যাশনাল হেল্প ডেস্ক ফর ব্লাইন্ড এন্ড ভিসুয়ালি ইম্পেয়ার্ড' নামে সংস্থার টোল ফ্রি নম্বর খুঁজে পায়। তারাই তাকে দিল্লির আর কে পুরমের ন্যাশনাল অ্যাসোসিয়েশন ফর ব্লাইন্ড (NAB) এর সন্ধান দেয়। এই সংস্থাটি দৃষ্টিহীন ব্যক্তিদের বিভিন্ন রকমের ট্রেনিং দেওয়ার জন্য বিখ্যাত। এই সমস্ত ট্রেনিংয়ের সহায়তায় দৃষ্টিহীনেরা স্বাধীন এবং অর্থনৈতিকভাবে নিরাপদ জীবন যাপন করতে পারে। তাদের কোর্সগুলির মধ্যে কম্পিউটার লিটারেসি, অ্যাসিস্টিভ টেকনোলজি আর ডিজিটাল অ্যাক্সেসিবিলিটিও রয়েছে।

অঞ্জলির মনে হয় তার জন্য NAB খুবই ভালো বিকল্প। কিন্তু দিল্লির মতো এত দূরের শহরে সম্পূর্ণ একা থাকার বিষয়টা তাকে চিন্তায় ফেলে দেয়।

পরনির্ভরতার শিকল ছিঁড়ে বেরিয়ে আসা

একা থাকা নিয়ে অঞ্জলির অনিশ্চয়তা দূর করেন তার বাবা-মা। তাঁরা একা থাকা নিয়ে আরো উৎসাহ দিয়ে তার মনে সাহস জোগান।

তাঁরা অঞ্জলিকে বোঝান, "তোর ভবিষ্যতের জন্য এটা অত্যন্ত গুরুত্বপূর্ণ একটা ধাপ। এই টেকনোলজি ট্রেনিং তোকে তোর স্বপ্ন পূরণের শক্তি দেবে। আর তাছাড়া কীভাবে তুই স্বাধীন ভাবে থাকতে পারিস সেই শিক্ষাও ইনস্টিটিউট থেকে পাবি তুই।"

সেপ্টেম্বর ২০১৮-এ NAB ক্যাম্পাসে এসে পৌঁছয় অঞ্জলি। ক্যাম্পাসে পা দিয়েই তার মনে হয় এই জায়গাটা যেন তার কতদিনের চেনা। 'এখানকার ছেলেমেয়েরাও দৃষ্টিশক্তিহীন। আমার জীবনের প্রাত্যহিক চ্যালেঞ্জগুলো এরাই একমাত্র বুঝতে পারবে। এখানে কেউ আমাকে দয়া দেখাবে না, কেউ আমার দিকে সিমপ্যাথি নিয়ে তাকাবে না।' মনে মনে ভাবে অঞ্জলি।

কোর্স বেশ কয়েকদিন আগেই শুরু হয়ে যাওয়ায় প্রথম দিকে NAB এর স্টাফেরা অঞ্জলিকে ভর্তি করার বিষয়ে একটু দ্বিধান্বিত ছিলেন। কিন্তু

অঞ্জলির বাবা-মা তাঁদের অনুরোধ করে জানান যে অনেক আশা নিয়ে সুদূর সিকিম থেকে এখানে এসে উপস্থিত হয়েছেন তাঁরা। তাঁদের নিরন্তর অনুরোধে অবশেষে অঞ্জলিকে ভর্তি করার সিদ্ধান্ত নেন আধিকারিকেরা।

NAB এর হোস্টেলে তাকে রেখে বাবা-মা বিদায় নিতেই হঠাৎ করে দুঃখের পাহাড় যেন অঞ্জলির মাথায় ভেঙে পড়ে। হঠাৎ করে নিজেকে সারা পৃথিবীতে একেবারে একা বলে মনে হয় তার। অজানা এই জায়গায় বাবা-মাকে ছেড়ে একেবারে একা সে কীভাবে থাকবে সে কথা মনে করে আতঙ্কে বুক শুকিয়ে আসে অঞ্জলির। নিজের সঙ্গে যুদ্ধ করতে করতে তার চোখ দিয়ে দরদর করে জল ঝরে পড়তে থাকে।

"তুমি কাঁদছো কেন বাবা?" নরম গলার এই প্রশ্ন অঞ্জলির কান্না আর মনের মধ্যে চলতে থাকা ঝড় এক লহমায় থামিয়ে দেয়। নিজের মাথার উপরে একটা নরম হাতের ছোঁয়া পায় অঞ্জলি। সেই স্পর্শে সাহস আর আদর দুটোই খুঁজে পায় সে।

"একদম কেঁদো না। আমি তোমার ঠাকুমার মতো। আমিও চোখে দেখতে পাই না। তোমার সঙ্গে আমি আর অন্যান্য মেয়েরা এই ঘরেই থাকবো। আমি তোমাকে শিখিয়ে দেবো কীভাবে তুমি একা একাই নিজের সব কাজ করতে পারবে।" নরম স্নেহ মাখা গলায় বলেন তিনি।

পরবর্তীতে এই বয়স্ক মহিলাই অঞ্জলির গাইড হয়ে দাঁড়ান। একা একা কীভাবে হাঁটতে হবে, কীভাবে নিজের জামা কাপড় ধুতে হবে, এমনকি কীভাবে শুধু স্পর্শ করে জামা কাপড় নোংরা না পরিষ্কার সেটা বোঝা সম্ভব; সে সমস্ত কিছুই অঞ্জলিকে শিখিয়ে দেন তিনি। তার শিক্ষায় শিক্ষিত হয়ে অঞ্জলি নিজের মধ্যে নতুন আত্মবিশ্বাসের সন্ধান পায়।

ওই ঘরে অঞ্জলি আর ওই বয়স্ক ভদ্রমহিলা ছাড়াও আরো চারজন মেয়ে থাকতো। তারা প্রত্যেকেই বয়স্ক ভদ্রমহিলাকে ম্যাডাম বলে সম্বোধন করত। ধীরে ধীরে বাকি মেয়েদের সঙ্গে তার বন্ধুত্ব হয়ে গেলে অঞ্জলির এই জায়গাটাকে আরো ভালো লাগতে শুরু করে। কিছুদিন যাওয়ার পরই অঞ্জলি বুঝতে পারে আসলে তার বন্ধুরাই তার শক্তি। বন্ধুরাই তার মিস করা সমস্ত ক্লাসে কী হয়েছে সে সম্বন্ধে তাকে বিস্তারিত জানায় এবং ক্যাম্পাসের ভেতরে বিভিন্ন জায়গা এবং ফেসিলিটি তাকে ঘুরিয়ে দেখায়।

এই ক্যাম্পাসে দৃষ্টিহীন মানুষদের জন্য যেরকম অ্যাক্সেসিবিলিটি রয়েছে সেটা দেখে অবাক হয়ে যায় অঞ্জলি। সে বুঝতে পারে এইরকম

সুযোগ-সুবিধার জন্যই এতজন দৃষ্টিহীন মানুষ এখানে এত আত্মবিশ্বাসের সঙ্গে ঘুরে বেড়াতে এবং কাজকর্ম করতে পারে। ইনস্টিটিউটে পড়াশোনা করতে করতেই সে বুঝতে পারে দৃষ্টিহীন কত মানুষ তাদের শারীরিক বাধাকে অতিক্রম করে ফ্যাশন ডিজাইনিং সহ বিভিন্ন ক্ষেত্রে অসামান্য কাজ করে চলেছেন।

সময়ের সঙ্গে সঙ্গে অঞ্জলি মাইক্রোসফট ওয়ার্ড, মাইক্রোসফট এক্সেল ব্যবহার করতে শেখে। কীভাবে ইন্টারনেট সার্ফ করতে হবে, কীভাবে ইউটিউব এবং অন্যান্য অ্যাপ্লিকেশন চালাতে হবে সে সবকিছুই ধীরে ধীরে আয়ত্ত করে নেয়। যেহেতু মাউস ব্যবহার করা তার পক্ষে সম্ভব নয়, তাই তার ল্যাপটপের কমান্ড কি কীভাবে ব্যবহার করা সম্ভব, সেটাও শিখে নেয় সে।

জীবনে প্রথমবার বাবা-মাকে ছেড়ে স্বাধীনভাবে একা একা বাঁচার স্বাদ পায় অঞ্জলি। তিন মাস ধরে NAB তাকে শুধু কম্পিউটার সংক্রান্ত বিভিন্ন রকম স্কিলই শেখায় না বরং একজন দৃষ্টিহীন মানুষ হিসেবে জীবনে চলার শিক্ষাও দেয়। দিল্লির পথে পথে বন্ধুদের নিয়ে ঘুরতে যায় অঞ্জলি, কীভাবে কোনো একটা কাজ নতুনভাবে করা সম্ভব তা শিখে নেয় সে, আর এটাও বুঝতে পারে দৃষ্টিহীন মানুষেরা দয়া বা সিমপ্যাথির বস্তু নন। তাঁরা যে কত কিছু করতে পারে তার কোনো ইয়ত্তা নেই।

অঞ্জলি মনে হল সে এমন একটা নতুন জগতে পা রেখেছে যেখানে তার শারীরিক অক্ষমতা দিয়ে তার কর্মক্ষমতা এবং ভবিষ্যতের সম্ভাবনা বিচার হয় না।

দুই নৌকায় পা

ডিসেম্বর মাসে সিকিমে ফেরার পর থেকে অঞ্জলি একটা নতুন যাত্রা শুরু করে। ভবিষ্যতের জন্য নিজের সামনে সে দুটো লক্ষ্য স্থির করে: এক নম্বর লক্ষ্য আইএএস এবং দ্বিতীয় লক্ষ্যটা হল বিহার পাবলিক সার্ভিস কমিশন (BPSC)। এছাড়াও সে ইন্দিরা গান্ধী ন্যাশনাল ওপেন ইউনিভার্সিটিতে ইংরেজি সাহিত্য নিয়ে মাস্টার ডিগ্রিতে ভর্তি হয়।

সব ক'টি পরীক্ষার প্রস্তুতি নেওয়ার জন্য ভীষণভাবে ইউটিউব ব্যবহার করতে থাকে অঞ্জলি। ইউটিউবের মাধ্যমে তার হাতের মুঠোয় প্রচুর

পরিমাণে রিসোর্স এসে যায়। এছাড়াও অনলাইন থেকে প্রচুর ফ্রি কোর্স মেটেরিয়াল, বিগত বছরের প্রশ্নপত্র এবং প্রতিদিনের জন্য নির্দিষ্ট প্রচুর কুইজ সংগ্রহ করতে থাকে সে। স্নান, খাওয়া, ঘুমানো আর নিত্যদিনের কিছু নিয়মিত কাজ বাদ দিয়ে দিনের বেশিরভাগ সময়টাই অঞ্জলি ল্যাপটপের সামনে বসে মুনিঋষিদের মতো একাগ্র চিত্তে তপস্যা করার মতো করে পড়াশোনা করতে থাকে অঞ্জলি।

খুব ভালোভাবে প্রস্তুতি না নিতে পারলেও ২০১৯ সালে প্রথম বার BPSC এর প্রিলিমিনারি পরীক্ষায় বসে অঞ্জলি। রেজাল্ট বেরোনোর পর দেখা যায় মাত্র সাত নম্বরের জন্য প্রিলিমিনারি পরীক্ষা পাশ করতে পারেনি সে। পাশ না করলেও এই পরীক্ষা তার আত্মবিশ্বাসকে ভয়ংকর ভাবে বাড়িয়ে দিতে সাহায্য করে। পরের বারের আরো একবার এই পরীক্ষাটায় বসার সিদ্ধান্ত নেয় সে। এইবারে অঞ্জলি খুব সহজেই প্রিলিমিনারি পরীক্ষার বাধা টপকে যায়।

এরপর ফের নতুন সংকল্প করে বিপিএসসি মেনস পরীক্ষার জন্য প্রস্তুতি নেয় অঞ্জলি। প্রস্তুতি শুরু করেই বুঝতে পারে যে উত্তর লেখা প্র্যাকটিস করাটা সাফল্যের জন্য অন্যতম গুরুত্বপূর্ণ ফ্যাক্টর। কিন্তু সেই সময়ে একজন রাইটার খুঁজে নিয়ে লেখা প্র্যাকটিস করার মতো সুযোগ তার কাছে ছিল না। সেই জন্য সে তার উত্তরগুলো ল্যাপটপে টাইপ করে অনলাইনে একটা কোচিং ইনস্টিটিউটে পাঠিয়ে সেখান থেকে ফিডব্যাক চাইতে শুরু করে। আসলে অঞ্জলি কাউকে নিজের দৃষ্টিশক্তিহীনতার কথাটা জানাতে চাইত না। সেই জন্য তাকে একাধিকবার বলা সত্ত্বেও হাতে লিখে উত্তর পত্র জমা দেওয়ার বদলে কম্পিউটারে টাইপ করা উত্তরপত্রই ইনস্টিটিউটে জমা দিতে থাকে সে।

কিছুদিনের মধ্যেই ইনস্টিটিউট থেকে অঞ্জলির কাছে তার উত্তর লেখার কৌশল নিয়ে প্রশংসা আসতে শুরু করে। এমনকি তার লেখা একটা উত্তরকে মডেল আনসার হিসেবে নিজেদের ওয়েবসাইটে প্রকাশও করে ওই ইনস্টিটিউট। সে কথা জানতে পেরে অঞ্জলির আনন্দ এবং উত্তেজনা আর কোনো বাধ মানে না। এই ঘটনা থেকেই অঞ্জলি স্পষ্ট বুঝতে পারে যে তার উত্তর লেখার গুণমান কতটা ভালো হচ্ছে। এই ঘটনা থেকে নতুন করে পরীক্ষার প্রস্তুতির উদ্দীপনা খুঁজে নেয় সে।

অঞ্জলির মনে হয় BPSC এর মেনস পরীক্ষায় পাশ করা ইউপিএসসির

পরীক্ষায় পাশ করার থেকে সহজ হবে। সেই জন্য সে ইউপিএসসির প্রিলিমিনারি পরীক্ষার প্রস্তুতি না নিয়ে মন দিয়ে ২০২০ নভেম্বরের BPSC এর মেনস পরীক্ষার প্রস্তুতি নিতে শুরু করে। তার বন্ধুদের এবং পরিবারের অনেকেই আইএএস অফিসার এবং স্টেট সিভিল সার্ভিস অফিসারের মধ্যে পার্থক্য দেখিয়ে তা নিয়ে ব্যঙ্গ করলেও সে কিছুতেই নিজের সিদ্ধান্ত থেকে সরে আসে না। কিন্তু BPSC এর মেনস পরীক্ষা খুবই খারাপ দেয় অঞ্জলি। সেটা কীভাবে হলো?

রাইটারের খোঁজে

ঠান্ডা মাথায় কঠিন সংকল্প নিয়ে বাবাকে সঙ্গে করে পাটনার একটা সরকারি স্কুলে এসে হাজির হয় অঞ্জলি। এখানেই তার BPSC এর মেনস পরীক্ষা সিট পড়েছে। কিন্তু ক্লাস ইলেভেনের যে ছেলেটিকে তার রাইটার হিসেবে দেওয়া হয় তার সঙ্গে কথা বলার পর অঞ্জলির সেই সংকল্পে চিড় ধরে। বিস্ময়ে হতবাক হয়ে অঞ্জলি দেখে যে হিন্দী মিডিয়ামে পড়া সেই ছেলেটি অঞ্জলির ইংলিশ মিডিয়াম প্রশ্নগুলোকে পড়তে পর্যন্ত পারছে না।

"স্যার, ও যদি প্রশ্নগুলো পড়তেই না পারে তাহলে উত্তর লিখবে কী করে?" পরীক্ষককে জিজ্ঞেস করে সে। প্রতিমুহূর্তে তার মানসিক চাপ এবং হতাশা বেড়েই চলে।

পরীক্ষক অঞ্জলিকে আশ্বস্ত করেন এই বলে যে তিনি তার জন্য আরেকজন রাইটারের ব্যবস্থা করে দেবেন। কিন্তু পরীক্ষার ৪০ মিনিট কেটে যাওয়ার পরেও এই সমস্যার কোনো সমাধান হয় না। তার সারা বছরের পরিশ্রম এইভাবে জলে যেতে দেখে অঞ্জলির দু' চোখ ভরে আসে। তার স্বপ্ন এমন সব বিষয়ের উপর নির্ভর করে রয়েছে যেগুলোর উপর তার নিজের কোনো নিয়ন্ত্রণ নেই। BPSC-র পরীক্ষার উপর সে এতটাই নির্ভর করেছে যে তার জন্য ইউপিএসসির প্রস্তুতিও বন্ধ করে দিয়েছে সে।

শেষ পর্যন্ত রাইটার হিসেবে আরেকজন উপস্থিত হলে এই অন্ধকারের মধ্যেও কিছুটা আশার আলো দেখতে পায় অঞ্জলি। সমস্যা হল, আগের ছেলেটির তুলনায় এই মেয়েটির ইংরেজির দক্ষতা খুব সামান্যই ভালো। কিছু কিছু ক্ষেত্রে দেখা যায় যে সে ক্যালকুলেটরও ঠিক করে ব্যবহার

করতে জানে না। অঞ্জলির দুশ্চিন্তা ফের বাড়তে শুরু করে। "আমার হাতে নেই এমন সব ঘটনার বোঝা আমাকেই কেন বইতে হবে?" মনে মনে দুঃখ করতে থাকে অঞ্জলি।

অঞ্জলির অসুবিধার কথা বুঝতে পেরে পরীক্ষক তাকে বুঝিয়ে বলেন, "আমরা রাইটার হিসেবে কেবলমাত্র আমাদের স্টুডেন্টদেরই দিতে পারি; আমি তোমার জন্য সব থেকে ভালো ব্যবস্থা করারই চেষ্টা করেছি!" কিন্তু তাঁর এই কথায় কোনো সান্ত্বনা খুঁজে পায় না অঞ্জলি।

প্রবল চেষ্টায় নিজেকে শান্ত করে উত্তর লেখার চেষ্টা করতে থাকে সে। প্রতিটা শব্দ লিখতে তার রাইটারকে সাহায্য করতে থাকে সে। এতে মনের ভিতর তৈরি হওয়া উত্তরটা উত্তরপত্রে উপস্থাপন করাটা আরো কঠিন হয়ে ওঠে তার কাছে। হৃদয় বিদারক এই ঘটনার আকস্মিকতার সঙ্গে লড়তে গিয়ে অঞ্জলির সমস্ত মানসিক শক্তি ক্ষয় হয়ে যায়। তার অদম্য সংকল্প সত্ত্বেও তার পরীক্ষা ভালো হয় না। অঞ্জলির মনে হতে থাকে তার স্বপ্নগুলো যেন আঙুলের ফাঁক দিয়ে গলে যাচ্ছে।

যথা সময়ে BPSC এর রেজাল্ট বেরোয়। দেখা যায় পরীক্ষা দিতে গিয়ে অঞ্জলির অত অসুবিধা হওয়া সত্ত্বেও মাত্র দু'নম্বরের জন্য সে মেনস পরীক্ষায় পাশ করতে পারেনি। "এত বাধার সম্মুখীন হয়েও একটুর জন্য আমি পাশ করতে পারিনি আমি নিশ্চিত এর পরের বার এই পরীক্ষায় আমি নিশ্চয়ই পাস করব!" দৃঢ় চিত্তে নতুন করে সংকল্পে মন বাঁধে সে।

২০২০ এর ডিসেম্বর মাসে BPSC-এর প্রিলিমিনারি পরীক্ষায় তৃতীয়বারের জন্য বসে অঞ্জলি। পরীক্ষায় পাশ করার পরে মেনসের জন্য পাটনায় আসতে হয় তাকে। এবারে একটা কলেজে তার সিট পড়ে। পরীক্ষার প্রথম দিন পরীক্ষা কেন্দ্রে গিয়ে তার রাইটারের সঙ্গে পরিচয় হতেই এবারে যে তার রাইটার খুবই ভালো হয়েছে সেটা বুঝতে পারে অঞ্জলি। মনে মনে একটা স্বস্তির নিঃশ্বাস ছাড়ে সে। প্রথম দিন সব ভালোয় ভালোয় মিটে গেলেও পরের দিন সোশিয়োলজি পরীক্ষার সময় তার নির্দেশ বুঝতে অসুবিধা হতে থাকে তার রাইটারের। অঞ্জলির মনের মধ্যে রাগ আর হতাশা গুলিয়ে ওঠে। পরীক্ষার উত্তর লেখার চেষ্টা ছেড়ে দিয়ে রাগের চোটে আধঘণ্টা চুপ করে বসে থাকে সে। তারপর হঠাৎ করেই তার মাথায় বিদ্যুৎ ঝলকের মতো একটা বুদ্ধি খেলে যায়।

"স্যার, উত্তরটা কি আমি ব্ল্যাকবোর্ডে লিখে দিতে পারি? ও না হয়

আমার উত্তরটা ব্ল্যাকবোর্ড থেকে দেখে খাতায় লিখবে?" উপস্থিত পরীক্ষককে জিজ্ঞাসা করে সে। মনে মনে তার বিশ্বাস ছিল যে বড় বড় অক্ষরে সাদা চক দিয়ে পাঠযোগ্য হাতের লেখায় লিখতে পারবে সে।

কিন্তু ঘরে উপস্থিত অন্যান্য পরীক্ষার্থীরা তার এই প্রস্তাব মেনে নিতে রাজি হয় না। তারা বলে যে এরকম করলে অঞ্জলিকে স্পেশাল ট্রিটমেন্ট দেওয়া হবে। প্রচণ্ড দুঃখিত এবং হতাশ হয়ে পড়ে অঞ্জলি। নিজের মনে মনেই তার আর অন্যান্য প্রতিবন্ধী পরীক্ষার্থীদের মধ্যে পার্থক্য খুঁজতে থাকে সে। ভাবে, কেন বাকি পরীক্ষার্থীদের দৃষ্টিশক্তি তার মতো খারাপ না হওয়া সত্ত্বেও তাদের একই রকম অতিরিক্ত সময় দেওয়া হবে সে বিষয় নিয়েও।

এই বাধার মুখে সে কিছুতেই মাথা নোয়াবে না; মনে মনে এ কথা স্থির করে দুই হাতে চোখের জল মুছে অঞ্জলি নতুন উদ্যমে উত্তর লেখানোর প্রক্রিয়া শুরু করে। কঠিন কঠিন শব্দগুলোকে বানান করে করে রাইটারকে বুঝিয়ে দেয় সে। মনে মনে সে স্থির করে যে সে শুধু সম্পূর্ণ প্রশ্নপত্রের উত্তরই করবে না, বরং এই পরীক্ষায় সে অত্যন্ত ভালো ফল করে দেখাবে।

যন্ত্রণাময় যাত্রা

২০২২ সালের এপ্রিল মাস অঞ্জলির জন্য খুব ভালো খবর বয়ে নিয়ে আসে। এই মাসেই BPSC -এর মেনস পরীক্ষার ফল প্রকাশ হয়। তাতে দেখা যায় অঞ্জলি পাশ করে গিয়েছে। উত্তেজিত অঞ্জলি একটুও সময় নষ্ট না করে জীবনের প্রথম ইন্টারভিউয়ের জন্য প্রস্তুতি নিতে শুরু করে। ১৮ই জুন ২০২২ তার ইন্টারভিউ পড়ে। কিন্তু অঞ্জলির জন্য ভাগ্যদেবীর পরিকল্পনা ছিল সম্পূর্ণ অন্যরকম।

হঠাৎ করেই প্রবল পেটে ব্যথা শুরু হয় অঞ্জলির। ডাক্তারেরা সকলেই এক বাক্যে ইন্টারভিউয়ের জন্য তার পাটনায় যাত্রা নাকচ করে দেন। কিন্তু এই সুযোগটা যে তার কাছে কত বড় সে কথা চিন্তা করে ডাক্তারদের বারণ শুনতে ইচ্ছে করে না অঞ্জলির। তার এত বছরের কঠিন পরিশ্রম নষ্ট হয়ে যাবে এ কথা ভেবে সে পাটনায় যাবে বলেই স্থির করে।

১৬ জুন ২০২২। পেটে প্রবল ব্যথা থাকা সত্ত্বেও শিলিগুড়ি থেকে পাটনায় যাওয়ার বাসে চড়ে বসে অঞ্জলি। সারা রাত্তির পেটের যন্ত্রণায়

কাতরাতে থাকে সে। পুরো রাস্তাটায় একবারও দু চোখের পাতা এক করতে পারে না সে।

পরের দিনে পাটনার হাসপাতালে আল্ট্রাসাউন্ড করালে জানা যায় যে অঞ্জলির পেটে বিরাট বড় গলব্লাডার স্টোন হয়েছে, যেটা তখনই অপারেশন করতে হবে। পরিস্থিতি এরকম ঘোরালো হওয়া সত্ত্বেও অঞ্জলির ইন্টারভিউয়ে যাওয়ার ইচ্ছেটাকে কেউ কোনোভাবেই অবদমিত করতে পারে না। তার মানসিক জোর এবং ঐকান্তিক ইচ্ছার কথা বুঝতে পেরে প্রয়োজনীয় ওষুধপত্র দিয়ে তাকে ইন্টারভিউ দিতে যাওয়ার অনুমতি দেন ডাক্তারেরা।

শরীর অসুস্থ থাকায় যথাযথ প্রস্তুতি নিতে না পারলেও অসীম সাহসে ইন্টারভিউ বোর্ড ফেস করে অঞ্জলি। তাকে তার স্কুল, কলেজ, সিকিমের অর্গানিক ফার্মিং, এবং ইংলিশ লিটারেচার নিয়ে প্রশ্ন করা হয়। একরাশ আশা বুকে বেঁধে গোটা শর্মা পরিবার এই পরীক্ষার রেজাল্টের জন্য রুদ্ধশ্বাসে অপেক্ষা করতে থাকে। BPSC এর রেজাল্ট বেরোলে সবাই খুশিতে ভেসে যায়। রেজাল্টে দেখা যায় অঞ্জলি রুরাল ডেভেলপমেন্ট অফিসার (RDO) হিসেবে চাকরি পেয়েছে।

১৩ই ডিসেম্বর ২০২২ অঞ্জলি বিহার সরকারের তরফে তার বহু প্রতীক্ষিত জয়েনিং লেটার পায়। চিঠি পড়ে বোঝা যায় যে ২০২৩ এর ১ জানুয়ারি থেকে তার ট্রেনিং গয়ায় অবস্থিত বিহার ইনস্টিটিউট অফ পাবলিক অ্যাডমিনিস্ট্রেশন অ্যান্ড রুরাল ডেভেলপমেন্টে (BIPARD) হবে।

এই চাকরিটা অঞ্জলিকে বিপুল স্বস্তি এবং মানসিক শান্তি এনে দেয়। এই নতুন শান্তির ওপর ভর করেই অঞ্জলি তার সমস্ত শক্তি আর একাগ্রতা ঢেলে সিভিল সার্ভিস পরীক্ষার প্রস্তুতি শুরু করে। তার কাঁধ থেকে অনিশ্চয়তার বোঝা নেমে যাওয়ায় আইএএস হওয়ার স্বপ্ন পূরণে নিজের সবটুকু ঢেলে দেয় সে।

ইউপিএসসির জিগস পাজলের সমাধান

২০১৯ সালের এপ্রিল মাসে অঞ্জলি একটা কোচিং ইনস্টিটিউটের ওয়েবসাইটে স্পর্শ গুপ্ত নামে একজন দৃষ্টিহীন পরীক্ষার্থীর লেখা পড়ে। স্পর্শ সিভিল সার্ভিস পরীক্ষায় সাফল্য পেয়ে আইএএস হিসেবে নিযুক্ত হন। তাঁর লেখা সেই উদ্দীপনা পূর্ণ প্রবন্ধে শারীরিক প্রতিবন্ধকতার বাধাকে

তুড়ি মেরে উড়িয়ে দেন স্পর্শ। সেখানে তিনি জোর দিয়ে বলেন, সমস্ত বাধাই আসলে মানুষের মনের মধ্যে অবস্থান করে।

স্পর্শের কথাগুলো অঞ্জলির মনকে ছুঁয়ে যায়। লেখাটায় স্পর্শ বলেন, "আমার দৃঢ় বিশ্বাস শারীরিক প্রতিবন্ধকতা বলে কিছু হয় না। প্রতিবন্ধকতা আসলে একটা মানসিক বাধা।" তিনি স্পষ্টভাবে জানান যে কঠিন সংকল্প আর লেগে থাকার মানসিকতার সামনে কোনো বাধা বা শারীরিক প্রতিবন্ধকতা কাজ করে না। কেউ যদি তার উচ্চাকাঙ্ক্ষা পূরণ করতে চায় তবে তা সে করতে পারবেই। আর্টিকেলের শেষে অন্যান্য দৃষ্টিহীন পরীক্ষার্থীদের প্রতি সাহায্যের হাত বাড়িয়ে দেওয়ার প্রতিশ্রুতি দেন স্পর্শ। তাঁর ইমেইল অ্যাড্রেস দিয়ে জানান যে দৃষ্টিহীন পরীক্ষার্থীদের সাহায্য করতে এবং গাইড করতে প্রস্তুত তিনি।

স্পর্শের লেখা পড়ে নতুন আশা এবং সংকল্পে অঞ্জলির বুক ভরে গিয়েছিল। ইমেলের মাধ্যমে স্পর্শের সঙ্গে যোগাযোগ করে সে। একজন আইএএস অফিসারের সঙ্গে সরাসরি কথা বলার অভিজ্ঞতাটা নিজের কাছেই অবিশ্বাস্য বলে মনে হয় অঞ্জলির। এই স্বপ্ন বহুদিন ধরেই মনের মধ্যে পুষে রেখেছিল সে। স্পর্শকে নিজের মেন্টর হিসেবে পাওয়াটা অঞ্জলির জীবনের একটা অন্যতম গুরুত্বপূর্ণ ঘটনা।

স্পর্শ সিভিল সার্ভিসের প্রস্তুতির ছোটখাট খুঁটিনাটি বহু বিষয়ই তাকে জানান। তিনি যে যে চ্যালেঞ্জের, এবং বাধার সম্মুখীন হয়েছিলেন সেগুলোর কথা বলেন। আর সেগুলোকে কীভাবে তিনি অতিক্রম করে এগিয়ে গিয়েছেন সেই গল্পও অঞ্জলির সঙ্গে ভাগ করে নেন। ছোটখাটো সব রকমের শিক্ষাই নিজের মধ্যে শুষে নেওয়ার জন্য প্রস্তুত অঞ্জলি প্রশ্নের পর প্রশ্ন করে চলে স্পর্শকে। কিছু কিছু প্রশ্ন এতটাই বোকার মতো ছিল যে পরে তা পড়ে অঞ্জলির হাসি পেত।

২০১৯ সালের জুন মাসে প্রথমবার মাউন্ট ইউপিএসসি জয় করার চেষ্টা করে অঞ্জলি। একজন রাইটারের সাহায্যে গ্যাংটক থেকেই প্রিলিমিনারি পরীক্ষা দেয় সে। কিন্তু পরীক্ষার প্রস্তুতি ততটা ভালো না হওয়ায় তার এই প্রচেষ্টা ব্যর্থ হয়।

এরপরে মার্চ ২০২০ থেকে কোভিড ১৯ অতিমারীতে সারা পৃথিবী জর্জরিত হয়ে পড়ে। এই প্রবল গোলমালের মধ্যেও আশার আলো দেখতে পায় অঞ্জলি। ইন্টারনেটে কোচিং ইনস্টিটিউটগুলো এবং পরীক্ষার্থীরা বিভিন্ন

রকমের স্টাডি ম্যাটেরিয়াল আপলোড করতে থাকায় অনেক রিসোর্স তার হাতের মুঠোয় চলে আসে। দিল্লির মতো বড় শহর আর সিকিমের প্রত্যন্ত গ্রামের দূরত্ব এক লহমায় মুছে গিয়েছে বলে মনে হয় তার। ২০২০ সালের অক্টোবর মাসে BPSC-এর পরীক্ষার প্রস্তুতির মাঝেই দ্বিতীয়বার ইউপিএসসি নামক বিরাট পর্বত শৃঙ্গ জয় করার চেষ্টায় প্রিলিমিনারি পরীক্ষায় বসে অঞ্জলি। এইবারে প্রিলিমিনারি পরীক্ষার বাধা পেরিয়ে মেনস পরীক্ষার জন্য নির্বাচিত হয় সে।

কিন্তু মেনস পরীক্ষা দিতে গিয়ে পরপর অনেকগুলো বাধার সম্মুখীন হতে হয় অঞ্জলি। এই বাধাগুলোর সৃষ্টি হয়েছিল মূলত দুটো ভুলের কারণে। অঞ্জলির এক নম্বর ভুল ছিল ইউপিএসসি মেন পরীক্ষার সেন্টার হিসেবে পাটনাকে বেছে নেওয়া। আর দ্বিতীয় ভুলটা ছিল ইউপিএসসির দেওয়া রাইটারের উপরে ভরসা করা।

BPSC-এর পরীক্ষার মতো সিভিল সার্ভিস পরীক্ষাতেও তার জন্য নির্ধারিত রাইটারও পড়া ও লেখার ক্ষেত্রে খুব একটা স্বচ্ছন্দ ছিল না। এর ফলে অঞ্জলির পরীক্ষা খুবই খারাপ হয়। স্বাভাবিকভাবেই সেবারে সে মেনস পরীক্ষায় উত্তীর্ণ হতে পারে না।

এই সময়ে ছ' মাসের মধ্যে পরপর পাঁচটা পরীক্ষা দিতে হয়েছিল অঞ্জলিকে। অক্টোবর ২০২০ তে ইউপিএসসি প্রিলিমিনারি, নভেম্বরে BPSC মেনস, ডিসেম্বরে BPSC প্রিলিমিনারি, ২০২১ সালের জানুয়ারিতে ইউপিএসসি মেনস, এবং ফেব্রুয়ারি থেকে মার্চ মাসের মধ্যে IGNOU তে মাস্টার ডিগ্রীর পরীক্ষা। এই সময়টায় ধৈর্য ও স্থৈর্যের পরীক্ষা দিতে বাধ্য হয় অঞ্জলি।

বাধার সম্মুখীন হয়েও হাল ছাড়ে না সে। মাথা উঁচু করে দশ অক্টোবর ২০২১ তৃতীয়বার ইউপিএসসি পরীক্ষার প্রিলিমিনারি দিতে যায় সে। এবারে সাফল্য পায় অঞ্জলি। মেনসের জন্য পরীক্ষা কেন্দ্র হিসেবে দিল্লিকে বেছে নেয় সে। প্রথম দিকে তার রাইটার কেমন হবে সেই নিয়ে ভীষণ চিন্তান্বিত ছিল অঞ্জলি। কিন্তু পরে দেখা যায় তার জন্য রাইটার হিসেবে ভারত সরকারের একজন সেকশন অফিসারকে নিযুক্ত করা হয়েছে। রাইটার হিসেবে তিনি যে খুবই ভালো সে কথা বলাই বাহুল্য। চেষ্টার কোনো ত্রুটি না থাকা সত্ত্বেও সেবারে মাত্র ১৭ নম্বরের জন্য মেনস পাশ করতে পারে না অঞ্জলি। রেজাল্ট বেরোলে দেখা যায় তার অপশনাল পেপার

সোশিওলজিতে খুব কম নম্বর পাওয়ার জন্যই মূলত মেনস পরীক্ষায় পাশ করতে পারেনি সে।

তৃতীয় বারেও মেনস পরীক্ষায় বিফল হওয়া সত্ত্বেও নিজের সংকল্প চ্যুত হয় না অঞ্জলি। ২০২২ সালের ৫ জুন পরের ইউপিএসসি প্রিলিমিনারি পরীক্ষার জন্য নিজেকে প্রস্তুত করতে থাকে সে। ইউপিএসসির সিভিল সার্ভিস পরীক্ষার প্রস্তুতি যে একটা নেশার মতো সেটা এতদিনে বেশ ভালোই বুঝতে পারে অঞ্জলি। সেই জন্যই কেউ একবার এই পথে হাঁটতে শুরু করলে সহজে তা ছেড়ে বেরিয়ে আসতে পারে না। অঞ্জলির প্রত্যেকটা বাধা, প্রত্যেকটা বিফলতা তার মনকে, সংকল্পকে দৃঢ় থেকে দৃঢ়তর করে তুলেছে। তাকে সাহসের সঙ্গে যেকোনো বাধার মুখোমুখি দাঁড়াতে শিখিয়েছে।

চতুর্থ বারের প্রচেষ্টায় সিভিল সার্ভিসের মেনস পরীক্ষায় পাশ করে অঞ্জলি।

৩ ডিসেম্বর ২০২২। মেনস পরীক্ষায় পাশ করা পরীক্ষার্থীদের নামের তালিকার মধ্যে নিজের নামটা শুনতে পায় সে। ইন্টারভিউয়ে ডাক পাওয়ার এই অনুভূতি অতুলনীয়, অবর্ণনীয়।

ঢোলপুর হাউসে স্বচ্ছন্দ বিজয়

সিভিল সার্ভিস পরীক্ষার ইন্টারভিউ যত এগোয়, প্রস্তুতির জন্য ততই যেন সময় কমে আসে অঞ্জলির কাছে। ততদিনে সে BIPARD তে RDO পদে ট্রেনিংয়ের জন্য যোগদান করেছে। সকাল থেকে সন্ধ্যা পর্যন্ত তার সারাদিন বিভিন্ন রকম ক্লাসে ঠাসা। ইউপিএসসির ইন্টারভিউয়ের জন্য পড়াশোনা করার মতো সময় খুব কমই পায় অঞ্জলি। কিন্তু পরিস্থিতির কাছে মাথা নোয়াতে কোনো কালেই রাজি ছিল না সে। বরং প্রস্তুতির জন্য সে এক নতুন পন্থা অবলম্বন করে।

মনে মনে ক্লাসেই পড়াশোনার কাজটা যতটা সম্ভব এগিয়ে রাখবে বলে স্থির করে অঞ্জলি। নিজে থেকেই ক্লাসের আলাপ আলোচনায় আরও বেশি করে অংশ নিতে শুরু করে। মনে মনে BIPARD-এর শিক্ষকদের করা প্রশ্নগুলোকে ইন্টারভিউ বোর্ডের মেম্বারদের করা প্রশ্নের মতো ভাবতে শুরু করে। প্রতিটি প্রশ্নের ক্ষেত্রে তার উত্তরগুলো যাতে আরো ধারালো

হয় সমানে সেই চেষ্টা করতে থাকে অঞ্জলি। লেকচারের সময় মনে মনে তার উত্তরগুলো তৈরি করার সময়ে সপ্তাহান্তের অনলাইন মক ইন্টারভিউ সেশন থেকে পাওয়া ফিডব্যাক এবং পরামর্শগুলো পুঙ্খানুপুঙ্খভাবে মেনে চলার চেষ্টা করতে থাকে সে।

ডিটেইল্ড অ্যাপ্লিকেশন ফর্ম (DAF) ফিল করার সময় পূর্ণ না করতে পারা ফাঁকা অংশগুলোকে মনে মনে ভয় পেতে শুরু করে অঞ্জলি। তার মনে হতে থাকে সাধারণ পরীক্ষার্থীদের মতো কনভেনশনাল অ্যাচিভমেন্ট না থাকা নিয়ে সমানে ব্যঙ্গ করে চলেছে ফর্মের ওই ফাঁকা জায়গাগুলো। কিন্তু নিজের উপরে বিশ্বাস হারানোটা একেবারেই না পসন্দ অঞ্জলির। প্রচণ্ড আবেগক্লিষ্ট অবস্থায় নিজের মানসিক স্থিতি ফিরিয়ে আনার জন্য ডাইরি লেখার অভ্যাস করেছিল অঞ্জলি। সেটাকেই হাতিয়ার করে সে এক্সপ্রেসিভ রাইটিংকে নিজের হবি হিসাবে লিস্ট করে।

১ ফেব্রুয়ারি ২০২৩। ইন্টারভিউয়ের দিন ভোর হতে না হতেই অঞ্জলির ঘুম ভেঙে যায়। তার বোন তাকে তৈরি হতে সাহায্য করে।

“আমাকে কেমন দেখাচ্ছে মা?” জিজ্ঞেস করে সে।

“তোমাকে খুব সুন্দর আর কনফিডেন্ট দেখাচ্ছে বাবা।!” তারিফের চোখে নিজের মেয়েকে দেখতে দেখতে বলে ওঠেন সঞ্জু।

ইউপিএসসি হেডকোয়ার্টারে পৌঁছতেই অঞ্জলির মনের মধ্যে একটা আশঙ্কার ঢেউ বয়ে যায়। কিন্তু একজন সহৃদয় কর্মী তাকে উষ্ণভাবে অভ্যর্থনা জানালে দেখতে দেখতে তার সেই ভয় কেটেও যায়। ইউপিএসসির এই কর্মীর সহায়তাতেই সে ডকুমেন্ট ভেরিফিকেশন প্রসেসও খুব সহজেই শেষ করে ফেলে।

ইন্টারভিউ রুমে প্রবেশ করার পর বোর্ড মেম্বারদের আন্তরিকতা আর উষ্ণতায় খানিকটা বিস্মিত হয়ে যায় অঞ্জলি। ইন্টারভিউ প্যানেলের মেম্বাররা অঞ্জলির DAF থেকে খুঁটিয়ে খুঁটিয়ে প্রশ্ন করেন। নম্র গলায় অকপট ভঙ্গিতে প্রতিটি প্রশ্নের উত্তর দেয় সে। তার জানার বাইরে কোনো বিষয় নিয়ে প্রশ্ন এলে নিজের সীমাবদ্ধতা স্বীকার করতে সে সামান্যতম দ্বিধাও করে না। তার মনে হয়েছিল ইন্টারভিউ বোর্ডের সামনে জ্ঞানের ভান করার থেকে সততা অবলম্বন করাটাই শ্রেয় বলে।

পরিস্থিতি অত্যন্ত চাপের হলেও অঞ্জলি ততটাও মানসিক চাপের মধ্যে ছিল না। মানুষের সঙ্গে আলাপচারিতার সহজাত ক্ষমতার উপর

ভর করেই ইন্টারভিউ বোর্ডের কাছে নিজের স্বপ্ন এবং অভিজ্ঞতার কথা ভাগ করে নেয় সে।

"ইন্টারভিউ কেমন হলো?" ইউপিএসসি বিল্ডিং থেকে অঞ্জলি বেরিয়ে আসা মাত্রই তার বাবা জিজ্ঞেস করেন। অঞ্জলির মা এবং বোন তখন বাবার পাশেই দাঁড়িয়ে। তাঁদের চোখে মুখেও আশা আশঙ্কার দোলাচলের ছাপ।

"আমার তো মনে হচ্ছে যে আমার ইন্টারভিউ বেশ ভালই হয়েছে!" মৃদু হেসে উত্তর দেয় অঞ্জলি। মাকে সজোরে জড়িয়ে ধরে সে।

গয়ায় ফেরার পরের দিন থেকেই BIPARD এ নিজের ট্রেনিংয়ে যোগ দেয় অঞ্জলি। দিন গড়িয়ে সপ্তাহ কেটে যায়। দেখতে দেখতে তার ট্রেনিংও শেষ হয়ে আসে। নতুন জ্ঞান এবং দক্ষতাকে হাতিয়ার করে সে নিজের জীবনের একটা নতুন যাত্রা শুরু করে। ১৫ দিনের অ্যাটাচমেন্ট এবং তারপরে পাটনায় ডিস্ট্রিক্ট ট্রেনিংয়ে যেতে হয় তাকে।

বিজয়োল্লাস

২৩ মে, ২০২৩। এই দিনটা অঞ্জলির জীবনে অত্যন্ত গুরুত্বপূর্ণ মুহূর্তগুলোর মধ্যে একটা। সারা সকাল ধরে অফিসের মিটিং অ্যাটেন্ড করে সে সবে মাত্র দুপুরের খাবার খেতে বাড়ি ফিরেছে। তার বাড়ির সকলের মধ্যেই একটা চাপা উত্তেজনার ভাব টের পাওয়া যাচ্ছে। সকাল থেকেই বিভিন্ন গ্রুপে মেসেজ এসেই চলেছে যে আজই ইউপিএসসি সিভিল সার্ভিসের পরীক্ষার রেজাল্ট বেরোতে পারে। আর এটা জানার পর থেকেই অঞ্জলি একটু চিন্তিত। তার বোন স্বাতী অন্যমনস্কভাবে টিভির সামনে বসে রয়েছে, আর মা রান্নাঘরে কাজে ব্যস্ত। সারা বাড়ি সুস্বাদু খাবারের সুবাসে ম ম করছে।

বাড়ির এই আপাত শান্তি ভঙ্গ করে মোবাইল ফোনে আসা একটি মেসেজ। মেসেজের নোটিফিকেশনের শব্দে অঞ্জলির দেহের ভিতর যেন বিদ্যুৎ প্রবাহের মতো উত্তেজনা ছড়িয়ে পড়ে। তার বুক প্রচণ্ড ধড়ফড় করে ওঠে। খপ করে ফোনটা হাতে তুলে নেয় সে।

"স্বাতী, ইউপিএসসি কি রেজাল্ট বার করেছে? তাড়াতাড়ি একবার দেখবি প্লিজ?" অঞ্জলির গলা উত্তেজনায় কেঁপে যায়। তড়িঘড়ি বোনের হাতে মোবাইল ফোনটা ধরিয়ে দেয় সে।

দ্রুত হাতে টেলিগ্রাম অ্যাপ্লিকেশনটা খুলে একটা পিডিএফ নামিয়ে নেয় স্বাতী। দ্রুত সেটাকে খুলে নামের তালিকার উপর চোখ বোলাতে থাকে সে।

নাম খুঁজতে খুঁজতেই এক মুহূর্তের জন্য বিস্ময়ে চোখ বড় বড় হয়ে যায় স্বাতীর। তারপরেই চিৎকার করে ওঠে সে, "ইয়েপ্পি!!! তুই পাশ করে গিয়েছিস দিদি! ৪৫০ র‍্যাঙ্কে তোর নাম বেরিয়েছে।" তার গলায় খুশি আর উত্তেজনা ঝলকে পড়ছিল।

তাদের দুজনের মনেই খুশির বন্যা বয়ে যায়। একে অপরকে শক্ত করে জড়িয়ে ধরে আনন্দে চোখের জল ফেলতে থাকে দুই বোন। বাইরের ঘরের এই হইচইয়ের শব্দে রান্না ঘর থেকে বেরিয়ে আসেন অঞ্জলির মা। স্বাতী তাঁকে এই খুশির খবরটা বলতেই আনন্দে চোখে জল চলে আসে তাঁর।

তিনজনে মিলে অঞ্জলির এই অসাধ্যসাধনের আনন্দে ভাসতে থাকেন তাঁরা। মেয়ের সাফল্যের আনন্দে মিষ্টি আনতে দ্রুত পায়ে রান্নাঘরে ছুটে যান সঞ্জু। ইতিমধ্যে অঞ্জলির ফোনে বন্যার জলের মতো বন্ধুবান্ধব এবং শুভাকাঙ্খীদের ফোন ঢুকতে শুরু করে।

এই আনন্দ উৎসবের মধ্যেই হঠাৎ করে অন্যান্য দৃষ্টিহীন পরীক্ষার্থীদের কীরকম র‍্যাঙ্ক হয়েছে সেই নিয়ে দুশ্চিন্তা করতে শুরু করে অঞ্জলি। অন্যান্য দৃষ্টিহীন পরীক্ষার্থীদের সঙ্গে তার র‍্যাঙ্ক এর পার্থক্য সার্ভিস অ্যালোকেশনে যে গুরুত্বপূর্ণ ভূমিকা গ্রহণ করবে তা বুঝতেই পেরেছিল সে। স্বাতী আরও একবার খুঁটিয়ে নামের তালিকাটা দেখলে তারা বুঝতে পারে যে অঞ্জলির পরিচিত অন্যান্য দৃষ্টিহীন প্রতিযোগীদের র‍্যাঙ্ক লিস্টে অঞ্জলির নামের তলাতেই রয়েছে।

বাবাকে এই খবরটা জানানোর জন্য অধীর হয়ে ওঠে অঞ্জলি। নিজের মনকে শান্ত করে বাবাকে ভিডিও কল করে সে। অশোক ফোন তুললে মজা করার জন্য প্রথম দিকে অঞ্জলি হতাশ হওয়ার অভিনয় করে তাঁকে বলে যে সে এই বছরে পাশ করতে পারেনি।

কিন্তু বেশিক্ষণ এই অভিনয় জারি রাখতে পারে না সে। আনন্দে চকচকে চোখ নিয়ে উচ্ছ্বলিত গলায় বাবাকে তার সাফল্যের কথা বলতে শুরু করে সে। অঞ্জলির খবরটা শোনার পর মুহূর্তেই অশোকের মুখের চিন্তিত ভাব ভেঙেচুরে যায় আনন্দের প্রাবল্যে।

একান্তে উদযাপন

পরের দিন ক্যাটাগরি অনুযায়ী প্রার্থীদের নামের তালিকা প্রকাশিত হলে অঞ্জলির কাছে এই অসাধারণ সাফল্যের ধীরে ধীরে বাস্তব বলে বোধ হতে শুরু করে। সে তার ক্যাটাগরিতে দ্বিতীয় স্থান অর্জন করেছে সেটা বুঝতে পেরে স্বস্তির নিঃশ্বাস ফেলে অঞ্জলি। ইউপিএসসি ক্যাটাগরি অনুযায়ী ভ্যাকেন্সির যে তালিকা প্রকাশ করেছিল তাতে আইএএস-এ সুযোগ পাবেই সে। কিন্তু এই খবরে তার যতটা আনন্দিত হওয়ার কথা ছিল অঞ্জলি ততটাও যেন আনন্দিত হতে পারে না। কেমন যেন একটা সন্দেহ আর ভয় এসে ভর করে তার মনে। এর আগের অজস্র অসাফল্য তার মনে দ্বিধা আর ভয়ের বীজ পুঁতে দিতে থাকে।

সেই জন্যই ভারত সরকারের কেন্দ্রীয় কর্মী ও প্রশিক্ষণ বিভাগ থেকে পাকাপাকি ভাবে তার কাছে সার্ভিস অর্ডার না আসা পর্যন্ত নিজের এই সাফল্যের কথা গোপন রাখার সিদ্ধান্ত নেয় সে। তার সার্ভিসের কথা কেউ জিজ্ঞেস করলে এড়িয়ে যাওয়ার জন্য লাজুক গলায় বলে যে আইএএস পদে নির্বাচিত হওয়ার একটা সুযোগ তার রয়েছে ঠিকই, কিন্তু সেটা না হয়ে আইআরএস পদ পেলেও সে যথেষ্ট খুশি হবে। কিন্তু অশোক তাঁর আত্মীয় বন্ধুবান্ধব সকলের কাছে গর্ব করে বলে বেড়াতে শুরু করেন যে খুব শীঘ্রই তাঁর মেয়ে আইএএস পদে নিযুক্ত হবে।

বেশ কিছুদিনের অপেক্ষার পর কেন্দ্রীয় সরকারের পক্ষ থেকে নোটিফিকেশ জারি করা হয়। তাতে দেখা যায় আইএএস পদের জন্যই নির্বাচিত হয়েছে অঞ্জলি।

সিলেকশন হয়ে যাওয়ার পর পরিবারের সকলের সঙ্গে অঞ্জলি তাঁদের দেশের বাড়ি ব্যাসপুরে ঘুরতে যায়। সেখানে তাকে সম্মান জানানোর জন্য বিরাট বড় একটা অনুষ্ঠানের আয়োজন করা হয়েছিল। গ্রামবাসীরা সকলেই সঙ্গে করে তাদের ছেলেমেয়েদের, বিশেষ করে মেয়েদের নিয়ে এসেছিলেন যাতে তারা অঞ্জলিকে দেখে এবং তার সঙ্গে কথা বলে মোটিভেশন পায়। সেইসব ছোট ছোট ছেলে মেয়েদের সঙ্গে কথা বলতে বলতে বার বার অঞ্জলির চোখ জলে ভরে আসে।

RDO পদ ত্যাগ করে আইএএস হিসেবে কাজে যোগ দেওয়ার জন্য প্রচুর খুঁটিনাটি পেপার ওয়ার্কস করতে হয় অঞ্জলিকে। সেই সমস্ত কাজকর্ম

করার সময় তার কলিগদের ব্যবহারে আমূল পরিবর্তন লক্ষ্য করে সে। তার ক্ষমতা নিয়ে, তার দক্ষতা নিয়ে গুজগুজানি, ফুসফুসানির বদলে সকলে এখন তাকে বিস্ময় মিশ্রিত সম্মানের দৃষ্টিতে দেখতে শুরু করেছে। তার এই অভূতপূর্ব সাফল্যের কারণে হঠাৎ করে সকলেই তাকে শ্রদ্ধা করতে সম্মান করতে শুরু করেছে। অদম্য ইচ্ছা এবং ধৈর্য থাকলে স্বপ্ন পূরণের সঙ্গে সঙ্গে কীভাবে জীবনও বদলে ফেলা যায় এ যেন তারই উদাহরণ।

প্রথম দুবারের মেনস পরীক্ষায় অঞ্জলির রেজাল্ট খারাপ হয়েছিল মূলত সোশিওলজির নম্বরের জন্য। কিন্তু সেই সোশিওলজিই এবার তাকে সাফল্যের শিকড়ে পৌঁছে দিয়েছে। অঞ্জলি বলা যেতে পারে খানিকটা দুর্ঘটনাবশতঃ কলেজে মাইনর সাবজেক্ট হিসেবে সোশিওলজি নিয়েছিল। কিন্তু কিছুদিন পড়ার পরই সে এই বিষয়টাকে আন্তরিকভাবে ভালোবেসে ফেলে। সিভিল সার্ভিস পরীক্ষা দেওয়ার জন্য সে যখন ইউটিউব থেকে বিভিন্ন তথ্য সংগ্রহ করছিল, সেই সময়েই বুঝতে পারে যে অনেক পরীক্ষার্থীরাই সোশিওলজিকে অপশনাল সাবজেক্ট হিসেবে বেছে নেন।

প্রথম দুটো পরীক্ষাতেই সোশিওলজি পেপারে তার নম্বর এসছিল একদম এক; ২০৮। এবারের পরীক্ষায় এই ২০৮ নম্বরটাকে বাড়িয়ে ২৮০ তে পরিণত করবে বলে পণ করেছিল অঞ্জলি। ভগবান তার সেই ইচ্ছা পূরণ করেন। শেষবারের সিভিল সার্ভিস পরীক্ষায় অঞ্জলি সোশিওলজিতে ২৮৩ নম্বর পায়।

সীমান্তে জীবন যাপনের এক ঝলক

২০২৩ সালের সেপ্টেম্বর মাসে মুসৌরিতে লাল বাহাদুর শাস্ত্রী ন্যাশনাল অ্যাকাডেমি অফ অ্যাডমিনিস্ট্রেশন (LBSNAA) এর ফাউন্ডেশন কোর্স দিয়ে আইএএস হিসেবে যাত্রা শুরু করে অঞ্জলি। তা সত্ত্বেও সমস্যা তার পিছু ছাড়ে না। মুসৌরির চড়াই উৎরাই ভাঙ্গা অঞ্জলির কাছে কঠিন ছিল বটে কিন্তু তার থেকেও ঢের কঠিন ছিল ক্লাসে কী পড়ানো হচ্ছে সেটা বুঝে ওঠা। তার একটা বড় কারণ হলো বেশিরভাগ সময়েই তাদের ক্লাসে পাওয়ার পয়েন্ট প্রেজেন্টেশন দেখানো হত। তবে তার সুবিধার জন্য অ্যাকাডেমির তরফ থেকে এই সমস্ত প্রেজেন্টেশন নির্ধারিত ক্লাসের আগেই তার হাতে পৌঁছে দেওয়া হতো যাতে সে আগে থেকেই সেগুলো পড়ে

নিতে পারে। এছাড়াও পড়াশোনা করার জন্য তাকে একটা টেক্সট টু স্পিচ সফটওয়্যার এবং নিত্যদিনের কাজকর্মের সহায়তার এবং নিজের ইচ্ছামতো ক্যাম্পাসের ভিতর ঘোরাঘুরি করার জন্য দুজন সহায়ক দেওয়া হয়েছিল।

২০২৩ এর ডিসেম্বরে আইএএস অফিসার হিসেবে প্রফেশনাল ট্রেনিংয়ের প্রথম ভাগে অঞ্জলি একটা আট সপ্তাহ লম্বা শীতকালীন স্টাডি ট্যুরে অংশগ্রহণ করে। 'ভারত দর্শন' নামে জনপ্রিয় এই স্টাডি ট্যুরে অফিসার ট্রেনিদের ভারতের দৈর্ঘ্য এবং প্রস্থ বরাবর কুড়ি হাজার কিলোমিটার পথ অতিক্রম করতে হয়। সুবিধার জন্য ট্রেনিদের দুটো দলে ভাগ করে দেওয়া হয়। প্রতিটা দলে ১৮ থেকে ২০ জন করে ট্রেনি অফিসার থাকেন।

এই স্টাডি ট্যুরের দুটো উদ্দেশ্য। প্রথম উদ্দেশ্য হল আমাদের বিরাট দেশের ভৌগোলিক এবং সাংস্কৃতিক বৈচিত্র সম্পর্কে ট্রেনি অফিসারদের অবহিত করানো। যাতে তাঁরা আমাদের দেশের সমৃদ্ধ সাংস্কৃতিক ঐতিহ্য এবং বৈচিত্রপূর্ণ ভূভাগকে আপন করে নিতে সক্ষম হয়। আর দ্বিতীয় উদ্দেশ্যটা হল বিভিন্ন সংস্থার অভ্যন্তরীণ কর্মপদ্ধতি ভালো করে বুঝে নেওয়া। এই ট্যুর চলাকালীন ট্রেনি অফিসারদের আর্মড ফোর্স, পাবলিক এবং প্রাইভেট সেক্টর, মিউনিসিপাল সংস্থা এবং নানা সরকারি সংস্থার বিবিধ কার্যাবলী সম্পর্কে অবহিত করানো হয়।

নতুন নতুন জায়গায় যাওয়া নিয়ে ভিতরে ভিতরে উত্তেজিত হলেও অঞ্জলির মনের কোথাও একটা যেন একটু ভয়ও কাজ করে। কীভাবে সে এই রকম লম্বা যাত্রা একা একা সম্পন্ন করবে, তাই নিয়ে তার মনে নানা রকমের চিন্তাভাবনা কাজ করতে থাকে।

অঞ্জলি যে দলটায় ছিল সেই দলের সকলে দিল্লি থেকে ডিমাপুরের ফ্লাইট ধরে তাদের যাত্রা শুরু করে। সেখান থেকে প্যাঁচানো পাহাড়ি রাস্তা ধরে ১৮ ঘণ্টা লম্বা জার্নির পর অরুণাচল প্রদেশের মেচুকায় গিয়ে পৌঁছয় তারা। সেখানকার আর্মি অ্যাটাচমেন্ট এর সঙ্গে দেখা করা এবং তাদের থেকে কাজকর্ম শেখাটাই উদ্দেশ্য। যতক্ষণে তারা মেচুকায় পৌঁছয় ততক্ষণে দলের প্রত্যেক সদস্যের শরীর ক্লান্তিতে ভেঙে পড়ছে।

পরের দিন সকালে সূর্যের নরম আলো মেচুকার উপর পড়তে অঞ্জলির দলের সদস্যদের সামনে ফুটে ওঠে অপার্থিব সুন্দর নৈসর্গিক দৃশ্য। তাদের মনে হতে থাকে তারা যেন জেগে নেই। স্বপ্ন ছাড়া বাস্তবে কি এই রকম সুন্দর দৃশ্য দেখা সম্ভব? যেদিকেই তাকাক না কেন, বরফে ঢাকা উঁচু উঁচু

পাহাড়ের চূড়া তাদের চোখে পড়ে। আর একটু চোখ নামালে দেখা যায় সবুজ বনে ঢাকা পাহাড় আর রুপোলি রঙের নদী বিনুনির মতো একে অপরকে জড়িয়ে রয়েছে।

এক সপ্তাহ ধরে ইন্ডিয়ান আর্মির ক্যাম্পে আর্মির লোকেদের সঙ্গে থাকার ফলে তাদের অভ্যন্তরীণ ইনফ্রাস্ট্রাকচার এবং ভারতের সীমান্তের সুরক্ষায় তাদের গুরুত্বপূর্ণ ভূমিকার কথা সবিস্তারে জেনে নেয় অঞ্জলিসহ তার দলের অন্যান্য ট্রেনিরা। তাদের দলটাকে ইন্দোচীন বর্ডারের একেবারে গা ঘেঁষে থাকা পোখারের আশপাশেও ঘুরিয়ে দেখানো হয়। তাপমাত্রা শূন্যের অনেক নীচে থাকায় হাড় কাঁপানো ঠান্ডায় সমস্ত জায়গাটা ঘুরে দেখতে দেখতে অফিসাররা সীমান্তে বসবাসকারী সৈনিকদের দৈনন্দিন জীবন যে কতটা কঠিন হতে পারে তা বুঝতে পারে সকলে।

এই চূড়ান্ত প্রতিকূল পরিস্থিতিতেও সৈনিকদের সহ্য, ধৈর্য এবং মানসিক স্থিতির কথা ভেবে চমৎকৃত না হয়ে পারে না অঞ্জলি। এইরকম কঠোর পরিস্থিতিতে থাকা সত্ত্বেও সৈনিকেরা তাদের অতিথিদের সাদর অভ্যর্থনা জানিয়ে উষ্ণ আতিথেয়তায় ভরিয়ে তুলেছে। অঞ্জলি ভারতীয় সৈনিকদের প্রতি নিষ্ঠা এবং তাঁদের মানসিক জোর সম্পর্কে আরো বেশি করে শ্রদ্ধান্বিত হয়ে ওঠে।

কিছুদিন পরই অঞ্জলি এবং তার সঙ্গীরা স্পষ্ট বুঝতে পারে যে যাত্রার প্রথম দিকে ক্লান্তি এবং অন্যান্য কিছু অসুবিধার সম্মুখীন হলেও, ভারতীয় সেনাবাহিনীর সঙ্গে কাটানো এই সপ্তাহটা তাদের ভারত দর্শন ট্যুরের অন্যতম স্মরণীয় অধ্যায়।

নিজেকে জানার যাত্রা

মেচুকায় থাকার সময় অঞ্জলি আর তার সহকর্মীরা স্থানীয় মেমবা, রামো, বোকার এবং লিবো উপজাতির সংস্কৃতির সঙ্গে পরিচিত হয়। যাত্রার পরবর্তী পর্যায়ে তারা হায়দ্রাবাদে ভারতীয় বায়ু সেনা এবং কোচিতে ভারতীয় নৌবাহিনীর অ্যাটাচমেন্ট হিসেবেও বেশ কিছুটা সময় কাটায়। ফাইটার প্লেনে চেপে মেঘের উপরে ওড়া থেকে শুরু করে ডুবো জাহাজে চড়ে সমুদ্রের গভীরতা মাপা পর্যন্ত বিভিন্ন রকম অপারেশনের কথা জানতে পেরে অঞ্জলি হতবাক হয়ে যায়। সে কল্পনাও করতে পারেনি, কী অসাধারণ ডেডিকেশন

এবং নিষ্ঠার সঙ্গে বায়ু এবং নৌবাহিনীর সঙ্গে যুক্ত পুরুষ এবং মহিলা কর্মীরা এত রকমের কাজকর্ম করে চলেছেন।

কোচির শান্ত সমুদ্রের বুক থেকে অসাধারণ সুন্দর লাক্ষাদ্বীপ, অঞ্জলি আর তার কলিগেরা যেন নতুন করে অপার এক সৌন্দর্যময় পৃথিবীর খোঁজ পায়।

যদিও অঞ্জলি স্কুবা ডাইভিংয়ের মাধ্যমে প্রবাল প্রাচীরের সৌন্দর্য নিরীক্ষণ করতে সক্ষম হয়নি, কিন্তু সহকর্মীদের কাছ থেকে তার গল্প শুনে সে সেই সৌন্দর্য অনুভব করতে সক্ষম হয় বৈকি। জাহাজে করে ফিরে আসাটা আরো একটা অবিস্মরণীয় অভিজ্ঞতা হিসেবে জমা হয় অঞ্জলির মনে। জাহাজটা যখন সমুদ্রের মধ্যে দিয়ে যাচ্ছিল তখন দিগন্ত বিস্তৃত খোলা জলস্তর তাদের চোখের সামনে যেন অপূর্ব সুন্দর তৈলচিত্র এঁকে দেয়।

প্রকৃতির এই অপার সৌন্দর্য ছাড়াও তার সহকর্মীদের সঙ্গে এই কদিনে তৈরি হওয়া বন্ধুত্বপূর্ণ সম্পর্ক অঞ্জলির মনে বিশেষ করে দাগ রেখে যায়। বিভিন্ন রকম ওয়াটার স্পোর্ট খেলার সময় আনন্দের মুহূর্ত থেকে শুরু করে তারাখচিত রাত্রে একসঙ্গে বসে গল্প করা পর্যন্ত প্রতি মুহূর্তই যেন তার হৃদয়ে আলাদা করে জায়গা করে নেয়। তবে সমস্ত বন্ধুদের মধ্যে তার রুমমেট অম্বিকার কথা বিশেষ করে মনে হয় অঞ্জলির। এই কদিনে অম্বিকার সঙ্গে তার গভীর বন্ধুত্বের সম্পর্ক তৈরি হয়েছে। এই দীর্ঘ ট্যুরে প্রয়োজন-অপ্রয়োজনে সব সময় অম্বিকা তার পাশে দাঁড়িয়েছে।

ভারতের একদম মধ্যভাগ দিয়ে যখন তাদের গ্রুপ যাত্রা করছিল, তখন অঞ্জলির মনে হয় যে তার জীবনে একটা বিশাল পরিবর্তন ঘটে গিয়েছে। প্রত্যেকদিন তার আত্মবিশ্বাস একটু একটু করে বেড়েই চলেছে। তার দৃষ্টিভঙ্গি পরিবর্তিত হয়েছে বিপুলভাবে। নিজেকে আর সে কোনোভাবেই অন্যদের থেকে ছোট বা দুর্বল মনে করতে পারে না। বরং তার মনে হয় সে একজন অত্যন্ত নিষ্ঠাবান এবং দক্ষ মানুষ যে একবার মনস্থির করে ফেললে যে কোনো কিছু জয় করতে পারে।

চ্যালেঞ্জের পর চ্যালেঞ্জ

LBSNAA তে তার ট্রেনিং পিরিয়ড শেষ করার পরে অধীর আগ্রহে ফিল্ডওয়ার্ক শুরু করার জন্য অপেক্ষা করছিল অঞ্জলি। কিন্তু একই সঙ্গে

ফের যে সে একটা বিরাট বড় চ্যালেঞ্জের সম্মুখীন হতে চলেছে তা নিয়ে কিছুটা আশঙ্কাও ছিল তার মনে।

"ফাইল ছাড়াও আরো হাজার রকমের জরুরী কাগজপত্রে সই করার দায়িত্ব থাকবে আমার। একজন অত্যন্ত নির্ভরশীল এবং বিশ্বাসী অ্যাসিস্ট্যান্ট খোঁজা দরকার এখনই। বিশ্বস্ত সহকারি খুঁজে পাওয়ার জন্য কোনো সরকারি নিয়ম আছে কি? টেকনোলজির ক্রমাগত উন্নতিও একটা সমস্যা আমার কাছে। কীভাবে আরো ভালো করে এবং দ্রুত আমি কম্পিউটার, ইন্টারনেট এবং অন্যান্য টেকনোলজির ব্যবহার শিখতে পারবো?" একদিন ইনটেনসিভ ট্রেনিং করার শেষে হোস্টেলে বসে ভাবছিল অঞ্জলি।

মনে মনে সে বুঝতে পেরেছিল টেকনোলজি তাকে দক্ষ ভাবে কাজ করতে খুবই সাহায্য করতে পারে। LBSNAA তে তাকে একটা যন্ত্র দেওয়া হয়েছিল যার নাম 'অর ক্যাম মাই আই'। এই যন্ত্রটার সাহায্যে যে কোনো বইয়ের বা অন্য কোনো কাগজপত্রের ছবি তুললে সেই কাগজের লেখা যন্ত্রটা তাকে পড়ে শোনাতো।

অন্যান্য দৃষ্টিহীন সিনিয়র অফিসারদের কর্মক্ষেত্রে দক্ষতার গল্পও অঞ্জলিকে উদ্বুদ্ধ করেছিল।

"সমস্যা তৈরি হয় যাতে আমরা তার সমাধান বার করতে পারি। আমার জীবনে যাই সমস্যা আসুক না কেন, আমি ঠিক তার সমাধান খুঁজে বার করব।" নিজের কাছে নিজে সংকল্প করে অঞ্জলি।

***

অঞ্জলির ঘটনা থেকে শিক্ষণীয় বিষয়গুলি হল:

১. **অধ্যাবসায় এবং অবিচল বিশ্বাস:** বিবিধ দুঃখ এবং কঠিন চ্যালেঞ্জের মুখোমুখি দাঁড়িয়ে অধ্যাবসায়, কঠিন পরিশ্রম এবং নিজের স্বপ্নের প্রতি অবিচল বিশ্বাসই শেষ পর্যন্ত সাফল্য বয়ে আনে। একাধিক বিফলতার পরেও সাফল্য আসতে পারে। কাজেই কঠিন পরিস্থিতির সম্মুখীন হলে ভেঙে পড়ো না বা অসফল হলে দুঃখ পেয়ো না। অর্জুনের মতো একাগ্রতা নিয়ে নিজের লক্ষ্যে স্থির থেকে চেষ্টা চালিয়ে যাও।

২. **বাবা মায়ের সমর্থন:** সিভিল সার্ভিসে সাফল্যের পিছনে বাবা মায়ের খুব গুরুত্বপূর্ণ ভূমিকা থাকে। ছেলেমেয়েদের ক্ষমতার উপরে বাবা মায়ের পূর্ণ আস্থা রাখা প্রয়োজন। তারা বিফল হলেও ধৈর্য সহকারে তাদের সমর্থন ও সাহস জুগিয়ে যাওয়া বাবা মায়ের কর্তব্য। প্রতিটা বাধাই সাফল্যের সিঁড়ি তৈরি করে।

৩. **টেকনোলজির অগ্রগতির সাহায্য নেওয়া:** টেকনোলজি সারা বিশ্ব জুড়ে নতুন এক বিপ্লব ডেকে এনেছে। আমাদের উচিত এই অগ্রগতির পূর্ণ সদ্ব্যবহার করা। নতুন নতুন উদ্ভাবিত টেকনোলজি বিভিন্ন রকমের বাধা বিপত্তি কাটিয়ে তোমাদের নিজের লক্ষ্যের দিকে এগিয়ে যাওয়ার পথে অত্যন্ত শক্তিশালী হাতিয়ার হতে পারে। সাফল্য পাওয়ার জন্য টেকনোলজিকে নিজের শক্তি হিসাবে ব্যবহার করো।

৪. **নিজের সঙ্গে নিজের প্রতিযোগিতা:** বড় শহর বা নামী ইনস্টিটিউটের পরীক্ষার্থীরা তোমার থেকে অনেক বেশি ভাল বলে মনে করো না। নিজের সঙ্গে নিজের প্রতিযোগিতা করো। সমানে নিজের পরিধি আরো বিস্তৃত করার চেষ্টা করো। নিজের লক্ষ্যের দিকে সমানে এগিয়ে যাওয়ার চেষ্টা করতে থাকো। সাফল্য সম্পূর্ণ ভাবেই তোমার নিজের বৃদ্ধি এবং সংকল্পের উপরে নির্ভর করে। কাজেই তুমি কোথায় থাকো বা তোমার পারিবারিক পটভূমির উপরে তোমার সাফল্য নির্ভরশীল নয়।

৫. **অধ্যবসায় দিয়ে প্রতিবন্ধকতা জয়:** প্রতিবন্ধকতা মানসিক বাধা ব্যতীত আর কিছুই নয়। অধ্যবসায়, সংকল্প, কঠিন পরিশ্রম এবং নতুন টেকনোলজির সঠিক ব্যবহার করলে কোনো কিছুই তোমার স্বপ্নের সামনে বাধা হয়ে দাঁড়াতে পারবে না।

পঞ্চম অধ্যায়

ইউপিএসসি-র স্বপ্নে মশগুল কাশ্মীরি বালক

আমি ইঞ্জিনিয়ার হতে চাই

২০১৩ সালের জুন মাস। বিকেল গড়িয়ে সন্ধে হয়ে আসছে। কাশ্মীরের একটা ফাঁকা রাস্তা ধরে তিন বন্ধু ওয়াসিম, মহসিন আর উমর বাড়ি ফিরছিল। চিনার গাছের ফাঁক দিয়ে বয়ে আসা গ্রীষ্মের হালকা শীতল বাতাস তাদের গায়ে মাথায় আদর করে দিচ্ছিল। ঘরে ফিরতে থাকা পাখিদের কলরবে মুখর হয়ে উঠেছিল আপাত শান্ত এলাকাটা।

এরা তিনজনেই দক্ষিণ কাশ্মীরের অনন্ত নাগ জেলার অধিবাসী। ওয়াসিমের বাড়ি অপূর্ব নৈসর্গিক একটা ছোট্ট গ্রাম ব্রাগ্রামে। উমর আর মহসিন তার পাশেরই নাথিপুরা গ্রামের বাসিন্দা। তারা তিনজনেই দুরু সাহাবাদের সরকারি হায়ার সেকেন্ডারি স্কুলের ক্লাস ইলেভেনের ছাত্র।

প্রত্যেকদিন বিকেল-সন্ধের হাঁটাটা তাদের তিনজনের অভ্যাস। হাঁটা আসলে অজুহাত। তার সঙ্গে চলতে থাকা বিভিন্ন বিষয়ের উপর গল্পটাই এই অভ্যাস জন্মের আসল কারণ। এই দিন তাদের মধ্যে আলোচনার বিষয়টা ছিল কেরিয়ার। কে জীবনে কী হতে চায়, তাই নিয়ে আলাপ-আলোচনা চলছিল তাদের তিনজনের মধ্যে।

"আমি আইএএস অফিসার হতে চাই। ওদের হাতে কত পাওয়ার থাকে বলতো?" মহসিন বলে ওঠে।

"তুই কী করে জানলি?" কৌতূহলী উমর জিজ্ঞাসা করে তাকে।

"ওঁরা প্রত্যেকটা জেলার ডেপুটি কমিশনার হিসেবে নিযুক্ত হন। বিভিন্ন জায়গা থেকে লোকেরা নিজেদের সমস্যা, যেমন ধর পানীয় জল,

ইলেকট্রিসিটি, চাকরিবাকরি বা পুলিশের অত্যাচার, এরকম হাজারো সমস্যা সমাধানের জন্য ওঁদের কাছে যায়, আর ওঁরাও সেগুলোর সমাধান করেন।” উমরকে বুঝিয়ে বলতে বলতে উত্তেজনায় মহসিনের চোখ চকচক করে ওঠে।

“কিন্তু আইএএস অফিসার হবি কী করে?” নাছোড় উমর পুরো বিষয়টা ভালো করে বুঝে নিতে চায়।

“গ্র্যাজুয়েশনের পরে ভীষণ কঠিন একটা পরীক্ষা আছে, সেটা দিতে হয়। সেই পরীক্ষার টপ স্কোরাররাই কেবলমাত্র আইএএস হিসেবে নিযুক্ত হয়।” বলে ওঠে মহসিন।

এতক্ষণ এই আলোচনায় অংশগ্রহণ করেনি ওয়াসিম। এবার সে বলে ওঠে, “বাস্তব জীবনে পরিবর্তন আইএএস অফিসাররা আনেন না। বিজ্ঞানীরা আর ইঞ্জিনিয়াররা সেই পরিবর্তন আনেন। সেই জন্যই আমি ইঞ্জিনিয়ার হব।” জোর গলায় বলে ওঠে সে। ওয়াসিমের কথা শুনে উমর আর মহসিন দুজনেই হেসে ওঠে। কিন্তু তাদের হাসিকে ওয়াসিম পাত্তাই দেয় না।

ভাগ্যদেবী অবশ্য ওয়াসিমের জন্য একদম অন্য একটা গল্প লিখে রেখেছিলেন।

বিজ্ঞানের প্রতি ওয়াসিমের আগ্রহের সূচনা

ওয়াসিম খুবই সাধারণ মধ্যবিত্ত ঘরের ছেলে। তার বাবা মোহাম্মদ ইউসুফ ভাট এগ্রিকালচার প্রোডাকশন ডিপার্টমেন্ট অফ জম্মু অ্যান্ড কাশ্মীরে মৌমাছি পালকের কাজ করেন। তার মা রুবি জান বাড়ির সমস্ত কাজ একা হাতে সামলান। রুবি আর ইউসুফের সবথেকে বড় ছেলে হল ওয়াসিম। তারপরে আরো তিন ভাইবোন আছে, আরজু, আলিয়া আর আরফাত। তার ঠাকুরদা গুলাম আহমেদ ভাটের সামান্য চাষবাস ছিল।

প্রথম থেকেই পড়াশোনায় ওয়াসিম খুবই ভালো। ক্লাস টেনের পরীক্ষায় সে দুরু সাহাবাদ ব্লকের সমস্ত স্কুলের মধ্যে তৃতীয় স্থান অধিকার করে। তাছাড়া, স্কুলের পরীক্ষায় এই এলাকার সমস্ত ছাত্রদের মধ্যে সে প্রথমের দিকে না থাকলে ইউসুফ খুবই দুঃখ পেতেন।

পড়াশোনা ছাড়াও গান করতে ওয়াসিম খুবই ভালোবাসতো। ছেলেবেলায় আর্মি পেট্রোলের লোকেদের সামনে গাইবে বলে খুব যত্ন নিয়ে দেশ ভক্তির

গান শিখত ওয়াসিম। গান শোনানোর পুরস্কার হিসেবে প্রায়ই মুঠো মুঠো টফি আর মাঝে মাঝে অল্প কিছু টাকাকড়িও পেতো সে।

ইকবাল মেমোরিয়াল ইনস্টিটিউটে পড়ার সময় ওয়াসিমের সঙ্গে গুলজারের প্রথম পরিচয়। বিজ্ঞানের শিক্ষক গুলজারের ছাত্রদের বিজ্ঞান শেখানোর পদ্ধতি ছিল অন্য সকলের থেকে আলাদা। সেই অদ্ভুত শিক্ষণ পদ্ধতিতে মুগ্ধ হয়ে ওয়াসিম বিজ্ঞানের প্রতি আকৃষ্ট হয়। স্থির করে সে বড় হয়ে ইঞ্জিনিয়ারই হবে। আরো মন দিয়ে পড়াশোনা করতে থাকে সে। ক্লাস টুয়েলভে রেকর্ড পরিমাণ নম্বর পেয়ে দারু সাহাবাদ ব্লকের সব স্কুলের মধ্যে ওয়াসিম প্রথম স্থান অধিকার করে। একই সঙ্গে সে জয়েন্ট এন্ট্রান্স মেনস পরীক্ষাও পাস করে। তারপর সে শ্রীনগরের ন্যাশনাল ইনস্টিটিউট অফ টেকনোলজিতে (NIT) বিটেক নিয়ে ভর্তি হয়।

মেনস পরীক্ষায় পাস করলেও অ্যাডভান্সড লেভেলের পরীক্ষায় পাস না করতে পারার জন্য তার স্বপ্নের ইন্ডিয়ান ইনস্টিটিউট অফ টেকনোলজিতে (IIT) ভর্তি হওয়ার সুযোগ হারায় ওয়াসিম। স্বপ্নভঙ্গের ফলেই সে বেশ কিছুটা হতাশ হয়ে পড়ে। সুযোগ থাকা সত্ত্বেও কেন সে ভালো কোচিংয়ে পড়ার জন্য কোটায় গেল না, তা নিয়ে মনে মনে দুঃখও করতে থাকে সে।

বাবার জোরাজুরিতে অংক ছাড়াও হায়ার সেকেন্ডারিতে বায়োলজি বেছে নিয়েছিল ওয়াসিম। জয়েন্ট এন্ট্রান্সের পাশাপাশি NEET পরীক্ষাও দিয়েছিল ওয়াসিম। সেখানে তার র‍্যাঙ্ক বেশ ভালোই হয়।

অনিশ্চিত পথ

শ্রীনগরের NIT তে ভর্তি হওয়ার সময় জম্মু-কাশ্মীর সরকারে জুনিয়র ইঞ্জিনিয়ার (সিভিল) এর প্রচুর পদ খালি থাকায় ওয়াসিমের বাবা তাকে সিভিল ইঞ্জিনিয়ারিং নিয়ে পড়ার পরামর্শ দেন।

"তোর পড়াশোনা শেষ হতে না হতেই তুই একটা সরকারি চাকরি পেয়ে যাবি!" কাউন্সেলিংয়ের আগের রাতে খাওয়ার সময় ওয়াসিমকে বলেন তিনি।

মনে মনে কম্পিউটার ইঞ্জিনিয়ারিং নিয়ে পড়ার শখ থাকলেও সে কথা ওয়াসিম আর তার বাবাকে বলতে পারেনি; তার কারণ মাত্র দিন কয়েক আগেই তাঁর পরামর্শ মতো NEET পরীক্ষার রেজাল্টের ভিত্তিতে BDS কোর্সে ভর্তি

হতে রাজি হয়নি সে। আর তাছাড়াও সিভিল ইঞ্জিনিয়ারিং আর কম্পিউটার সায়েন্সের মধ্যে যে কতটা পার্থক্য, সেটা নিয়েও তার খুব একটা স্পষ্ট ধারণা ছিল না। কাজেই সেই মুহূর্তে সে বাবার পরামর্শ শোনার সিদ্ধান্তই নেয়।

অপূর্ব সুন্দর ডাল লেকের এর পাশে অবস্থিত NIT-এর পরিবেশ খুবই ভালো লাগে ওয়াসিমের। সেন্ট্রাল লাইব্রেরী থেকে শুরু করে গোটা ক্যাম্পাস জুড়ে ওয়াইফাই নেটওয়ার্ক-সহ সমস্ত রকম অত্যাধুনিক সুযোগ সুবিধা রয়েছে এখানে। সারা ভারত থেকে ছাত্ররা NIT-তে পড়াশোনা করতে আসে। এখানে আসার পরে দেশের বৈচিত্র্য নিয়ে ওয়াসিমের মনে বেশ খানিকটা ধারণা হয়।

বিটেক-এর প্রথম বছরটা চোখের পলক ফেলতে না ফেলতেই কেটে যায়। তখনো অবধি বিভিন্ন রকমের ইঞ্জিনিয়ারিং স্ট্রিমের পার্থক্য ভালো করে বুঝে উঠতে পারেনি ওয়াসিম, কারণ তখনও অবধি সমস্ত ছাত্রকে একই সাবজেক্ট নিয়ে পড়াশোনা করতে হচ্ছিল। তৃতীয় সেমিস্টারে ইঞ্জিনিয়ারিং ড্রয়িং এবং অন্যান্য কোর সিভিল ইঞ্জিনিয়ারিংয়ের ক্লাস শুরু হতেই পুরো ব্যাপারটা ওয়াসিমের কাছে ভীষণ একঘেয়ে হয়ে দাঁড়ায়।

"ইঞ্জিনিয়ারিং সাবজেক্টটা এরকম বোরিংভাবে কেন পড়ানো হচ্ছে? কেন আমাদের কেবলমাত্র থিওরি আর ফর্মুলা মুখস্ত করে যেতে হবে? কেন তার প্র্যাকটিক্যাল দিকগুলোয় আমরা ফোকাস করব না?" সেই সময় মনে মনে প্রায়ই একথা ভাবত ওয়াসিম। "কেন নতুন প্রযুক্তির কম্পিউটার এইডেড ডিজাইন (CAD) থাকা সত্ত্বেও সমস্ত ছবি আমাদের হাতে আঁকতে হবে?" প্রশ্নের পর প্রশ্ন জাগে। অনিশ্চয়তা আর হতাশার ঝড় ওঠে ওয়াসিমের মনে। যে পথে সে তার ভবিষ্যৎ গড়তে চেয়েছিল, এখন তার সেটাকে প্রচণ্ড ভারী বোঝা বলে মনে হয়। তার মনে হতে থাকে যে তার কী পছন্দ, সেটা ঠিক মতো না ভেবে বড্ড তাড়াহুড়ো করে সিদ্ধান্ত নিয়ে ফেলেছে সে।

থার্ড সেমিস্টারের C++ প্রোগ্রামিংয়ের ক্লাস থাকায় সে আরো বেশি করে বুঝতে পারে যে তার সিদ্ধান্ত ঠিক কত বড় ভুল ছিল। প্রোগ্রামিং করতে তার খুবই ভালো লাগতো বলে সে এই বিষয়টাকে মন দিয়ে পড়ে এবং পরীক্ষার সময় এই পেপারে প্রচুর নম্বরও পায়। কিন্তু বহু প্রচেষ্টা সত্ত্বেও সিভিল ইঞ্জিনিয়ারিংয়ের প্রতি এই জাতীয় ভালোবাসা নিজের মনে কিছুতেই জাগাতে পারে না ওয়াসিম।

পড়াশোনার অভ্যাস শক্ত ভিত তৈরি করতে সাহায্য করে

এইরকম প্রতিকূল পরিস্থিতিতে দাঁড়িয়ে ওয়াসিমের মনে ধৈর্য এবং স্থৈর্যের একটা ছোট্ট বীজ রোপিত হয়। ইঞ্জিনিয়ারিংয়ের প্রতি তার উৎসাহ কমার সঙ্গে সঙ্গে পাল্লা দিয়ে বাড়তে থাকে থাকে বই পড়ার প্রতি নিখাদ ভালোবাসা।

NIT এর লাইব্রেরী এবং আরো একটা পাবলিক লাইব্রেরী থেকে ওয়াসিম আর তার বন্ধু ফয়জান মিলে প্রচুর বই নিয়ে আসতে শুরু করে। দুজনে মিলে সাহিত্য চর্চার নতুন অভ্যাস তৈরি করে। প্রতিদিন NIT থেকে কাশ্মীর ইউনিভার্সিটি পর্যন্ত দীর্ঘ রাস্তা হাঁটার সময় তারা দুজনে বিভিন্ন বিষয়ের উপর আলাপ আলোচনা করতে থাকে। সেই সমস্ত বিষয়ের মধ্যে যেমন সাহিত্য থাকে, তেমনি অ্যানথ্রোপলজি, হিউম্যান এভোলিউশন এবং কারেন্ট অ্যাফেয়ার্সও কিছু কম থাকে না।

২০১৬ সালের জুলাই মাসে কাশ্মীরে বড়সড় গোলমাল দেখা দেয়। এই কারণে সমস্ত স্কুল কলেজ ছ'মাসের জন্য বন্ধ করে দেওয়া হয়। টেলিফোন আর ইন্টারনেট যোগাযোগও ছিন্ন হয়ে যায়। বাড়িতে বন্দি অবস্থায় এই প্রতিকূলতাকে নিজের বৌদ্ধিক উন্নয়নের সুযোগ হিসেবে ব্যবহার করে ওয়াসিম। বাড়ির কাছের একটা লাইব্রেরী থেকে প্রচুর পরিমাণে বই নিয়ে এসে পড়াশোনা করতে থাকে সে। কিন্ডলের মাধ্যমেও প্রয়োজনীয় বইপত্র যোগাড় করে পড়তে থাকে ওয়াসিম। তাদের প্রত্যন্ত গ্রামে খবরের কাগজ এক দিন পরে পৌঁছলেও নিয়ম করে দ্য হিন্দু পড়ার অভ্যাস তৈরি করে সে।

২০১৭ সালের জানুয়ারি মাসের কনকনে শীতের মধ্যে ফের তাদের ক্লাস শুরু হয়। তাদের হোস্টেলে হিটিংয়ের তেমন ব্যবস্থা না থাকায় ফয়জান আর ওয়াসিম মিলে দিনের বেশিরভাগ সময়টায় লাইব্রেরীতে আশ্রয় নেয়। সেখানে বসে ঘন্টার পর ঘন্টা বিভিন্ন রকমের বই আর ম্যাগাজিন পড়তে থাকে তারা। ইতিমধ্যেই ওয়াসিম সিভিল সার্ভিসেস পরীক্ষা সম্পর্কে পড়াশোনা করে বিভিন্ন সার্ভিসেসের সঙ্গে যুক্ত আধিকারিকদের পদমর্যাদা এবং তাঁদের কাজকর্ম সম্পর্কে সবিস্তারে জেনে নেয়। আইএএস অফিসারদের বৈচিত্রপূর্ণ অ্যাসাইনমেন্ট এবং সমাজের উপরে তাদের কাজের প্রভাবের কথা বুঝতে পেরে এই পেশার প্রতি তার মনে আগ্রহ জন্মায়। সময়ের সঙ্গে সঙ্গে সেই আগ্রহ স্বপ্নে রূপান্তরিত হয়।

কলেজের পঞ্চম সেমিস্টারে পড়ার সময় হোস্টেলের রুমমেট ফয়জান, বাসিত আর সাজ্জাদকে তার আইএএস হওয়ার স্বপ্নের কথা জানায় ওয়াসিম। এতে তারা বেশ কিছু ব্যাঙ্গাত্মক মন্তব্য করে।

ওয়াসিমকে তারা বলে, "এ আশা দুরাশা! যারা দিল্লির সেন্ট স্টিফেন্স আর LSR কলেজে পড়ে, তাদের কাছে সেই রকম উপযুক্ত পরিবেশ থাকে বলে কেবল তারাই আইএএস অফিসার হতে পারে। NIT শ্রীনগর থেকে কেউ কখনো আইএএস অফিসার হতেই পারে না।"

বন্ধুরা তার স্বপ্নকে এক ফুঁয়ে উড়িয়ে দিলেও নিজের সিদ্ধান্তে অটল থাকে ওয়াসিম।

তোমার সংকল্প এবং লক্ষ্য যদি অবিচল থাকে, তাহলে মাউন্ট ইউপিএসসির মতো বিরাট বড় পর্বত জয় করা খুব একটা কঠিন নয়, তা সে যেখান থেকেই তুমি যাত্রা শুরু করো না কেন।

শ্রীনগর থেকে মাউন্ট ইউপিএসসি দর্শন

ওয়াসিমের ফিফ-সিক্সথ সেমিস্টার চলাকালীন তাদের কলেজে দুজন কাশ্মীরি আইএএস অফিসার, অথার আমির এবং শাহ ফায়জাল আসেন। এঁদের দুজনকে দেখে মাউন্ট ইউপিএসসি জয় করার ইচ্ছাটা ওয়াসিমের মনে দৃঢ়তর হয়ে ওঠে।

শাহ ফায়জল হলেন প্রথম কাশ্মীরি যিনি ২০১০ এর সিভিল সার্ভিস পরীক্ষায় প্রথম স্থান অধিকার করেন। হাজার হাজার কাশ্মীরি ছেলেমেয়েদের কাছে আজ তিনি একজন রোল মডেল। কাশ্মীরের একটা প্রত্যন্ত গ্রামের বাসিন্দা ছিলেন ফায়জল। সিভিল সার্ভিস পরীক্ষার প্রস্তুতির মধ্যেই জঙ্গী আক্রমণে বাবাকে হারান তিনি। কিন্তু শত দুঃখেও তাঁর মনোবল ভেঙে যায়নি। এমবিবিএস পরীক্ষায় পাশ করার পরে সিভিল সার্ভিস পরীক্ষা দেন ফায়জাল এবং সেখানেও তিনি সাফল্য লাভ করেন।

২০১৮ সালের ১৫ ই এপ্রিল NIT তে TEDx TALK এর অনুষ্ঠানে এসেছিলেন ফায়জল। তাঁর বক্তব্য শোনার জন্য অনুষ্ঠানে প্রচুর লোক ক্যাম্পাসে উপস্থিত হন। সেই অনুষ্ঠানে ঢোকার টিকিট পায়নি বলে খুবই দুঃখিত হয়েছিল ওয়াসিম। তার স্বপ্নের কথা জানা থাকায় তার এক বন্ধু নিজের টিকিট তাকে দিয়ে দিলে অনুষ্ঠানে যোগ দেয় সে।

অথার আমির হলেন আরেকজন কাশ্মীরি যিনি ২০১৫ এর সিভিল সার্ভিস পরীক্ষায় দ্বিতীয় স্থান অধিকার করেন। তাঁর বাড়িও কাশ্মীরের অনন্ত নাগ জেলার ছোট একটা গ্রামে। সিভিল সার্ভিস পরীক্ষা দেওয়ার আগে IIT মান্ডি থেকে ইঞ্জিনিয়ারিং পাশ করেন তিনি। ২০১৮ সালের ১৪ই আগস্ট NIT-তে এসে সিভিল সার্ভিস পরীক্ষার খুঁটিনাটি বিষয়ে নিজের অমূল্য মতামত দেন আমির। তাঁর বক্তব্য শোনার পর ওয়াসিমের মনে আইএএস হওয়ার ইচ্ছার আগুনটা আরো গনগনে হয়ে ওঠে।

ভবিষ্যতে সে আসলে কী করতে চায় সেটা নিজের পরিষ্কার থাকায় ওয়াসিম ফাইনাল সেমিস্টারে পড়ার সময় খুব সহজেই বেশিরভাগ অপ্রয়োজনীয় ডিস্ট্রাকশন কাটিয়ে ওঠে। লোভনীয় স্যালারির জব প্লেসমেন্ট বা বিনামূল্যে GATE-এর কোচিং এর মতো বিষয়কে উপেক্ষা করে সেই সময়টাকে কাজে লাগিয়ে সে সিভিল সার্ভিস পরীক্ষা সম্বন্ধে অমূল্য তথ্য সংগ্রহ করে। এই তথ্যের ভিত্তিতেই ওয়াসিম পরীক্ষায় পাশ করার একটা ছক কষে।

জীবন বদলে দেওয়া আলোচনা

২০১৯ সালের জুন মাসে বিটেক শেষ হলে ওয়াসিম নিজের গ্রামে ফিরে গেলে তার বাবা-মা খুবই চিন্তিত হয়ে পড়েন। কিন্তু ওয়াসিমের মনে যে কী চিন্তা চলছে তা নিয়ে তাঁদের কোনো ধারণাই ছিল না। ওয়াসিম জানতো যে তার পরিবারের আর্থিক অবস্থা তেমন ভালো নয়। আর তাছাড়া ছোট তিন ভাই বোনের পড়াশোনার জন্য তার বাবা-মাকে যথেষ্ট খরচও করতে হবে। সেই জন্য সিভিল সার্ভিসের প্রস্তুতির জন্য দিল্লিতে কোচিং নিতে যাওয়ার সুপ্ত ইচ্ছেটা কারোর কাছেই প্রকাশ না করে বাড়িতে থেকেই প্রস্তুতি নেবে বলে মনে মনে স্থির করে।

১৯ শে জুলাই ২০১৯। রাতের খাবার খাওয়ার জন্য ওয়াসিমের পরিবারের সকলে ডিনার টেবিলে বসেছে। হঠাৎ করেই ওয়াসিমের ফোন বেজে ওঠে। তার বন্ধু ফেয়জাল তাকে ফোন করেছে। উত্তেজিত ফেয়জলের গলা সারা ঘরে ছড়িয়ে পড়ে।

"তুই কোথায় ভাই?" উৎসাহী গলায় জিজ্ঞেস করে ওয়াসিম।

"আমি দিল্লিতে এসেছি। গতকালই আইএএস কোচিংয়ে ভর্তি হয়েছি।

পরের সপ্তাহ থেকে ক্লাস শুরু হবে।” ফেয়জলের বলা সব কথাই স্পষ্ট ভাবে শুনতে পান ওয়াসিমের বাবা মা।

“তুই যদি ভর্তি হতে চাস, তাহলে খুব দ্রুত সিদ্ধান্ত নিয়ে ২৪ শে জুলাই এর মধ্যে দিল্লি পৌঁছে যাস। ঠিক তার পরের দিন থেকেই ক্লাস শুরু হবে।” ফেয়জাল বলে চলে।

তাকে নিরস্ত করে নরম গলায় ওয়াসিম বলে, “নারে ভাই! আমার যাওয়া হবে না। আমি বাড়ি থেকেই প্রস্তুতি নেবো।” আর বেশি কথা না বাড়িয়ে ফোন কেটে দেয় ওয়াসিম। তারপর মাথা নামিয়ে চুপচাপ খেতে শুরু করে সে।

“ওয়াসিম, তোমার দিল্লি গিয়ে কোচিংয়ে ভর্তি হওয়া উচিত!” বাবার কথায় ওয়াসিমের চিন্তার জাল ছিঁড়ে যায়। ইউসুফ তাঁদের জেলার ডেপুটি কমিশনারদের সঙ্গে আগে দেখা করেছেন; তাই তিনি জানেন যে তাঁদের কতটা ক্ষমতা থাকে।

“বাবা, কোচিংয়ে পড়ার অনেক খরচ। আর তাছাড়া ঘর ভাড়া, খাবার দাবার এবং অন্যান্য প্রয়োজনীয় জিনিসের জন্য প্রচুর টাকা লাগবে। তুমি ইতিমধ্যেই আমার জন্য অনেক করেছো। এবার তোমার আলিয়া, আরজু আর আরফাতের কথা ভাবা উচিত।”

“টাকা-পয়সা নিয়ে তুই চিন্তা করিস না। ও আমি ঠিক কোনো না কোনো ব্যবস্থা করে ফেলব। খালি আইএএস অফিসার হয়েই ফিরিস।” তার বাবা তাকে সান্ত্বনা দেন। তাঁর চোখে একটা আশার দীপ্তি জ্বলতে দেখতে পায় ওয়াসিম। রুবি জানও ইউসুফকে সমর্থন করেন।

কথামতো ২৩ শে জুলাই ২০১৯ এর মধ্যেই ইউসুফ কোচিংয়ে ভর্তি হওয়া এবং দিল্লিতে থাকার জন্য প্রয়োজনীয় টাকা পয়সার ব্যবস্থা করে ফেলেন। কৃতজ্ঞচিত্ত ওয়াসিম পরের দিনই দিল্লির দিকে রওনা দেয়। তার দুচোখে তখন ভবিষ্যতের স্বপ্ন। তার বন্ধু মহসিন, যে নিজেও সিভিল সার্ভিস পরীক্ষার প্রস্তুতি নিচ্ছে, তাকে এয়ারপোর্টে ছেড়ে আসে।

শ্রীনগর এয়ারপোর্টে দাঁড়িয়ে সকলকে বিদায় জানানোর সময় ওয়াসিমের মনে আবেগের ঝড় বয়ে যায়। দার্শনিকের মতো সে মহসিনকে বলে, “কখনো কখনো প্রায় অসম্ভব কোনো কিছু হঠাৎ করেই বাস্তব হয়ে যায়, যেটা আমাদের বৃহত্তর স্বপ্ন পূরণের দিকে এগিয়ে যেতে সাহায্য করে।”

সিভিল সার্ভিস পরীক্ষার্থীদের মক্কায়

তার দুই বন্ধু নাভিদ আর ফেয়জালের সঙ্গে দিল্লির ওল্ড রাজেন্দ্র নগরে (ORN) মাঝারি মাপের একটা তিন কামরার অ্যাপার্টমেন্টে থাকতে শুরু করে ওয়াসিম। তাদের প্রত্যেকটা রুমের জন্য মাসিক ১০ হাজার টাকা করে ভাড়া দিতে হতো। এছাড়াও কোচিং ক্লাসে ভর্তি, খাবার-দাবার, ইলেকট্রিসিটি, জল এবং অন্যান্য প্রয়োজনীয় জিনিসের জন্য বেশ কিছু খরচপাতি হতো তাদের। তার বাবা কী করে এত টাকা জোগাড় করবেন এই চিন্তাটা মাঝে মাঝেই ওয়াসিমকে কুরে কুরে খেত।

ঘন জনবসতিপূর্ণ ওল্ড রাজেন্দ্র নগর আইএএস প্রতিযোগীদের মক্কা হিসেবে জনপ্রিয়। এই এলাকাটা একগুচ্ছ নামী কোচিং ইনস্টিটিউট, বইয়ের দোকান, মুদিখানা, লাইব্রেরি, রাস্তার ধারের চায়ের দোকান এবং ছোট ছোট খাবার দোকানে ভর্তি আর প্রত্যেকটা জায়গাই সকাল থেকে রাত পর্যন্ত কর্মতৎপর লোকজনের কোলাহলে মুখর। রাস্তায় একটু কান পাতলেই শোনা যায় সিভিল সার্ভিস পরীক্ষা নিয়ে উত্তেজিত আলোচনা। রাস্তার প্রত্যেকটা লাইটপোস্টে টাঙানো বিভিন্ন কোচিং ক্লাসের বিজ্ঞাপন পরীক্ষার্থীদের মনের ওপর বাড়তি চাপ সৃষ্টি করে। সর্বক্ষণ তাদের মনে করিয়ে দেয় সামনের সংগ্রাম কত কঠিন।

ঘরের বাইরে যখন ইচ্ছা বেরোনো যায়; দিল্লিতে এসে ওয়াসিম এই স্বাধীনতাটা প্রচণ্ড উপভোগ করতে শুরু করে। কাশ্মীরে তাদের এই সুবিধা নেই। আনন্দিত হলেও অপ্রয়োজনে বেশি বাইরে না বেরোনো নিয়ে একটা সচেতন সিদ্ধান্ত নিয়ে নেয় সে। কারণ ঘরের বাইরে বেরোলেই কোর্স মেটেরিয়াল এবং পড়াশোনার পদ্ধতি নিয়ে বিভিন্ন জনের নানা রকমের আইডিয়া এবং মতামত মনের উপর বাড়তি চাপ ফেলে। স্থির সিদ্ধান্ত নেয় ওয়াসিম, “আমার কোচিং সেন্টার যেভাবে আমাকে গাইড করছে, আমি শুধু তাদের গাইডেন্সই মেনে চলবো।”

প্রতিযোগিতার এই অস্বাভাবিক চাপ সহ্য করা ছাড়াও দিল্লির পুড়িয়ে দেওয়া গরম এবং প্রবল আর্দ্রতা ওয়াসিমদের নাজেহাল করে তুলেছিল। খাওয়া-দাওয়াটাও আরেকটা সমস্যা হিসেবে দেখা দেয় তাদের জীবনে। তিন বন্ধুর কেউই খুব একটা রান্নাবান্না করতে পারত না আর আশপাশের টিফিন সার্ভিসের খাবারও তাদের মুখে তেমন রুচত না।

এই সব সমস্যাকে দূরে সরিয়ে কিছুদিনের মধ্যেই ওয়াসিম পড়াশোনায় ডুবে যায়। প্রতিদিন সকাল ন'টা থেকে বারোটা পর্যন্ত জেনারেল স্টাডিজ এবং দুপুর দুটো থেকে বিকেল পাঁচটা পর্যন্ত অ্যানথ্রোপলজি ক্লাস করত সে। তারপর বাড়ি ফিরে এসে সেদিনে যা যা পড়ানো হয়েছে তা সবকিছু রিভিশন করতো। প্রতিদিনই পড়াশোনা শেষ করে উঠতে উঠতে তার রাত সাড়ে বারোটা বেজে যেত। শনি রবিবার সে রেখেছিল বিভিন্ন রকম পরীক্ষা দেওয়ার জন্য। পড়াশোনার প্রবল চাপ থাকলেও যাতে তার ঘুমের পরিমাণ কিছুতেই কম না হয়, সেদিকেও তার কড়া নজর ছিল। ওয়াসিম বুঝতে পেরেছিল ঘুম কম হলে কোচিংয়ে ক্লাস চলার সময় কী পড়ানো হচ্ছে তা বুঝতে তার সমস্যা হবে।

কোচিং সেন্টারে ভর্তি হওয়ার দু' মাসের মধ্যে ওয়াসিম তার ক্লাসমেটদের পড়াশোনার লেভেল বুঝতে পেরে যায়। এই পরীক্ষায় পাশ করার ক্ষমতা তার আছে কিনা এই বিষয়ে ওয়াসিমের আত্মবিশ্বাস আরো বেড়ে যায়। সে বেশ বুঝতে পারে যে অনন্ত নাগে বসে পরীক্ষার প্রস্তুতি নিলে এই আত্মবিশ্বাস সে কিছুতেই লাভ করতে পারত না।

২০২০ সালের ফেব্রুয়ারি মাসের মধ্যে ওয়াসিম জেনারেল স্টাডিস এবং অ্যানথ্রোপলজি পেপার ওয়ান এর সিলেবাসের ৭০ শতাংশ পড়ে ফেলে। কোচিংয়ে ক্লাস চলার সময় সে খুব মনোযোগ দিয়ে নোটস নিত। বাড়িতে ফিরে পড়াশোনা করার সময় সেই নোটসগুলোকেই আরো সুন্দর করে প্রয়োজন অনুযায়ী সাজিয়ে নিত।

ওয়াসিমের কোচিং সেন্টারে লক্ষ্য নামে একটা মেন্টরশিপ প্রোগ্রাম ছিল। এখানে কোচিং ক্লাসের ২০০ জন বাছাই করা স্টুডেন্টকে ছোট ছোট গ্রুপে ভেঙে দিয়ে প্রত্যেকটা গ্রুপে একজন মেন্টর স্থির করে দেওয়া হতো। প্রত্যেক মেন্টর তাঁর গ্রুপের ছেলেমেয়েদের পড়াশোনা এবং প্রস্তুতির বিষয় পুঙ্খানুপুঙ্খ নজর রাখতেন। জুম কলে ওয়াসিমের গ্রুপের মেন্টর সুনীল তাদের পরীক্ষা নিতেন, পরীক্ষা দেওয়ার স্ট্র্যাটেজি নিয়ে আলোচনা করতেন, ঘোরানো প্রশ্নের উত্তর কীভাবে দেওয়া সম্ভব সেই উপায় বাতলাতেন, এবং প্রতি সপ্তাহে তারা তাদের টার্গেট পূরণ করতে পারছে কিনা সেদিকে কড়া নজর রাখতেন। এতে এই গ্রুপের ছেলেমেয়েদের মধ্যে একটা প্রতিযোগিতার মনোভাব সৃষ্টি হয়। যার ফলে প্রস্তুতি নিতে বাকি সকলের সঙ্গে সঙ্গে ওয়াসিমেরও খুব সুবিধা হয়।

একদিন কোচিং সেন্টারের আর্ট অ্যান্ড কালচারের শিক্ষক নীরজ রাও তাদের কতগুলো প্রশ্নের উত্তর লিখতে বলেন। উত্তর লেখা হয়ে গেলে সেই উত্তর-পত্র জমা নিয়ে সেগুলো পড়তে থাকেন তিনি।

"ওয়াসিম কে?" উত্তরপত্র পড়তে পড়তে হঠাৎ করে জিজ্ঞাসা করে ওঠেন নীরজ।

হাত তুলে অনিচ্ছার ভঙ্গিতে উঠে দাঁড়াতে দাঁড়াতে ওয়াসিম বলে, "স্যার, আমার নাম ওয়াসিম!"

"তুমি খুব ভালো উত্তর লিখেছ। ভালো নম্বর পাওয়ার জন্য এই রকম করেই উত্তর লেখা উচিত। সিভিল সার্ভিস পরীক্ষার ক্ষেত্রে তুমি কতটা জানো সেটাই শেষ কথা নয়, তুমি কীভাবে তোমার উত্তরটা উপস্থাপন করছো, সেটা খুব গুরুত্বপূর্ণ।" ওয়াসিমের ডেস্কের দিকে হেঁটে আসতে আসতে বলেন নীরজ।

কোচিং ক্লাসের আরেকজন শিক্ষক ওয়াসিম যেভাবে ক্লাসে নোট নিত সেটা খুব পছন্দ করতেন। তার ক্লাসমেটের তিনি প্রায়ই বলতেন, "তোমরা সবাই ওয়াসিমকে একটা ট্রিট দিয়ে ওর নোটগুলো নিয়ে নাও। ওর নোট তোমাদের খুবই সাহায্য করবে।"

মাঝেমধ্যে শিক্ষকদের এইরকম প্রশংসাসূচক কথা ওয়াসিমের আত্মবিশ্বাস এবং উদ্দীপনা বাড়ানোর কাজে খুবই সহায়তা করত।

বিনা মেঘে বজ্রপাত

প্রথম আট মাস নির্বিঘ্নেই পরীক্ষার প্রস্তুতি নিতে পেরেছিল ওয়াসিম। কিন্তু কোভিড ১৯ অতিমারীর কারণে তার পরীক্ষার প্রস্তুতি হঠাৎ করেই বন্ধ হয়ে যায়। প্রথমদিকে কোচিং ক্লাস অ্যাটেন্ড করার চেষ্টা করলেও সারা ভারত জুড়ে বাড়তে থাকা কোভিড ১৯ রোগীর সংখ্যা ওয়াসিমদের চিন্তিত করে তোলে। তাদের ভবিষ্যতে ঠিক কী করা উচিত সেটা নিয়ে নিজেদের অ্যাপার্টমেন্টে বসে প্রায়ই আলোচনা করতে শুরু করে তারা।

"প্রতিদিন অসুস্থ হয়ে পড়া লোকের সংখ্যা বেড়েই চলেছে। আমাদের কি কিছুদিনের জন্য বাড়ি চলে যাওয়া উচিত?" চা খেতে খেতে নাভিদ জিজ্ঞেস করে।

"অ্যাস্ট্রোনটদের মতো পোশাক পরা লোকেরা ওল্ড রাজেন্দ্র নগরের

কোভিড পজিটিভ লোকেদের টেনে নিয়ে যাচ্ছে, এই রকম ছবি বেশ কয়েকটা হোয়াটসঅ্যাপ গ্রুপে ছড়িয়ে পড়েছে। এই ঘটনা যদি সত্যি হয়, তাহলে রাজেন্দ্র নগরের মতো ঘন জনবসতিপূর্ণ এলাকায় এই রোগ খুবই দ্রুত ছড়িয়ে পড়বে। এতে আমাদের জীবন বিপন্ন হতে পারে।" ফেয়জালের গলাতেও নাভিদের চিন্তার রেশ শোনা যায়।

"কিন্তু বাড়িতে পড়াশোনা করারও অনেক সমস্যা। ওখানে এত ভালো ইন্টারনেট কানেক্টিভিটি নেই। খবরের কাগজ আর ম্যাগাজিনও তেমন পাওয়া যায় না। আর আমরা ওখান থেকে মেন্টরিং সেশনে আর ক্লাসে জয়েন করবই বা কীভাবে?" পড়াশোনার রুটিনে বিঘ্ন ঘটবে এই ভেবে আশঙ্কিত হয়ে পড়ে ওয়াসিম।

"আমি শুনেছি যে সারাদেশ জুড়ে লকডাউন জারি করা হবে। তখন খাবার আর অন্যান্য প্রয়োজনীয় জিনিসপত্র পাওয়া যাবে না। তাছাড়া এখানে আমাদের কারোর যদি কোভিড হয়, তাহলে কে দেখাশোনা করবে?" যুক্তি দিয়ে বলে ফেয়জাল।

"আমি তো এটাও শুনেছি, ডিউক বলে যে পেস্ট্রির দোকানটা আছে, তাদের একজন কর্মচারীর কোভিড হয়েছে। এই রাক্ষুসে সমস্যা আমাদের থেকে আর খুব একটা দূরে নেই।" ফেয়জালের সুরে সুর মেলায় নাভিদ।

"ঠিক কথা। এই পরিস্থিতি আরও খারাপ হয়ে যাওয়ার আগেই আমাদের বাড়ি ফিরে যাওয়া উচিত। আমাদের কাছে যা স্টাডি মেটেরিয়াল আছে তাই নিয়েই আমরা পড়াশোনা করব। আশা করি কিছুদিনের মধ্যেই সবকিছু ঠিক হয়ে যাবে। সেক্ষেত্রে মাসখানেকের মধ্যে আমরা আবার ফিরে আসবো।" ফেয়জাল প্রস্তাব দেয়।

শেষ পর্যন্ত ইতিহাসে পড়া বুবোনিক প্লেগের কথা মনে করে ওয়াসিমও বাধ্য হয়ে তাদের সঙ্গে একমত হয়।

তার পরের দিনই তিনজনে শ্রীনগরের প্লেনে উঠে পড়ে। যদিও ততদিনে প্লেনের ভাড়া আকাশ ছোঁয়া হয়ে গিয়েছিল। প্লেনের টিকিট কাটার সময়েই জীবনের মূল্য যে কতটা তা বোধহয় এই প্রথমবারের জন্য স্পষ্ট করে বুঝতে পারে তারা।

কিন্তু ওয়াসিমের পক্ষে কি অনন্ত নাগে বসে একই রকম ভাবে সিভিল সার্ভিস পরীক্ষার প্রস্তুতি নেওয়া সম্ভব?

প্রতিকূলতার মাঝে সুযোগ

বাড়ি ফিরে ওয়াসিম তার পরিবারের লোকেদের উপরে কিছু কঠিন নিয়ম জারি করে। প্রথম নিয়ম হলো, পরবর্তী ১০ দিন পর্যন্ত তাকে কেউ জড়িয়ে ধরবে না বা তার কাছে কেউ আসবে না। এতে পরিবারের লোকেদের কোভিড হওয়ার সম্ভাবনা অনেকটাই কমে যাবে বলে মনে হয় ওয়াসিমের। দ্বিতীয় নিয়ম হিসেবে বাড়ির একটা ঘর নিজের বলে বেছে নেয় সে। সকলকে বলে দেয় যে এই ঘরের মধ্যে যতক্ষণ সে থাকবে ততক্ষণ তাকে কোনোভাবেই বিরক্ত করা যাবে না। তার খাবার দাবারও সেই ঘরে দিতে হবে।

অনলাইন ক্লাস আর মেন্টরিং সেশন চালু থাকলেও ওয়াসিমের বাড়িতে ইন্টারনেটের সমস্যার কারণে প্রায়শই তাতে বাধা পড়তে থাকে। মাঝে মাঝেই কোনো একটা মেন্টরিং সেশন চলার মাঝপথে ইন্টারনেট চলে যায় আর সেই কানেকশন ফিরে আসতে অন্তত দিন কয়েক সময় লাগে। ইন্টারনেট কানেকশন ফিরে আসার পরে ফের ক্লাসে বা মেন্টরিং সেশনে ওয়াসিম জয়েন করলে শিক্ষকেরা তার উপরে বিরক্তি প্রকাশ করেন। একদিন তার মেন্টর তো তাকে জিজ্ঞেসও করেন যে কেন সে আগের মেন্টরিং সেশনের মাঝখানে বেরিয়ে গিয়েছিল?

প্রথম প্রথম এইরকম বাধা পড়লে খুবই বিরক্ত হত ওয়াসিম। কিন্তু ধীরে ধীরে বাস্তব পরিস্থিতির সঙ্গে তাল মিলিয়ে নিজের পড়াশোনার পদ্ধতিতে বদল আনে সে। ইন্টারনেটের এইরকম গোলমালের সময়ে সে বেশি করে বইপত্র আর নোটসে মনোনিবেশ করতে থাকে। কাশ্মীরের প্রচণ্ড ঠান্ডা আবহাওয়া আরো একটা সমস্যা সৃষ্টি করে। বাইরে প্রচন্ড ঠান্ডা থাকলেও তার ঘরের তাপমাত্রা বেশ আরামদায়ক হওয়ায় প্রায়ই পড়াশোনা করতে করতে ঘুমিয়ে পড়ত ওয়াসিম।

ইন্টারনেটের গোলমাল থাকলেও অনলাইন ক্লাস ওয়াসিমের সিভিল সার্ভিস পরীক্ষার প্রস্তুতিতে মোটের উপর অত্যন্ত গুরুত্বপূর্ণ ভূমিকা নেয়। এছাড়াও আর্কাইভ করা পুরোনো লেকচারও তার প্রস্তুতিতে বিশেষ ভূমিকা নেয়।

অতিমারীর কারণে প্রিলিমিনারি পরীক্ষা মে থেকে অক্টোবর মাসে পিছিয়ে যায়। এর ফলে ওয়াসিম হাতে বেশ কিছুটা অতিরিক্ত সময় পায় যেটা সে কেবল মক টেস্ট দেওয়ার জন্যই ব্যবহার করে। প্রত্যেকটা

মক টেস্ট দেওয়ার পরে সে সেই বিষয়টা আবার ভালো করে পড়ত, বিশেষ করে সেই অংশগুলো যেগুলোয় সে ততটাও ভালো নম্বর পায়নি। সেপ্টেম্বরের শেষের দিকে ওয়াসিমের ৪৫ টারও বেশি মক টেস্ট দেওয়া হয়ে গিয়েছিল। এর প্রত্যেকটাতেই মোটামুটি ভাল নম্বর পায় সে। মক টেস্টের ভালো নম্বর পাওয়ায় আসল পরীক্ষায় ভালো রেজাল্ট করা নিয়ে তার আত্মবিশ্বাস আরো বেড়ে যায়।

পরীক্ষার দিনের ভীতি

২০২০ সালের সেপ্টেম্বর মাসের শেষ সপ্তাহে ওয়াসিম, নাভেদ এবং ফেয়জাল দিল্লিতে ফিরে আসে। তাদের প্রিলিমিনারি পরীক্ষার ডেট ছিল ৫ই অক্টোবর।

ওয়াসিমের প্রিলিমিনারি পরীক্ষার দিনটাই শুরু হয় সমস্যা দিয়ে। পরীক্ষা কেন্দ্রে যাওয়ার জন্য উবের আর ওলা অ্যাপ্লিকেশন দিয়ে ট্যাক্সি বুক করতে গিয়ে ওয়াসিম দেখে কোনো ট্যাক্সিই নেই। তার পরীক্ষা কেন্দ্র ওল্ড রাজেন্দ্র নগর থেকে অনেক দূরে রোশনারা রোডের একটা সরকারি স্কুলে পড়েছিল। চিন্তিত ওয়াসিম দ্রুত অ্যাপার্টমেন্ট থেকে বেরিয়ে অটোরিকশা ধরার জন্য রাস্তায় নেমে দেখে গোটা রাস্তাটাই ফাঁকা। ওল্ড রাজেন্দ্রনগরের অন্যান্য পরীক্ষার্থীরা সব অটো আগে থেকেই বুক করে রেখেছেন।

সময় দ্রুত হাতের থেকে বেরিয়ে যাচ্ছিল। সময়ের সঙ্গে সঙ্গে ওয়াসিমের মানসিক চাপও বাড়ছিল তার মিলিয়ে। কাছের করোল বাগ মেট্রো স্টেশনের সামনে থেকে অটো পাওয়া যেতে পারে, এই ভেবে সেখানে দৌড়ে গিয়েও কোনো অটোর দেখা পায় না। শেষ পর্যন্ত রাস্তায় একটা ই-রিক্সা দেখতে পেয়ে দৌড়ে সেটাকেই ধরে ফেলে ওয়াসিম।

পরীক্ষা কেন্দ্র বেশ অনেকটাই দূরে হওয়ায় প্রথম দিকে ই-রিক্সা ড্রাইভার যেতে চাইছিল না। কিন্তু ওয়াসিমের উপর্যুপরি অনুরোধে এবং পৌঁছে দিলে তাকে দু'গুণ টাকা দেওয়া হবে এই প্রতিশ্রুতির মুখে সে শেষ পর্যন্ত রাজি হয়। পরীক্ষা কেন্দ্রে পরীক্ষা শুরুর মিনিট কয়েক আগে পৌঁছিয়ে একটা স্বস্তির নিঃশ্বাস ফেলে ওয়াসিম।

জেনারেল স্টাডিজ পেপার খুব চ্যালেঞ্জিং হলেও ওয়াসিম বেশ ভালই পারফর্ম করে। মাঝখানের তিন ঘন্টার বিরতির সময় পাশের মুঘল যুগের স্থাপত্যের সামনের বাগানে বসেছিল আসন্ন CSAT পরীক্ষা নিয়ে মনে মনে

চিন্তা করছিল সে। সেই সময়ই সে বহু পরীক্ষার্থীকে CSAT পরীক্ষার বদলে জেনারেল স্টাডিজ পরীক্ষার পেপার নিয়ে আলোচনা করতে দেখে। কেউ কেউ আবার বিভিন্ন কোচিং সেন্টারের জেনারেল স্টাডিজের পেপারের প্রশ্ন নিয়ে পোস্ট করা ইউটিউব ভিডিও দেখছিল। "কোচিং সেন্টারগুলো এখন কেন জেনারেল স্টাডিজ পেপারের প্রশ্ন নিয়ে আলোচনা করছে? এতে তো ছাত্রছাত্রীরা আরও বেশি ডিস্ট্র্যাকটেড হয়ে যাবে।" মনে মনে ভাবে ওয়াসিম।

মধুর-তিক্ত

বাড়ি ফিরে ওয়াসিম দেখে ফেয়জাল আর নাভিদ দুজনেই খুবই মনমরা হয়ে বসে রয়েছে। কারণ জিজ্ঞাসা করতে তারা বলে, দু'জনেই ৮০টার মতো করে প্রশ্নের উত্তর দিতে পেরেছে। ওয়াসিম কিন্তু প্রিলিমিনারি পরীক্ষায় ৯৬ টা প্রশ্নের উত্তর করে এসেছে।

সেই একই দিনে বিভিন্ন কোচিং সেন্টারের ওয়েবসাইটে প্রকাশিত আনসার কি-র সঙ্গে নিজের উত্তর মিলিয়ে ওয়াসিম দেখে যে জেনারেল স্টাডিজ পেপারে সে প্রায় ১৪০ পেতে পারে। প্রবল আনন্দে বাবা-মাকে ফোন করে সে জানায় যে হয়তো প্রিলিমিনারিতে পাশ করে যাবে সে। ওয়াসিমের এই সাফল্যের আনন্দে আনন্দিত তার বাবা-মা তাঁদের গ্রামে মিষ্টি বিতরণ করেন।

পরের দিন ঘুম থেকে ওঠার পরে হঠাৎ করেই একটা চিন্তা ওয়াসিমের মাথায় ঘুরতে শুরু করে। "আমাকে তো আমার CSAT পরীক্ষার পারফরমেনসটাও একবার বিশ্লেষণ করে দেখতে হবে।" ইঞ্জিনিয়ারিংয়ের ছাত্র হওয়ায় তেমন ভালো করে CSAT পরীক্ষার প্রস্তুতি নেয়নি ওয়াসিম। এখন পরীক্ষার আনসার কি ভালো করে খুঁটিয়ে দেখে ওয়াসিম বুঝতে পারে CSAT পরীক্ষায় বোধ হয় সে পাস করতে পারবে না। এর অর্থ জেনারেল স্টাডিস পেপারে অত ভালো পারফর্ম করার পরেও প্রিলিমিনারি পরীক্ষায় পাস করতে পারবে না সে।

হতচকিত হয়ে নিজের ঘরে একা একা বসে আকাশ পাতাল ভাবতে থাকে ওয়াসিম। তার চোখ বেয়ে টপটপ করে জল পড়তে থাকে। বেশ কিছুক্ষণ ভাবনা চিন্তা করার পরে সে তার মাকে ফোন করে নিজের এই দুশ্চিন্তার কথা জানায়। সমস্ত মায়ের মতোই তার মাও তাকে আশ্বস্ত করে জানান,

ওয়াসিমের উপর তাঁর পূর্ণ বিশ্বাস আছে। তা সত্ত্বেও ওয়াসিমের চিন্তা কমে না। শেষ পর্যন্ত সে কোচিং ইনস্টিটিউটের মেন্টরের সঙ্গে যোগাযোগ করে।

'ধৈর্য্য রাখো! কয়েকদিন পরে ইংলিশ মিডিয়াম কোচিং সেন্টারগুলো ওদের আনসার কি প্রকাশ করবে। সেই আনসার কি-র সঙ্গে ক্রস রেফারেন্স করো। পরীক্ষা হয়ে যাওয়ার সঙ্গে সঙ্গে যে আনসার কি প্রকাশিত হয়, আর হিন্দি মিডিয়াম কোচিং সেন্টারগুলো যে আনসার কি প্রকাশ করে তাতে কম্প্রিহেশন অংশটায় প্রচুর ভুল থেকে যাওয়া সম্ভাবনা থাকে।" মেন্টরের এই কথায় ওয়াসিম সামান্য স্বস্তি বোধ করে।

দিন কয়েক পরে আরো একটা কোচিং সেন্টারের প্রকাশিত CSAT আনসার কি-র সঙ্গে নিজের উত্তর মেলানোর পরে স্বস্তির নিঃশ্বাস ফেলে সে। এবার সে দেখতে পায় যে তার স্কোর ৯০ থেকে ৯৫ এর মধ্যে থাকার সম্ভাবনা রয়েছে, যা কোয়ালিফায়িং নম্বরের থেকে অনেকটাই বেশি।

প্রথম পরীক্ষার চ্যালেঞ্জের মুখোমুখি

প্রিলিমিনারি পরীক্ষার পরের কয়েকদিন বন্ধুদের নিয়ে দিল্লির আনাচকানাচ ঘুরে বেড়ায় ওয়াসিম। তারপরে সে মেনস পরীক্ষার প্রস্তুতিতে ঝাঁপিয়ে পড়ে। প্রথমেই তার অপশনাল সাবজেক্ট অ্যানথ্রোপলজি নিয়ে প্রস্তুতি শুরু করে ওয়াসিম। প্রস্তুতি শুরু করা মাত্রই বুঝতে পারে এতদিন ধরে সে কেবলমাত্র প্রিলিমিনারি পরীক্ষা পাশ করার মতো করেই পড়াশোনা করেছে। কাজেই মেনস পরীক্ষায় ভালো ফল করার জন্য তাকে অনেক পড়াশোনা করতে হবে।

কোচিং ইনস্টিটিউটের নতুন মেন্টর উত্তর লেখা প্র্যাকটিস করার জন্য তাকে একটা কঠিন রুটিন তৈরি করে দেন। ওয়াসিমকে পুরোনো বছরের মেনস-এর প্রশ্ন দেখে উত্তর লেখা প্র্যাকটিস করতে বলেন। একই সঙ্গে উত্তর লেখা হয়ে গেলে সেগুলোকে মডেল আনসারের সঙ্গে মিলিয়ে পার্থক্য খুঁজে বার করার নির্দেশও দেন তিনি। কিন্তু এইভাবে পড়াশোনা করার জন্য অনেক সময়ের প্রয়োজন। মেনস পরীক্ষার আগে ততটা সময় ওয়াসিমের হাতে ছিল না। তাতে মনঃক্ষুণ্ণ না হয়ে নিজের তৈরি নোটস অনুযায়ী পড়াশোনা করার সিদ্ধান্তই নেয় সে।

নিজের জন্য প্রাত্যহিক ১২ থেকে ১৪ ঘন্টা পড়াশোনা করার রুটিন তৈরি করে নেয় ওয়াসিম। প্রতিদিন যাতে তার এক মিনিটও সময় নষ্ট না

হয় সেদিকে সে কড়া নজর রেখে চলে। এইভাবে পড়াশোনা চালানোয় দুশ্চিন্তা করার মতো অতিরিক্ত সময় তার হাতে থাকে না। একটা দিনকে সে দুটো আলাদা আলাদা ভাগে ভাগ করে নিয়ে একভাগ জেনারেল স্টাডিজের জন্য আর অন্য ভাগ অ্যানথ্রোপলজির জন্য নির্দিষ্ট করে সে।

প্রস্তুতির সময়তেই ওয়াসিমের মনে একটা বিষয় নিয়ে দ্বন্দ্ব শুরু হয়েছিল। এই দ্বন্দ্বের সূত্রপাত হয় ওয়াসিমের এই বিশ্বাস থেকে যে উত্তর-পত্রে পাতার পরিমাণ বেশি থাকলে বেশি নম্বর মিলবে। কিন্তু সমস্যা হল ওয়াসিমের ছোট ছোট হাতের লেখার জন্য তার সমস্ত উত্তর মেইন উত্তরপত্রের মধ্যেই ধরে যেত। মক টেস্টের সময় তার একটাও এক্সট্রা পাতা নিতে হতো না। এই কারণে ওয়াসিমের নিজের মধ্যেই একটা মানসিক সমস্যা সৃষ্টি হয়।

আরো একটা সমস্যা হল উর্দু। সিভিল সার্ভিস পরীক্ষায় ভারতীয় ভাষা হিসেবে উর্দুকে বেছে নিয়েছিল ওয়াসিম। কিন্তু কেবলমাত্র ক্লাস টেন অবধি উর্দু পড়ায় সিভিল সার্ভিস পরীক্ষার প্রস্তুতির সময় উর্দু ভাষার মারপ্যাঁচ ভালো করে বুঝে উঠতে গিয়ে সে বেশ অসুবিধায় পড়ে। এই সমস্যার হাত থেকে তার বোন আরজু তাকে বাঁচায়। ধৈর্য ধরে ওয়াসিমকে উর্দু ব্যাকরণ পড়ায় সে। ঠান্ডা মাথায় তাকে ভাষাতত্ত্বের অলিগলি বুঝতে সাহায্য করে আরজু।

এথিক্স পেপারে ওয়াসিম সহজ সরল ভাষায় প্রচুর উদাহরণ এবং কোটেশন দিয়ে উত্তর লিখবে বলে স্থির করে। সেই জন্য সে বিভিন্ন গুরুত্বপূর্ণ সংজ্ঞা এবং উদাহরণ হাতে লিখে ৪২ পাতা লম্বা একটা ডকুমেন্ট তৈরি করে। এছাড়াও প্রত্যেকটা টার্মের পরিপ্রেক্ষিতে সামঞ্জস্যপূর্ণ কোটেশনও সেখানে লিখতে থাকে। পরীক্ষার প্রস্তুতির জন্য এই ডকুমেন্টটা তার খুবই কাজে আসে। কোনো লাগসই প্রশ্ন দেখলেই তার সঙ্গে সামঞ্জস্যপূর্ণ কোটেশন আর উদাহরণগুলো এক লহমায় মনে করতে তার কোনো অসুবিধাই হত না।

অ্যানথ্রোপলজি পরীক্ষায় সেবার খুবই কঠিন প্রশ্ন এসেছিল। অজানা অচেনা টার্ম এবং কনসেপ্টে ভর্তি ছিল প্রশ্নপত্র। বই পড়তে ভালোবাসতো বলে ওয়াসিম কলেজে পড়ার সময় ইউপিএসসির সিলেবাসের বাইরেও প্রচুর পড়াশোনা করেছিল। সেই পড়াশোনার উপর ভর করেই পরীক্ষায় যথাযথ উত্তর লিখে আসা সম্ভব হয় তার পক্ষে।

পরীক্ষায় ভালো নম্বর পাওয়ার জন্য আরও একটা অস্ত্র ব্যবহার করেছিল ওয়াসিম। ডায়াগ্রামের মাধ্যমে বিষয়বস্তু এবং তার নিজস্ব চিন্তাভাবনা

সহজে বুঝিয়ে দেওয়া। প্রস্তুতি নেওয়ার সময়েই ওয়াসিম আলাদা একটা খাতায় হাজার রকমের প্রয়োজনীয় ডায়াগ্রাম এঁকে রেখেছিল। পরীক্ষার সময় সেগুলো যে তার কতটা কাজে এসেছে তা বলে বোঝানো যায় না।

পরীক্ষার প্রস্তুতির এই ছন্দের মধ্যেও মাঝে মাঝে দ্বিধাদ্বন্দ্বের ছায়া যে ওয়াসিমের মনে পড়েনি, তা নয়। প্রথমবার মেনস পরীক্ষায় বসার আগে সময়ের অভাবে টেস্ট সিরিজ দিতে পারেনি ওয়াসিম। এতে পরীক্ষার ঠিক আগে আগে তার মনের মধ্যে প্রচণ্ড ভয় জাগে। তার মনে হতে থাকে যে পরীক্ষার জন্য বোধহয় যথাযথ প্রস্তুতি নেওয়া হয়নি।

কিন্তু অপশনাল পেপার পরীক্ষার ঠিক আগের রাতে তার শিক্ষক তাকে একটা মেসেজ পাঠান। সেই মেসেজে তিনি ওয়াসিমের উত্তর লেখার দক্ষতার প্রশংসা করে পরীক্ষার জন্য বরাদ্দ সময়কে মান্য করার নির্দেশ দেন। পরীক্ষার ঠিক আগে শিক্ষকের কাছ থেকে পাওয়া এই মেসেজ ওয়াসিমের মনোবল প্রবল ভাবে বাড়িয়ে দেয়।

বেআইনি কলোনির মাঝে মরুদ্যান

মেনস পরীক্ষার প্রস্তুতির সময় ওয়াসিম আর তার বন্ধুরা হামদর্দ স্টাডি সার্কেল (HSC) এর একটা বিজ্ঞাপন দেখে। এখানে মাইনরিটি কমিউনিটি এবং অন্যান্য ব্যাকওয়ার্ড ক্লাসের সিভিল সার্ভিস প্রতিযোগীদের প্রশিক্ষণ দেওয়া হয়, সঙ্গে থাকার ব্যবস্থাও রয়েছে। একা থাকার এসি ঘর পাওয়ার সম্ভাবনায় এবং মাসিক মাত্র সাড়ে ছ হাজার টাকা খরচের লোভে এই স্টাডি সার্কেলের প্রবেশিকা পরীক্ষায় বসে তারা। ২০২০ সালের ডিসেম্বর মাসে সিলেক্টেড ক্যান্ডিডেটদের লিস্টে খুব স্বাভাবিকভাবেই তাদের নাম প্রকাশিত হয়।

কিন্তু থাকার জায়গা পরিবর্তন নিয়ে ওয়াসিমের মধ্যে কিন্তু একটা প্রবল দ্বন্দ্ব কাজ করছিল। হামদার্দ স্টাডি সার্কলের অনেক সুযোগ-সুবিধা থাকলেও ওল্ড রাজেন্দ্র নগরের উষ্ণতায় সে অভ্যস্ত হয়ে পড়েছিল। মেনস পরীক্ষার আগে সে কিছুতেই এই পরিবেশ ছেড়ে যেতে তার মন চাইছিল না। অনেক ভাবনাচিন্তার পর শেষ পর্যন্ত ওয়াসিম অন্তত মেনস পরীক্ষা অবধি ওল্ড রাজেন্দ্রনগরেই থেকে যাওয়ার সিদ্ধান্ত নেয়। মনে মনে তার ভয় ছিল যে পড়াশোনার রুটিনে বিন্দুমাত্র ব্যাঘাত ঘটলে এতদিন ধরে মেনসের জন্য নেওয়া প্রস্তুতি নষ্ট হয়ে যাবে।

ওল্ড রাজেন্দ্র নগরে থাকার অনেক সুযোগ সুবিধা ছিল ঠিকই কিন্তু প্রচুর অসুবিধাও ছিল। মেনস পরীক্ষার প্রস্তুতির জন্য পাগলের মতো পড়াশোনা করতে থাকায় রান্না করার কোনো সময় থাকতো না ওয়াসিমের। সেই জন্য দীর্ঘদিন তাকে চকলেট এবং আলুর চিপসের মতো প্রসেসড খাবার খেয়ে কাটাতে হয়েছে।

মেনস পরীক্ষা শেষ হলে ওল্ড রাজেন্দ্র নগর ছেড়ে হামদর্দ স্টাডি সার্কেলে যোগ দিতে সঙ্গম বিহারে চলে যায় ওয়াসিম। সঙ্গম বিহার সারা পৃথিবীর সব থেকে বড় অননুমোদিত কলোনী হিসেবে পরিচিত। রিক্সা করে সঙ্গম বিহারের একটা সরু গলির ভিতর দিয়ে যাওয়ার সময় ওয়াসিম অভূতপূর্ব এক দৃশ্য দেখে। আবর্জনায় পরিপূর্ণ রাস্তার দু'পাশে মাটি কেটে কাঁচা নর্দমা তৈরি করা হয়েছে। রাস্তার আবর্জনা এবং নর্দমার দুর্গন্ধ মিলিয়ে এলাকার পরিবেশ নরক কুণ্ড করে তুলেছে। পথ চলতি জনতার চিৎকার আর গাড়ির হর্নে কান পাতা দায়। এই গোলমালের মধ্যে নাভিদ আর ফেয়জাল কীভাবে পড়াশোনা করছে সেটা ভেবে রীতিমতো দুশ্চিন্তায় পড়ে যায় ওয়াসিম।

কিন্তু স্টাডি সার্কেলের গেটের ভিতরে ঢোকা মাত্রই পরিবেশের আমূল পরিবর্তন হতে দেখে স্বস্তির শ্বাস নেয় সে। বাইরের গোলমালের কোনো চিহ্নই সেন্টারের ভিতরে নেই। তার সামনে বিরাট একটা প্রাসাদোপম বাড়ি রয়েছে। বাড়ির সামনে সবুজ বাগানটা যেন দুই হাত বাড়িয়ে তাকে স্বাগত জানাচ্ছে। এই বিরাট বাড়িটার সামনে নাভিদ ওয়াসিমের জন্য অপেক্ষা করছিল। সে এসে পৌঁছাতেই এক গাল হেসে নাভিদ রিকশা থেকে জিনিসপত্র নামিয়ে তার ঘরে নিয়ে যায়।

সিভিল সার্ভিস এর মতো প্রতিযোগিতামূলক পরীক্ষার প্রস্তুতির জন্য HSC এর পরিবেশ চমৎকার। এখানে অন্যান্য প্রতিযোগীদের সঙ্গে উত্তর লেখার সেশন, নির্দিষ্ট সময় অন্তর পরীক্ষা এবং ক্লাসের মাধ্যমে খুব দ্রুত নিজের উন্নতি করা সম্ভব। পরীক্ষার্থীরা নিজেদের জন্মদিন এবং অন্যান্য উৎসব অনুষ্ঠান একসঙ্গে পালন করায় তাদের মধ্যে সুদৃঢ় বন্ধুত্বের সম্পর্কও স্থাপন হয়। প্রতিযোগীদের অনেকেই জিমে ব্যায়াম করতে যাওয়ার জন্য পাগল ছিল। সিনিয়াররা তাদেরকে ঠাট্টা করে বলতেন, "আমি জানি না তোমরা HSC থেকে সিভিল সার্ভেন্ট হয়ে বেরোবে কিনা, কিন্তু তুমি যে একজন কুস্তিগীর হয়ে বেরোবেই সে বিষয়ে আমি একেবারে নিশ্চিত।"

চায়ে টাপরি থেকে জিম পর্যন্ত দৌড়

মেনস পরীক্ষার পরে দেড় বছরের একটানা কঠিন প্রস্তুতির বোঝা ওয়াসিমের কাঁধ থেকে কিছুটা হলেও নেমে যায়। কিন্তু ভবিষ্যতের অনিশ্চয়তা, আর মেনস পরীক্ষায় পাস না করার ভীতি তার মনের মধ্যে চেপে বসে।

কিন্তু নিজের মনের এই ভয়ের সামনে মাথা নোয়ায় না ওয়াসিম। ঠান্ডা মাথায় ইন্টারভিউয়ের জন্য প্রস্তুতি নিতে শুরু করে সে। প্রত্যেক দিন ক্ষুধার্তের মতো আঁতিপাঁতি করে প্রত্যেকদিন খবরের কাগজ পড়া ছাড়াও মক ইন্টারভিউ এবং গ্রুপ ডিসকাশন করার বিষয়ে অন্যান্য পরীক্ষার্থীদের সে উদ্বুদ্ধও করতে থাকে। বাদবাকি পরীক্ষার্থীদের কাছ থেকে ভালো ফিডব্যাক আর উৎসাহ পেয়ে নিজের প্রতি তার আত্মবিশ্বাস আরো বাড়তে থাকে। এর মধ্যে কয়েকজন বেশ ভালো পাবলিক স্পিকারের ভিডিও দেখে কীভাবে তাঁরা কথা বলছেন, কীভাবে নিজেদের বক্তব্যকে প্রতিষ্ঠা করছেন, সেই সমস্ত বিষয় খুঁটিয়ে খুঁটিয়ে লক্ষ্য করতে থাকে ওয়াসিম।

২০২১ সালের ২২ শে মার্চ HSC এর আকাশে বাতাসে ইউপিএসসি পরীক্ষার মেনসের রেজাল্ট বেরোনোর গুজব ছড়িয়ে পড়ে। গোটা ইনস্টিটিউট জুড়ে একটা চাপা টেনশনের পরিবেশ তৈরি হয়। ইনস্টিটিউটে উপস্থিত সকলেরই হৃদস্পন্দন যেন একই সঙ্গে দ্রুত থেকে দ্রুততর হতে থাকে। কিন্তু এরকম মানসিক পরিস্থিতিতেও মজার মিম ছড়িয়ে পড়ে সকলের সোশ্যাল মিডিয়ায়, 'ইয়েহি রাত অন্তিম, ইয়েহি রাত বাকি' (এটাই শেষ রাত, একমাত্র রাত যেটা বাকি রয়ে গিয়েছে)।

পরের দিন রাত ভোর হতে না হতেই অধীর অপেক্ষায় ফোন নিয়ে বসে পড়ে ওয়াসিম। সমানে হোয়াটসঅ্যাপ এবং টেলিগ্রামের গ্রুপগুলোকে রিফ্রেশ করতে থাকে সে। ইউপিএসসি ওয়েবসাইট ততক্ষণে হাজার হাজার পরীক্ষার্থীর চাপে ক্রমান্বয়ে এরর মেসেজ দেখিয়ে চলেছে।

ক্রমশ বেলা বাড়ে, দিন গড়ায়, তারই সঙ্গে ওয়াসিমের হতাশা এবং মানসিক চাপও বাড়তে থাকে। মানসিক চাপ একটু কমানোর চেষ্টায় নিজের ঘর থেকে বেরিয়ে HSC এর মেনগেটের ঠিক বাইরের চায়ের দোকানে গিয়ে হাজির হয় সে। মাথার মধ্যে তখন তার হাজার হাজার চিন্তা ভিড় করে এসেছে। হঠাৎ করে ফোনের একটা বিপ শব্দে সে বুঝতে পারে মেসেজ ঢুকেছে। টেলিগ্রামের মেসেজে আসা মেনসের রেজাল্টের পিডিএফ ফাইল খোলে ওয়াসিম। তার মনের মধ্যে তখন আশা আশঙ্কার দোলাচল

চলছে। বড় বড় নিঃশ্বাস নিয়ে নিজেকে একটু স্থির করে সার্চ অপশনে নিজের রোল নম্বর লেখে।

হঠাৎ করেই তার রোল নাম্বারটা স্ক্রিনে ভেসে ওঠে। সমুদ্রের ঢেউয়ের মতো আনন্দ ওয়াসিমের মনের মধ্যে আছড়ে পড়ে। তার সারা দেহে স্বস্তির বন্যা বয়ে যায়। চায়ের দোকান থেকে বেরিয়ে গিয়ে HSC এর জিমের উদ্দেশ্যে দৌড়াতে শুরু করে সে। এই খবরটা নাভিদ আর ফেয়জালকে দেওয়ার জন্য তার মন অস্থির হয়ে উঠেছে। ওয়াসিমকে নিজের কাঁধে তুলে নেয় নাভিদ। অন্যান্য বন্ধুরাও তার সাফল্যের কথা জানতে পেরে আনন্দে চিৎকার করে ওঠে। সকলে মিলে হৈ হৈ করে ফের সেই চায়ের দোকানেই যায় আনন্দ উদযাপন করার জন্য।

শেষ চূড়া জয়ের প্রস্তুতি

এবারে ওয়াসিম পুরোদমে ইন্টারভিউয়ের জন্য প্রস্তুত হতে শুরু করে। পরপর অনেকগুলো মক ইন্টারভিউ দিয়ে প্রত্যেকটা ইন্টারভিউ থেকে আসা ফিডব্যাক অনুযায়ী নিজের দুর্বলতাগুলোকে চিহ্নিত করে তার উপরে কাজ করতে থাকে। তার ইন্টারভিউ নিয়ে প্রস্তুতি যখন চূড়ান্ত অবস্থায় রয়েছে, ঠিক সেই সময়েই কোভিড ১৯ প্যান্ডেমিকের জন্য ইন্টারভিউ পিছিয়ে দিতে বাধ্য হয় ইউপিএসসি। HSC-ও বন্ধ হয়ে যায়। কাজেই কাশ্মীরে ফিরে যেতে বাধ্য হয় ওয়াসিম আর তার বন্ধুরা।

প্রতিকূলতার মুখে কিছুতেই সে ঝুঁকে পড়বে না, এই প্রতিজ্ঞা নিয়ে নিজের বাড়িকেই পরীক্ষার প্রস্তুতির কেন্দ্র বানিয়ে ফেলে ওয়াসিম। কারেন্ট অ্যাফেয়ার্সের সমস্ত বিষয় তার নখদর্পণে রাখতে প্রতিদিন অনলাইনে খবরের কাগজ এবং ম্যাগাজিন মন দিয়ে পড়তে থাকে সে। একইসঙ্গে ডিটেইলড অ্যাপ্লিকেশন ফর্ম (DAF) থেকে যতরকম প্রশ্ন আসা সম্ভব সেই সব রকম প্রশ্নেরই উত্তর দেওয়ার জন্য নিজেকে প্রস্তুত করে তোলে। নিজের রাজ্যের বিভিন্ন বিষয়, যেমন ট্যুরিজম, সিকিউরিটি এবং জম্মু-কাশ্মীরের অর্থনীতি ইত্যাদি বিষয়েও প্রস্তুতি নেয়। আগের পরীক্ষার ইন্টারভিউয়ের ট্রান্সক্রিপ্ট জোগাড় করে সেগুলো সমানে পড়তে থাকে ওয়াসিম যাতে সে ঘোরালো প্যাঁচালো প্রশ্নগুলোকে সহজে সামলাতে পারে।

ধীরে ধীরে সময় বয়ে যায়। ওয়াসিম নতুন একটা সমস্যার সম্মুখীন হয়: তার কি ইন্টারভিউয়ের জন্য প্রস্তুতি জারি রাখা উচিত, নাকি

পরবর্তী প্রিলিমিনারি পরীক্ষার জন্য প্রস্তুতি নিতে শুরু করা উচিত? শেষ পর্যন্ত ইন্টারভিউতেই মনোনিবেশ করার কথা স্থির করে সে। ইউপিএসসি ইন্টারভিউয়ের দিন ঘোষণা করতেই ওয়াসিম তড়িঘড়ি HSC তে ফিরে আসে।

ইন্টারভিউ এর আগের দিন, মানে ২০২১ সালের ১৪ই সেপ্টেম্বর দিল্লিতে প্রবল বৃষ্টি হয়। যার ফলে HSC এর বাইরের রাস্তায় জল দাঁড়িয়ে যায়। ওয়াসিম স্থির করে যে ১৫ তারিখের ইন্টারভিউ এর জন্য সে দিল্লির লুটিয়ানে অবস্থিত জম্মু-কাশ্মীর হাউজে গিয়ে আশ্রয় নেবে। একটা অটোরিকশায় চেপে রাস্তায় জমে থাকা জল টপকে জম্মু-কাশ্মীর হাউজের অভিমুখে যাওয়ার সময় তার মাথায় একটাই প্রশ্ন ঘুরতে থাকে, "এইরকম নাগরিক সমস্যার কোনো সমাধান আমরা কেন এখনো অবধি বার করতে পারিনি?"

জন্মদিনের উপহার

২১ সেপ্টেম্বর ২০২১ এর রাতে HSC তে বসবাসকারী সিভিল সার্ভিস পরীক্ষার্থীদের মধ্যে চাপ চাপ উত্তেজনা ছড়িয়ে পড়ে। সমস্ত সোশ্যাল মিডিয়া আর হোয়াটসঅ্যাপ গ্রুপগুলোয় সিভিল সার্ভিস ২০২০র ফাইনাল রেজাল্ট বেরোনোর খবর পোস্ট হচ্ছিল। ওয়াসিম সহ HSC এর বাকি পরীক্ষার্থীরা, যারা সে বছর ইন্টারভিউ প্যানেলের সামনে উপস্থিত হয়েছে, তারা কেউই দু' চোখের পাতা এক করতে পারেনি।

২২ সেপ্টেম্বর সকাল হলে আশা- আশঙ্কার দোলাচল নিয়ে বিছানা ছাড়ে তারা। কিন্তু তাদের সকলকে নিরাশ করে জানা যায় যে ইউপিএসসি পরীক্ষার রেজাল্ট ২৪ সেপ্টেম্বর বার হবে বলে ঘোষণা করেছে। অর্থাৎ তাদের দুশ্চিন্তার এখনই অবসান হচ্ছে না।

২৪ শে সেপ্টেম্বর সকাল থেকেই নিজের ল্যাপটপের সামনে স্থির হয়ে বসে থাকে ওয়াসিম। ঘন্টার পর ঘন্টা পেরিয়ে যায়, ইউপিএসসির ওয়েবসাইটের পেজ সমানে রিফ্রেশ করতে থাকে সে। অবশেষে সন্ধে সাড়ে ছটার সময় রেজাল্ট প্রকাশিত হয়। কাঁপা কাঁপা হাতে নিঃশ্বাস বন্ধ করে ওয়াসিম র‍্যাঙ্কের তালিকা দেখতে থাকে। আশঙ্কায় উত্তেজনায় তার হৃদয় প্রচণ্ড ধুকপুক করতে থাকে। একের পর এক র‍্যাঙ্ক তার চোখের সামনে দিয়ে বেরিয়ে যায়। প্রতিমুহূর্তেই তার পেটের মধ্যে মানসিক চাপের গোলাটা যেন আরো বড় হয়ে উঠতে থাকে।

যতই সে র‍্যাঙ্কিংয়ের পিছন দিকে যেতে থাকে, ততই তার চোখের মধ্যে নম্বরগুলো যেন গলে মিশে এক হয়ে যায়। বাড়তে থাকা হতাশা চেপে রেখে চোখের সামনে ১৫০, ১৭৫, ২০০ র‍্যাঙ্ক পেরিয়ে যেতে দেখে, কিন্তু তার নামের দেখা মেলে না। পরিস্থিতির চাপ তার মানসিক স্থিতিকে ভেঙে গুঁড়িয়ে দিতে চায়।

ঠিক যখন হতাশা প্রায় জিতে গিয়েছিল, এক ঝলক আলো দেখতে পায় ওয়াসিম। তার সারা শরীরে এক মুহূর্তের মধ্যে অ্যাড্রিনালিনের বন্যা বয়ে যায়। চোখদুটো উত্তেজনায় বড় বড় হয়ে ওঠে। সে আরো একবার ভালো করে দেখে নেয়। কোনো ভুল নেই। তার নাম ২২৫ নম্বর র‍্যাঙ্কে রয়েছে। ওয়াসিমের মনের মধ্যে আনন্দের ফোয়ারা ছোটে। যে ভয়ের কালো ছায়া এতক্ষণ তাকে ঘিরে ছিল, সে সমস্ত এক মুহূর্তের মধ্যে যেন কোথায় উধাও হয়ে যায়। জয়ের সেই মুহূর্তে সমস্ত দ্বিধাদ্বন্দ্ব এবং ভয় গলে যায় ওয়াসিমের মন থেকে। তার জায়গায় স্থান নেয় বিরাট কিছু করে ফেলার একটা স্বস্তি। দু'চোখ বেয়ে নামতে থাকে অশ্রুধারা।

পরমুহূর্তে ওয়াসিমের ফোনে মহসিনের ফোন ঢোকে। "অভিনন্দন ভাই! তোর সিলেকশন হয়ে গিয়েছে!" মহসিনের গলা উত্তেজনায় থরথর করে কাঁপছে। একটু আগেই ওয়াসিমের রেজাল্ট দেখেছে সে।

"আমি এক্ষুনি তোর বাড়িতে গিয়ে এই খবরটা দিচ্ছি।!" ফোনটা কেটে দেওয়ার আগে বলে ওঠে মহসিন।

আর একটুও সময় নষ্ট না করে বাড়িতে ফোন করে ওয়াসিম। তার বাবা এবং দুই বোন, আরজু এবং আলিয়া তখন বাড়ির জানালায় নতুন পর্দা লাগাচ্ছিল। ওয়াসিম যখন বাবাকে খবরটা দেয় তখনও তার হাত পা কাঁপছে। ওয়াসিমের কাছ থেকে এই খবর শোনা মাত্রই তার বাবা আনন্দে লাফিয়ে ওঠেন। আরজু আর আলিয়া আনন্দে চিৎকার করতে থাকে। পাশের ঘরে এত চিৎকার চেঁচামেচি শুনে দৌড়ে আসেন ওয়াসিমের মাও। এক ছুটে ফোনটা কেড়ে নেন তিনি। ছেলের গলা শুনে নিজের আবেগকে আর ধরে রাখতে পারেন না রুবি জান। আনন্দ আর গর্ব মেশানো চোখের জল দরদর করে নেমে আসে গাল বেয়ে।

যদিও ওয়াসিম অনেকবার বলার চেষ্টা করেছে যে তার র‍্যাঙ্ক ২২৫, তাকে আরো একবার পরীক্ষাটা দিতে হবে; তার কোনো কথাই কানে তোলেননি তার পরিবারের লোকেরা। এই খবরটায় তাঁরা প্রচণ্ড খুশি হয়েছিলেন।

ওয়াসিমের পরিবারের এই খুশি কিছুক্ষণের মধ্যেই গোটা ব্রাগামে

ছড়িয়ে পড়ে। ওয়াসিমের ছোটবেলার বন্ধুরা এবং তার মায়ের গ্রামের আত্মীয়-স্বজনেরা ভিড় করে আসেন তার সাফল্যের উদযাপনের জন্য। ছছঞ্চ্ব তেও ওয়াসিম ছাড়াও আরো দু'জন পরীক্ষার্থীর সাফল্যে সারা রাত্রিব্যাপী আনন্দ উদযাপন হয়।

পরদিন সকালে শ্রীনগরের উদ্দেশ্যে প্লেনে চাপে ওয়াসিম। উত্তেজনায় তার বুক কাঁপতে থাকে। এয়ারপোর্টে পৌঁছে বাবার অনুরোধে সে স্যুট এবং টাই পড়ে নেয়।

শ্রীনগর এয়ারপোর্ট থেকে বাইরে বেরোতেই তার বন্ধু এবং আত্মীয়-স্বজনরা হৈ হৈ করে অভিনন্দন জানায় তাকে। ওয়াসিমের গলায় মালাও পরিয়ে দেওয়া হয়। নিজের গ্রাম ব্রাগাম দুরুতে পৌঁছে ওয়াসিম দেখে প্রায় ৫০০০ লোক তার বাড়ির সামনে জড়ো হয়েছে।

ওয়াসিমের সাফল্যের কথা দাবানলের মতো শান্ত গ্রামটিতে তো বটেই, তার আশপাশের গ্রামেও ছড়িয়ে পড়েছে। একাধিক তাঁবু খাটানো হয়েছে চারদিকে। আকাশ বাতাস সুস্বাদু রান্নার গন্ধে ম ম করছে। তালে তালে ঢোল বাজার শব্দ গোটা পরিবেশটাকেই উৎসব মুখর করে তুলেছে। তার বাড়ির সামনে একাধিক সংবাদপত্রের প্রতিনিধিদের উপস্থিতি তার সাফল্যের গুরুত্বটাকে আরও বেশি করে বুঝিয়ে দিচ্ছে। আর এর থেকে এটাও বেশ বোঝা যায় আইএএস এবং অন্যান্য সিভিল সার্ভিস এর প্রতি কাশ্মিরীদের কতটা শ্রদ্ধা রয়েছে।

সকলের আনন্দ আরও দ্বিগুণ হয়েছে এই জন্য যে এই দিন, অর্থাৎ ২৫ শে সেপ্টেম্বর, ওয়াসিমের জন্মদিনও বটে। গভীর রাত্রি পর্যন্ত আনন্দ উদযাপন চলার পর ধীরে ধীরে সকলে নিজের নিজের বাড়ির দিকে রওনা দেয়। কেবলমাত্র পরিবারের লোকেরা এবং খুব ঘনিষ্ঠ বন্ধুরা থেকে যান। আনন্দ, গান এবং হাসাহাসিতে ওয়াসিমের জীবনের বিশেষ দিনটা কেটে যায়।

অবাধ পতন

আনন্দ উদযাপনে আর বিভিন্ন লোকের সঙ্গে দেখা করতে করতেই দিন তিনেক কেটে যায়। কিন্তু বন্ধু আত্মীয়-স্বজন এবং সংবাদপত্রের লোকজনের সঙ্গে দেখা করার ফাঁকে ফাঁকেই পড়াশোনা চালিয়ে যেতে থাকে ওয়াসিম। নিজের সংকল্প থেকে একটুও সরে আসে না সে। আইএএস অফিসার হওয়ার জন্য আবার সে সিভিল সার্ভিস পরীক্ষা দেবে। প্রথম চেষ্টাতেই

সে ২২৫ র‍্যাঙ্ক করেছে। এত ভালো রেজাল্টে তার মনের মধ্যে নতুন করে আত্মবিশ্বাস জেগে উঠেছে।

কিন্তু পরবর্তী প্রিলিমিনারি পরীক্ষার তখন আর মাত্র ১৫ দিন বাকি। মেনস এর পরবর্তী সময়ে ইন্টারভিউ এর প্রস্তুতিতেই সম্পূর্ণ মনোনিবেশ করেছিল সে। প্রিলিমিনারি পরীক্ষার জন্য প্রশ্নোত্তর অভ্যাস করা বা সেটা নিয়ে পড়াশোনা করা, এর মধ্যে কোনোটাই হয়ে ওঠেনি। তা সত্ত্বেও নিজের উপরে বিশ্বাস হারায় না সে। তার মনে হয় এবারে প্রিলিমিনারি পরীক্ষা পাশ করতে কোনো অসুবিধাই হবে না।

২৮ সেপ্টেম্বর সন্ধেবেলা পরিবারের সকলে রাতের খাবার খাওয়ার জন্য একত্রিত হলে ওয়াসিম তাদেরকে জানায় যে পরবর্তী প্রিলিমিনারি পরীক্ষায় ফের বসতে চায় সে। তার এই বক্তব্য শুনে তার বাবা মা যারপরনাই অবাক হয়ে যান।

"কিন্তু তুমি তো পরীক্ষায় পাশ করে গিয়েছো। আবার এই পরীক্ষায় বসার কী দরকার?" সরল ভাবে জিজ্ঞেস করেন তার মা।

"মা, আমি পরীক্ষায় পাশ করে গেলেও আমার র‍্যাঙ্ক ২২৫। এই র‍্যাঙ্কে আমি ইন্ডিয়ান রেভিনিউ সার্ভিসে (IRS) চান্স পাব, কিন্তু আইএএস হতে পারবো না।" ধৈর্য ধরে যুক্তি দিয়ে বোঝায় ওয়াসিম।

"কিন্তু তাতে কী হয়েছে? এতে পার্থক্যটাই বা কোথায়?" ভালো বুঝতে না পেরে আবার জিজ্ঞেস করেন ওয়াসিমের মা।

"মা, IRS আধিকারিকরা কেবলমাত্র ইনকাম ট্যাক্স বিষয়ক কাজকর্মের সঙ্গে যুক্ত থাকেন, কিন্তু আইএএস অফিসাররা ডেপুটি কমিশনার আর ডিস্ট্রিক্ট ম্যাজিস্ট্রেট হন। তাঁদের হাতে অনেক বেশি ক্ষমতা থাকে। আমি একজন আইএএস অফিসার হলে সাধারণ মানুষকে আরো অনেক বেশি সাহায্য করতে পারব।" মাকে সহজ ভাষায় বুঝিয়ে দেয় ওয়াসিম।

"ওয়াসিমের কথা আমি স্পষ্ট বুঝতে পারছি। আমিও চাই ও আইএএস অফিসার হোক।" তার বাবা বলে ওঠেন।

ওয়াসিমের মা, রুবি জানের মন থেকে চিন্তা যায় না। আবার পরীক্ষা দেওয়া মানে তাঁর ছেলেকে আরো এক বছর এইরকম কঠিন পরিশ্রম করতে হবে, বাড়ি থেকে দূরে থাকতে হবে, এমন খাবার খেতে হবে যা তার স্বাস্থ্যের ক্ষতি করবে। তাছাড়া তার চোখের উপরেও প্রভাব পড়বে। কিন্তু ছেলের স্বপ্ন পূরণের কথা চিন্তা করে তিনি অনিচ্ছা সত্ত্বেও রাজি হন।

বাড়িতে আত্মীয়-স্বজন বন্ধু-বান্ধব সমানে আসতে থাকলেও সুযোগ

বুঝে তার মধ্যেই পড়াশোনা চালিয়ে যায় ওয়াসিম। এবারের পরীক্ষা কেন্দ্র হিসেবে শ্রীনগরকে বেছে নিয়েছে সে।

সিভিল সার্ভিস পরীক্ষার ফল প্রকাশের পরে স্থানীয় সংবাদপত্রে তার ছবি দিয়ে খবর বেরিয়েছিল। এর ফলে প্রিলিমিনারি পরীক্ষার দিন পরীক্ষা কেন্দ্রে পৌঁছানোর পর ওয়াসিমকে অনেকেই চিনে ফেলে। কিন্তু সেই জন্য পরীক্ষা কেন্দ্রে যাতে তার মনঃসংযোগ বিঘ্ন না হয় তার নিশ্চিত করতে ওয়াসিম মুখে মাস্ক পড়ে যায় এবং পরীক্ষা পদ্ধতির মধ্যে নিজেকে ডুবিয়ে দেয়।

কিন্তু এবার ওয়াসিমের অতিরিক্ত আত্মবিশ্বাসই তার সর্বনাশের মূল হয়ে দাঁড়ায়। এবারের প্রিলিমিনারি পরীক্ষা সে খুবই হালকা মনে দিতে গিয়েছিল। প্রশ্নের উত্তর দেওয়ার সময়ও বিশেষ চিন্তা ভাবনা না করেই দ্রুত উত্তর বেছে নিয়েছিল। আনসার কি প্রকাশিত হওয়ার পর হতাশা এবং বিরক্তিতে ওয়াসিমের মন ভরে ওঠে। সে যে কী ভুল করেছে তা তার কাছে স্পষ্ট হয়ে যায়।

হতাশা সত্ত্বেও আশার একটা ছোট্ট আলো ধরে রাখে ওয়াসিম। মনে মনে আশা করতে থাকে যে এত কিছু সত্ত্বেও প্রিলিমিনারি পরীক্ষায় ঠিক পাস করে যাবে সে। কিন্তু পরীক্ষার রেজাল্ট বেরোনো মাত্রই তার সেই আশা দুরাশায় পরিণত হয়। দেখা যায় ওয়াসিম মাত্র দু'নম্বরের জন্য প্রিলিমিনারি পরীক্ষা পাস করতে পারেনি।

এই খবরে ওয়াসিমের থেকেও ওয়াসিমের পরিবারের লোকজন বেশি আশ্চর্য হয়ে যান। তাঁরা বুঝতেই পারেন না এর আগের বারের সিভিল সার্ভিস পরীক্ষার তিনটে ধাপই সাফল্যের সঙ্গে পেরিয়ে আসার পর কীভাবে এবারের প্রিলিমিনারি পরীক্ষায় সে ফেল করতে পারে। সিভিল সার্ভিস পরীক্ষার এইরকম অনিশ্চয়তার কথা বুঝতে পেরে বিস্মিত হয়ে ওঠেন তারা।

নিজের বিফলতার কথা ঠান্ডা মাথায় ভেবে ওয়াসিম কঠিন সত্যিটা ধরে ফেলে। এইবারে পরীক্ষার সময় সে খুবই ওভার কনফিডেন্ট ছিল। যতটা যত্ন নিয়ে প্রিলিমিনারি পরীক্ষা দেওয়ার প্রয়োজন ছিল, ততটা মনোযোগ বা যত্ন কোনোটাই সে করেনি। এখান থেকে একটা কঠিন শিক্ষা পায় ওয়াসিম। সে বুঝতে পারে এই পরীক্ষায় একবার সাফল্য পেয়েছে বলে এটাকে একেবারেই হালকা ভাবে নেওয়া উচিত নয়। আগে যেভাবে প্রস্তুতি নিয়েছে, সেই পড়াশোনার উপর ভিত্তি করে নতুনভাবে পরীক্ষা দিয়ে তা পাস করা কিছুতেই সম্ভব না।

বেশ কিছুদিন হতাশায় কাটালেও এই ব্যর্থতাকে নতুন করে প্রস্তুতি শুরু করার একটা সুযোগ বলে মনে করে খুব শীঘ্রই উঠে পড়ে লাগে ওয়াসিম। পরবর্তী প্রিলিমিনারি পরীক্ষা মাত্র ছয় মাস পরে হওয়ায় সে প্রিলিমিনারির সঙ্গে সঙ্গে মেনস পরীক্ষারও প্রস্তুতি নেবে বলে স্থির করে। সে সংকল্প করে ২০২২ এর সিভিল সার্ভিস পরীক্ষায় খুব ভালো ফল করে দেখাবে।

কিছুদিনের মধ্যেই ফের HSC-তে ফিরে যায় ওয়াসিম। ততদিনে ২০২০ সালের সিভিল সার্ভিস পরীক্ষার মার্কশিট প্রকাশিত হয়েছে। মার্কশিটের নম্বর দেখে ওয়াসিম খুব ঠান্ডা মাথায় তার দুর্বলতার জায়গাগুলো বেছে নিয়ে সেগুলোর পিছনে সময় দিতে শুরু করে। মার্কশিটের নম্বর অনুযায়ী প্রবন্ধ এবং ইন্টারভিউতে সে ভালো ফল করেছে, কিন্তু জেনারেল স্টাডিজ পেপারে তার নম্বর বাকিদের থেকে বেশ অনেকটাই কম হয়েছে। অপশনাল সাবজেক্টের ক্ষেত্রেও তার বেশ খানিকটা উন্নতির জায়গা রয়ে গেছে।

২০২০ সিভিল সার্ভিস পরীক্ষার প্রথম র‍্যাঙ্ক অধিকারী শুভম কুমারকে ওয়াসিম রোল মডেল হিসেবে বেছে নেয়। সে মন দিয়ে ইউটিউবে শুভমের ভিডিও দেখে। ভিডিওয় শুভম বিগত বছরের মডেল অ্যানসার ভালো করে খুঁটিয়ে পড়ার উপরে জোর দেওয়ার পরামর্শ দেন। তাঁর বক্তব্যে উদ্বুদ্ধ ওয়াসিম করোল বাগের একটা নামী কোচিং সেন্টার থেকে একসেট মডেল আনসার কিনে নিয়ে আসে। এছাড়াও তার উত্তর লেখার মানের উন্নতি করার জন্য সে টেস্ট সিরিজেও ভর্তি হয়।

এরপরে ওয়াসিম ২০২১ এর নভেম্বর থেকে ২০২২ এর মার্চ মাস পর্যন্ত মেনস এর জন্য, এবং ২০২২ এর এপ্রিল থেকে ২০২২ এর জুন পর্যন্ত প্রিলিমিনারির জন্য আলাদা আলাদা টাইম টেবিল তৈরি করে। মেনসে জেনারেল স্টাডিজ এবং অ্যানথ্রোপলজি অপশনাল পেপারের উপর একাধিক মক টেস্ট দেয় সে। একইসঙ্গে প্রিলিমিনারি পরীক্ষার জন্য একদম আসল পরীক্ষা দেওয়ার মতো সিরিয়াস ভাবে সে গোটা কুড়ি মক টেস্টও দিয়ে ফেলে। এই সমস্ত পরীক্ষার স্কোর যত বাড়তে থাকে, তার নিজের উপর বিশ্বাসও ততই বাড়তে থাকে।

ওয়াসিমের এই একনিষ্ঠার ফলে সহজেই সে প্রিলিমিনারি পরীক্ষা পাস করে যায়। তারপরে আর অন্য কোনো দিকে না তাকিয়ে ওয়াসিম মেনস এর প্রস্তুতিতে মগ্ন হয়ে পড়ে। মডেল আনসার খুঁটিয়ে পড়া, টেস্ট সিরিজ দেওয়া এবং সমানে বিভিন্ন সাবজেক্ট রিভাইস করে যাওয়া; ওয়াসিমের পড়াশোনা করার স্ট্র্যাটেজি মোটামুটি এইরকম ধারায় প্রবাহিত

হয়। ঘন্টাখানেক বিগত বছরের প্রশ্নপত্রের উত্তর লেখার মাধ্যমে প্রতি দিনের পড়াশোনা শুরু করতো ওয়াসিম। উত্তর লেখার পরে নিজের উত্তরপত্র নিজেই দেখে মার্কসও দিত সে।

প্রত্যেক প্রশ্নের জন্য আলাদা আলাদা সময় নির্দিষ্ট করে নেয় ওয়াসিম ১০ নম্বরের প্রশ্নের জন্য সাড়ে সাত মিনিট আর ১৫ নম্বরের প্রশ্নের জন্য ১০ মিনিট। উত্তর লেখার সময় যাতে এই নির্দিষ্ট সময়ের বাইরে সে কিছুতেই না যায় সেদিকে সে কড়া নজর রাখতে থাকে। এমনকি মেনস পরীক্ষার দিনেও খুব সকালে ঘুম থেকে উঠে তিন চারটে প্রশ্নের উত্তর লেখে ওয়াসিম, যাতে পরীক্ষা কেন্দ্রে পৌঁছানোর আগেই তার লেখার ছন্দ তৈরি হয়ে যায়। স্বাভাবিকভাবেই মেনস পরীক্ষাতেও পাস করে যায় ওয়াসিম।

ইন্টারভিউ গাথা

২০২১ সালের প্রথম ইন্টারভিউ দেওয়ার সময় আত্মবিশ্বাসে ভরপুর ছিল ওয়াসিম। ইন্টারভিউয়ের আগে ভালো করে প্রস্তুতি নেওয়ার জন্য হাতে ৬ মাস সময় পেয়েছিল সে। কিন্তু সে ভাবতেও পারেনি যে সেই ইন্টারভিউ রুমে তার জন্য রোলার কোস্টার অপেক্ষা করে রয়েছে। ইন্টারভিউ বোর্ডের মেম্বাররা প্রথম প্রশ্নেই তার অতিরিক্ত আত্মবিশ্বাস ছিন্নভিন্ন করে দেন।

"সিভিল সার্ভিস পরীক্ষার জন্য ব্যাঙের ছাতার মতো কোচিং সেন্টার গজিয়ে উঠছে। আচ্ছা, এরা কি ছাত্রদের ইকুইটি এবং সমান সুযোগ দেওয়ার বিরুদ্ধে কাজ করছে না?" ইন্টারভিউয়ের শুরুতেই প্রশ্ন করে বসেন চেয়ারপার্সন। ওয়াসিম মনে করেছিল তাকে কাশ্মীর কিংবা তার ঙ্গঞ্চ এর কোনো বিষয় সংক্রান্ত প্রশ্ন করা হবে। হঠাৎ করে এমন একটা প্রশ্ন শুনে সে একটু ঘাবড়ে যায়।

এক মুহূর্ত সময় ব্যয় করে নিজেকে সামলে নিয়ে উত্তর দেয়, "ম্যাডাম, আজকের জগতে জ্ঞান খুব সহজলভ্য। যে সমস্ত পরীক্ষার্থীরা কোচিংয়ে ভর্তি হতে পারেন না, তাঁদের জন্য প্রচুর ফ্রি রিসোর্স অনলাইনে অ্যাভেলেবেল। এছাড়াও বিভিন্ন জায়গায় রাজ্য সরকার আন্ডার প্রিভিলেজড ছাত্র-ছাত্রীদের জন্য বিনামূল্যে কোচিংয়ের ব্যবস্থা করে দেন। যেমন কাশ্মীরে 'পারওয়াজ' স্কিম রয়েছে। যদিও কোচিংয়ের ইনস্টিটিউটের তরফ থেকে গাইডেন্স পাওয়া যায় তার ঠিক, কিন্তু অনলাইন রিসোর্স ব্যবহার করে নিজে নিজে পড়াশুনা করেও সাফল্য পাওয়া সম্ভব।" এই উত্তর দিতে দিতে ওয়াসিম

আশা করছিল এবার হয়তো ইন্টারভিউ বোর্ড এই বিষয় ছেড়ে তাকে কাশ্মীরের বিষয়ে প্রশ্ন করতে শুরু করবেন।

কিন্তু পরবর্তী ১০ মিনিট ধরে কোচিং ইনস্টিটিউট নিয়েই একের পর এক প্রশ্ন তার দিকে ধেয়ে আসতে থাকে। এই প্রশ্নের উত্তর দিতে দিতে ক্রমশই হতাশ হয়ে পড়তে থাকে ওয়াসিম। তাই হঠাৎ করেই যখন আলাপ আলোচনার বিষয়টা কাশ্মীর এবং দেশের অন্যান্য অংশের নিরাপত্তা পরিস্থিতির দিকে চলে যায়, মনে মনে একটা স্বস্তির নিঃশ্বাস ফেলে সে। সিকিউরিটি ফোর্সের ওপরে পাথর ছোড়ার ঘটনা নিয়ে তাকে প্রশ্ন করা হলে প্রচুর তথ্য এবং ডেটা সমৃদ্ধ উত্তর দেয় ওয়াসিম।

এরপর হঠাৎ করেই তার দিকে এমন একটা প্রশ্ন ধেয়ে আসে যা তাকে কিছুক্ষণের জন্য হতচকিত করে দেয়। "কাকে তুমি একজন ভালো শিক্ষক বলবে?" বোর্ডের একজন মেম্বার তাকে প্রশ্ন করেন।

"একজন ভালো শিক্ষক তিনি নন যিনি কেবলমাত্র জ্ঞান বিতরণ করেন। বরং একজন ভালো শিক্ষক তিনি, যিনি তাঁর ছাত্র-ছাত্রীদের পড়াশোনার প্রতি ঔৎসুক্য বাড়িয়ে তোলেন।" কোনো দ্বিধা না করে উত্তর দেয় ওয়াসিম।

ইন্টারভিউ রুম থেকে বেরিয়ে ওয়াশিমের মনে সংকল্প, দ্বন্দ্ব, অনিশ্চয়তা, আশা, এমন একগাদা আবেগ একেবারে জড়িয়ে মিশিয়ে গিয়েছিল। তার মনে হয়েছিল ইন্টারভিউ বোধহয় ততটাও ভালো হয়নি। তাই রেজাল্ট বেরোনোর পরে সে ইন্টারভিউয়ে ১৮৪ নম্বর পেয়েছে দেখে খুবই অবাক হয়ে গিয়েছিল ওয়াসিম।

দ্রুত আমরা ২০২৩ সালের ওয়াসিমের দ্বিতীয় ইন্টারভিউয়ের দিকে একবার তাকাই। আত্মবিশ্বাস সম্বল করে একজন সৈনিকের মতো দৃঢ় চিত্তে ওয়াসিম ঢোলপুর হাউজের করিডোরে এসে দাঁড়ায়। এর আগের ইন্টারভিউ দেওয়ার এবং তার সঙ্গে অবিশ্বাস্য রকমের বেশি নম্বর পাওয়ার অভিজ্ঞতা তার সংকল্পকে অসম্ভব দৃঢ় করে তুলেছিল।

দ্বিতীয় বারের ইন্টারভিউটা প্রথম থেকেই ওয়াসিমের আশানুরূপ পথে চলে। প্রথমে তাকে জম্মু-কাশ্মীরের ট্যুরিজম নিয়ে প্রশ্ন করা হয়। তারপর বোর্ডের মেম্বাররা তাকে অন্যান্য রিলেটেড টপিক, যেমন এই অঞ্চলের নিরাপত্তা ব্যবস্থা, ইত্যাদি নিয়ে প্রশ্ন করেন। আশ্চর্যজনকভাবে এবারেও সিভিল ইঞ্জিনিয়ারিং কিংবা অ্যানথ্রোপলজি থেকে কোনো প্রশ্নের সম্মুখীন হয় না সে।

ইন্টারভিউ রুম থেকে বেরিয়ে এসে আত্মবিশ্বাসী ওয়াসিম নিশ্চিত

ছিল যে এই পরীক্ষায় এখনো পর্যন্ত সব থেকে ভাল পারফরমেনসটা ইন্টারভিউতেই দিয়েছে। কিন্তু মার্কশিট বেরোনোর পরে সে দেখে যে এই ইন্টারভিউতে সে ১৮২ পেয়েছে যা তার আগের ইন্টারভিউয়ে পাওয়া মোট নম্বর থেকে দু নম্বর কম।

নাগপুর থেকে মুসৌরি যাত্রা

২০২২ সালের ১৯শে ডিসেম্বর মেইন্স পরীক্ষার পরে ওয়াসিম নাগপুরে অবস্থিত ন্যাশনাল অ্যাকাডেমি অফ ডাইরেক্ট ট্যাক্সেস-এ তার ট্রেনিং শুরু করে। ট্রেনিং শুরু করার কিছু দিনের মধ্যেই সে প্রবল অসুস্থ হয়ে পড়ে। দ্রুত তাকে হাসপাতালে ভর্তি করা হয়। হাসপাতাল কর্তৃপক্ষ পরিস্থিতির গুরুত্ব বুঝে তাকে ইনটেনসিভ কেয়ার ইউনিটে (ICU) স্থানান্তর করেন।

ICU এর দেওয়ালগুলো বিভিন্ন রকমের যন্ত্রের শব্দে যেন কাঁপছিল। তাকে নিয়ে দশ দিন ধরে আইসিইউ-এ যমে মানুষে টানাটানি হওয়ার পরে মানুষের জীবন যে কতটা ঠুনকো তা বুঝতে পারে ওয়াসিম। সিভিল সার্ভিস পরীক্ষার সাফল্য তার নিজের মরণশীলতার কাছে তুচ্ছ বলে মনে হয়।

দেখতে দেখতে দিন কেটে গিয়ে ২০২৩ সালের মে মাস উপস্থিত হয়। সিভিল সার্ভিস পরীক্ষার রেজাল্ট বেরোনোর সময় এগিয়ে আসতেই ওয়াসিম এবং তার বন্ধুদের মনে একটা অনিশ্চয়তার ভাব তৈরি হয়। ওয়াসিমদের ব্যাচের ২৫ জন IRS অফিসার এই পরীক্ষায় ইন্টারভিউতে ডাক পেয়েছিল। এই কঠিন প্রতিযোগিতায় তাদের মধ্যে মাত্র কয়েকজনই আইএএস হিসেবে চান্স পাবে।

২৩ শে মে ২০২৩। সিভিল সার্ভিস পরীক্ষার রেজাল্ট বেরোতে চলেছে এই খবরে চারিদিকে পরিবেশে আশঙ্কার একটা আভাস ছড়িয়ে রয়েছে। নিজের ওপরে ওয়াসিমের বিশ্বাস অবশ্য অটল। কিন্তু তা সত্ত্বেও অনিশ্চয়তার আশঙ্কার হাত থেকে নিজেকে কিছুতেই রক্ষা করতে পারে না সে।

"তুমি এত চিন্তা কেন করছ ওয়াসিম? আমি নিশ্চিত যে এবার তুমি আইএএস হবেই!" ওয়াসিমের বন্ধু পার্বতী ক্লাসে তাকে সান্ত্বনা দেওয়ার চেষ্টা করে।

"এবারে আমি প্রচুর পরিশ্রম করেছি। এটাই আমার শেষ চেষ্টা। তার কারণ এর পরে আমরা রেগুলার পোস্টিং পেয়ে যাব। আমার কাছে আবার সিভিল সার্ভিস পরীক্ষা দেওয়ার মতো সময় আর থাকবে না।" মনে মনে টেনশনটা ঝেড়ে ফেলার চেষ্টা করতে করতে বলে ওয়াসিম।

পার্বতীর সান্ত্বনা বাক্য ওয়াসিমের মনে একটুও শান্তি যোগায় না। ভিতরে ভিতরে আশঙ্কা আর অনিশ্চয়তা রয়েই যায়। অস্বস্তি নিয়ে লাঞ্চ পরবর্তী ক্লাসগুলোয় আর যোগ দেবে না বলে স্থির করে সে হোস্টেলে ফিরে যায়। ঘুমোলে বোধহয় একটু শান্তি পাওয়া যাবে। কিন্তু এই শান্তিও বেশিক্ষণ স্থায়ী হয় না। আচমকা ফেয়জালের ফোনে তন্দ্রার ভাব ছিঁড়ে যায় ওয়াসিমের। ওয়াসিম উত্তর দেওয়ার আগেই ফোন কেটে যায়। যার ফলে তার মনে একইসঙ্গে হাজার হাজার প্রশ্ন উঠতে থাকে।

"এই অসময়ে ফেয়জাল ফোন করল কেন? কিছু নিশ্চয়ই হয়েছে। রেজাল্ট কি বেরিয়ে গেছে নাকি? আমি যদি সিলেক্টেড না হতাম, তাহলে ও নিশ্চয়ই ফোন করত না!" আর দেরি না করে টেলিগ্রাম খুলতেই সিভিল সার্ভিস পরীক্ষার রেজাল্টের পিডিএফটা দেখতে পায় সে। কাঁপাকাঁপা হাতে পিডিএফে ক্লিক করে প্রথম পাতায় চোখ রাখে ওয়াসিম।

এইতো! প্রচন্ড ঝড়ের মধ্যেও উজ্জ্বল প্রদীপ শিখার মতো সাত নম্বর র‍্যাঙ্কে জ্বলজ্বল করছে তার নাম। দাবানলের মতো আনন্দের ঢেউ ওয়াসিমের শিরায় শিরায় বয়ে যায়। নিজের ঘর থেকে বেরিয়ে আসে সে। তার উত্তেজিত চিৎকারে আকৃষ্ট হয়ে লাঞ্চ সেরে সদ্য হোস্টেলে ফেরা কয়েকজন বন্ধুও এগিয়ে আসে। এতদিনের এত পরিশ্রমের ফল মিলল তবে! আনন্দ উদযাপন শুরু হয়ে যায় তৎক্ষণাৎ। সেই আনন্দ চলে সারা রাত্তির ধরে। ওয়াসিমের অন্য ৪জন IRS কলিগেরাও আইএএস এর জন্য নির্বাচিত হয়েছে। তারাও এই আনন্দ উৎসবের ভাগীদার হয়।

ওয়াসিম ছুটির জন্য আবেদন করে বাড়ি ফিরে যায়। সেখানেই তার জন্য একগাদা পরিচিত মুখ অপেক্ষা করছিল। তার মা রুবি জান গর্বে আনন্দে বুকে জড়িয়ে ধরেন ওয়াসিমকে। চারদিক থেকে সংবাদ মাধ্যমের লোকজন ঘিরে ধরে তাকে। গ্রামবাসীরা অবশ্য নতুন করে এই উত্তেজনার কোনো কারণ খুঁজে পান না। "আবার কী হলো? দু'বছর আগেই তো আইএএস এর জন্য ছেলেটা সিলেক্টেড হয়ে গিয়েছে। এই নতুন আনন্দের কারণটা কী?" ভাবতে থাকেন তারা।

ওয়াসিমের মা দীর্ঘদিন পর স্বস্তির নিশ্বাস ফেলেন। তাঁর ছেলের অমানুষিক পরিশ্রম শেষ পর্যন্ত তাকে তার স্বপ্ন সফল করতে সাহায্য করেছে। এইরকম অবিশ্রান্ত পরিশ্রম তাকে আর করতে হবে না।

***

ওয়াসিমের ঘটনা থেকে শিক্ষণীয় বিষয়গুলি হল:

১. **পূর্ণ অঙ্গীকার:** সিভিল সার্ভিস পরীক্ষায় সাফল্য অত সহজে পাওয়া যায় না। সম্পূর্ণ মনোযোগ, একাগ্রতা এবং নিষ্ঠা না থাকলে এই পরীক্ষায় বিজয় লাভ করা সম্ভব নয়। পুরোনো প্রস্তুতির ওপর ভর করেও এই পরীক্ষায় পাশ করা যায় না। অতিরিক্ত আত্মবিশ্বাস এবং অসাবধানতা বিফলতার মূল কারণ হয়ে দাঁড়াতে পারে। আগের কোনো বারে সিভিল সার্ভিস পরীক্ষার এক বা একাধিক পর্যায়ে অতিক্রম করলেও পরের বারের প্রিলিমিনারিতে পাস না করাটা অসম্ভব নয়।

২. **উত্তর উপস্থাপনের দক্ষতা তৈরি করা:** মেনস পরীক্ষার সময় বিভিন্ন বিষয়ে জ্ঞান থাকাই যথেষ্ট নয়, সেটাকে উত্তরপত্রে উপস্থাপন করাটাও খুবই গুরুত্বপূর্ণ। পরীক্ষার্থীদের মডেল উত্তরপত্র, টপারদের উত্তরপত্র এবং অন্যান্য রিসোর্স থেকে কীভাবে উত্তর সুন্দর করে লিখতে হয় তা শিখতে হবে। নিয়মিত উত্তর লেখার অভ্যাস করা সাফল্য পাওয়ার অন্যতম প্রধান ধাপ।

৩. **যে বিষয় নিয়ে পড়তে ভালো লাগে সেটাই পড়া উচিত:** স্কুল কলেজে নিজের যে বিষয় নিয়ে পড়তে ভালো লাগে সেই বিষয়টাই বেছে নেওয়া অত্যন্ত গুরুত্বপূর্ণ। এই ক্ষেত্রে বাবা মা, বন্ধুবান্ধব বা আত্মীয়-স্বজন, কারোর কথাতেই নিজের মত বদলানো উচিত নয়।

৪. **পড়াশোনার অভ্যাস তৈরি করা:** নিয়মিত পড়াশোনার অভ্যাস তৈরি করাটা অত্যন্ত গুরুত্বপূর্ণ। তোমার অজান্তেই এই অভ্যাস জ্ঞান বাড়াতে সাহায্য করবে, সিভিল সার্ভিস পরীক্ষার প্রত্যেক ধাপেই যা অমূল্য। এছাড়াও নিয়মিত পড়াশোনার অভ্যাস বিভিন্ন বিষয়ে নিয়ে চিন্তাভাবনা করার দৃষ্টিভঙ্গিকেও সমৃদ্ধ করে।

৫. **একমুখী গাইডেন্স খোঁজো:** একাধিক সোর্স থেকে গাইডেন্স নিতে শুরু করলে বিভ্রান্ত হয়ে যাওয়ার সম্ভাবনা বেশি। কোর্স

মেটেরিয়াল এবং পরীক্ষার কৌশল নিয়ে বিভিন্ন রকম আইডিয়া এবং মতামত শোনার বদলে কয়েকটা নির্ভরযোগ্য সোর্সের গাইডেন্স মেনে চলা অনেক বেশি লাভজনক।

৬. **মেনস পরীক্ষায় পরিমাণের থেকে গুণমান বেশি গুরুত্ব পায়:** পরীক্ষার সময়ে তুমি কতগুলো শিট নিয়ে উত্তর লিখলে, বা কোন প্রশ্নের উত্তর কখন লিখলে তা একেবারেই গুরুত্বপূর্ণ নয়। বরং এক্ষেত্রে তোমার উত্তরের গভীরতা বোধগম্যতা এবং সংক্ষিপ্ততা গুরুত্বপূর্ণ।

ষষ্ঠ অধ্যায়

নিউমেরো উনো

কেবল খুব ভালো ছাত্ররাই মেডিসিন আর ইঞ্জিনিয়ারিং নিয়ে পড়াশোনা করতে পারে

২০১৪ সালের মার্চ মাস। বিকেলের আলো ফিকে হতে হতে শেষ পর্যন্ত রাস্তার লাইটের হলদে নিয়ন আলোতে মিলিয়ে গিয়েছে। গাড়ির হর্ন বাইসাইকেলের বেল এবং দোকানদারদের চিৎকার ধীরে ধীরে মিলিয়ে আসছে। সাউথ দিল্লির ইস্ট কৈলাসের মাঝারি মাপের ফ্ল্যাটের ডাইনিং টেবিলে শর্মা পরিবারের সকলে একসঙ্গে জড়ো হয়েছেন। রচনা শর্মা এবং সুনীল দত্ত শর্মার সঙ্গে তাঁদের ছেলেমেয়ে শ্রুতি এবং আদিত্য রয়েছে। রয়েছেন রচনার মা, আম্মাও।

রাতের খাওয়া শেষ করে আম্মা তাঁর ঘরে চলে যেতেই উত্তেজিত বাক্যালাপে এতক্ষণের শান্তি ভেঙে যায়। সর্দার প্যাটেল বিদ্যালয়ের ক্লাস টেনের ছাত্রী শ্রুতি স্কুল থেকে ক্লাস ইলেভেনের বিষয় নির্বাচন সংক্রান্ত একটা সার্কুলার নিয়ে এসেছে। ছেলেমেয়েরা উঁচু ক্লাসে কিংবা কলেজে কী নিয়ে পড়বে সেই নিয়ে চিৎকার চেঁচামেচি ভারতীয় পরিবারগুলোয় খুব সাধারণ ব্যাপার।

"তোমার চয়েজ তো খুব পরিষ্কার, মা। আমাদের পরিবারের সকলেই ডাক্তার বা ইঞ্জিনিয়ার। তোমার সায়েন্স সাবজেক্ট নিয়ে পড়াশোনা করে আইআইটি জয়েন্টের প্রস্তুতি নেওয়া উচিত।" সার্কুলারের দিকে একঝলক তাকিয়ে বলে ওঠেন শ্রুতির বাবা।

"বাবা, আমি ইঞ্জিনিয়ারিং নিয়ে পড়ার বিষয়ে অনেক ভেবেছি। ওদিকে আমার তেমন প্যাশন নেই।" অনিচ্ছার সুরে আলতো গলায় স্বীকার করে শ্রুতি।

নরম কিন্তু দৃঢ় গলায় রচনা বলে ওঠেন, "ঠিক আছে, তাহলে তোমার ঠাকুরদা ঠাকুরমার মতো তুমি ডাক্তারির জন্য পড়াশোনা করো!"

শ্রুতির ঠাকুরদা দেবেন্দ্র কুমার বৎস এবং ঠাকুরমা সত্যবালা শর্মা তাঁদের গ্রামে খুব বিখ্যাত ডাক্তার হিসেবে পরিচিত ছিলেন। শ্রুতির অনেক কাজিন এবং আত্মীয়রাও মেডিকেল প্রফেশনে রয়েছেন।

মন দিয়ে বাবা মায়ের কথা শুনলেও নিজের ইচ্ছের কথাটা পরিষ্কার করে বলতে ভয় পায় না শ্রুতি। "মা এটা নিয়ে আমি অনেক দিন ধরেই ভাবছিআমার মনে হয় হিউম্যানিটিস বেছে নিলেই আমার জন্য সবথেকে ভালো হবে।"

তার বাবা মা নিজেদের মধ্যে চিন্তিত দৃষ্টি বিনিময় করেন। তাঁরা ভাবতেই পারেননি যে শ্রুতি তাঁদের স্থির করা কেরিয়ার অপশনের বাইরে কোনো কিছু করার কথা ভাববে।

"হিউম্যানিটিজ নিয়ে পড়লে তুমি ভবিষ্যতে কী করবে? তোমার মতো ভালো স্টুডেন্টদের সবসময় বিজ্ঞান নিয়ে পড়া উচিত। তাহলে কেরিয়ারে স্টেবিলিটি পাবে। একটা ভালো চাকরি পাবে। তারপর তুমি যা ইচ্ছা তাই কোরো।" সুনীলের গলায় একটু চিন্তার ছাপ পড়ে।

কিন্তু নিজের সিদ্ধান্তে অনড় থাকে শ্রুতি। "বাবা, আজকালকার দিনে হিউম্যানিটিজ নিয়ে পড়া ছেলেমেয়েদের জন্য প্রচুর কেরিয়ার অপশন আছে।" সংকল্পে তার গলা দৃঢ়।

ভুরু কুঁচকে খানিকক্ষণ ভাবেন শ্রুতির বাবা। "থাকলেও খুব বেশি সংখ্যক নেই। তোমার কাছে খুব কম অপশন থাকবে। হয় তোমাকে এনজিও-তে চাকরি করতে হবে নইলে জার্নালিজম করতে হবে।" শ্রুতির যুক্তির পাল্টা যুক্তি দেন তিনি।

তার বাবার কথায় তাল মিলিয়ে রচনাও বলে ওঠেন, "মনে রেখো, যাই বেছে নাও না কেন, সহজ পথটা বেছে নিও না। কয়েক বছর কঠিন পরিশ্রম করলে তোমার বাকি জীবনটা সহজ হয়ে যাবে।"

অনমনীয় শ্রুতি বাবা মায়ের অনুমতি পাওয়ার জন্য তার শেষ চালটা চালে। "বাবা, তুমি যা বললে তা ছাড়াও সিভিল সার্ভিস পরীক্ষা আছে।

অনেক হিউম্যানিটিজ স্টুডেন্টস এই পরীক্ষা দিয়ে আইএএস আইপিএস অফিসার হয়। আমি ওটাই করতে চাই।" স্পষ্ট গলায় বলে ওঠে সে।

তার বাবা মা একে অপরের সঙ্গে দৃষ্টি বিনিময় করেন। চোখে চোখে কী যেন একটা কথা বলে নেন তাঁরা। তারপর শ্রুতির প্রস্তাব এবং তার সংকল্পের কথা বুঝে নিয়ে বলেন, "হ্যাঁ, সেটা একটা খুব ভালো অপশন। কিন্তু তার জন্য তোমাকে ম্যাথমেটিক্স এবং ইকোনমিক্স নিতে হবে।" রচনার গলায় তার নিজের সিভিল সার্ভিস পরীক্ষায় পাস করার অধরা স্বপ্নের ছাপ।

"ঠিক আছে বাবা, মা!" অনিচ্ছা সত্ত্বেও মাথা নাড়ায় শ্রুতি। বুঝতে পারে নিজের সিদ্ধান্তে অটল থাকার জন্য এটুকু কম্প্রোমাইজ তাকে করতেই হবে।

তার ছোট ভাই আদিত্য এতক্ষণ পরিবারের এই নাটক চুপচাপ দেখছিল। এবার তার মনেও একটা আশার প্রদীপ জ্বলে ওঠে। "যদি বাবা মা শ্রুতিকে পছন্দ মতো সাবজেক্ট নিয়ে পড়াশোনা করার অনুমতি দেয়, তাহলে হয়তো আমাকেও ক্রিকেট খেলার অনুমতি দেবে।" মনে মনে ভাবে সে। তার ঠোঁটের কোনায় এক টুকরো হাসি ঘোরাফেরা করতে থাকে।

শ্রুতির এই সিদ্ধান্ত কিছুদিনের মধ্যেই তার প্রতিবেশী এবং আত্মীয়-স্বজনের প্রচুর বাঁকা মন্তব্যের কারণ হয়ে ওঠে। "ও! আমরা ভেবেছিলাম ও বোধহয় ভালো ছাত্রী!" নিজেদের বিস্ময়কে লুকিয়ে রাখতে না পেরে বলেন তাঁরা।

সুপরিবেশ

শ্রুতির পরিবার উত্তরপ্রদেশের বিজনুর জেলার শান্ত একটা ছোট্ট গ্রাম অথৈ এর আদি বাসিন্দা। তার ঠাকুরদা ঠাকুরমা পাশের গ্রাম বস্তাতে আয়ুর্বেদিক চিকিৎসা করতেন। শ্রুতির বাবা একজন আর্কিটেক্ট। একই সঙ্গে বস্তায় তাঁদের পারিবারিক স্কুল চালান তিনি।

শ্রুতির জন্মের পরে ঠাকুরদা ঠাকুমার আপত্তি সত্ত্বেও তার বাবা-মা দিল্লি চলে আসার সিদ্ধান্ত নেয়। তার কারণ দিল্লির মতো বড় শহরে থাকলে তাঁদের ছেলেমেয়েরা অনেক বেশি ভালো স্কুল এবং কেরিয়ার অপরচুনিটিস পাবে। কিন্তু কোথা থেকে তাঁরা উঠে এসেছেন সেই কথাটা সবসময় মনে রাখা প্রয়োজন বলে শ্রুতির বাবা মনে করতেন। সেই জন্য

প্রতিবছর ছুটির সময় তাদের সকলকে নিয়ে তিনি বস্তায় ফিরে যেতেন। সেখানের সরল গ্রাম্য জীবনে খুব আনন্দ করে দিন কাটাতো শ্রুতি। তার অন্যান্য কাজিনদের সঙ্গে খেলা করার সঙ্গে সঙ্গে 'লায়লা কি উঙ্গলি' কিংবা 'ইমলি কে গোলে'র মতো স্থানীয় লজেন্স উপভোগ করত সে।

শ্রুতি যখন খুব ছোট, সেই সময় থেকেই তার মধ্যে পড়াশোনার প্রতি ভালোবাসা তৈরি করেছিলেন রচনা। এমনকি যখন সে শুধুমাত্র হাঁটতে শিখেছে সেই সময় থেকেই রচনা তার জন্য স্কুল ব্যাগ তৈরি করে দিতেন। সেই ব্যাগে ডায়েরি, পেন আর টিফিন থাকতো। প্রত্যেকদিন সকালে সেই ব্যাগটাকে নিয়ে শ্রুতি তার ঘরের একটা কোনায় তৈরি স্কুলের ক্লাসরুমে নিয়ে যেত। সেখানে বসে ঘন্টার পর ঘন্টা ধরে ডায়েরিতে বিভিন্ন রকমের আঁকিবুঁকি কাটতো আর ছবি আঁকত সে। মাঝেমধ্যে খিদে পেলে টিফিন বাক্স খুলে টিফিনও খেয়ে নিতো। ছোটবেলায় তার স্বপ্ন ছিল যে সে অ্যাস্ট্রোনট হবে।

স্কুলে পড়ার সময় আমরা সকলেই কিছু কিছু জিনিস নিজে থেকেই শিখে যাই। সেজন্যই ভালো পরিবেশের স্কুলে পড়াশোনা করাটা অত্যন্ত প্রয়োজনীয়। তার বাবা মা শ্রুতিকে সবথেকে ভালো স্কুলে ভর্তি করতে চেয়েছিলেন। অনেক খুঁজে শেষ পর্যন্ত তাঁরা তাকে নিউ ফ্রেন্ডস কলোনিতে কেমব্রিজ স্কুলে ভর্তি করেন। এই স্কুলের পড়ানোর ধরন যে একেবারে অন্যরকম, সেটা নিয়ে আগে থেকেই জানতেন তাঁরা। শ্রুতিদের স্কুলের প্রত্যেক ক্লাসে আলাদা লাইব্রেরী ছিল। ফলে বুভুক্ষুর মতো বই পড়তে শুরু করে সে। স্কুলের পড়া না করে নভেল পড়ার জন্য বাবা-মার কাছে যথেষ্ট বকুনিও খেয়েছে সে।

পরে ক্লাস সিক্সে পড়ার সময় তাকে নিউ দিল্লির লোধি এস্টেটের বিখ্যাত সর্দার প্যাটেল বিদ্যালয়ে ভর্তি করে দেওয়া হয়। কিছুদিনের মধ্যেই নতুন স্কুলের প্রেমে পড়ে যায় স্মৃতি। এই স্কুলের পরিবেশটা এমনই ছিল যে প্রত্যেকটা স্টুডেন্টই নিজেদের সব থেকে ভালোটা বের করে আনতে পারতো। এই নতুন স্কুলের একেবারে অন্যরকমের পুরস্কার বিতরণের বিষয়টাও তার বেশ পছন্দ হয়েছিল। পরীক্ষার র‍্যাঙ্কের বদলে স্কুলে মেরিট কার্ডের উপর নির্ভর করে পুরস্কার দেওয়া হতো। প্রত্যেকটা কম্পিটিটিভ এরিয়ার ক্ষেত্রে আলাদা আলাদা করে কোয়ালিফায়িং স্ট্যান্ডার্ড তৈরি করেছিল স্কুল। যে সমস্ত স্টুডেন্টরা এই স্ট্যান্ডার্ড এর উপরে পারফর্ম

করত, তাদের প্রত্যেককে মেরিট কার্ড দেওয়া হতো। সেই জন্য এই স্কুলে ভর্তি হওয়ার পর শ্রুতি প্রথম নিজের সঙ্গে প্রতিযোগিতা করতে শেখে।

স্কুলে পড়ার সময় প্রত্যেকটা দিনই বেশ আনন্দে আর উত্তেজনায় কেটে যেত শ্রুতির। প্রায় প্রতিদিনই 'মিউজিক্যাল আফটারনুন, ফুড ফেস্টিভ্যাল বা অ্যাক্টিভিটি উইক জাতীয় কোনো না কোনো অনুষ্ঠানে অংশ নিত সে। স্কুলে যেতে শ্রুতি এতটাই ভালোবাসত যে সে বাড়িতে মায়ের কথা না শুনতে চাইলে তিনি তাকে স্কুলে পাঠাবেন না বলে ভয় দেখাতেন।

বার্ষিক অ্যাক্টিভিটি উইকের জন্য সারা বছর ধরে প্রতীক্ষা করে থাকত শ্রুতি। এই সময়টায় পড়াশোনাকে দূরে রেখে স্কুলে কেবল খেলাধূলা এবং অন্যান্য সাংস্কৃতিক অনুষ্ঠান হত। খুব উৎসাহের সঙ্গে মাসের পর মাস ধরে শ্রুতি আবৃত্তি করার জন্য কবিতা আর বলার জন্য গল্প মুখস্ত করে রাখত। হিন্দি এবং ইংরেজি দুই ভাষাতেই গল্প ও কবিতা বলে সে প্রতিবছরই একাধিক মেরিট পেত।

ফুড ফেস্টিভ্যাল ছিল স্কুল আয়োজিত আরো আকর্ষণীয় একটা অনুষ্ঠান। এই অনুষ্ঠানে যোগ দেওয়ার জন্য শ্রুতি স্কুল থেকে পাশ করে বেরিয়ে যাওয়ার পরেও একাধিক বার স্কুলে এসেছে। সারা পৃথিবীর বিভিন্ন রকমের স্বাস্থ্যকর, সুস্বাদু রান্নার সম্ভার নিয়ে ছাত্রছাত্রী ও তাদের বাবা মায়েরা স্কুলের এই অনুষ্ঠানে যোগ দিতেন।

স্কুলে পড়ার সময় সোশ্যাল ওয়ার্ক করে খুব আনন্দ পেত শ্রুতি। স্কুল ও তার আশপাশের অর্থনৈতিক ভাবে দুর্বল (EWS) ছেলেমেয়েদের পড়ানো ছাড়াও মুশকান নামের একটি এনজিও সংস্থায় ভলেন্টিয়ার হিসাবে কাজ করত সে। এই এনজিও শারীরিক ও মানসিক প্রতিবন্ধী শিশু ও প্রাপ্তবয়স্কদের সহায়তা করত। এই সময়েই সংবাদপত্রে প্রকাশিত আইএএস আধিকারিকদের সমাজ সংস্কার মূলক কাজের কথা শ্রুতির মনে গভীর প্রভাব ফেলে।

ছাত্রছাত্রীদের মধ্যে পড়াশোনার প্রতি ভালোবাসা জাগানো ছাড়াও শ্রুতির স্কুল তাদের মধ্যে নেতৃত্বের বীজ রোপণ করার চেষ্টায় একটা স্টুডেন্ট এক্সিকিউটিভ বডিও তৈরি করেছিল। গোপন ব্যালট পেপারে ভোটের মাধ্যমে এদের নির্বাচন করা হত। কালচারাল অ্যাফেয়ার্স সেক্রেটারির পদের ভার সামলানোর পাশাপাশি শ্রুতি ক্লাস টুয়েলভে পড়ার সময়ে জেনারেল সেক্রেটারি হওয়ার দৌড়েও নাম দেয়। পড়াশোনায় অসম্ভব

ভাল শ্রুতি ক্লাস টেন এবং টুয়েলভে পরীক্ষায় যথাক্রমে ৯৮% এবং ৯৫% নম্বর পায়।

জীবনের চৌরাস্তায়

ক্লাস টুয়েলভের পরীক্ষায় ৯৫% নম্বর পাওয়ায় দিন কয়েকের জন্য আনন্দে উচ্ছ্বল হয়ে ওঠে শ্রুতি। তারপরই তার পরিবারের সকলে একত্র হয়ে ফের শ্রুতির ভবিষ্যতের সিদ্ধান্ত নিতে বসেন। অস্যার্থে, শ্রুতি স্নাতক স্তরে কোন বিষয় নিয়ে পড়াশোনা করবে, সেই সিদ্ধান্ত।

"মা, বাবা, আমি সত্যিই ইতিহাসে অনার্স নিয়ে পড়াশোনা করতে চাই।" দিল্লি বিশ্ববিদ্যালয়ের স্নাতক স্তরে ভর্তির ব্রশিয়ার ওল্টাতে ওল্টাতে তার ইচ্ছের কথা স্পষ্ট করে দেয় শ্রুতি।

রচনার দিকে চিন্তান্বিত দৃষ্টিতে তাকান সুনীল। ভুরু কুঁচকে বলেন, "ইকোনমিক্স অনার্স নিলে তো ভাল চাকরি পাওয়ার সম্ভাবনা অনেক বেশি। নিজের ভবিষ্যৎ নিয়ে তো চিন্তা করতে হবে বাবা!"

সম্মতিতে মাথা নাড়েন রচনাও। "হ্যাঁ শ্রুতি, ইকোনমিক্স খুব ভাল বিষয়। তুই ভবিষ্যতে অনেক সুযোগ পাবি।"

একটু দ্বিধা করে শ্রুতি। বাস্তব আর তার ইচ্ছের টানাপোড়েনে তার মন বিচলিত হয়ে ওঠে। "আমি তোমাদের কথা বুঝতে পারছি। কিন্তু আমার ভয়টা হল, ইকোনমিক্স অনেক অঙ্ক থাকবে। আমার জন্য ইতিহাসই একদম ঠিক আছে বলে মনে হয়।" সহজেই নিজের দুর্বলতা স্বীকার করে নেয় সে।

একটা দীর্ঘশ্বাস ফেলে সুনীল একটু সামনের দিকে ঝুঁকে বসেন। শ্রুতির দিকে একদৃষ্টিতে তাকিয়ে তিনি বলেন, "তোমার অনিচ্ছার কারণটা আমি ঠিক বুঝতে পারছি না বাবা। তুমি পরীক্ষায় অঙ্কে ৯৭% আর ইকোনমিক্স ৯৮% নম্বর পেয়েছ। তোমার যাতে ভাল হয়, আমরা তো সেটাই চাই।"

বাবা মায়ের মত বদলানোর জন্য মরিয়া হয়ে শ্রুতি তার সব থেকে ধারালো অস্ত্রটা বের করে। সে জানায় সিভিল সার্ভিস পরীক্ষায় সাফল্যের জন্য ইতিহাস পড়াটা বাধ্যতামূলক। তার যুক্তিতে নরম হয়ে যান সুনীল ও রচনা। তাঁরা মনে করেন আইএএস হওয়ার জন্য একেবারে দৃঢ় সংকল্প শ্রুতি।

কিন্তু তাঁরা তখনও জানতেন না যে ভবিষ্যতে সে কী করবে তা নিয়ে মোটেই কিছু ঠিক করেনি শ্রুতি। বাবা মায়ের কাছে বলা এই যুক্তি

কেবলমাত্র তাঁদের মন গলানোর জন্যই ব্যবহার করেছে, যাতে তাঁরা তাকে ইতিহাস পড়ায় সম্মতি দেন।

সে কোন কলেজে ভর্তি হবে সেটা নিয়ে আরেক প্রস্থ যুদ্ধ চলে শ্রুতির বাড়িতে। শ্রুতির ইচ্ছা সে দিল্লি বিশ্ববিদ্যালয়ের নর্থ ক্যাম্পাসের ঐতিহাসিক সেন্ট স্টিফেন্স কলেজে ভর্তি হবে। বাড়ি থেকে যাতায়াতে ঘণ্টা দুয়েক লাগলেও এই কলেজের এক্সট্রাকারিকুলার অ্যাকটিভিজের কারণেই এই কলেজে ভর্তি হতে চায় সে। রচনা আর সুনীলের পছন্দ ছিল লেডি শ্রীরাম কলেজ। সেন্ট স্টিফেন্সের মতো এই কলেজটাও খুবই নামী। তবে সব থেকে সুবিধাটা হল, কলেজটা তাদের বাড়ির খুব কাছে অবস্থিত। কিন্তু বাবা মায়ের এই অকাট্য বাস্তবসম্মত যুক্তিকেও কোনো মতে হার মানায় শ্রুতি।

বেশিরভাগ মধ্যবিত্ত পরিবার, বিশেষ করে যাঁরা এই প্রথম কোনো বড় শহরে এসে থাকছেন, তাঁরা খুব রক্ষনশীল হন। শ্রুতির বাবা মাও এর ব্যতিক্রম নন। স্কুলে পড়ার সময় তাঁরা শ্রুতিকে প্রতি সপ্তাহে একবার বাইরে বেড়াতে যাওয়ার অনুমতি দিতেন। স্লিপ ওভার বা এই জাতীয় কোনো অনুষ্ঠান, যেখানে রাত হওয়ার সম্ভাবনা রয়েছে, সে সমস্ত কিছুতে যোগ দেওয়ার অনুমতি পেত না সে। কলেজে ভর্তি হওয়ার পরেও এই নিয়মের খুব একটা ব্যত্যয় হয় না।

তুমি খুব একটা কেরিয়ার ওরিয়েন্টেড নও

বেশির ভাগ ভারতীয় বাবা মা তাঁদের সন্তানদের জন্য কিছু সময় ভিত্তিক মাইলস্টোন সৃষ্টি করে রাখেনকত বছর বয়সের মধ্যে পড়াশোনা শেষ করতে হবে, কত বছরে চাকরি পেতে হবে, কত বছর বয়সে বিয়ে করতে হবে ইত্যাদি। শ্রুতির বাবা মাও আর পাঁচজনের থেকে এই বিষয়ে মোটেই আলাদা ছিলেন না। কিন্তু রচনা নিজে সারাজীবন অর্থনৈতিক ভাবে অন্যের উপরে নির্ভরশীল হওয়ায় চাইতেন শ্রুতি যত দ্রুত সম্ভব নিজের পায় দাঁড়াক।

শ্রুতি ব্যাচেলর ডিগ্রির ফাইনালে ওঠার পর থেকেই রচনা আর সুনীল নিয়মিত তাকে তার কেরিয়ার প্ল্যান নিয়ে জিজ্ঞেস করতেন। প্রায় প্রতিদিনই তাকে সিভিল সার্ভিস পরীক্ষার জন্য প্রস্তুতি শুরু করার কথা বলতেন

তাঁরা। প্রস্তুতি নিতে অনর্থক দেরি করার জন্য শ্রুতিকে বকাবকিও করেন সুনীল আর রচনা। বারংবার শ্রুতিকে তার প্রতিজ্ঞার কথা মনে করিয়ে দিয়ে কেরিয়ারের কথা ভাবার জন্য উৎসাহ দিতে থাকেন তাঁরা।

শ্রুতির বাবা-মা তাকে একটা সিভিল সার্ভিস পরীক্ষার প্রস্তুতির জন্য কোচিং ইনস্টিটিউটে ভর্তি হওয়ার পরামর্শ দেন। কিন্তু তার ইচ্ছে ছিল কোনো রকম ডিস্ট্র্যাকশন ছাড়াই সে গ্র্যাজুয়েশন পাস করে। তা সত্ত্বেও বাবা মায়ের কথায় সে রাজি হয়ে যায় একটাই শর্তে যে তাকে কোচিং ইনস্টিটিউটের কাছের কোনো পেইং গেস্ট অ্যাকমোডেশনে থাকতে দিতে হবে।

"জীবনে বোধহয় এই প্রথমবার আমি সন্ধেবেলায় কলেজের অনুষ্ঠানে অংশগ্রহণ করতে পারব। তাছাড়া বন্ধুদের সঙ্গেও যেকোনো সময় বাইরে ঘুরতে যেতে পারবো। এছাড়াও সিভিল সার্ভিস পরীক্ষার প্যাটার্ন সম্পর্কেও আমার একটা ধারণা হয়ে যাবে।" মনে মনে ভাবে শ্রুতি। তখনও সে জানতো না যে একা থাকলে প্রতিদিন কত রকমের সমস্যার সম্মুখীন হতে হয়। এইরকম সমস্যার মুখোমুখি হওয়াতেই পরে শ্রুতি বুঝতে পারে যে বাড়ি এবং পরিবারের গুরুত্ব কতটা।

খুব শীঘ্রই শ্রুতি আর তার মা করোল বাগে ভাড়া করার জন্য একটা ভালো ঘরের সন্ধানে নেমে পড়েন। হাওয়া বাতাসহীন ছোট ছোট ঘর দেখে তাঁরা দুজনেই অবাক হয়ে যান। দিনের পর দিন খোঁজাখুঁজি করার পরে শেষ পর্যন্ত একটা ফ্ল্যাটের একটা ঘর পছন্দ হয়। এই ঘরে কিছুটা হলেও দিনের আলো ঢোকে। কথা হয়, সকালবেলা শ্রুতি কলেজে যাবে আর সন্ধেবেলায় কোচিং ক্লাসে।

দিন কয়েক করোল বাগে থাকতে না থাকতেই একা থাকার ব্যাপারটা আর ততটা ভালো লাগে না শ্রুতির। ফ্ল্যাটমেটদের নিজেদের মধ্যে পলিটিক্স আর ঝগড়া, ফ্রিজে রাখা খাবার চুরি হয়ে যাওয়া, বাড়ির মালিকের ঝামেলা, টিফিন সার্ভিস থেকে নিয়ে আসা খাবারের ভয়ংকর স্বাদ; এর সঙ্গে নিয়মিত নিজের ঘর পরিষ্কার আর জামাকাপড় কাচার সংযোজন শ্রুতিকে একেবারে পাগল করে তোলে। যেহেতু এখানে তাকে কেউ নির্দিষ্ট সময়ে ঘুম থেকে তুলে দেওয়ার নেই, কাজেই সেলফ ডিসিপ্লিন মেইনটেইন করে নির্দিষ্ট সময়ে পড়াশোনা করা, খাওয়া-দাওয়া করা, ঘুমোতে যাওয়া এবং ঘুম থেকে ওঠা তার পক্ষে ভীষণ কঠিন হয়ে পড়ে।

এখানে থাকতে থাকতেই শ্রুতি লক্ষ করে যে করোল বাগে বসবাসকারী অনেক প্রতিযোগীই মন দিয়ে পড়াশোনা করার বদলে নিজেদের জীবন উপভোগ করায় ব্যস্ত। তার জন্য তারা নিজেদের দুর্মূল্য সময় এবং বাবা মায়ের পয়সা যথেষ্ট পরিমানে ব্যয় করে। পড়াশোনা নিয়ে তারা বিন্দুমাত্র আগ্রহী নয়। তারা করোল বাগে থাকে এজন্য, যাতে তাদের বাবা মায়েরা মনে করেন তারা সিভিল সার্ভিস পরীক্ষার জন্য প্রস্তুতি নিচ্ছে।

কিছুদিন কোচিংয়ে যাওয়ার পরেই শ্রুতি বুঝতে পারে যে এখানে থেকে তার খুব সাংঘাতিক কিছু লাভ হচ্ছে না। তার চেয়ে বাড়িতে নিজে নিজে পড়াশোনা করাটা তার জন্য অনেক ভালো বিকল্প। কোচিং ইনস্টিটিউটের বিরাট বড় হল ঘরে হাজারেরও বেশি স্টুডেন্ট ধরে। এইভাবে ক্লাস করায় পড়াশোনার পরিবেশ খুবই নৈর্ব্যক্তিক হয়ে দাঁড়ায়। আড়াই ঘন্টার লম্বা ক্লাসে শিক্ষকরা অনেক সময়ই খুচরো কথাবার্তা এবং ঠাট্টা তামাশা করে সময় নষ্ট করেন।

ক্লাসগুলো যেন প্রচণ্ড স্ক্রিপটেড নাটকের মতো বলেও তার মনে হয়। তার এই মনে হওয়াটা যে খুব একটা ভুল নয় সেটা শ্রুতি বুঝতে পারে যখন সে ভুল করে এমন একটা ক্লাসে চলে যায় যে বিষয়ের উপর সে আগেও ক্লাস করেছে। সেই ক্লাসে বসে সে লক্ষ্য করে যে শিক্ষক একই রকম পয়েন্ট-এ কীভাবে যান্ত্রিকভাবে পড়িয়ে চলেছেন। এমনকি ক্লাসে তাঁর বলা জোকসগুলোও এক রকম। এক অদ্ভুত রকমের দক্ষতায় একই রকম মুহূর্তে এই জোকসগুলো ছাত্রদের কাছে বলছেন শিক্ষক।

তবে এই পরিবর্তনের যে সবকিছুই খারাপ, তা নয়। বেশ কিছু ভালো পরিবর্তনও হয়েছিল শ্রুতির। যেমন আগের মতো বাইরে বেরোতে হলেই বাবা-মায়ের কাছে অনুমতি চাইতে হতো না তাকে। এখন সে আরো অনেক বেশি সংখ্যক কলেজের অনুষ্ঠানে যোগদান করতে পারত। বাবা মায়ের ব্যবহারেও পরিবর্তন লক্ষ্য করে শ্রুতি। তার মনে হয় হঠাৎ করেই তাঁরা যেন তাকে একজন প্রাপ্তবয়স্ক মানুষের মতো দেখতে শুরু করেছেন। আর তাছাড়া কোচিং সেন্টারে গিয়ে সিভিল সার্ভিস পরীক্ষার প্যাটার্ন সম্পর্কে অন্তত তার একটা ধারণা তৈরি হয়।

সমস্যা হল ইউপিএসসি পরীক্ষায় পাশ করার ব্যাপারটা এতটাও সহজ সরল নয়।

পড়াশোনার সঙ্গে পরিচয়

বিএ অনার্স পরীক্ষার শেষ বছরে শ্রুতির ভবিষ্যতের স্বপ্ন মোটামুটি পরিষ্কার ছিল। পাস করার পর এক বছর মন দিয়ে পড়ে ইউপিএসসি নামক পর্বত শৃঙ্গ জয় করবে সে। কিন্তু খুব শীঘ্রই সে বুঝতে পারে, মানুষ ভাবে এক আর হয় আরেক।

স্নাতক স্তরের পড়াশোনা যতই শেষের দিকে এগোয়, ততই শ্রুতি বুঝতে পারে যে তার ক্লাসের প্রায় সকলেই জহরলাল নেহেরু ইউনিভার্সিটিতে এম এ পড়ার প্রবেশিকা পরীক্ষার জন্য তৈরি হচ্ছে। বন্ধুদের চাপে পড়ে, আর অত্যন্ত নামী বিশ্ববিদ্যালয়ে পড়াশোনার সুযোগ পাওয়ার হাতছানিতে চোখ বন্ধ করে শ্রুতিও এই প্রবেশিকা পরীক্ষার ফর্ম পূরণ করে।

প্রবেশিকা পরীক্ষার রেজাল্ট অদ্ভুত এক সারপ্রাইজ বয়ে আনে শ্রুতির জন্য। রেজাল্টে দেখা যায় প্রবেশিকা পরীক্ষায় শ্রুতি ফার্স্ট হয়েছে। কিন্তু কয়েক মাসের কঠিন প্রস্তুতি সত্ত্বেও তার ক্লাসের বেশিরভাগ ছেলে মেয়েরাই এই পরীক্ষায় পাস করতে পারেনি। শ্রুতির বাবা-মা তার এই অভাবনীয় সাফল্যে খুবই গর্বিত হন। রাতের খাওয়া দাওয়ার পরে বেশ কিছুদিন এটাই তাঁদের আলোচনার মুখ্য বিষয় হয়ে ওঠে।

"শ্রুতির মধ্যে যে কতটা ক্ষমতা রয়েছে তা ওর এই অসাধারণ পারফরমেনস থেকেই বোঝা যায়!" সুনীল বলে ওঠেন। "আমার সত্যিই মনে হয় জহরলাল নেহেরু বিশ্ববিদ্যালয়ে ভর্তি না হয়ে ওর সম্পূর্ণ মনোযোগটা এবার ইউপিএসসির দিকে দেওয়া উচিত।"

"বাবা, ইতিহাস নিয়ে পড়তে আমার ভালো লাগে", শ্রুতি সরল ভাবে বলে। "তাছাড়া যেহেতু ইতিহাস আমার অপশনাল সাবজেক্ট হিসেবে থাকবে, তাই এম এ পড়াটা সিভিল সার্ভিস পরীক্ষার প্রস্তুতির জন্য আমাকে একটা সলিড ফাউন্ডেশন তৈরি করতে সাহায্য করবে।"

"যদি সত্যিই শ্রুতি এমএ পড়তে চায়, তাহলে ওকে ওর ইচ্ছেটা পূরণ করতে দেওয়া হোক। এম এ পড়তে পড়তেই ও আইএএস এর জন্য প্রস্তুতি নিতে শুরু করবে না হয়।" শ্রুতিকে সমর্থন করে বলে ওঠেন রচনা।

বাবা মায়ের প্রতি কৃতজ্ঞতায় মন ভরে যায় শ্রুতির। সে বুঝতে পারে যদিও তাকে নিজের পছন্দটা অনেক যুক্তি দিয়ে বোঝাতে হয়, তা সত্ত্বেও তার বাবা-মা কখনোই নিজেদের পছন্দটা তার ঘাড়ে চাপিয়ে দেননি। যে

কোনো বিষয়েই শেষ সিদ্ধান্তটা সবসময় তাকেই নিতে দিয়েছেন। এই সমস্ত সিদ্ধান্তের ক্ষেত্রে রচনা প্রায়ই তাকে সমর্থনও করেছেন। কখনো কখনো শ্রুতিকে সমর্থন করতে গিয়ে তিনি সুনীলের বিরোধিতাও করেছেন।

জহরলাল নেহেরু বিশ্ববিদ্যালয় পড়াশোনা করতে গিয়ে শ্রুতি বুঝতে পারে যে সে প্রচণ্ড ইন্টেলেকচুয়াল ডিসকোর্স এবং রাজনৈতিক কাজকর্মে ব্যস্ত একটা অঞ্চলে এসে পড়েছে। খুব দ্রুত এই নতুন কমিউনিটিতে মিশে গিয়ে নতুন নতুন বন্ধু পাতিয়ে ফেলে শ্রুতি। ২৪ ঘন্টার ধাবাগুলো খাবারের সঙ্গে সঙ্গে বন্ধুদের সঙ্গে হাসাহাসি এবং আড্ডা দেওয়ার জায়গাতেও পরিণত হয়। বিশ্ববিদ্যালয় লাইব্রেরীগুলোও ঠিক ততটাই মনোগ্রাহী। বিশেষ করে ইতিহাস বিভাগের সেন্টার ফর হিস্টোরিকাল স্টাডিস লাইব্রেরির শান্ত পরিবেশ আর ময়ূরেরা শ্রুতির মন কেড়ে নেয়।

নিজের কোর্সের প্রতি প্রচণ্ড ভালবাসা অনুভব করে শ্রুতি। সে বুঝতে পারে গোটা কোর্স এবং কারিকুলামের কোয়ালিটির দিকে সর্বদা নজর রাখা হয়। তার প্রফেসররা সকলেই পড়াশোনার জগতে অত্যন্ত নামী এবং সম্মানীয় মানুষ। প্রত্যেক ছাত্র-ছাত্রীরই যেকোনো লেকচার এ্যাটেন্ড করার স্বাধীনতা রয়েছে। এখানে প্রত্যেককে স্বাধীন ভাবে চিন্তাভাবনা করা এবং লেখালেখি করার ব্যাপারে উৎসাহিত করা হয়। পেপার লেখার একটা কঠিন ধারাবাহিকতা বজায় রয়েছে গোটা বিশ্ববিদ্যালয় জুড়ে। প্রত্যেকটা পেপার খুব খুঁটিয়ে দেখা হয় এবং প্রতিটা বিষয় নিয়ে প্রচুর আলোচনাও করা হয়। যে কারণে অ্যাকাডেমিক এক্সেলেন্স-এর একটা সংস্কৃতি তৈরি হয়েছে বিশ্ববিদ্যালয় চত্বরে।

দিন কয়েক যেতে না যেতেই শ্রুতি বুঝতে পারে তার পড়াশোনা করতে ভালো লাগলেও অ্যাকাডেমিয়াতে ক্যারিয়ার করাটা তার জন্য ঠিক হবে না। সে লক্ষ করে যে একাডেমিক লাইফ সাধারণত পেপার লেখা এবং ছোট ছোট বিষয় নিয়ে সুদীর্ঘ গভীর আলোচনার উপরে মূলত নির্ভরশীল। সাধারণ মানুষের জীবনে সরাসরি প্রভাব ফেলার সম্ভাবনা এখানে খুব কম। শেষ পর্যন্ত সে এম এ পরীক্ষা না দিয়েই পড়াশোনা বন্ধ করে দেওয়ার সিদ্ধান্ত নেয়। বদলে তার সম্পূর্ণ মনোযোগটাই সে সিভিল সার্ভিস পরীক্ষার জন্য ব্যয় করবে বলে স্থির করে।

শ্রুতির এই সিদ্ধান্তে তার শিক্ষকেরা প্রচণ্ড অবাক হয়ে যান। একাধিকবার তাঁরা তাকে তার সিদ্ধান্ত ভেবে দেখার কথা বলেন। কিন্তু হাজার অনুরোধ সত্ত্বেও নিজের সিদ্ধান্তে অটুট থাকে শ্রুতি।

বাস্তার আশ্চর্য আবিষ্কার

একদিন সন্ধ্যায় শ্রুতি পড়াশোনা নিয়ে ব্যস্ত ছিল। সেই সময় তার বাবা তাকে ফোন করেন। সুনীল কিছু কাজ নিয়ে সেই সময় বাস্তায় গিয়েছিলেন।

"তুমি কি জামিয়া মিলিয়া ইসলামিয়ার রেসিডেন্সিয়াল কোচিং অ্যাকাডেমী নিয়ে কিছু জানো?" সুনীলের গলায় বিস্ময় আর উত্তেজনা মিলেমিশে একাকার হয়ে গিয়েছে। "ওরা সিভিল সার্ভিস পরীক্ষার্থীদের বিনামূল্যে কোচিং করায়। শুধু তাই নয়, খুব কম খরচে লাইব্রেরী হোস্টেল আর মেসের ব্যবস্থাও রয়েছে এখানে।"

"তুমি কী করে জানলে বাবা?" শ্রুতির গলাতেও সুনীলদের বিস্ময়ের ছোঁয়া লাগে।

"আমি হঠাৎ করেই খবরের কাগজে ওদের প্রবেশিকা পরীক্ষার বিজ্ঞাপন দেখতে পেয়েছি!" খুব উৎসাহের সঙ্গে বলে ওঠেন সুনীল। "আমার মনে হয় তুই এই পরীক্ষাটা দিয়ে দেখতে পারিস। জায়গাটা আমাদের বাড়ি থেকে খুব একটা দূরেও নয়।"

জামিয়া মিলিয়া ইসলামিয়ার ভিতরে এই রেসিডেন্সিয়াল কোচিং একাডেমি (RCA) অবস্থিত। ইউনিভার্সিটি গ্রান্টস কমিশন আর মিনিস্ট্রি অফ মাইনরিটি অ্যাফেয়ার্স এর যৌথ উদ্যোগে সেন্টার ফর কোচিং অ্যান্ড কেরিয়ার প্ল্যানিং এই অ্যাকাডেমি চালায়। সিডিউলড কাস্ট, সিডিউলড ট্রাইব, সংখ্যালঘু সম্প্রদায় এবং মহিলাদের সিভিল সার্ভিস এবং অন্যান্য সরকারি চাকরির পরীক্ষার প্রস্তুতিতে এই অ্যাকাডেমি সহায়তা করে।

২০১৯ এ RCA এর তিন পর্যায়ের প্রবেশিকা পরীক্ষায় খুব সহজেই পাশ করে যায় শ্রুতি। কিন্তু সে সিদ্ধান্ত নেয় যে হোস্টেলের বদলে সে বাড়িতেই থাকবে, আর কয়েকটা বিশেষ ক্লাস ছাড়া বাকি ক্লাস করবে না। কিন্তু এদের লাইব্রেরীর পূর্ণ সদ্ব্যবহার করবে বলেই মনে মনে স্থির করে সে।

বিভিন্ন পরীক্ষার প্রস্তুতির জন্য RCA স্বাস্থ্যকর প্রতিযোগিতা পূর্ণ একটা পরিবেশের সৃষ্টি করে। এখানে ভর্তি হওয়ার পরে শ্রুতি লক্ষ্য করে যে এখানে করোল বাগের থেকে অনেক বেশি সিনসিয়ার পরীক্ষার্থী রয়েছেন। এঁদের অনেকেই সিভিল সার্ভিস পরীক্ষার এক বা একাধিক পর্যায়ে পাশ করেছেন।

বেশ কিছুদিন সময় লাগলেও শ্রুতি ধীরে ধীরে RCA এর প্রতিযোগীদের

একটা ছোট কিন্তু খুব ক্লোজ গ্রুপের সঙ্গে যুক্ত হয়ে যায়। তাদের প্রায়ই RCA এর লনে কিংবা চাচার চায়ের দোকানে চা খেতে খেতে বিভিন্ন বিষয়ের উপর উত্তপ্ত আলোচনা করতে দেখা যেত। চাচা দূর থেকে দেখেই তাকে চিনতে পারেন। তার কারণ এর আগে শ্রুতি তার নিজের জন্য একটা লাল কফি মগ নিয়ে আসতো এবং সাধারণত পরপর দু কাপ কড়া কফি খেত।

গ্রুপের সকলে মিলে প্রায়ই উত্তরপত্র লেখাও প্র্যাক্টিস করতো আর একে অপরের উত্তরপত্র পড়ে ফিডব্যাকও দিত। কিছুদিনের মধ্যেই শ্রুতি RCA এর হোস্টেলে চলে আসে। এখানে থাকতে শুরু করার পরে সুভ্রা, মিনি এবং ক্রান্তির মতো ভালো বন্ধুদের সঙ্গে পরিচয় হয় তার।

বন্ধুবান্ধবদের একাগ্রতা আর নিষ্ঠা শ্রুতিকে আরও পড়াশোনা করার জন্য অনুপ্রাণিত করে তোলে। কখনো ক্লান্ত হয়ে পড়লে বা কোনো কারনে তার মন খারাপ হলে একাগ্র চিত্তে পড়াশোনারত বন্ধুবান্ধবদের দেখে তার সংকল্প নতুন করে দৃঢ় হয়ে উঠতো।

এর মধ্যে কোভিড ১৯ গোটা দেশ জুড়ে একটা অস্বাভাবিক পরিস্থিতির সৃষ্টি করে। RCA হঠাৎ করেই হোস্টেল খালি করে দেওয়ার জন্য ছাত্র-ছাত্রীদের নির্দেশ দেয়। তারা ঘোষণা করে যে মেস ফেসিলিটিও বন্ধ করে দেওয়া হবে। বিদ্যুৎ আর পানীয় জলের সরবরাহও বন্ধ করে দেওয়া হয়। শ্রুতির বাড়ি RCA এর কাছে অবস্থিত হলেও যে সমস্ত ছাত্র-ছাত্রীর বাড়ি অনেক দূরে, তাঁরা খুবই অসুবিধার মধ্যে পড়েন।

তাদের মধ্যে ক্রান্তিও একজন। সুদূর আসাম থেকে আসা ক্রান্তি তার পরিবারের অর্থনৈতিক অস্বাচ্ছন্দ্য সত্ত্বেও একাগ্রতা নিয়ে সিভিল সার্ভিস পরীক্ষার জন্য পড়াশোনা করে চলেছে। খুব ছোট বয়সে বাবাকে হারিয়েছে সে। এবারে যদি তাকে বাড়ি ফিরে যেতে হয় তাহলে ইউপিএসসি পরীক্ষার যাত্রা তার জন্য এখানেই সমাপ্ত হয়ে যাবে। এইরকম কঠিন পরিস্থিতিতে শ্রুতি তার বাড়িতে থাকার জন্য ক্রান্তিকে আমন্ত্রণ জানায়। পরে আসামের সিভিল সার্ভিস পরীক্ষায় পাশ করে বর্তমানে ক্রান্তি একজন আসাম সিভিল সার্ভিসেস আধিকারিকের দায়িত্ব পালন করছে।

আরেকজন পরীক্ষার্থী মিনি কোভিড ১৯ এর দ্বিতীয় ঢেউয়ের সময় একই রকম পরিস্থিতিতে পড়ে। তাকেও শ্রুতি নিজের বাড়িতে নিয়ে যায়। ক্রান্তির মতোই মিনিও অধ্যাবসায় এবং মনোযোগ সহকারে পড়াশোনা

করে ২০২১ সালের সিভিল সার্ভিস পরীক্ষায় পাস করে আইপিএস হয়।

কোভিড ১৯ প্যান্ডেমিক এর সময় শ্রুতি ও তার বন্ধুরা গ্রুপ ডিসকাশন এবং পড়াশোনা করার জন্য বিভিন্ন রকমের মোবাইল অ্যাপ্লিকেশন ব্যবহার করতে শুরু করে। নোট নেওয়ার কাজটা নিজেদের মধ্যে ভাগ করে নিয়েছিল তারা। যেকোনো একটা বিষয় নিয়ে একজন একটা গুগল ডকুমেন্ট ক্রিয়েট করে সেখানে নোট লিখতো এবং বাকিরা সেই নোটটাকে আরও বেশি ভালো এবং সমৃদ্ধ করে তুলতো।

যতদিনে ২০২০ সালের প্রিলিমিনারি পরীক্ষার নতুন করে দিন ঘোষণা করা হয় ততদিনে শ্রুতির প্রস্তুতি বেশ ভালো মতোই হয়ে গিয়েছে। কিন্তু ভাগ্যের লিখন খণ্ডাবে কে? সামান্য ভুলের কারণে যে শ্রুতি এত বড় ক্ষতির সম্মুখীন হবে সে তা ভাবতেও পারেনি।

ভাষার চ্যালেঞ্জ গ্রহণ

২০২০ সালের প্রিলিমিনারি পরীক্ষার পরে অত্যন্ত আত্মবিশ্বাসী ছিল শ্রুতি। একটুও সময় নষ্ট না করে মেনস পরীক্ষার জন্য প্রস্তুতি নিতে শুরু করে সে। প্রিলিমিনারি পরীক্ষার রেজাল্ট বেরোলে দেখা যায় শ্রুতি পাস করে গিয়েছে। ততদিনে মেনস এর সিলেবাস এর একটা বিরাট অংশ পড়াও হয়ে গিয়েছে তার। কিন্তু তার এই আনন্দ খুব শীঘ্রই অবিশ্বাস এবং হতাশায় রূপান্তরিত হয়।

ইউপিএসসি পোর্টালে ডিটেইলড অ্যাপ্লিকেশন ফর্ম-১ (DAF-1) পূরণ করার সময় প্রচণ্ড ধাক্কা লাগে শ্রুতির। সে দেখে তার প্রিলিমিনারি পরীক্ষার অ্যাপ্লিকেশন ফর্মের ভিত্তিতে ডিটেইলড অ্যাপ্লিকেশন ফর্মে কয়েকটা গুরুত্বপূর্ণ বিষয়, যেমন তার অপশনাল সাবজেক্ট, ভারতীয় ভাষা সংক্রান্ত পেপার এবং পরীক্ষার মাধ্যম আগে থেকেই পূরণ করা হয়ে রয়েছে। প্রিলিমিনারি পরীক্ষার ফর্ম পূরণের সময় শ্রুতি তার জেনারেল স্টাডিস পেপার এবং প্রবন্ধ ভিত্তিক পেপারের মাধ্যম হিসেবে ভুলবশত হিন্দিকে বেছে নেয়।

DAF-1 ফর্মটা দেখতে দেখতে শ্রুতির মনের মধ্যে প্রবল হতাশা জাগে। তার চোখ ফর্মের উপর নিবদ্ধ থাকলেও তার মনের মধ্যে ছোটখাটো ঝড় শুরু হয়ে যায়।

মরিয়া হয়ে এই সমস্যার সমাধান খোঁজ করতে থাকে শ্রুতি। ইন্টারনেটে তন্ন তন্ন করে খুঁজে দেখতে থাকে যদি তার এই হিমালয়ান্তিক ভুল শোধরানোর কোনো উপায় থাকে। তার বন্ধুদের সঙ্গেও এই সমস্যা নিয়ে আলোচনা করে শ্রুতি এই আশায় যে তারা হয়তো তাকে কোনো সমাধান সূত্রের খোঁজ দিতে পারবে। কিন্তু কোথাও থেকেই কোনো উত্তর খুঁজে পায় না সে।

পরবর্তী কয়েকদিন ধরে মাকে সঙ্গে নিয়ে শ্রুতি ইউপিএসসি হেডকোয়ার্টার্সে গিয়ে হাজির হয়। একাধিক আধিকারিকের সঙ্গে দেখা করেন তারা। শ্রুতির পরীক্ষা দেওয়ার মাধ্যম যেন পরিবর্তন করা হয় এই মর্মে অজস্র আবেদনপত্রও লেখেন তারা। RCA তে গিয়ে এই একই সমস্যায় ভোগা একজন পরীক্ষার্থীর সঙ্গে দেখা হয় তাঁদের। কিন্তু সব জায়গা থেকে একই উত্তর আসে, "কোনো কিছু করা সম্ভব নয়।"

শ্রুতির সামনে এখন কেবলমাত্র একটাই রাস্তা খোলা থাকে: হয় তাকে হিন্দিতে পরীক্ষা দিতে হবে অথবা এবার তার আর পরীক্ষা দেওয়া হবে না। শ্রুতির বাবা তাকে এ বছরের পরীক্ষাটা না দিয়ে পরের বছরের পরীক্ষার দিকে মনোনিবেশ করতে বলেন। কিন্তু শ্রুতি সিদ্ধান্ত নেয় যে এ বছর সে হিন্দি মাধ্যমেই পরীক্ষা দেবে।

ইংরেজিতে নোট তৈরি করার পরে গুগল ট্রান্সলেটে ফেলে সেগুলোকে হিন্দিতে অনুবাদ করে নিত সে। তারপর সেই অনূদিত নোটসগুলো নিয়ে পড়াশোনা করতো শ্রুতি। তার দুই বন্ধু স্ট্যানজিন ওয়্যাঙ্গাল এবং বিপাশা এই কঠিন সময়ে তাকে অনেক সাহায্য করে। পরবর্তীতে স্ট্যানজিন সিভিল সার্ভিস পরীক্ষায় পাশ করে IRS পদে যোগ দেয়।

কিন্তু প্রস্তুতি যতই এগোতে থাকে ততই শ্রুতি বুঝতে পারে যে এই কাজটা ততটা সোজা নয়। তাকে প্রচুর টেকনিক্যাল টার্মের হিন্দি মনে রাখতে হবে আর তাছাড়া হিন্দিতে লেখা তেমন অভ্যাস নেই তার। কাজেই নির্দিষ্ট সময়ের মধ্যে উত্তর লিখে শেষ করাটা তার পক্ষে প্রায় অসম্ভব। প্রত্যেকটা পরীক্ষার পরে হতাশায় রাগে কাঁদতে কাঁদতে বেরোয় শ্রুতি।

ভাষা সংক্রান্ত এইরকম সমস্যার মাঝখানেও আশার এক টুকরো ছোট্ট আলো নিজের মনের মধ্যে জ্বালিয়ে রেখেছিল শ্রুতি। কিন্তু রেজাল্ট বেরোতেই তার সেই প্রদীপ এক ঝটকায় নিভে যায়। কিন্তু ইউপিএসসি মার্কস শিট প্রকাশ করার পরে ফির সেই প্রদীপ শ্রুতির মনের মধ্যে জ্বলে

ওঠে। সে দেখতে পায় মাত্র এক নম্বরের জন্য সে মেনস পাস করতে পারেনি। এই কথা জানার পরেই পরবর্তী পরীক্ষায় পাশ করা নিয়ে তার আত্মবিশ্বাস দ্বিগুণ হয়ে ওঠে। আর এক মুহূর্তও দেরি না করে প্রস্তুতিতে ঝাঁপিয়ে পড়ে সে।

খুব খুঁটিয়ে খুঁটিয়ে সিলেবাস দেখে প্রতিটা বিষয়ের জন্য একটা কিংবা দুটো করে রিসোর্স বেছে নেয় শ্রুতি। বিগত বছরের প্রশ্নপত্র মন দিয়ে বিশ্লেষণ করে সে। এরপর সমানে খবরের কাগজ এবং অন্যান্য বই পত্র থেকে অতিরিক্ত তথ্য, ডেটা, উদাহরণ এবং কোটস তার উত্তরপত্রের সঙ্গে জুড়ে দিয়ে উত্তরের মান আরো উন্নত করতে থাকে। যেকোনো বিষয়ের উপরে সমস্ত তথ্য সারা খাতা জুড়ে বিভিন্ন জায়গায় ছড়িয়ে রাখার বদলে শ্রুতি সে সবকিছুকে একটা জায়গায় পরপর সুন্দর করে সাজিয়ে রাখত।

সিলেবাস শেষ হয়ে যাওয়ার পরে শ্রুতি টেস্ট সিরিজ দিতে শুরু করে আর একই সঙ্গে উত্তর লেখা অভ্যাস করতে থাকে। প্রত্যেক বার উত্তর লেখা শেষ হয়ে গেলে নিজে নিজেই উত্তর পত্র বিশ্লেষণ করে বোঝার চেষ্টা করে তার পক্ষে সেটাকে আরো কীভাবে সেটাকে ভালো করা সম্ভব। বিগত বছরের প্রথম স্থান অধিকারীদের উত্তরপত্র মন দিয়ে পড়ে গুরুত্বপূর্ণ তথ্য জোগাড় করতে থাকে সে। যাতে তার উত্তরের মান আরো বেড়ে যায়।

শ্রুতির মূল মন্ত্র ছিল খুব কম সোর্স পড়া এবং অজস্রবার রিভিশন। এছাড়াও নিয়মিত উত্তরপত্র লেখা অভ্যাস করা। এছাড়াও সে টাইম ম্যানেজমেন্ট এবং নিজের ক্ষমতার সদ্ব্যবহার করার উপর প্রচণ্ড গুরুত্ব দেয়।

‘আমি আর এই পরীক্ষা দেব না’

১০ই অক্টোবর ২০২১ সন্ধ্যা। প্রিলিমিনারি পরীক্ষা দিয়ে আসার পরে নিজের ঘরে ছড়ানো ছেটানো নোটসের মাঝখানে বসে কাঁদছিল শ্রুতি। তার কাছেই তার মা আর প্রিয় বন্ধু বসে তাকে সান্ত্বনা দেওয়ার চেষ্টা করছিল। কিছুক্ষণ আগেই তিনটে নামী কোচিং ইনস্টিটিউট প্রিলিমিনারি পরীক্ষার আনসার কি প্রকাশ করেছে। আর সেই আনসার কি অনুযায়ী এই পরীক্ষায় পাশ করার সম্ভাবনা শ্রুতির প্রায় নেই।

এই ঘটনার পর শ্রুতির আত্মবিশ্বাস একেবারে তলানিতে গিয়ে ঠেকে।

কাজেই মেনস পরীক্ষার প্রস্তুতি নেওয়ার বদলে দিল্লী স্কুল অফ ইকোনমিক্স এ সোসিওলজিতে এম এ করার সিদ্ধান্ত নেয় সে। কিন্তু শ্রুতির ভাগ্যে অন্য কিছু লেখা ছিল। প্রিলিমিনারি পরীক্ষার ফল যখন প্রকাশিত হয় তখন দেখা যায় যে কোচিং ইনস্টিটিউটদের ভবিষ্যৎবাণী ভুল প্রমাণিত করে শ্রুতি এই পরীক্ষায় পাশ করে গিয়েছে।

এই অপ্রত্যাশিত সাফল্যে প্রবল আনন্দিত শ্রুতি নতুন উৎসাহে নিজেকে পড়াশোনার মধ্যে একেবারে ডুবিয়ে দেয়। যদিও এর আগের মেনস পরীক্ষার প্রস্তুতি নেওয়ার সময় পড়াশোনার একটা শক্ত ভিত তৈরিই ছিল তার, তা সত্ত্বেও মাত্র এই ক'মাসের মধ্যে সিলেবাস শেষ করাটা খুবই কঠিন।

মেইন্স পরীক্ষায় কম্পালসারি ল্যাঙ্গুয়েজ, প্রবন্ধ এবং জেনারেল স্টাডিজ পেপারে বেশ ভালোই পরীক্ষা দেয় শ্রুতি। অপশনাল পেপারের পরীক্ষা শুরুর আগে শ্রুতির হাতে পাঁচ দিন সময় ছিল। অপশনালের আগের এই পাঁচ দিন তার প্রস্তুতির জন্য খুবই প্রয়োজন ছিল। কিন্তু ভাগ্য আরও একটা নিষ্ঠুর খেলা খেলে শ্রুতির সঙ্গে। শেষ জেনারেল স্টাডিজ পরীক্ষার দিনে সন্ধেবেলা শ্রুতির হঠাৎ করে জ্বর জ্বর লাগতে শুরু করে। পরের দিন তার শরীর আরো খারাপ হয়ে যায়। সমস্ত সিম্পটম দেখে মনে হচ্ছিল তার বোধহয় কোভিড ১৯ হয়েছে। কিন্তু তা যাচাই করার জন্য পরীক্ষা করাতে চায়নি সে।

জেনারেল স্টাডিজ আর প্রবন্ধ পরীক্ষা দেওয়ার সময় শ্রুতি খেয়াল করেছিল যে পরীক্ষা কেন্দ্রে অনেক পরীক্ষার্থীই কাশছে। একটা গুজবও শোনা যাচ্ছিল যে কোভিড ১৯ অতিমারীর জন্য বাকি পেপারের পরীক্ষা পিছিয়ে দেওয়া হবে। ইতিমধ্যে যে সমস্ত পরীক্ষার্থী কোভিড পরীক্ষা করিয়েছিল এবং নিজেদের অসুখের কথা জানিয়ে ছিল, তাদের প্রত্যেককে পরীক্ষায় বসা থেকে আটকে দেওয়া হয়েছে।

এই পাঁচ দিনের মধ্যে অপশনাল সাবজেক্ট ভালো করে রিভাইস করে নেবে বলে ভেবেছিল শ্রুতি। কিন্তু সে এতটাই অসুস্থ হয়ে পড়ে যে তিন দিন বিছানা ছেড়ে উঠতেই পারে না। এই অবস্থায় সে কীভাবে অপশনাল পরীক্ষা দেবে এটা মনে করতেই শ্রুতির শিরদাঁড়া দিয়ে ঠান্ডা স্রোত বয়ে যায়।

ভাগ্যক্রমে পরীক্ষার আগের দিন শ্রুতির শরীর খানিকটা ভালো হয়ে যায়। পরদিন সকালে একগাদা ওষুধ খেয়ে শরীরের আর মনের সবটুকু

শক্তি এক জায়গায় করে পরীক্ষা কেন্দ্রে উপস্থিত হয় সে। কীভাবে যেন পরীক্ষাটা দিয়েও ফেলে সে। এই ভয়াবহ পরীক্ষা শেষ করে যখন কেন্দ্র থেকে সে বেরোচ্ছিল তার দেহ মনের মধ্যে দিয়ে স্বস্তি আর শান্তির ঢেউ বয়ে যাচ্ছিল যেন।

বাড়ি ফিরেই সে ঘোষণা করে দেয়, "এই শেষ!! আমি আর এই পরীক্ষা দেব না। শরীর আর মনকে এত কষ্ট দিয়ে এই পরীক্ষা দেওয়ার কোনো মানেই হয় না।"

পরের দিনই সে দিল্লি স্কুল অফ ইকোনোমিক্স এ সোশিওলজিতে ভর্তি হয়ে যায়।

চোখের জলের ঝরনা

পরীক্ষার প্রস্তুতির সময় একাধিক চ্যালেঞ্জের মুখোমুখি হওয়া সত্ত্বেও শ্রুতির মনে দৃঢ় বিশ্বাস ছিল যে সে মেনস পরীক্ষা ঠিকই পাস করে যাবে। ১৭ই মার্চ ২০২২ সালে ইউপিএসসি মেনসের রেজাল্ট বেরোনোর পরে দেখা যায় তার বিশ্বাসেরই জয় হয়েছে। কাজেই পার্সোনালিটি টেস্টের জন্য শ্রুতির সামনে ঢোলপুর হাউসের দরজা খুলে যায়। প্রথম সপ্তাহতেই তার ইন্টারভিউ পড়ায় বেশ অস্বস্তি সৃষ্টি হয় শ্রুতির মনে।

দ্রুত ইন্টারভিউয়ের প্রস্তুতি শুরু করে দেয় সে। নিজের DAF থেকে একটা একটা করে সম্ভাব্য প্রশ্নের দীর্ঘ একটা তালিকা তৈরি করে শ্রুতি। যাতে কারেন্ট অ্যাফেয়ার্স নিয়ে কোনো সমস্যা না হয় সেই জন্য সে ইন্ডিয়ান এক্সপ্রেস পরিচালিত 'থ্রি থিঙ্গস' এবং দি প্রিন্ট পরিচালিত 'কাট দ্য ক্লাটার' নামে দুটো পডকাস্টের সহায়তা নেয়। এছাড়াও বেশ কয়েকটা মক ইন্টারভিউতে অংশগ্রহণও করে শ্রুতি। এই সমস্ত ইন্টারভিউ থেকে প্রচুর পজিটিভ ফিডব্যাক পাওয়ায় শ্রুতির আত্মবিশ্বাস আরো জোরালো হয়।

ইন্টারভিউয়ের দিন সকালে একটা সুন্দর শাড়ি পড়ে বাবা-মাকে এবং জামিয়ার কয়েকজন প্রিয় বন্ধুকে সঙ্গে নিয়ে ইউপিএসসি হেডকোয়ার্টার্সে হাজির হয় শ্রুতি। এখানেও ভাগ্য দেবী তার জন্য অদ্ভুত এক পরিস্থিতি তৈরি করে রেখেছিলেন।

তার গ্রুপের ছয় জন সদস্যের মধ্যে প্রথম নামটাই তার হওয়ায় ঢোলপুর হাউসের সঙ্গে নিজেকে মানিয়ে নেওয়ার মতো কোনো সময়ই

পায়নি শ্রুতি। ইউপিএসসি হেডকোয়ার্টার্সে পৌঁছানোর কয়েক মুহূর্ত পরেই ইন্টারভিউ রুমে যাওয়ার জন্য ডাক পড়ে তার।

ইন্টারভিউ রুমে ঢুকেই ঘরটা দেখে অবাক হয়ে যায় শ্রুতি। মক ইন্টারভিউগুলোতে সে যেরকম বিরাট বড় ঘর এবং বড় বড় টেবিল দেখে অভ্যস্ত, সেই তুলনায় এই ঘরটা নিতান্তই ছোট। বোর্ড মেম্বাররাও একে অপরের কাছাকাছি বসে রয়েছেন। চেয়ারম্যান ছাড়া বোর্ডে আরও চারজন সদস্য উপস্থিত।

দেশের জুভেনাইল জাস্টিস সিস্টেমের ফ্রেমওয়ার্ক সংক্রান্ত প্রথম প্রশ্নটাই শ্রুতিকে একটু ঘাবড়ে দেয়। সেই প্রশ্নের উত্তর দেবার চেষ্টা করলেও চেয়ারম্যান তার কাছ থেকে আরও স্পেসিফিক উত্তর জানতে চাইলে কয়েক মুহূর্তের জন্য হতবাক যায় সে।

ইন্টারভিউ যতই এগোয় ততই শ্রুতি বুঝতে পারে সে কেমন যেন একটা অসন্তোষের সমুদ্রে ভাসছে। পুরো ইন্টারভিউতে মাত্র কয়েকবার তার বিশ্লেষণী ক্ষমতা এবং মতামত তৈরির দক্ষতা প্রকাশ পেয়েছে। বাকি সময়ে বিভিন্ন রকম তথ্য মূলক প্রশ্নের উত্তর জানা না থাকায় একাধিকবার বোর্ডের কাছে তাকে ক্ষমা চাইতে হয়।

শ্রুতির পড়াশোনার গভীরতা মাপার জন্য বন্যার জলের মতো তার দিকে ইতিহাস এবং বিভিন্ন রকম তথ্য সংক্রান্ত প্রশ্ন ধেয়ে আসতেই থাকে। ইতিহাসের নিষ্ঠুর প্রকৃতি নিয়ে প্রশ্ন থেকে শুরু করে নির্দিষ্ট ঘটনাবলী, যেমন চম্পারন সত্যাগ্রহ, মৌর্য সাম্রাজ্য, ওয়ার্ল্ড ওয়ার টুয়ের সময়কার রাজনীতি এবং লর্ড মায়োর হত্যা; এই প্রত্যেকটা প্রশ্ন থেকেই দ্যোতনা পূর্ণ উত্তর খুঁজছিলেন বোর্ডের সদস্যরা। এছাড়াও সাসটেইনেবল ডেভেলপমেন্ট গোল-সহ গভর্নেন্সের আরো বিভিন্ন রকম বিষয়ে তার কী মতামত তা জানতে প্রশ্ন করেন বোর্ডের সদস্যরা।

মক ইন্টারভিউ দিয়ে নিজের মধ্যে যেটুকু আত্মবিশ্বাস জোটাতে সক্ষম হয়েছিল শ্রুতি, তার সবটুকুই বাতাসে মিলিয়ে যায়। প্রতিটা মুহূর্তে মোহভঙ্গ হতে শুরু করে তার। আর সেই মোহভঙ্গের ভারী অনুভূতিতে ভালো নম্বর পেয়ে পার্সোনালিটি টেস্ট পাশ করার উচ্চাকাঙ্ক্ষা চাপা পড়ে যায়।

ঢোলপুর হাউসের গেট দিয়ে বেরিয়ে বাবা-মাকে দেখতে পায় শ্রুতি। তাঁরা নিশ্চিত ছিলেন যে তাদের মেয়ে খুব ভালো পরীক্ষা দেবে। কিন্তু শ্রুতি তাঁদের কাছে এগিয়ে আসতেই তার গাল বেয়ে নেমে আসা চোখের

জলের ধারা তাঁদের খুব চিন্তিত করে তোলে। দুই হাতে মেয়েকে বুকে টেনে নেন শ্রুতির মা। মায়ের বুকের ভেতরের নিশ্চিন্ত আশ্রয়ের ভিতর থেকে শ্রুতি ইন্টারভিউয়ের টালমাটাল অভিজ্ঞতার কথা বলতে থাকে। রচনা তাকে বলেন এত চিন্তা না করতে। তিনি বলেন যে তিনি নিশ্চিত, তার জন্য খুব ভালো কিছু অপেক্ষা করে রয়েছে।

শ্রুতির মন ভালো করার জন্য তাকে নিয়ে পাশের কর্ণাটিক ক্যাফেতে খেতে যান তার বাবা-মা। ততক্ষণে তাদের মধ্যে একটা অব্যক্ত চুক্তি লেখা হয়ে গিয়েছে: 'ইন্টারভিউ নিয়ে আর একটাও কথা নয়'! কিন্তু ইন্টারভিউ রুমের ভিতরের ঘটনাগুলো শ্রুতির মনে থেকেই যায়। তার মনে হয় অনেক নম্বর পেয়ে আইএএস অফিসার হওয়ার স্বপ্নটা ধীরে ধীরে মুঠোর ফাঁক দিয়ে গলে যাচ্ছে।

"আমি কি ঠিক দেখছি?"

৩০শে মে ২০২২। উদ্বেগে শ্রুতির মাথা খারাপ হয়ে যাচ্ছিল প্রায়। চারিদিকে প্রবল গুজব চলছে যে ২০২১ এর সিভিল সার্ভিস পরীক্ষার রেজাল্ট বার করতে চলেছে ইউপিএসসি। মুঠোর মধ্যে ফোনটাকে সজোরে চেপে ধরে পাগলের মতো প্রত্যেক ৩০ সেকেন্ড অন্তর একবার করে টেলিগ্রাম অ্যাপটা খুলছিল শ্রুতি।

ঘড়ির কাঁটা দুপুর ১২:০০ টার ঘরে পৌঁছতেই গোটা গ্রুপটায় উত্তেজনার একটা শিহরন খেলে যায়। একটা পিডিএফ শেয়ার করা হয়েছে গ্রুপে। উত্তেজনায় কাঁপতে কাঁপতে নিঃশব্দে ঈশ্বরের কাছে প্রার্থনা করে নেয় শ্রুতি। তারপর সাহসের উপর ভর করে ডকুমেন্টের উপরে ক্লিক করে সে। মনে মনে লিস্টের তলা থেকে উপরের দিকে যাবে বলে স্থির করেছিল সে আগেই। কিন্তু পিডিএফটা খুলতেই তার চোখ প্রথম পাতায় প্রথম নামটার উপরে আটকে যায়। সাদা কালো কালিতে গোটা গোটা অক্ষরে প্রথম স্থানে লেখা; এটা তো তারই নাম! একেবারে বিশ্বাস হয় না শ্রুতির। তার মনে হয় এটা মরীচিকার মতো ব্যাপার। নিজের আকাঙ্ক্ষা পূরণের প্রবল ইচ্ছায় নেহাতই স্বপ্ন দেখছে সে।

অসম্ভব সাফল্যের সময়ে প্রায়ই দ্বিধা একটা ছায়ার মতো এসে জড়ো হয়। এখানেও শ্রুতির মনের মধ্যে একটা দ্বিধার ছায়া এসে পড়েছিল।

যে কারণে আনন্দ করতে সাহস পাচ্ছিল না সে। এটা কি একটা মিথ্যে ব্যাপার? নিঃশ্বাস চেপে রেখে চোখ বন্ধ করে সে। উত্তেজনায় তার বুক পাঁজরের মধ্যে ধুকপুক করে কাঁপতে থাকে। নিশ্চিত হওয়ার জন্য আরও একবার কাঁপা কাঁপা হাতে নিজের রোল নাম্বার আর নামটা দেখে সে। তা সত্ত্বেও বিশ্বাস হতে চায় না তার। যদিও মনে মনে সে আশা করেছিল ফাইনাল লিস্টের কোথাও একটা তার নাম থাকবে, কিন্তু সারা ভারতের মধ্যে এক নম্বরে তার নাম থাকবে, সেটা সে দুঃস্বপ্নেও ভাবেনি।

সেই সময় বাড়িতে তার মা ছাড়া কেবলমাত্র আম্মা উপস্থিত ছিল। আগের দিন সন্ধেবেলাতেই শ্রুতির বাবা বস্তার উদ্দেশ্যে রওনা দিয়েছেন। আদিত্য ক্রিকেট খেলতে গেছে।

বারবার করে নিজের নামটা আর রোল নাম্বারটা চেক করছিল শ্রুতি। পিডিএফটা যে গ্রুপে পোস্ট হয়েছে সেখানে চ্যাট থেকে কিছুতেই মনে হচ্ছে না যে এটা একটা ফেক পিডিএফ। শেষ পর্যন্ত সাহস সঞ্চয় করে মাকে এই হিমালয়ান্তিক খবরটা দেয় শ্রুতি। "সত্যি বলছিস শ্রুতি? ঠিক বলছিস তো তুই?" আবেগমথিত গলায় সমানে তাকে জিজ্ঞেস করতে থাকেন রচনা। তাঁরা দু'জনে মিলে আরো একবার পিডিএফটা চেক করেন।

ধীরে ধীরে সত্যিটা অনুভব করতে শুরু করে শ্রুতি এবং রচনা। তারপরে আম্মাকে দুহাতে জড়িয়ে ধরে এই খবরটা ভাগ করে নেন রচনা। তাঁদের দুজনের চোখ দিয়েই ঝর ঝর করে জল পড়ছিল। এত আনন্দ সত্ত্বেও এই সাফল্যের মাত্রাটা তখনো তারা ঠিক বুঝে উঠতে পারেননি। গোটা ব্যাপারটাকে ভালোভাবে বুঝে ওঠার জন্য তাঁদের আরো সময় প্রয়োজন ছিল।

শ্রুতি তার বাবার নম্বর ডায়াল করে। কাঁপা কাঁপা উত্তেজিত গলায় জীবন বদলে দেওয়া এই খবরটা বাবাকে দেয় সে। শ্রুতির সাফল্যের কথা শুনে বাক্যহারা সুনীল তাঁর মেয়ের এই সাফল্য তার সঙ্গে উদযাপন করার জন্য তৎক্ষণাৎ বস্তা থেকে দিল্লির উদ্দেশ্যে যাত্রা করেন।

এক মাথা তেল আর বাড়ির জামাকাপড় পরা শ্রুতি বিস্মিত হয়ে দেখতে থাকে তার নাম টেলিভিশনের পর্দায় বড় বড় করে দেখাচ্ছে। খুব শীঘ্রই বাঁধভাঙ্গা জলের মতো ফোন ঢুকতে থাকে শ্রুতির কাছে। তার মা আর আম্মার মুখের উজ্জ্বল হাসি সবথেকে বেশি সন্তোষজনক পুরস্কার বলে মনে হয় শ্রুতির।

দরজায় হঠাৎ করে টোকা পড়ে। দ্রুত পায়ে রচনা গিয়ে দরজা খুলেই দেখেন জামিয়ার ভাইস চ্যান্সেলর নাজমা আক্তার দাঁড়িয়ে রয়েছেন। তাঁর হাতে একটা ফুলের বোকে। তাঁর পিছনে একাধিক সংবাদপত্রের লোকেরা দাঁড়িয়ে রয়েছেন। তাঁদের ক্যামেরার ফ্ল্যাশ আকাশের নক্ষত্রের মতো ক্রমাগত জ্বলছে নিভছে। এই চূড়ান্ত গোলমালের মধ্যেই নাজমা আক্তার রচনাকে অভিনন্দন জানান, শ্রুতিকে উষ্ণ আলিঙ্গনে ভরিয়ে তোলেন তিনি।

সংবাদমাধ্যমের কাছে ইন্টারভিউ শুরু হয়ে যায়। শ্রুতির মনে হয় প্রত্যেক মুহূর্তেই রিপোর্টারের সংখ্যা বেড়ে চলেছে। কিছুক্ষণের মধ্যেই তাদের বাড়ি সংবাদপত্রের অফিসের মতো সরগরম হয়ে ওঠে। বাড়ির সিঁড়িতে এমনকি ছাদে পর্যন্ত সংবাদমাধ্যমের কর্মীরা অপেক্ষা করতে থাকেন। এই পরিস্থিতি সামলানোর জন্য শ্রুতি নীচে নেমে আসে। পরিস্থিতি সামাল দেওয়ার জন্য রচনা তখন পাগলের মতো বন্ধুদের আর আত্মীয়-স্বজনদের কাছে ফোন করে সাহায্য চাইছেন।

উপর্যুপরি অনুরোধ সত্ত্বেও অনেক রাত্রি পর্যন্ত সংবাদমাধ্যমের লোকেরা শ্রুতির বাড়িতে রয়ে যান। পরের দিন সকাল হতেই ফের তাঁরা ফিরে আসেন নতুন উৎসাহ নিয়ে। ইন্টারভিউয়ের জন্য তাদের অনুরোধ অক্ষুন্ন। পরের দিন এবং তারও পরের দিন এই নিরবিচ্ছিন্ন প্রশ্নের ধারা চলতেই থাকে। আত্মীয়-স্বজনরা দলে দলে দেখা করতে আসেন, আর বাড়ির ফোন বাজা বন্ধ করে না।

শ্রুতি বেশ বুঝতে পারে যে তার সাফল্য তাকে হঠাৎ করে এই স্পটলাইটের মাঝে এনে ফেলেছে। রেজাল্ট বেরোনোর পরের দিন মাকে সঙ্গে করে নিয়ে সে বাড়ির কাছের হলদিরামসে মিষ্টি কিনতে গিয়েছিল। কিন্তু দোকানে ঢোকা মাত্রই উপস্থিত মানুষেরা তাকে চিনতে পেরে ঘিরে ধরেন। তাঁদের অনেকেই তার কাছে অটোগ্রাফ এবং ফটো তোলার অনুমতি চান। একই রকম ভাবে কয়েকদিন বাদে সিমলায় বেড়াতে গেলে মল রোডে এরকমই বেশ কিছু জনতা ঘিরে ধরে তাকে।

স্বভাবগতভাবে শান্ত এবং গম্ভীর চরিত্রের শ্রুতির জন্য এই রকমের এক্সপোজারের চাপ সামলানো বেশ কঠিন হয়ে ওঠে। কিন্তু ভবিষ্যতের এই ব্যুরোক্র্যাটের জন্য আরো ঢের বেশি চাপ অপেক্ষা করেছিল।

সোশ্যাল মিডিয়া ঝড় সামলানো

শ্রুতির স্পট লাইটে আসার দিন দুই হয়েছে মাত্র। ইতিমধ্যেই খ্যাতির বিড়ম্বনার কথা বুঝতে শুরু করেছে শ্রুতি। ঘুম থেকে উঠে বিছানায় বসে নিঃশব্দে ভগবানের কাছে প্রার্থনা করে সে, দ্রুত যেন এই অবিরাম দর্শনার্থীর ভিড়, ফোন এবং ইন্টারভিউ এর স্রোত শেষ হয়। রচনা তখন রান্নাঘরে সকালের ব্রেকফাস্টের আলুর পরোটা তৈরি করছিলেন। শ্রুতির বাবা সংবাদপত্র পড়ছিলেন টেবিলে বসে। হঠাৎ করে সুনীলের ফোন বেজে উঠে সকালের শান্ত পরিবেশটা ভেঙে দেয়।

"শ্রুতি হঠাৎ করে সরকারের বিরুদ্ধে সোশ্যাল মিডিয়া পোস্ট করছে কেন?" চিন্তিত গলায় সুনীলের এক বন্ধু জিজ্ঞাসা করেন তাঁকে।

"কিসের সোশ্যাল মিডিয়া পোস্ট?" বিভ্রান্ত হয়ে যান সুনীল।

"তুমি জানো না, টুইটারে আর ইনস্টাগ্রামে শ্রুতির পোস্ট ভাইরাল হয়ে গেছে?" সুনীলের প্রশ্নে অবাক হয়ে গিয়ে জিজ্ঞাসা করেন তাঁর বন্ধু।

"কোন পোস্ট? আমার তো মনে হয় না শ্রুতি কোনো কিছু পোস্ট করেছে বলে?" আরো বিভ্রান্ত হয়ে গিয়ে জিজ্ঞাসা করেন সুনীল।

"আরে এত বড় কন্ট্রোভার্সি চলছে আর তুমি কিছুই জানো না? দাঁড়াও আমি তোমাকে কয়েকটা পোস্টের লিংক পাঠাচ্ছি। তোমাদের এই পোস্টের বিরুদ্ধে এখনই কিছু করা উচিত।" জোর গলায় বলেন সুনীলের বন্ধু।

এর পরের বেশ কিছুক্ষণ শ্রুতি এবং তার বাবা-মায়ের বিভ্রান্তি বাড়তেই থাকে। স্রোতের ইনস্টাগ্রাম আর টুইটারে অ্যাকাউন্ট থাকলেও সেগুলো একদমই প্রাইভেট। আর তাছাড়াও বেশ কয়েকদিন সে কোনো পোস্টই করেনি। হয়তো তার অ্যাকাউন্টগুলো হ্যাকড হয়েছে, এই ভাবনাটা তাদের সকলের মনেই খেলা করে। আর শ্রুতি এটাও বুঝতে পারে না যে হঠাৎ করে তার বাবার বন্ধু তার সোশ্যাল মিডিয়ার অ্যাকটিভিটি নিয়ে এত কেন চিন্তিত হয়ে পড়েছেন।

কয়েক মিনিটের মধ্যে সুনীলের বন্ধু তাকে কয়েকটা ইনস্টাগ্রাম আর টুইটার পোস্টের লিংক পাঠান। সেগুলোতে ক্লিক করেই বিস্ময় হতবাক হয়ে পড়েন তাঁরা সকলে। তাদের সামনে শ্রুতির ছবি দিয়ে শ্রুতি শর্মা নামে ফেক অ্যাকাউন্ট খুলে যায়। তাঁরা অবাক হয়ে দেখেন এই ফেক অ্যাকাউন্টটি হাজার হাজার লোকে ফলো করছে।

পরপর করা পোস্টগুলো দেখতে দেখতে শ্রুতি আর তার বাবা মায়ের মনে হয় তাদের পায়ের তলার মাটি যেন হঠাৎ করে সরে গিয়েছে। কোনো এক দুষ্কৃতি শ্রুতির এই খ্যাতি ব্যবহার করে ফেক অ্যাকাউন্ট তৈরি করে একাধিক কন্ট্রোভার্সিয়াল পোস্ট করে চলেছে। এগুলোর মধ্যে সেনাবাহিনীতে নিয়োগের জন্য সরকারের অগ্নিবীর প্রকল্পের সমালোচনাও রয়েছে।

হাজার হাজার লোক এই পোস্টগুলোয় কমেন্ট করেছে। কেউ কেউ এই ফেক অ্যাকাউন্টের পোস্ট সমর্থন করেছে আবার অনেকে তার বিরোধিতাও করেছে। সোশ্যাল মিডিয়া প্লাটফর্মে শ্রুতির নাম এখন ট্রেন্ডিং হ্যাশট্যাগ।

শ্রুতি দ্রুত ব্যবস্থা নিতে শুরু করে। দুষ্কৃতীদের বিরুদ্ধে থানায় অভিযোগ করে সে। একই সঙ্গে নিজের টুইটার এবং ইনস্টাগ্রাম হ্যান্ডেল ব্যবহার করে এই সমস্ত মিথ্যা প্রচারের বিরুদ্ধে কথা বলে সে। তাছাড়া সাধারণ জনমানসে এই সচেতনতাও তৈরি করে যে তার ফেক অ্যাকাউন্ট ব্যবহার করে কিছু দুষ্কৃতী জেনে বুঝে সমস্যা তৈরি করতে চাইছে। একইসঙ্গে সে সিভিল সার্ভিস পরীক্ষায় অন্যান্য হাই র‍্যাঙ্কিং পরীক্ষার্থীদের সঙ্গেও যোগাযোগ করে। শ্রুতির বক্তব্যের সমর্থনে নিজেদের সোশ্যাল মিডিয়া হ্যান্ডেলে তাঁরাও সাবধানবাণী ছড়িয়ে দেন।

এরপরেও কয়েকটা ছোট কন্ট্রোভার্সির জন্য মাঝেমধ্যেই সোশ্যাল মিডিয়ার সমালোচনার মধ্যমণি হয়ে উঠতে থাকে শ্রুতি। যেমন ইউটিউবের একটা চ্যানেলে ইন্টারভিউ দেওয়ার সময় আর্যদের আক্রমণের তত্ত্বের বিভিন্ন দিক নিয়ে কথা বলে সে। দুর্ভাগ্যবশত কেউ তার বক্তব্যের একটা দৃষ্টিভঙ্গিকে তুলে ধরে গোটা বিষয়টাকেই প্রয়োজনের তুলনায় অনেক ফুলিয়ে ফাঁপিয়ে কন্ট্রোভার্সি তৈরি করে।

তাছাড়াও শ্রুতির সাফল্যের পরে টুইটারে একটা টুইট করা হয় যে জওহরলাল নেহেরু বিশ্ববিদ্যালয়ের স্টুডেন্টরা কেবলমাত্র প্রোটেস্ট করাতেই অ্যাক্টিভ নয়, তারা ইউপিএসসি পরীক্ষায় প্রথম স্থানও অধিকার করেন। এই বক্তব্য খুব দ্রুত একটা বিরাট বড় কন্ট্রোভার্সির জন্ম দেয়। এই কন্ট্রোভার্সির মধ্যে কেউ জহরলাল নেহেরু ইউনিভার্সিটির পক্ষে আবার কেউ বিপক্ষে বক্তব্য রাখতে শুরু করে।

শ্রুতি তার এই সাফল্যের পরে প্ল্যান করেছিল যে সে বিদেশে একা একা বেড়াতে যাবে। বাবা মায়ের কাছ থেকে অনুমতিও আদায় করে ফেলেছিল সে। কিন্তু একের পর এক কন্ট্রোভার্সি আর অগণিত দর্শনার্থীদের

ভিড় তার এই পরিকল্পনায় জল ঢেলে দেয়। আর তার ওপরে হঠাৎ করে তার মায়ের ক্যান্সার ধরা পড়ায় পুরো শর্মা পরিবারের উপরেই দুঃখের কালো ছায়া নেমে আসে।

ইউপিএসসি নামক পর্বত শৃঙ্গ জয় করার পরে যেখানে বেশিরভাগ প্রতিযোগী আনন্দ করে, সেখানে রেজাল্ট পরবর্তী সময়টা শ্রুতির জন্য বড্ড অস্থির এবং ক্লান্তিকর হয়ে দাঁড়ায়।

রাজকীয় নর্থ ব্লকে

৭ই জুন ২০২২ ডক্টর জিতেন্দ্র সিং, ইউনিয়ন মিনিস্টার অফ স্টেট ফর পার্সোনেল, পাবলিক গ্রিভান্সেস এন্ড পেনশন তাকে সম্মান জানাবেন এই মর্মে একটা চিঠি পায় শ্রুতি। তার এই চিঠি পাওয়ার পর তার বাবা-মা আনন্দে আত্মহারা হয়ে ওঠেন।

নির্দিষ্ট দিনে সকালবেলা অনুষ্ঠানে যোগ দেওয়ার জন্য একটা নীল সাদা সুতির শাড়ি পড়ে প্রস্তুত হয় শ্রুতি। সুনীল অনেকক্ষণ ধরেই রেডি হয়েছিলেন। শ্রুতির সঙ্গে এই অনুষ্ঠানে যাওয়ার জন্য খুবই আগ্রহী ছিলেন তিনি। কিন্তু অসুস্থ হওয়ায় মা তাদের সঙ্গে যেতে পারছেন না বলে শ্রুতি তার মন খারাপের ভাবটা কিছুতেই ঝেড়ে ফেলতে পারছিল না।

নির্দিষ্ট সময় রওনা হয়ে খুব তাড়াতাড়ি বাবা মেয়েতে মিলে সেন্ট্রাল সেক্রেটারিয়েটের রাজকীয় নর্থ ব্লকে পৌঁছে যান। অনুষ্ঠানে আমন্ত্রিত সিভিল সার্ভিস ২০২১ এর কুড়ি জন র‍্যাঙ্ক হোল্ডারদের প্রত্যেকেই খুব উত্তেজিত। তাদের থেকে ঢের বেশি উত্তেজিত তাদের বাবা মায়েরা। এই প্রথম শ্রুতির সঙ্গে তার ব্যাচমেটদের দেখা হয়। এর আগে এদের কয়েকজনের ছবি সে সংবাদপত্রে কিংবা টিভিতে দেখলেও সামনাসামনি দেখা হয়নি।

তাদের সকলকে একটা কনফারেন্স রুমে নিয়ে গিয়ে একটা ডিম্বাকৃতি টেবিলের এক দিকে নির্দিষ্ট সিটে বসানো হয়। মাননীয় মন্ত্রী এবং এই দফতরের অন্যান্য আধিকারিকরা টেবিলের উল্টো দিকে বসেন। প্রত্যেক টপারকে একটা মেমেন্টো দিয়ে সম্মান জানানো হয়। এই সম্মাননা প্রদর্শনের সময় সকল পরীক্ষার্থীদের বাবা-মাও অনুষ্ঠানে যোগ দেন। ছেলেমেয়ের সাফল্যে গর্বের হাসিতে মুখ ভরিয়ে ছবির জন্য পোজ দেন তাঁরা।

দেশ স্বাধীনতার একশ বছরের দিকে ক্রমশই এগিয়ে চলেছে। তাই

মাননীয় মন্ত্রী শ্রুতিদের এই ব্যাচটাকে সেঞ্চুরি ইন্ডিয়ার আর্কিটেক্ট হিসেবে সম্বোধন করলে বজ্র গর্জনের মতো হাততালির আওয়াজে ভরে যায় গোটা হল। তিনি আরো বলেন যে এই প্রথম সিভিল সার্ভিস পরীক্ষার প্রথম তিন র‍্যাঙ্কধারীই হলেন মহিলা। এই ঘটনায় তিনি ব্যক্তিগতভাবে খুবই গর্বিত।

বাড়ি ফিরে অনুষ্ঠানের প্রত্যেক মুহূর্ত মায়ের কাছে বর্ণনা করে শ্রুতি। রোগের কষ্ট ছাপিয়ে মায়ের চোখে আনন্দের ঝিলিক দেখতে পায় সে।

অদ্ভুত এক মরুদ্যানে

মুসৌরির লাল বাহাদুর শাস্ত্রী ন্যাশনাল অ্যাকাডেমি অফ অ্যাডমিনিস্ট্রেশনে গিয়ে এক ঝলক খোলা বাতাসের সন্ধান পায় শ্রুতি। তার সঙ্গে তার বাবা গেলেও মায়ের অনুপস্থিতির জন্য তার মন সমানে খচখচ করতে থাকে।

একাডেমির দিনগুলো বিভিন্ন রকম অ্যাক্টিভিটিতে হুশ করে কেটে যায়। এর মধ্যে ক্লাস করার ফাঁকে ফাঁকে প্রচুর আউটডোর অ্যাডভেঞ্চারও করে শ্রুতি আর তার ব্যাচমেটেরা। তার মধ্যে বেশ কয়েকটা ট্রেক আর পুদুচেরির একটা গ্রাম দেখতে যাওয়ার স্মৃতি অন্যতম। ব্যাচমেটদের মধ্যে কেবল মিনিকেই আগে থেকে চিনত শ্রুতি। অ্যাকাডেমিতে যোগ দেওয়ার পরে মিনি ছাড়াও অঙ্কিতা এবং রুমমেট নমনের সঙ্গে খুব বন্ধুত্ব হয়ে যায় তার।

দেখতে দেখতে দু' মাসের ভারত দর্শন স্টাডি ট্যুরের সময় ঘনিয়ে আসে। কিন্তু আনন্দের বদলে শ্রুতির মন দ্বিধায় ভরে ওঠে। চিকিৎসার জন্য তার মাকে নিউ দিল্লির এইমসে ভর্তি করা হয়েছে। শ্রুতির সব সময় মনে হতে থাকে এই সময় তার বোধহয় মায়ের পাশে থাকা উচিত ছিল। কিন্তু নিজের রোগযন্ত্রণার ঊর্ধ্বে উঠে রচনাও শ্রুতিকে ভারত দর্শন স্টাডি ট্যুরে যাওয়ার জন্য উৎসাহিত করেন।

তিনটে আর্মড ফোর্সের সঙ্গে অ্যাটাচমেন্ট শেষ হওয়ার পরে দলের সবাই লাক্ষা দ্বীপে যায়। এই দ্বীপে পৌঁছানোর পরে প্রাকৃতিক সৌন্দর্যে সকলেই মুগ্ধ হয়ে ওঠে।

একটুও দ্বিধা না করে শ্রুতি স্নরকেলিংয়ের জিনিসপত্র নিয়ে সমুদ্রের টলটলে জলে ঝাঁপিয়ে পড়ে। তার চোখের সামনে নতুন যেন একটা জগত খুলে যায়। নানা রঙে রাঙানো প্রবাল প্রাচীর, দ্রুত গতিতে সাঁতার কেটে চলা রঙিন মাছের দল, সমুদ্রের এই রঙিন বাগানের মধ্যে দিয়ে

সাঁতার কেটে যাওয়া অপূর্ব সুন্দর কচ্ছপ; এই সবকিছু মিলিয়ে সমুদ্রের তলায় যেন স্বর্গোদ্যানের সন্ধান পায় শ্রুতি। বিকেল গড়িয়ে সন্ধে হয়ে এলে হালকা অন্ধকারে ঢেকে যায় চতুর্দিক। সেই অন্ধকার যত ঘন হতে থাকে, ততই দ্বীপের চারপাশ হালকা নরম আলোয় উদ্ভাসিত হয়ে ওঠে। শ্রুতি বুঝতে পারে, বায়োলুমিনিসেন্ট শৈবাল বালির উপরে এমন অদ্ভুত আলোর সৃষ্টি করেছে।

বাঙ্গারাম দ্বীপে শ্রুতির দলের থাকার ব্যবস্থা করা হয়। দ্বীপটা এতটাই ছোট যে গোটাটাই পায়ে হেঁটে ঘুরে আসতে পারে তারা। লাক্ষা দ্বীপে কাটানো শান্ত দিনগুলোর মধ্যে একদিন এমন ঘটনা ঘটে যেটা শ্রুতির চিরকাল মনে থেকে যাবে।

বাঙ্গারামের শান্ত সমুদ্রের তীরে বাঁধা নৌকো দেখে শ্রুতি আর তার বন্ধু দিব্যা সেদিকে যায়। শ্রুতি ও দিব্যার সঙ্গে তাদের দলের বাকি সদস্যরাও প্রত্যেকে একটা করে বোট নিয়ে সমুদ্রের নীল জলে ভেসে চলে। কিছুক্ষণ পরে শ্রুতি আর দিব্যা নিজেদের বোটে শুয়ে পড়ে। সমুদ্রের ঢেউয়ের শব্দে, নরম রোদের আলো গায়ে মেখে খোলা সমুদ্রের মাঝে তারা দু'জনেই ঘুমিয়ে পড়ে।

তাঁরা যখন ঘুমোচ্ছিল, তাদের দলের বাকি সদস্যরা তখন তাদের ছাড়িয়ে বহুদূরে চলে যায়। ঘুম ভেঙে উঠে বেশ তাজা বোধ করে শ্রুতি। হঠাৎ তার মাথায় একটা বুদ্ধি খেলে যায়।

দিব্যাকে ডেকে বলে, "চল, আমরা এই দ্বীপটার চারিদিকে একটা চক্কর কেটে আসি।" শ্রুতির প্রস্তাবে দিব্যাও এককথায় রাজি হয়ে যায়। কিন্তু তখনও সে জানত না যে তাদের সামনে কী রকম চ্যালেঞ্জ অপেক্ষা করে রয়েছে।

যেমন কথা তেমনি কাজ। দাঁড় বেয়ে এগিয়ে চলে দুই বন্ধু। কিন্তু সূর্য তখন পাটে যেতে বসেছে। প্রতি মুহূর্তে আরও একটু করে অন্ধকার ঘনিয়ে আসছে। নৌকো নিয়ে দ্বীপের একচক্কর দেওয়া নিয়ে মনস্থির করলেও অন্ধকারে এই কাজটা যে কতটা বিপজ্জনক হতে পারে তা বুঝে এই পরিকল্পনা ত্যাগ করে তারা দুজন গেস্ট হাউজে ফিরে আসে।

ইতিমধ্যে অনেকক্ষণ ধরে শ্রুতি আর দিব্যার কোনো খোঁজ না পাওয়ায় তাদের দলের বাকি সদস্যেরা চিন্তায় পড়ে যায়। সমুদ্রের তীরের কাছে জলের মধ্যে তারা দুজন নৌকায় শুয়ে ঘুমাচ্ছিল, একথা মনে পড়ায় দলের

সদস্যেরা ভয়ংকর উদ্বিগ্ন হয়ে পড়ে। খুব সাংঘাতিক কিছু হয়েছে এই আশঙ্কায় তাদের মধ্যে একজন অ্যাডমিনিস্ট্রেশনে ফোন করার সিদ্ধান্ত নেয়।

নৌকা বেয়ে শ্রুতি আর দিব্যা গেস্ট হাউজের কাছে আসতেই দেখতে পায় যে সমুদ্রের ধারে খুব গোলমাল হচ্ছে। শ্রুতি ও দিব্যাকে দেখতে পেয়ে দলের সকলে তাদের কাছে ছুটে এসে স্বস্তি-রাগের মিশেলে বলে ওঠে, "কোথায় গিয়েছিলে তোমরা দু'জন? আমাদের প্রচণ্ড ভয় পাইয়ে দিয়েছিলে।"

একটু এদিক ওদিক তাকিয়ে শ্রুতি আর দিব্যা দেখে স্থানীয় অ্যাডমিনিস্ট্রেশনের লোকেরা বড় বড় বোট আর রেসকিউ টিম নিয়ে তাদের খোঁজে গভীর সমুদ্রে যাওয়ার প্রস্তুতি নিচ্ছেন। লজ্জায় আর অপরাধে লাল হয়ে দু'জনেই বুঝতে পারে হঠকারী সিদ্ধান্তের বশে বন্ধুদের এবং স্থানীয় অ্যা ডমিনিস্ট্রেশনের লোকেদের কতটা চিন্তায় ফেলে দিয়েছিল তারা।

বিশাল বড় নিমন্ত্রণ

ফোনে একটা ইমেইল দেখে শ্রুতির মন আনন্দে নেচে ওঠে। ভারতের রাষ্ট্রপতি তাকে ২৬শে জানুয়ারির বিখ্যাত অ্যাট হোম অনুষ্ঠানে আমন্ত্রণ জানিয়েছেন। নিজের উপর ভীষণ গর্ব হয় তার। সিভিল সার্ভিস এবং এই রকম সম্মানজনক আরো কয়েকটি পরীক্ষার পুরুষ এবং মহিলা টপারদের এই অনুষ্ঠানে আমন্ত্রণ জানানো হয়েছে। পরের সন্ধ্যায়, একটা সুন্দর সিল্কের শাড়ি পরে অনুষ্ঠানে যোগ দিতে রাষ্ট্রপতি ভবনের লনে উপস্থিত হয় শ্রুতি।

রাষ্ট্রপতি ভবনের সুন্দর করে সাজানো লনে পা দিতেই শ্রুতির ঠোঁটে চোরা হাসি ভেসে ওঠে। বহু বিশিষ্ট ব্যক্তি, রাষ্ট্রপতি, প্রধান মন্ত্রী এবং মিশরের প্রেসিডেন্ট সহ অন্যান্য সম্মানীয় অতিথিদের সঙ্গে দেখা হয় তার। সে বছর প্রজাতন্ত্র দিবসের প্যারেডে মিশরের প্রেসিডেন্ট প্রধান অতিথি হিসাবে উপস্থিত ছিলেন। ক্যাবিনেট মিনিস্টার, জাতীয় নিরাপত্তা উপদেষ্টা, বিদেশ সচিব এবং অন্যান্য উল্লেখ্য ব্যক্তিদের উপস্থিতি অনুষ্ঠানের ঔজ্জ্বল্য বাড়িয়ে তুলেছে। অন্যান্য টপারদের সঙ্গে শ্রুতিও মন দিয়ে অনুষ্ঠানে উপস্থিত অতিথিদের খেয়াল করতে থাকে। এক একজন বিখ্যাত ব্যক্তিদের দেখতে পেলেই তাদের মধ্যে উত্তেজনার ঢেউ খেলে যায়।

অর্থমন্ত্রী নির্মলা সীতারমণের সঙ্গে দেখা ও কথা বলতে পেরে তাদের উৎসাহ আরো বেড়ে যায়। আগামী বাজেট নিয়ে তাদের মতামতও জানতে

চান তিনি। শ্রুতি সহ দলের সকলে খুব আগ্রহ নিয়ে নিজেদের মতামত ব্যক্ত করে তাঁর কাছে।

বিশিষ্ট ব্যক্তিদের সঙ্গে আলাপচারিতার পরে তারা চায়ের টেবিলের দিকে এগিয়ে যায়। সেখানেও গল্পে মত্ত প্রচুর সিনিয়রদের সঙ্গে দেখা হয় তাদের। বিদায় নেওয়ার আগে রাষ্ট্রপতি ভবনের সামনে দাঁড়িয়ে ছবি তোলার লোভ সামলাতে পারে না শ্রুতি ও তার সঙ্গীরা।

চোখের জলে বিদায়

শ্রুতির অনুরোধে তাকে ডিস্ট্রিক্ট ট্রেনিংয়ের জন্য দিল্লির কাছে মিরাট জেলায় পোস্টিং দেওয়া হয় যাতে সে তার অসুস্থ মায়ের কাছে থাকতে পারে। এইমসের ডাক্তারদের আন্তরিক প্রচেষ্টা সত্ত্বেও শ্রুতির মায়ের শারীরিক অবস্থার অবনতি হয়েই চলেছিল। ক্যান্সারের সঙ্গে বছরখানেকের মরণ-বাঁচন যুদ্ধের পরে রচনার মৃত্যু হয়।

মায়ের মৃত্যুতে ভীষণ ভেঙ্গে পড়ে শ্রুতি। রচনা তার জীবনের আশা-ভরসা। এ যাবৎকাল পর্যন্ত শ্রুতির জীবনের সব থেকে গুরুত্বপূর্ণ স্তম্ভ ছিলেন তিনি। ছেলেমেয়েদের লেখাপড়ার জন্য সারাজীবন ধরে অজস্র আত্মত্যাগ করেছেন রচনা। সিভিল সার্ভিস পরীক্ষায় শ্রুতির সাফল্যে রচনাই বোধকরি সব থেকে বেশি আনন্দিত ও গর্বিত হয়েছিলেন। আইএএস আধিকারিক হিসাবে শ্রুতির যাত্রা নিজের চোখে দেখার জন্য অধীর হয়ে ছিলেন তিনি।

রচনার থেকেই অধ্যাবসায় এবং ইতিবাচকতার পাঠ নিয়েছে শ্রুতি। রচনার দায়ামায়া, অন্যের দুঃখ লাঘবের আন্তরিক চেষ্টা, শ্রুতির মনে চিরস্থায়ী দাগ রেখে যায়। যদিও রচনা আর শারীরিক ভাবে এ জগতে নেই, কিন্তু শ্রুতির মনের মধ্যে তিনি চির জাগরিত থেকে তাকে আইএএস অফিসার হিসাবে আরো ভাল করে কাজ করতে সাহস যোগাবেন।

প্রচণ্ড কঠিন পরীক্ষা

"ওই বাচ্চা মেয়েটা কে যে সাব ডিভিশনাল ম্যাজিস্ট্রেটের গাড়ি থেকে নামছে?" কড়া পরা হাত তুলে সদ্য থামা গাড়িটির দিকে ইঙ্গিত করলেন এক বয়স্ক কৃষক।

পাশে দাঁড়ানো মলিন কুর্তা পাজামা পরিহিত তাঁর সহকর্মী বলে ওঠেন, "হয়তো সাব ডিভিশনাল ম্যাজিস্ট্রেটের মেয়ে।"

"কিন্তু এঁকে এখানে নিয়ে এসে কী হবে? আমাদের সমস্যার সমাধানের জন্য সাব ডিভিশনাল ম্যাজিস্ট্রেটের প্রয়োজন। তিনি কোথায়?" কৌতূহল নিয়ে বলে ওঠেন প্রথম কৃষক।

এই গোলমালের মধ্যে মেয়েটি গাড়ি থেকে নেমে আন্দোলনরত কৃষকদের দিকে রওনা দেওয়া মাত্রই স্থানীয় অ্যাডমিনিস্ট্রেশন এবং পুলিশের লোকেরা দ্রুত পায়ে গাড়ির দিকে ছুটে যান।

কমবয়সী মেয়েটিই আমাদের শ্রুতি শর্মা। মাত্র সপ্তাহখানেক আগেই সাব ডিভিশনাল ম্যাজিস্ট্রেটের পদে যোগ দিয়েছে সে। এই এলাকার সাব ডিভিশনাল ম্যানেজার ওজস্বী রাজ একমাসের ছুটিতে চলে যাওয়ায় হঠাৎ করেই এই পদে যোগ দিতে হয়েছে তাকে।

অনেকরাত পর্যন্ত বেআইনি মাইনিং সংক্রান্ত সমস্যার সমাধান করার পরেও সারারাত ঠিক মতো করে বিশ্রাম নিতে পারেনি শ্রুতি। গোটা রাত ধরে সমানে তার ফোন বেজেই গিয়েছে। স্থানীয় তহশিলদার তাকে জানান যে কয়েকশো কৃষক ধর্না শুরু করেছেন। তাঁদের দাবি হল, গ্রামের একদম সামনে দিয়ে ন্যাশনাল হাইওয়ে তৈরি করতে হবে।

একটু চিন্তায় পড়ে যায় শ্রুতি। জেলার ট্রেনিং সবে মাত্র শুরু হয়েছে তার, আর তাছাড়া এই পদের কাজকর্মের সঙ্গে এখনও ঠিক পরিচয় করে উঠতে পারেনি সে। একসঙ্গে এতজন মানুষের মুখোমুখি হওয়ার অভিজ্ঞতা এখনো নেই তার। এই অবস্থায় তার ঠিক কী করা উচিত তা জানার জন্য সঙ্গে সঙ্গেই সিনিয়র আধিকারিক ওজস্বীকে ফোন করে সে।

"ন্যাশনাল হাইওয়ে কোথা দিয়ে যাবে, এবং তার অ্যাক্সেস কীভাবে পাওয়া সম্ভব, এই গোটা বিষয়টাই ন্যাশনাল হাইওয়েজ অথরিটি অফ ইন্ডিয়ার অধীনে। সেখানে আমাদের কোনো হাত নেই। এক্ষেত্রে আমাদের কিছুই করার নেই।" শ্রুতিকে জানায় ওজস্বী।

"কিন্তু স্যার, তাহলে আমি ওদের কী বলব? কীভাবে আমি ওদের আন্দোলন বন্ধ করতে পারি?" চিন্তায় গলা কেঁপে ওঠে শ্রুতির।

"মাথা ঠান্ডা রাখবে। একদম উত্তেজিত হবে না। ওদের সমস্ত সমস্যার কথা মন দিয়ে শুনবে আর ওদের বলবে আমাদের হাতে যতটুকু ক্ষমতা

রয়েছে তা দিয়ে ওদের সমস্যার সমাধান করার চেষ্টা করব।” ভরসা দেওয়ার গলায় বলে ওঠে ওজস্বী।

গাড়ি থেকে নেমে সোজা কৃষকদের মাঝে গিয়ে তাঁদের সঙ্গে বসে পড়ে শ্রুতি। এই কৃষকদের বেশিরভাগই পুরুষ। এখানে ওখানে মাত্র জনাকয়েক মহিলা বসে রয়েছেন। তাঁদের পিছনে একরাশ ট্র্যাক্টর আর ট্রলি রাখা রয়েছে। এগুলোতে করেই এঁরা এই আন্দোলন মঞ্চে উপস্থিত হয়েছেন। শ্রুতি দেখে যে ভিড়ের সকলকে স্লোগান বন্ধ করে বসাতে গিয়ে পুলিশকে বেশ বেগ পেতে হচ্ছে।

তহশিলদার কৃষকদের কাছে শ্রুতির পরিচয় দিয়ে বলেন যে সে-ই তাঁদের সমস্ত অভাব অভিযোগ শুনবে আর সেগুলো উচ্চতর আধিকারিকের কাছে পৌঁছে দেবে। তাঁদের সঙ্গে কথা বলার সময়ে ভুলবশতঃ শ্রুতি বলে ফেলে যে ন্যাশনাল হাইওয়ের বিষয়ে সমস্ত কিছুই ন্যাশনাল হাইওয়ে অথরিটি দেখাশোনা করে এবং এক্ষেত্রে ডিস্ট্রিক্ট অ্যাডমিনিস্ট্রেশনের খুব কিছু করার নেই। একথা বলা মাত্রই উপস্থিত কৃষকেরা হইহই করে ওঠেন।

কিন্তু পরিস্থিতি দ্রুত সামলে নেয় শ্রুতি। সে কৃষকদের আশ্বস্ত করে এই বলে যে তাঁদের সমস্ত অভিযোগের কথা সে যথানিয়মে সঠিক কর্তৃপক্ষকে জানাবে। সে আরও বলে যে, সরকারের সর্বোচ্চ স্তরে এবং ন্যাশনাল হাইওয়ে অথরিটিকেও এই বিষয়ে জানাবে সে, যাতে তাঁরা দ্রুত ব্যবস্থা গ্রহণ করতে পারেন।

একজন কৃষক নেতা জিজ্ঞেস করে ওঠেন, “কিন্তু কতদিনের মধ্যে সমাধান হবে বলে আমরা আশা করতে পারি?”

“আমরা খুব দ্রুত কাজ করার চেষ্টা করব। কিন্তু সব কিছু সঠিক ভাবে করার জন্য দিল্লি এবং লখনৌয়ের সিনিয়ার অফিসারদের সম্মতিরও প্রয়োজন হবে। দয়া করে সেই জন্য আমাদের মাস খানেক সময় দিন।” ঠান্ডা মাথায় উত্তর দেয় শ্রুতি।

কতদিনের মধ্যে কাজ সমাধান করা সম্ভব তা নিয়ে বহু আলাপ আলোচনার পরে শেষ পর্যন্ত আন্দোলনকারী কৃষকদের বাড়ি ফিরে যেতে সম্মত করাতে পেরে স্বস্তির শ্বাস নেয় সে। এই ঘটনাটা শ্রুতিকে অমূল্য শিক্ষা দেয়। এর ফলে সে বুঝতে পারে নিজেদের দায়িত্ব সঠিকভাবে পালনের জন্য প্রতিদিনই কী কঠিন চ্যালেঞ্জের সম্মুখীন হন আইএএস অফিসারেরা।

***

শ্রুতির ঘটনা থেকে শিক্ষণীয় বিষয়গুলি হল:

১. **বন্ধুদের সঙ্গে আলাপ-আলোচনা এবং একসঙ্গে পড়াশোনার শক্তির উপর ভরসা রাখো:** সমমনস্ক আইএএস পরীক্ষার্থীদের একটা ছোট দল তৈরি করতে পারলে তা তোমার প্রস্তুতিতে খুবই কাজে দেবে। এই দলের সদস্যদের সঙ্গে একসঙ্গে নোট তৈরি কর একে অপরকে ফিডব্যাক দাও এবং একসঙ্গে প্রস্তুতি নিতে থাকো। বিভিন্ন জটিল বিষয় নিয়ে আলোচনা কর এবং সমানে একে অপরের অনুপ্রেরণা হয়ে ওঠো। এইরকম ভাবে প্রস্তুতি নিলে বিরাট বড় সিলেবাস ও খুব সহজে শেষ করে ফেলা সম্ভব।

২. **অ্যাপ্লিকেশন ফর্ম পূরণের সময় সাবধানতা অবলম্বন করো:** খুব সাবধান হয়ে পরীক্ষার ফরম পূরণ কর। একবার ফরম পূরণ করা হয়ে গেলে সেই তথ্য আর বদলানো যায় না। ফরম পূরণের ক্ষেত্রে সামান্য ভুলও পরীক্ষার্থীর ক্ষেত্রে মারাত্মক হয়ে উঠতে পারে। ভালো করে খেয়াল রাখো যাতে প্রত্যেকটা তথ্য সঠিক হয়; বিশেষ করে তোমার ক্যাটাগরি, পরীক্ষার মাধ্যম, তোমার রাজ্য এবং সার্ভিস প্রেফারেন্সে যেন কোনো ভুল না থাকে। নইলে অযথা জটিলতার সৃষ্টি হতে পারে।

৩. **প্রিলিমিনারি পরীক্ষার সেল্ফ ইভ্যালুয়েশন না করাই মঙ্গল:** বিভিন্ন কোচিং ইনস্টিটিউট প্রকাশিত আনসার কি দেখে নিজের পরীক্ষা কেমন হয়েছে তা বোঝার চেষ্টা না করাই ভালো। যদি দেখো যে তোমার নম্বর আশানুরূপ হয়নি, তাহলেও ভেঙে পড়ার কোনো কারণ নেই। প্রতিবছরই কাট অফ পরিবর্তিত হয়। এছাড়াও মনে রাখা প্রয়োজন যে কোচিং ইনস্টিটিউট দ্বারা প্রকাশিত আনসার কি-তেও ভুল থাকতে পারে। কাজেই এসব দিকে মাথা না ঘামিয়ে বরং মন দিয়ে মেনস পরীক্ষার প্রস্তুতি নিতে থাকো।

৪. **ইন্টারভিউয়ের অ্যাসেসমেন্ট যে ব্যক্তিনির্ভর তা বোঝার চেষ্টা করো:** পার্সোনালিটি টেস্ট বা ইন্টারভিউ একেবারেই ব্যক্তিনির্ভর। কোনো প্রশ্ন সম্পর্কে দ্বন্দ্ব থাকলে তা উত্তর দেওয়ার পরিবর্তে 'জানি না' বলাটাই বোর্ডের বেশি পছন্দ। কাজেই ইন্টারভিউয়ে কোন প্রশ্নের উত্তর দিতে না পারলে বা ইন্টারভিউ আশানুরূপ না হলে ভেঙ্গে পড়ো না।

৫. **সাফল্য পাওয়ার পরে সমাজ মাধ্যম এবং সংবাদমাধ্যমের থেকে সাবধান:** সাফল্যের পরে সংবাদমাধ্যমে ইন্টারভিউ দেওয়ার সময় খুব সাবধানতা অবলম্বন করা উচিত। কারণ অনেক সময়ই বিভিন্ন তথ্য এবং বক্তব্য বিকৃত করে তা প্রচার করা হয়। সমাজ মাধ্যমে তোমাকে নিয়ে কী পোস্ট হচ্ছে সেদিকে নজর রাখো এবং তোমার নামে কোনো ফেক অ্যাকাউন্ট তৈরি হচ্ছে কিনা সে দিকে খেয়াল করো।

সপ্তম অধ্যায়

আমেরিকান ড্রিম এর উপরে আইএএস-এর বিজয়

হারিকেনের সময়ে মানসিক ঝড়

২৮শে আগস্ট ২০১৭। আমেরিকার হিউস্টন শহরে হারিকেন হার্ভির দাপট চলছে তখন। চারদিক সাদা করে বৃষ্টি হচ্ছে। টেক্সাস রাজ্যের মধ্যে অবস্থিত হিউস্টন মেট্রোপলিটন এরিয়ায় ২০০ কিলোমিটার বেগে হাওয়া বইছে। বৃষ্টির পরিমাণ ইতিমধ্যেই ৫০ সেন্টিমিটারে গিয়ে দাঁড়িয়েছে। অভূতপূর্ব এইরকম বৃষ্টির দাপটে সৃষ্টি হওয়া বন্যা পরিস্থিতি শহরকে একেবারে স্তব্ধ করে দিয়েছে। শহরের বাসিন্দাদের বাড়িঘর, ব্যবসা বাণিজ্য, ইনফ্রাস্ট্রাকচার এবং পরিবেশের ব্যাপক ক্ষয়ক্ষতি করেছে। এই ঘূর্ণিঝড়ের জন্য প্রায় কুড়ি দিন জনজীবন একেবারে স্তব্ধ হয়ে গিয়েছিল হিউস্টনে। হাজার হাজার মানুষ নিজেদের বাসস্থান ত্যাগ করে অন্যত্র যেতে বাধ্য হয়েছিলেন। প্রচুর মানুষের মৃত্যুও হয়েছিল।

এইরকম প্রবল গোলমালের মধ্যেই একজন ২৪ বছর বয়সী ভারতীয় যুবক নিজের দু কামরার অ্যাপার্টমেন্টের জানলায় বসেছিল। যদিও তার চোখ বাইরের বিপর্যস্ত পরিস্থিতির দিকে আটকে, তার মনে তখন অন্য চিন্তা খেলা করছে। অন্যান্য অনেকের মতো গত চার দিন ধরে নিজের বাড়িতে বন্দি অবস্থায় রয়েছে সে। ঝড়ের আগে কোনো মতে সংগ্রহ করা খাবার দাবার এবং অন্যান্য প্রয়োজনীয় জিনিসপত্রের উপর নির্ভর করে এই কদিন চালাচ্ছে।

প্রাকৃতিক বিপর্যয়ের ফলে গৃহবন্দি অবস্থায় থাকতে বাধ্য হওয়ায় নিজের জীবন এবং ভবিষ্যৎ নিয়ে ভাবনা চিন্তা করার জন্য এই প্রথম তার হাতে প্রচুর সময় এবং সুযোগ এসেছে। বাইরে হারিকেনের সঙ্গে সঙ্গে তার মনের মধ্যে যে ঝড় বিগত কয়েক মাস ধরে তৈরি হচ্ছিল তাও যেন আছড়ে পড়ছিল।

এই যুবকের নাম লাভিশ। ইন্ডিয়ান ইনস্টিটিউট অফ টেকনোলজি, বোম্বেতে পড়াশোনা করেছে সে। দু'বছর আগে বিশ্ব বিখ্যাত ফরচুন ৫০০ অয়েল অ্যান্ড গ্যাস জায়ান্ট, শেল কোম্পানির টেক্সাস অফিসে কাজে যোগ দেয় লাভিশ। তার এই দুই কামরার সাজানো গোছানো অ্যাপার্টমেন্টস কোম্পানিই তাকে দিয়েছে। প্রতিমাসে বেশ মোটা স্যালারি প্যাকেজ ছাড়াও কোম্পানির কাছ থেকে একটা লাক্সারি সেডান গাড়ি পেয়েছে সে।

আজও প্রথমদিন হিউস্টনে প্লেন থেকে নামার অভিজ্ঞতার কথা মনে করতে পারে লাভিশ। তার কোম্পানির ট্রান্সফার অ্যাডভাইজার তাকে উষ্ণভাবে স্বাগতই শুধু জানাননি, তাকে শহরের আনাচকানাচ চিনিয়ে দিয়েছেন, এবং সেখানে বসবাস করার জন্য যা যা কিছু সাহায্যের প্রয়োজন, তা সবই করেছেন। তিনিই তাকে ব্যাংক অ্যাকাউন্ট খুলতে সাহায্য করেছেন, সোশ্যাল সিকিউরিটি নাম্বার, ড্রাইভারস লাইসেন্স পেতে সাহায্য করেছেন এবং তার অ্যাপার্টমেন্টে জিনিসপত্র নিয়ে থাকতে শুরু করার বিষয়েও সাহায্য করেছেন। হিউস্টনে নামার পনেরো দিনের মধ্যে যখন তিনি লাভিশের হাতে একটা নতুন লাক্সারি সেডানের চাবি তুলে দেন, সে যারপরনাই অবাক হয়ে গিয়েছিল।

অফিসের পরিবেশও বেশ ভালো। ব্র্যাড রজার্স নামে একজন টেক্সাসবাসীর নেতৃত্বে গঠিত সাংস্কৃতিক বৈচিত্র্যপূর্ণ একটা টিমে যোগ দেয় লাভিশ। তার টিমের বাকিরা কাজাকাস্তান, নাইজেরিয়া, স্পেন এবং মালয়েশিয়ার বাসিন্দা। অফিসের প্রফেশনাল রিলেশনশিপ এর বাইরে ক্রিসমাস আর নিউ ইয়ারের সময় তাদের বাড়িতে নিমন্ত্রণ খেতেও গিয়েছে লাভিশ। আইআইটি গুয়াহাটি থেকে পাস করা মণীশ শ্রীবাস্তবের সঙ্গেও লাভিশের ভালো সম্পর্ক গড়ে ওঠে। পরবর্তীকালে মণীশ তার ফ্রেন্ড ফিলোজফার অ্যান্ড গাইড হয়ে ওঠে। তাছাড়াও মালয়েশিয়ান সহকর্মী ড্যানির সঙ্গেও বেশ ভালই বন্ধুত্ব জমে ওঠে লাভিশের।

প্রফেশনাল সাফল্য এবং জীবনে শান্তি থাকলেও লাভিশের মনে কোনো আনন্দ ছিল না। এই যুবককে ঠিক কী অশান্ত করে তুলেছিল?

আমেরিকান ড্রিমের বাস্তবায়ন

মধ্যবিত্ত পরিবার থেকে উঠে এসে আইআইটি বোম্বে থেকে পাশ করে বেরোনো লাভিশের জীবনের প্রাথমিক লক্ষ্য ছিল টাকা রোজগার করে এডুকেশন লোন শোধ করা এবং পরিবারের সকলকে একটা নতুন বাড়ি কিনতে সাহায্য করা। কাজেই বিটেকে চতুর্থ বর্ষে পড়ার সময় প্লেসমেন্ট শুরু হতেই যে সমস্ত কোম্পানি সব থেকে বেশি স্যালারি প্যাকেজ দিচ্ছিল, সেই সমস্ত কোম্পানিকে লক্ষ্য হিসেবে স্থির করে লাভিশ। এই সময়ে কোনো নির্দিষ্ট সেক্টর অথবা কাজের প্রকৃতির দিকে কোনো নজরই ছিল না তার। কম্পিটিশন নিঃসন্দেহে অত্যন্ত কঠিন ছিল, কিন্তু এই প্রতিযোগিতায় জেতার জন্য বিগত দু'বছর ধরে পড়াশোনা এবং গবেষণায় উন্নতি সাধনের লক্ষ্যে নিরন্তর পরিশ্রম করে গেছে সে।

ফরচুন ৫০০ কোম্পানি হিসেবে শেল বহুল পরিচিত। ইঞ্জিনিয়ারদের কাছে অবশ্য বিপুল পে প্যাকেজ এবং খুব ভালো এমপ্লয়ি ফেসিলিটির জন্য আরো বেশি পরিচিত এই কোম্পানিটি। সেই শেল কোম্পানি প্লেসমেন্টের জন্য আইআইটি বোম্বেতে এলে লাভিশ এই কোম্পানিতে সুযোগ পাওয়ার জন্য আপ্রাণ চেষ্টা করে। এই কোম্পানিতে কাজ করছে এমন সিনিয়রদের কাছ থেকে সাহায্য চাওয়া থেকে শুরু করে পুঙ্খানুপুঙ্খভাবে প্লেসমেন্টের পরীক্ষার প্রস্তুতি, সবটাই গভীর মনোযোগের সঙ্গে করে লাভিশ।

প্লেসমেন্টের পরীক্ষার প্রথম ধাপ ছিল অ্যাপটিটিউড টেস্ট, যেটা পাশ করতে লাভিশের খুব বেশি পরিশ্রম করতে হয়নি। এর পরের ধাপে ছিল সাইকোমেট্রিক টেস্ট, যা সিদ্ধান্ত নেওয়ার ক্ষমতা, কনফ্লিক্ট রেজোলিউশন এবং চিন্তাভাবনার যুক্তিযুক্ততা বিচার করার জন্য নেওয়া হয়। অনেক পরীক্ষার্থী এই ধাপে বিফল হলেও লাভিশ এই পর্যায়ও পার করে যায়।

ই-ট্রে টেস্ট ছিল শেল কোম্পানিতে চাকরি পাওয়ার শেষ ধাপ। এই অনলাইন পরীক্ষায় আসল কাজের পরিবেশের মতো একটা সিমুলেটেড পরিবেশ তৈরি করা হয় যাতে কঠিন পরিস্থিতিতে নির্দিষ্ট ভূমিকায় পরীক্ষার্থীদের ক্ষমতা এবং দক্ষতা পরিমাপ করা সম্ভবপর হয়। এই সময়ে পরীক্ষার্থীদের কোম্পানি পলিসি এবং কোম্পানির সমস্ত নিয়ম-কানুন লোড করা একটা কম্পিউটার দিয়ে দেওয়া হয় যেটা আবার কোম্পানির সার্ভারের সঙ্গে সংযুক্ত। পরীক্ষার্থীদের সিমুলেটেড পরিবেশে একজন প্রজেক্ট

ম্যানেজারের ভূমিকা পালন করতে হয়। পরীক্ষার সময় পরিস্থিতির বিশ্লেষণ করে ভার্চুয়াল টিমের সঙ্গে আলাপচারিতার মাধ্যমে বিভিন্ন রকম ব্যবসায়িক সিদ্ধান্ত নিতে হয় কর্মীদের। গোটা সিলেকশন প্রক্রিয়াটাই পরীক্ষার্থীদের স্পিড এবং সিদ্ধান্তের অ্যাকিউরেসির উপর নির্ভর করে সম্পন্ন হয়। এছাড়াও পরীক্ষার্থীদের তাদের সিদ্ধান্তকে জাস্টিফাইও করতে হয়। এই পর্যায়ের পরে আরো দুটো রাউন্ড ইন্টারভিউ দিতে হয় পরীক্ষার্থীদের।

সেদিন সন্ধ্যায় লাভিশের জীবনে আনন্দের বন্যা বয়ে যায়। সেদিনই আসলে সে জানতে পারে যে শেল কোম্পানিতে অত্যন্ত লোভনীয় মাইনের চাকরি পেয়েছে সে।

২০১৫ সালের আগস্ট মাসে বেঙ্গালুরুর শেল কোম্পানির অফিসে কাজে যোগ দেয় লাভিশ। কিছুদিনের মধ্যেই বুঝতে পারে এখানে কাজ করার পরিবেশ এবং ইনফ্রাস্ট্রাকচার দুটোই অসাধারণ। প্রত্যেক কর্মীকেই এখানে শ্রদ্ধার চোখে দেখা হয় এবং তাদের অনেক স্বাধীনতাও দেওয়া হয়। এই কোম্পানিতে সারা পৃথিবীর বিভিন্ন দেশের মানুষ কাজ করেন। শেল কোম্পানিতে কাজ করার দরুণ তার নিজেরও পৃথিবীর একাধিক দেশ ঘুরে দেখার সুযোগ হয়। কোম্পানির খরচে বিজনেস ক্লাসে যাতায়াত, ফাইভ কিংবা সেভেন স্টার হোটেলে থাকা এবং বিজনেসের প্রয়োজনে যত ইচ্ছে টাকা খরচ করার স্বাধীনতা; এসব কিছুই উপভোগ করেছে লাভিশ।

কাজের প্রতি তার নিষ্ঠা, টেকনিক্যাল জ্ঞান এবং স্কিল খুব শীঘ্রই তার সুপিরিয়রদের নজর আকর্ষণ করে। কাজে যোগ দেওয়ার মাত্র দশ মাসের মধ্যেই বস মুথু সুব্রামানিয়ামের কাছ থেকে ডাক পায় লাভিশ।

"শেল কোম্পানির নিজস্ব টেকনোলজি নিয়ে স্পেশালাইজেশন করার কোনো ইচ্ছে তোমার আছে কি?" লাভিশ তার চেম্বারে ঢোকা মাত্রই মুথু জিজ্ঞেস করেন। তাঁর পাশে তখন জেনারেল ম্যানেজার স্যান্ডি লান্ডি বসে আছেন।

"এমিশন রিডাকশন এর ওপর শেল কোম্পানির একটা পেটেন্টেড টেকনোলজি আছে। এই ক্ষেত্রে আমাদের একাধিক প্রজেক্টও আছে। কিন্তু এশিয়া প্যাসিফিক রিজিয়নে সেরকম কোনো অভিজ্ঞ কাজের লোক নেই। তোমার যেহেতু খুব পোক্ত রিসার্চ ব্যাকগ্রাউন্ড রয়েছে এবং সিমুলেশন এক্সপার্টিজও আছে, আমরা তোমাকে এই বিষয়টা শেখার জন্য ইউনাইটেড

স্টেটসের হিউস্টনে পাঠানোর কথা ভাবছি।” স্যান্ডি আরো পরিষ্কার করে বলে তাকে।

এই সুযোগে আনন্দিত লাভিশ সঙ্গে সঙ্গেই ইউনাইটেড স্টেটসে যাওয়ার জন্য রাজি হয়ে যায়। ২০১৬ সালের ৩০ শে অক্টোবর সন্ধ্যেবেলা লাভিশের ব্যাঙ্গালোরের অ্যাপার্টমেন্টের বাইরে একটা মার্সিডিজ অপেক্ষা করছিল তাকে এয়ারপোর্টে পৌঁছে দেবে বলে। এমিরেটস ফ্লাইট এর বিজনেস ক্লাসে চেপে হিউস্টনে যাওয়ার সময় সাফল্যের আনন্দ খেলে যায় লাভিশের দেহে মনে।

আমেরিকা হাতছানির ওপরে মাউন্ট ইউপিএসসির ছায়া

হিউস্টনে থাকার বছরখানেকের মধ্যেই লাভিশের মনে একটা ঝড় ওঠে। লক্ষ লক্ষ মানুষের স্বপ্নের আমেরিকান ড্রিমকে বাস্তবে পরিণত করা লাভিশের বাড়ির জন্য মন খারাপ করতে থাকে। নিজের জীবন একেবারে শূন্য বলে মনে হয় তার।

বিগত বছরে খুব উৎসাহ নিয়ে সারা ইউনাইটেড স্টেটস ঘুরে বেড়ানোর সময় আইআইটি বোম্বে থেকে পাস করা অনেক সিনিয়রদের সঙ্গে দেখা হয় তার, অনেকের আতিথ্যও গ্রহণ করে সে। তাদের বাড়িতে গিয়ে এসে বুঝতে পারে যে নামকরা কোম্পানিতে কাজ করলেও খুব ভালো মানের অ্যাপার্টমেন্টে থাকার মতো আর্থিক অবস্থা নয় তাদের। তাছাড়া বাড়ির সমস্ত কাজ তাদের নিজেদেরকেই করতে হয়। এই দেখে খুবই দুঃখ পায় লাভিশ। সে আরো বুঝতে পারে যে তার সিনিয়রদের পে প্যাকেজ এবং জব প্রোফাইল তার নিজের থেকে খুব একটা কম নয়। চাকরির ক্ষেত্রে উন্নতি এবং আর্থিক উন্নয়নের সম্ভাবনা খুবই সামান্য। যে কাজটা তারা করে সেটাও খুবই একঘেয়ে। জীবনও খুব একঘেয়ে।

এরই সঙ্গে রয়েছে চাকরি নিয়ে অনিশ্চয়তা। যখন লাভিশ ইউনাইটেড স্টেটস ছেড়ে দেশে ফেরার প্রস্তুতি নিচ্ছিল, সেই সময় তেলের দাম পড়ে যাওয়ায় শেল অনেক লোক ছাঁটাই করে। লাভিশের অনেক বন্ধুরাই তাদের চাকরি হারায়। যারা রয়ে যায় তারা এমন সমস্ত ভূমিকায় কাজ করতে বাধ্য হয় যেগুলো তাদের খুবই অপছন্দ। লাভিশ ইউনাইটেড স্টেটস ছেড়ে চলে আসার পরে এরকম আরো একটা রাউন্ড চাকরি ছাঁটাইয়ের খবর পায়।

ইউনাইটেড স্টেটসে থাকার সময়েই সপ্তাহান্তে হাতে প্রচুর সময় পাওয়ায় লাভিশের মনে বিভিন্ন রকমের চিন্তাভাবনা চলতে থাকে। এই প্রথম নিজের জীবনে একটা খালি জায়গা অনুভব করে সে। তার এডুকেশন লোন শোধ করা হয়ে গেছে, বাবা-মা ভাইকে প্রয়োজনীয় জিনিসপত্র কিনে দেওয়ার কাজও শেষ। প্রত্যেক মাসের স্যালারি এখন কেবল তার কাছে ব্যাংক একাউন্টের নম্বরের মতো বলে মনে হয়। তার জীবনে এই স্যালারির এখন খুব একটা মূল্য নেই। খুব ধীরে ধীরে সে আইএএস-কে নিজের কেরিয়ার হিসেবে বেছে নেওয়ার দিকে এগিয়ে যেতে থাকে।

ছোটবেলায় সিভিল সার্ভিস নিয়ে লাভিশ প্রায় কিছুই জানতো না। তার পরিবারের কেউই কখনো কোনো সরকারি চাকরি করেনি। কিন্তু কখনো কখনো বন্ধুদের অনেককেই বলতে শুনেছে, “তুই কি কালেক্টর?” স্কুলে যখনই কেউ কর্তৃত্বের সঙ্গে কোনো কথা বলতো বা কোনো জ্ঞান দিত, তখনই তাকে এই জাতীয় কথা বলা হতো। নিজের অজান্তেই লাভিশের মনে এই বাক্যবন্ধ একটা দাগ রেখে যায়। তার মনের কোনায় কোথাও একটা মনে হয় যে কালেক্টররা, যাঁরা আইএএস অফিসার, তাঁদের প্রচুর কর্তৃত্বের ক্ষমতা থাকে।

পরবর্তীকালে আইআইটি বোম্বেতে পড়ার সময় লাভিশের সঙ্গে রিঙ্কু মিনা এবং হনুমান প্রসাদ মিনা নামে দুই ক্লাসমেটের পরিচয় হয়। দুজনেই আদতে রাজস্থানের বাসিন্দা। প্রথম থেকেই এদের দুজনের একটাই লক্ষ্য ছিল আইএএস অফিসার হতে হবে। তারা লাভিশকে আইএএস অফিসারদের সম্মান, তাঁদের ক্ষমতা এবং অন্যান্য সুযোগ-সুবিধা নিয়ে তখন অনেক গল্প বলে। পরের দিকে লাভিশ নিজেও খেয়াল করতে থাকে যে আইআইটি বোম্বের বিভিন্ন বিল্ডিংয়ের উদ্বোধনী ফলকে যে সমস্ত নাম রয়েছে যেমন আরবিআই এর গভর্নর, এয়ার ইন্ডিয়ার এমডি, উদয়পুরের কালেক্টর; এরা সকলেই আইএএস অফিসার। কাজেই আইএএস হতে পারলে যে প্রফেশনাল এবং সামাজিক দুই স্তরেই সাফল্য পাওয়া নিশ্চিত সে কথা পরিষ্কার বুঝতে পারে সে। সেই জন্য যখন রিংকু ক্যাম্পাসপ্লেসমেন্ট এ অংশ না নিয়ে বিটেক করার পরে সোজা দিল্লিতে চলে যায় সিভিল সার্ভিস পরীক্ষার প্রস্তুতি নিতে, তখন সে একটুও অবাক হয়নি।

আইএএস আধিকারিকদের সম্মান এবং ক্ষমতা নিয়ে নিয়ে রিঙ্কু আর হনুমানের বলা গল্পের কথা লাভিশের ফের মনে হয় ব্যাঙ্গালোরে থাকার

সময়। সেই সময় বিশেষ কিছু ঘটনার জন্য তাকে পুলিশ, সরকারি অফিস, স্থানীয় ব্যবসায়ী, এমনকি নিজের অ্যাপার্টমেন্ট বিল্ডিং এর সিকিউরিটি গার্ডের হাতেও হেনস্থা হতে হয়।

"আমি দেশের সেরা ইনস্টিটিউট থেকে পাশ করেছি। আন্তর্জাতিক রিসার্চ পেপার আছে আমার নামে। আমি বেশ ভালো টাকা রোজগারও করি। কিন্তু তা সত্ত্বেও পুলিশ কনস্টেবল আর গার্ডের হাতে আমাকে হেনস্থা হতে হয়। আমার যদি অনেক টাকা পয়সা হয়েও যায়, তাহলেও কি আমি সমাজের চোখে শ্রদ্ধার পাত্র হয়ে দাঁড়াবো? টাকা-পয়সা কি আমাকে এইরকম হেনস্থার হাত থেকে বাঁচাবে?" অসহায় ভাবে চিন্তা করে লাভিশ।

তাছাড়াও বিদেশে যাওয়ার সময়ে লাভিশ খেয়াল করেছে যে এয়ারপোর্টের ডিপ্লোম্যাটিক কাউন্টারে বিজনেস ক্লাসের কাউন্টারের থেকেও দ্রুত কাজ হয়। পরে দু একজন ডিপ্লোম্যাটদের সঙ্গে কথা বলেও সে খুবই বিস্মিত হয়। বুঝতে পারে যে এঁরা প্রত্যেকেই নিজের নিজের দেশকে বিশ্বস্তরে প্রতিনিধিত্ব করেন।

বিগত দুই বছর ধরে যখন লাভিশ ইউনাইটেড স্টেটসে বসবাস করছিল, সেই সময়ে তার অনেক সিনিয়র আইএএস এবং আইপিএস হিসাবে নিযুক্ত হয়। তার কয়েক জন নিকট বন্ধু এবং ক্লাসমেটও এই পরীক্ষায় বসার প্রস্তুতি নিচ্ছে। এদের সকলের কৃতিত্বে অনুপ্রাণিত হয়ে লাভিশও সিভিল সার্ভিস পরীক্ষার সম্পর্কে তথ্য জোগাড় করতে শুরু করে। সেই সময়েই হঠাৎ করে ভাবনা কমিটির রিপোর্ট হাতে পায় সে। এই রিপোর্টে সিভিল সার্ভিস পরীক্ষার বয়ঃসীমা কমানোর নির্দেশ দেওয়া হয়েছে। একই সঙ্গে কোনো প্রতিযোগী সর্বোচ্চ কতবার এই পরীক্ষায় বসতে পারবেন তার সংখ্যাও কমানোর কথা বলা হয়েছে। এই রিপোর্টের তথ্য লাভিশের মনে কোথাও একটা নাড়া দেয়। মনে মনে সে ভাবে, "এখনই আমার বয়স ২৪ বছর। যদি আমি সিভিল সার্ভিস পরীক্ষায় বসতে চাই তাহলে এখনই তার প্রস্তুতি নেওয়ার সব থেকে ভালো সময়। নইলে এই নিয়ে সারা জীবন মনে দুঃখ থেকে যাবে।"

কেরিয়ার নিয়ে যখন লাভিশ চিন্তা ভাবনা করছিল, সময়েই শ্রেয়াংশ কুমাত নাম তার কলেজের এক বন্ধু সিভিল সার্ভিস পরীক্ষার প্রস্তুতি নেওয়ার জন্য চাকরি ছেড়ে দেয়। শ্রেয়াংশের সঙ্গে প্রায়ই সিভিল সার্ভিস পরীক্ষার প্রস্তুতির বিষয়ে আলোচনা করত লাভিশ। একই সঙ্গে শেলের বেঙ্গালুরু

অফিসে কর্মরত পীযূষ প্রসাদ নামে লাভিশের এক সিনিয়রও আইএএস হওয়ার স্বপ্নপূরণে লাভিশকে উৎসাহিত করেন। মাউন্ট ইউপিএসসি জয় করার আকাঙ্ক্ষা লাভিশের মনে ক্রমেই বেড়ে চলে।

হারিকেন হার্ভির দাপটে অবিরাম বৃষ্টির ধারা যখন লাভিশের কাচের জানলায় আছে পড়ছিল, লাভিশের মনে চলতে থাকা ঝড়ও তখন চরম সীমায় গিয়ে পৌঁছায়। সেই ঝড়ের দাপটে আমেরিকান স্বপ্নের মায়া ধুয়ে মুছে পরিষ্কার হয়ে যায়। সে স্থির করে যে ইউনাইটেড স্টেটসে থাকার সময় বাড়ানোর আবেদন না করে সে এবার দেশে ফিরে যাবে।

বিদায় শেল

১ মে, ২০১৮। লাভিশ শেল কোম্পানির বেঙ্গালুরুর অফিসে নিজের কাজে মগ্ন। ঠিক এর আগের দিনই অফিসে পদত্যাগ পত্র জমা করেছে সে। এদিন থেকেই তার একমাসের নোটিশ পিরিয়ড শুরু হয়েছে। সন্ধ্যা ৬ টার সময় লাভিশের কাছে তার বস ব্র্যাডের ফোন আসে।

অবিশ্বাস এবং হতাশা মিশ্রিত সুরে তিনি বলেন, "তোমার পদত্যাগের মেল পেয়ে আমি খুবই অবাক হয়ে গিয়েছি। হঠাৎ করে তুমি চাকরি ছেড়ে দিচ্ছ কেন লাভিশ? তুমি কি অন্য কোনো কোম্পানি থেকে আরো ভালো অফার পেয়েছো?"

তাঁর প্রশ্নের উত্তরে লাভিশ যা বলে তাতে বিস্ময়ে স্তব্ধ হয়ে যান তিনি।

"আমি কি ঠিক শুনলাম? তুমি এত বিরাট চাকরি ছেড়ে দু'বছর ধরে বাড়িতে বসে এমন একটা চাকরির পরীক্ষার জন্য পড়াশোনা করতে চাও যেখানে সাফল্যের প্রোবাবিলিটি শূন্য?" লাভিশের উত্তরের মধ্যে কোনো যুক্তি খুঁজে না পেয়ে বিভ্রান্ত হয়ে পড়েন ব্র্যাড।

ব্র্যাডকে বুঝিয়ে লাভিশ বলে, "হ্যাঁ ব্র্যাড, তুমি ঠিকই শুনেছ। পড়াশোনায় নিজেকে উৎসর্গ করে সাফল্য পাওয়ার জন্যই আমার চাকরি ছাড়া প্রয়োজন।" তার এই উত্তরেই সিভিল সার্ভিসের দুনিয়া সম্পর্কে তার অন্তর্দৃষ্টি স্পষ্ট হয়ে ধরা দেয়। একই সঙ্গে ব্র্যাডের কাছে আইএএস আধিকারিকদের জব প্রোফাইল, তাঁদের সুযোগ সুবিধা, সম্মান এবং ক্ষমতা সম্পর্কে বুঝিয়ে বলে সে। এই কাজের মাধ্যমে যে বিরাট পরিপূর্ণতার উপলব্ধি তাঁদের মধ্যে জন্মায়, সে সম্পর্কেও ব্র্যাডকে জানায়।

মন দিয়ে লাভিশের কথা শুনলেও তার কথা ঠিক করে বিশ্বাস করতে পারেন না তিনি। প্রাথমিক ভাবে ব্র্যাড শেল কোম্পানির কোনো একটা হালকা কাজের ভার সম্পন্ন প্রজেক্টে কাজ করার ফাঁকে ফাঁকে পরীক্ষার প্রস্তুতি নেওয়ার পরামর্শ দেন তাকে। কিন্তু তাতে রাজি হয় না লাভিশ। নিজের সবটুকু দিয়ে সাফল্য পাওয়ার চেষ্টার বিষয়ে দৃঢ় থাকে সে। লাভিশের মানসিক দৃঢ়তার কথা বুঝতে পেরে ব্র্যাড তাকে দু' বছরের জন্য ছুটির আবেদন করার কথা বলেন। এর মধ্যে পরীক্ষা দিয়ে সফল না হলে যাতে সে ফের কোম্পানিতে ফিরে আসতে পারে।

নেদারল্যান্ডস নিবাসী আরও এক সহকর্মী এমাও তাকে একই কথা বলেন। একই সঙ্গে শেল কোম্পানির সামাজিক ক্ষেত্রের কোনো একটা ভূমিকা পালনের দিকেও উৎসাহ দেন তিনি। তাঁর মনে হয়েছিল যে লাভিশ ঠিক যুক্তি দিয়ে চিন্তা করছে না। তিনি তাকে যুক্তি দিয়ে চিন্তা করার কথা বলেন। এমনকি তাকে 'থিঙ্ক ফাস্ট অ্যান্ড স্লো' নামের একটি বই পড়ার পরামর্শও দেন। তিনি তাকে বলেন যে লাভিশ খুব দ্রুত সিদ্ধান্ত নিয়ে ফেলছে। এ বিষয়ে তার একটু ধীরে সুস্থে সময় নিয়ে যুক্তি দিয়ে চিন্তা করা উচিত। হুট করে আবেগের বশে যেন সে কোনো সিদ্ধান্ত না নিয়ে ফেলে।

কিন্তু লাভিশের একদম ইমিডিয়েট বস স্যান্ডি তাঁকে এরকম লম্বা ছুটি দিতে রাজি হন না। হতাশার সঙ্গে তিনি বলেন, "শেল কিছুতেই ফলব্যাক অপশন হতে পারে না।" লাভিশেরও মনে হয় মাউন্ট ইউপিএসসি জয় করার এই যাত্রা বিফল হওয়ার পরে সে একই কোম্পানিতে ফিরে গেলে সেটা তার পক্ষে খুব একটা সম্মানজনকও হবে না। সেই জন্য কোম্পানিকে তার পদত্যাগ পত্র গ্রহণ করে নেওয়ার অনুরোধই করে সে।

তার পরিবারকে এই বিষয়ে রাজি করানোটা আরো একটা চ্যালেঞ্জিং বিষয় ছিল লাভিশের কাছে। প্রাথমিক ভাবে তার পরিবারের প্রত্যেকে তার এই সিদ্ধান্তের বিরোধিতা করেন। তাঁরা মনে করেছিলেন যে খুব সহজেই তার পক্ষে পড়াশোনা এবং চাকরি দুটোই চালানো সম্ভব। তাঁদের আর্থিক অবস্থা আগের তুলনায় অনেক স্থিতিশীল হওয়ায় তাঁরা আরো ভালো জায়গায় আরো একটা বাড়ি করার কথা এবং লাভিশের বিয়ে দেওয়ার চিন্তা করছিলেন। কিন্তু লাভিশ তাঁদের বলে যে ইউপিএসসির স্বপ্নপূরণ না হলে আরো একটা চাকরি পেতে তার খুব একটা অসুবিধা হবে না।

মাউন্ট ইউপিএসসি জয়ের কঠিন পথে যাত্রা শুরু করার মঞ্চ লাভিশের জন্য তৈরি হয়ে যায়।

কোটার যুদ্ধক্ষেত্রে জয়

শেল কোম্পানির প্রচুর মাইনের চাকরি ছেড়ে দেওয়ার সিদ্ধান্তটা লাভিশের কাছে যে খুবই কঠিন ছিল তাতে সন্দেহ নেই। এইরকম বিরাট বড় সিদ্ধান্ত নিতে অনেক আইএএস পরীক্ষার্থীই ইতস্তত করবেন। এইরকম পরিস্থিতিতে বেশিরভাগ পরীক্ষার্থীই দুই নৌকায় পা দিয়ে চলতে চান এবং ফলস্বরূপ তাঁরা নিজেদের স্বপ্ন পূরণের যুদ্ধে হেরে যান।

কিন্তু সেই রাত্রে লাভিশের চোখে আর ঘুম আসে না। ব্র্যাড, এমা আর স্যান্ডি তাকে যে সমস্ত কথা বলেছিল সেগুলোই ঘুরে ঘুরে মনে করতে থাকে সে। সিভিল সার্ভিস পরীক্ষায় সাফল্যের অনিশ্চয়তাও তাকে ঘিরে ধরে। তার বাবা-মায়ের স্বপ্নের বাড়ি কেনার বিষয়টা পিছিয়ে দেওয়ার জন্যও মনে চাপা অপরাধবোধ তৈরি হয়। ক্লাস টেন পরবর্তী কোচিং ক্লাসের টাকা যোগাড় করার জন্য ব্যাংকের চাকরির করে বাড়ি আসার পরে তার মা কত কষ্ট করে লোকের জামা কাপড় সেলাই করত সে কথা ভাবতেই চোখে জল চলে আসে তার।

কিন্তু এইবারই প্রথম এইরকম কঠিন প্রতিযোগিতার মুখোমুখি সে হচ্ছে না। এর আগেও দীর্ঘ সময় ধরে কঠোর নিয়মানুবর্তিতার মধ্যে থেকে পড়াশোনার অভিজ্ঞতা রয়েছে তার। সত্যি কথা বলতে কী, এর আগে আরও দুইবার এইরকম পরিস্থিতির মুখোমুখি হয়েছে সে: প্রথমবারের চ্যালেঞ্জটা প্রায় এক দশক আগে নিতে হয়েছিল যখন সে আইআইটি জয়েন্টের কোচিংয়ের জন্য ক্লাস টেনের পরে কোটায় চলে যায়, আর দ্বিতীয়বারের চ্যালেঞ্জটা নিতে হয়েছিল আইআইটি বোম্বে থেকে বিটেক কোর্সে পড়াশোনা করার সময়।

২০০৯ সালের ১৯শে এপ্রিল। এই তারিখে ঘটে যাওয়া সমস্ত ঘটনাই হুবহু মনে আছে লাভিশের। ক্লাস টেনের পরীক্ষা শেষ করার মাত্র ১০ দিন পরে মায়ের সঙ্গে উদয়পুর থেকে কোটায় চলে যায় সে। লাভিশের পরিবার তখন কিছুটা অর্থনৈতিক সংকটে ভুগছিল বলে তার দাদু, মায়ের বাবা, তাকে কোচিংয়ে ভর্তি করানোর জন্য এক লাখ ত্রিশ

হাজার টাকা দেন। এ কথা মনে করিয়ে দাদুর প্রতি কৃতজ্ঞতায় মন ভরে আসে লাভিশের।

এর পরবর্তী দু'বছর ধরে একটা ছোট্ট পিজির ঘরে কোনো এয়ারকন্ডিশনার, কুলার, হিটার অথবা গিজার এর মতো সুযোগ-সুবিধা ছাড়াই ১৫ বছর বয়সী লাভিশ পড়াশোনা করতে শুরু করে। পিজির এই ঘরটা কোটার পরিবেশে থাকার জন্য মোটেই উপযুক্ত ছিল না। ঘরে কোনোরকম এয়ারকন্ডিশন না থাকার জন্য গরমকালে তাপমাত্রা প্রায় ৪৮ ডিগ্রিতে পৌঁছত। সেই তাপমাত্রাই আবার শীতকালে কমে নেমে আসতো এক ডিগ্রীতে। পয়সা বাঁচানোর জন্য তখন হাফ টিফিন সার্ভিসে দুবেলার খাওয়া চালাত লাভিশ।

আইআইটির সাফল্যের রঙিন স্বপ্ন দুচোখে মেখে প্রথম দিন যখন কোচিং ইনস্টিটিউটে সে ঢোকে, সবকিছু দেখে অবিশ্বাসে তার মন ভরে যায়। গেট পেরোতেই তার চোখের সামনে প্রায় চারটে ফুটবল মাঠের সমান জায়গা জুড়ে কেবলমাত্র বাইসাইকেল দাঁড় করানো রয়েছে। এই সাইকেলের সমুদ্র শেষ যেখানে হয়েছে সেখানে সাততলা উঁচু প্রকাণ্ড একটা বাড়ি দাঁড়িয়ে রয়েছে। সারা ক্যাম্পাস প্রায় হাজার দশেক ছাত্রছাত্রীদের কথোপকথনে গমগম করছে। এর থেকেই লাভিশ স্পষ্ট বুঝতে পারে যে কিরকম কঠিন প্রতিযোগিতার সামনে সে পড়তে চলেছে।

ইনস্টিটিউটে ক্লাসের অন্যান্য ছেলেমেয়েদের সঙ্গে কথা বলে আরও একবার বিস্মিত হয়ে যায় লাভিশ। সে বুঝতে পারে যে তার ক্লাসের বেশিরভাগ ছেলেমেয়েরাই নিজেদের স্কুলের প্রথম দিকে ছাত্র-ছাত্রী। অনেকেরই ধারণা গোটা সিলেবাস তারা ততক্ষণে গুলে খেয়ে ফেলেছে। "যদি একটা ইনস্টিটিউটেই এতজন ব্রিলিয়ান্ট স্টুডেন্ট থাকে, তাহলে মাত্র এই ক'টা আইআইটি সিটের মধ্যে একটা পাওয়ার কি যোগ্যতা আমার আছে?" ভারী হৃদয় নিয়ে মনে মনে চিন্তা করে লাভিশ।

কিন্তু কিছুদিনের মধ্যেই নিজের সংকল্প দৃঢ় করে মনের জোর এনে পড়াশোনায় ঝাঁপিয়ে পড়ে সে। সামনে তখন তার একটাই লক্ষ্য, আর সেই লক্ষ্য পূরণের জন্য প্রত্যেকদিন ১৪ থেকে ১৬ ঘন্টা পড়াশোনায় ব্যয় করতো সে। ক্রিকেট খেলার প্রবল ভক্ত হওয়া সত্ত্বেও সেই বছরের ক্রিকেট ওয়ার্ল্ড কাপের একটাও খেলা দেখেনি লাভিশ। সেই সময়টা পড়াশোনার প্রতি ঢেলে দিয়েছিল সে।

১১ই এপ্রিল ২০১২ সালে আইআইটিজেইই পরীক্ষা হয়। যেহেতু এই একদিনের পারফরমেনসের ওপরেই তার ভবিষ্যৎ নির্ভর করে রয়েছে, সেই জন্য কিছুটা নার্ভাস বোধ করছিল লাভিশ। কিন্তু পরীক্ষায় যে সে যথেষ্ট ভালো পারফর্ম করেছে, সেটা আনসার কি পাবলিশ হতেই স্পষ্ট হয়ে যায়।

২৪ শে মে ২০১২ রাতে আইআইটি জয়েন্ট-এ ২৫৪ র‍্যাঙ্ক করেছে সে, এটা জানতে পেরে লাভিশের মনে হয় সারা পৃথিবী আনন্দে উজ্জ্বল হয়ে উঠেছে। ছোট-বড় বিভিন্ন রকমের মেশিন কীভাবে কাজ করে সেটা নিয়ে ছোট থেকেই উৎসাহ ছিল তার; তাই ভর্তি হওয়ার সময় কম্পিউটার সায়েন্স আর ইলেকট্রিক্যাল ইঞ্জিনিয়ারিং-এর পরিবর্তে মেকানিক্যাল ইঞ্জিনিয়ারিং বেছে নেয় সে। আইআইটি বোম্বেতে তার কাকা এবং মেসো থাকায় সেটাই নিজের পছন্দের কলেজ হিসেবে বেছে নেয় সে। তার মাসতুতো খুড়তুতো ভাইবোনেরা এর আগেই তার মনে বোম্বে শহরটার সম্পর্কে একটা পুঙ্খানুপুঙ্খ ছবি তৈরি করে দিয়েছেবড় বড় বাড়ি, লোক ভর্তি লোকাল ট্রেন, শান্ত সমুদ্রের তীর এবং বলিউডের অভিনেতা-অভিনেত্রীদের রোশনাই।

২০ শে জুলাই ২০১২ সালে বাবা-মা আর ভাইয়ের সঙ্গে উদয়পুর থেকে মুম্বাই যাওয়ার ট্রেনে চড়ে বসে লাভিশ। জীবনের নতুন একটা অধ্যায় শুরু করার জন্য তখন সম্পূর্ণ তৈরি সে।

বিভ্রম ভেঙে চুরমার

প্রাকৃতিক সৌন্দর্যে ঘেরা আইআইটি বোম্বের ক্যাম্পাস দেখলে বিস্মিত হতে হয়। এই কলেজ ক্যাম্পাসের একদিকে রয়েছে পাহাড় এবং সঞ্জয় গান্ধী ন্যাশনাল পার্ক এবং অন্যদিকে রয়েছে বিরাট বড় বড় লেক। ক্যাম্পাসে এমন সমস্ত সুযোগ-সুবিধা রয়েছে যেগুলো এর আগে লাভিশ নিজের চোখে কখনো দেখেনি: সুইমিং পুল, জিম, ব্যাডমিন্টন এবং টেনিস কোর্ট, সুস্বাদু খাবার পরিবেশনকারী মেস এবং সবুজ চাদরে মোড়া বিস্তৃত অঞ্চল।

অভিভূত লাভিশ নিজের মনে মনে স্বস্তি এবং স্বাধীনতার ভাব অনুভব করে। “আমার এত দিনের পরিশ্রম সফল হয়েছে। আমাকে আর এত কঠিন সংগ্রাম করতে হবে না। এবার আমি আমার জীবন নিজের মতো করে বাঁচবো। বড় বড় মাল্টিন্যাশনাল কোম্পানি খুব তাড়াতাড়িই লোভনীয় চাকরির অফার নিয়ে আমার কাছে আসবে।” কোটায় শোনা কথাগুলো

নিজেকেই মনে মনে বলতে থাকে সে। তার এই আত্মসন্তুষ্টির কারণে সোশ্যাল মিডিয়া, ভিডিও গেম, এবং সিনেমা দেখে বিস্তর সময়ও নষ্ট করে লাভিশ। নিজের জগতে মগ্ন থাকায় অনেক ক্লাসও মিস করে সে।

এক বছর বাদে যখন তার সিনিয়রদের প্লেসমেন্ট সেশন শুরু হয় তখন লাভিশের এই বিভ্রম চুরমার হয়ে যায়। সে বিস্মিত হয়ে দেখে যে সমস্ত সিনিয়ররা নিজেকে 'কুল' প্রমাণিত করার জন্য ঘুরে বেড়াত, আজ তাদেরই প্লেসমেন্ট পেতে যথেষ্ট অসুবিধা হচ্ছে। আতঙ্কিত লাভিশ দ্রুত প্লেসমেন্টের পরীক্ষায় সফল কয়েকজন সিনিয়রদের কাছ থেকে কীভাবে চাকরির পরীক্ষায় পাশ করা সম্ভব তাই নিয়ে পরামর্শ চায়। যখন সে বুঝতে পারে যে কর্পোরেট কোম্পানিরা চাকরি প্রার্থীদের থেকে কী চায়, তখন লাভিশের রাতের ঘুম উড়ে যায়। সে বুঝতে পারে যে কর্পোরেট কোম্পানির চাই পরীক্ষার্থীদের একাডেমিক্স-এর ক্ষেত্রে কিমিউলেটিভ পারফরম্যান্স ইনডেক্স (CPI) ৯ এর উপরে থাকুক। এছাড়াও তারা চান পরীক্ষার্থীদের কারিকুলাম ভিটেতে (CV) স্পষ্ট স্পাইক থাকুক।

লাভিশের সিনিয়াররা তাকে বুঝিয়ে বলে যে স্পাইক হল এক্সট্রা কারিকুলার অ্যাক্টিভিটিসে গবেষণায় অথবা নেতৃত্ব প্রদানকারী কোনো ভূমিকায় এক্সসেপশনাল অ্যাচিভমেন্ট দেখানো। সিনিয়রদের থেকে স্পাইক এর বিষয়টা ভালোভাবে বুঝে নিয়ে সেটাকে কীভাবে পাওয়া সম্ভব, সেটা নিয়ে চিন্তাভাবনা করতে শুরু করে লাভিশ।

নিজের ভুল শুধরে নিয়ে সে মন দিয়ে পড়াশোনা শুরু করার সিদ্ধান্ত নেয়। একইসঙ্গে গবেষণা করার কোন সুযোগ আছে কিনা সেটা নিয়েও খোঁজখবর করতে থাকে। খুব শিগগিরই ফ্লুইড মেকানিক্সের প্রফেসর এস ভি প্রভুর কাছে ভর্টেক্স শেডিং এর উপর রিসার্চ প্রজেক্টে সাহায্য করার সুযোগ পায়।

সমস্ত দেহ মন নিয়ে রিসার্চ এর কাজে প্রফেসর প্রভুকে সাহায্য করতে থাকে লাভিশ। প্রতিদিন ঘন্টার পর ঘন্টা কাজ করা ছাড়াও সপ্তাহান্ত, ছুটির দিন এবং সেমিস্টারের মাঝের বিরতির সময়টাতেও গবেষণায় রত থাকে সে। একটা এক্সপেরিমেন্টাল সেটআপ তৈরি করার জন্য কী প্রয়োজন, কীভাবে রিসার্চ করতে হয়, কীভাবে ফাইন্ডিং ডকুমেন্ট করতে হয় এবং কীভাবে রেজাল্ট উপস্থাপন করতে হয়; সে সবকিছুই শিখে নেয় সে। এই কাজ করতে করতেই সফটওয়্যার ডেভেলপমেন্ট, ডিজাইনিং এবং ইমেজ প্রসেসিং করাটাও শিখে নেয় লাভিশ।

তার এই অমানুষিক খাটুনির ফলস্বরূপ আইআইটি বোম্বের তরফ থেকে তাকে এক্সেপশনাল আন্ডারগ্র্যাজুয়েট রিসার্চ এর পুরস্কার দেওয়া হয়। এছাড়াও ফ্লুইড মেকানিক্স এর উপরে প্যারিসে আয়োজিত একটা আন্তর্জাতিক কনফারেন্সে তার রিসার্চ পেপার উপস্থাপন করার দুর্লভ সুযোগও পায় লাভিশ।

গবেষণা করার অভিজ্ঞতার উপর ভর করে লাভিশ বিটেকে থার্ড ইয়ারের পরীক্ষার পরে জার্মানির পেডারবর্নে একটা আন্তর্জাতিক পেইড ইন্টার্নশিপের সুযোগ পায়। একই সঙ্গে নিজের পড়াশোনার প্রতিও সমান মনোযোগ বজায় রাখে লাভিশ। যার ফলে শেষ চারটি সেমিস্টারে তার সিপিআই গিয়ে দাঁড়ায় ৯.৬৭, ৯.৯৩, ৯.৭ এবং ১০-এ। আইআইটি বোম্বের অ্যাকাডেমিক এক্সিলেন্স অ্যাওয়ার্ডও পায় লাভিশ।

পুঙ্খানুপুঙ্খ পরিকল্পনা এবং বছরের পর বছর কঠিন পরিশ্রমের ফলেই সে ১লা সেপ্টেম্বর ২০১৪ সালে শেল কোম্পানিতে ওই রকম উচ্চ বেতনের চাকরি পায়।

১লা মে ২০১৮য় ফের ফিরে আসা যাক। এই সময় লাভিশ আরও একটা কঠিন চ্যালেঞ্জের সামনে দাঁড়িয়ে। এবার তাকে মাউন্ট ইউপিএসসি জয় করতে হবে। এর আগে আইআইটি বোম্বেতে এবং কোটায় করা সংগ্রাম এবং সাফল্য তাকে মানসিক জোর দেয়, তার সংকল্প আরো শক্ত করে তোলে। এই আত্মবিশ্বাস এবং মানসিক জোর আগামী দিনের কঠিন চ্যালেঞ্জের সাফল্যের জন্য তার পাথেয়।

এই সংগ্রাম কি সত্যিই মূল্যবান?

৫ জুন ২০১৮। দিল্লিতে আইএএস প্রতিযোগীদের দুনিয়ায় পা রাখে লাভিশ। এই শহরে তার পরিচিত কেউ না থাকায় করোল বাগের একটা কমিউনিটি হোস্টেলে গিয়ে ওঠে। প্রত্যেক মাসে দশ হাজার টাকা ভাড়ায় একটা মাঝারি সাইজের শেয়ারড ঘর পায় সে। এর সঙ্গে দুবেলা সাদামাটা খাবারও পাওয়া যাবে হোস্টেল থেকেই। আপাতত এই অসুবিধাগুলো লাভিশ দূরে সরিয়ে রেখে নিজের লক্ষ্যের দিকে মনোসংযোগ করবে বলে স্থির করে।

মেনস পরীক্ষার জন্য অপশনাল সাবজেক্ট বেছে নেওয়াটা লাভিশের

কাছে এটা চ্যালেঞ্জ হয়ে দাঁড়ায়। শ্রেয়াংস সহ অন্যান্য বন্ধুরা তাকে অপশনাল হিসেবে মেকানিক্যাল ইঞ্জিনিয়ারিং নেওয়ার বিষয়ে সতর্ক করলেও সিলেবাসে পরিচিত টার্মিনোলজি পেয়ে এই সাবজেক্টকেই বেছে নেয় লাভিশ। কয়েকজন পরীক্ষার্থীর মেকানিক্যাল ইঞ্জিনিয়ারিং এ ভালো নম্বরও তাকে এই সিদ্ধান্ত নিতে অনুপ্রাণিত করেছিল। "এদের মতো আমিও তো ভালো নম্বর পেতে পারি!" মনে মনে বিটেকের সময় মেকানিক্যাল ইঞ্জিনিয়ারিংয়ে নিজের পারফরমেন্সের কথা ভাবে লাভিশ। পরের দিনই সোজা দরিয়াগঞ্জ মার্কেটে গিয়ে কয়েকটা রেকমেন্ডেড বই সেকেন্ড হ্যান্ডে কিনে ফেলে সে। জেনারেল স্টাডিজের জন্য একটা কোচিং ইনস্টিটিউটে ভর্তিও হয় লাভিশ।

কর্পোরেট কর্মসংস্কৃতি থেকে একাগ্র মনোযোগ নিয়ে পড়াশোনা করার পরিবেশে মানিয়ে নেওয়াটা আরো একটা কঠিন চ্যালেঞ্জ হয়ে দাঁড়ায় তার কাছে। এই ক' বছরে লাভিশ সারাদিন ধরে বিভিন্ন রকম মিটিং এবং আলাপ আলোচনা করায় অভ্যস্ত হয়ে গিয়েছিল। অফিসে কাজ করতে গেলে অনেকক্ষণ ধরে মন সংযোগ করবার প্রয়োজন হয় না। কাজেই প্রতিদিন ১৫ মিনিট অন্তর মেইল চেকিং এবং প্রতি ঘন্টায় একবার করে ব্রেক নেওয়ার রুটিনে অভ্যস্ত হয়ে পড়ে সে।

জেনারেল স্টাডিজের সিলেবাসের ভেতরে ডুব দিয়ে গোটা পরীক্ষার বিপুলতায় অভিভূত হয়ে পড়ে লাভিশ। "মাত্র এক বছর পরেই প্রিলিমিনারি পরীক্ষা। এর মধ্যে কি আমি এই সিলেবাস শেষ করতে পারবো? যদি আমি প্রিলিমিনারি পরীক্ষায় পাসও করে যাই তাহলেও মেনস পরীক্ষার জন্য অপশনাল সাবজেক্ট, প্রবন্ধ এবং জেনারেল স্টাডিজএর প্রস্তুতি নেওয়ার যথেষ্ট সময় আমার কাছে থাকবে কিনা সন্দেহ। হাই স্কুলের পরে আমি আর কখনো হিউম্যানিটিজ পড়িনি, আমি কি এখানে ভালো নম্বর পেতে পারবো?" প্রবল দ্বন্দ্বে ভুগতে থাকে লাভিশ।

মেকানিক্যাল ইঞ্জিনিয়ারিং নিয়ে পড়তে শুরু করে আরো একবার ঘোর বাস্তবের সম্মুখীন হয় লাভিশ। সিভিল সার্ভিস পরীক্ষার প্রায় ৪০% সিলেবাস তাকে বিটেকে কখনো পড়তেই হয়নি। আর বাকি অংশের বেশিরভাগটাই সে ভুলে গিয়েছে। এর উপরে আরো মুশকিল হলো আইআইটির প্রফেসররা সবসময়ই বিদেশী লেখকদের বই পছন্দ করতেন, কিন্তু সিভিল সার্ভিস পরীক্ষার জন্য ভারতীয় লেখকদের বই রেকমেন্ড করা হয়।

এই উথাল পাথাল করা আবেগের মধ্যেই আরো একটা সমস্যার সম্মুখীন

হতে হয় লাভিশকে। প্রথম জেনারেল স্টাডিজের মক টেস্টে মাত্র ৩০ নম্বর পায় সে। এরপর এই পরীক্ষার ফিডব্যাক হিসেবে পরীক্ষকের কাছ থেকে পাওয়া জ্বালাময়ী রিমার্কস তাকে দুশ্চিন্তায় ফেলে দেয়। নিজের ক্ষমতার উপরে প্রশ্ন করতে থাকে সে। তার মনে হয় সিভিল সার্ভিস পরীক্ষায় পাস করার যোগ্য হয়তো সে নয়।

এরই মধ্যে খবরে দেখে যে ভারতীয় প্রধানমন্ত্রী নরেন্দ্র মোদি হিউস্টনে গিয়েছেন। সেখানে আয়োজিত অনুষ্ঠান 'হাউ ডি মোদি'র প্রচুর ছবি এবং ভিডিও দেখে হিউস্টনের আরামদায়ক জীবনের কথা ভেবে আরো মন খারাপ হয়ে যায়।

"আমি যদি সিভিল সার্ভিস পরীক্ষায় বসার সিদ্ধান্ত না নিতাম আমি তাহলে হয়তো এখন হিউস্টনে এই অনুষ্ঠানে অংশগ্রহণ করতে পারতাম। আমার জীবন যথেষ্ট ভালো ছিল। সারা পৃথিবী ঘুরে বেড়াতে পারছিলাম, ভালো মাইনে পাচ্ছিলাম। এখন আমাকে একটা ছোট শেয়ারড হোস্টেল রুমে দিনে ১৮ ঘন্টা পড়াশোনা করতে হচ্ছে। এই সংগ্রামটার কি আদৌ কোনো মূল্য আছে? কী হবে যদি আমি অনেক নম্বর পেয়েও খুব খারাপ একটা ক্যাডারের জন্য নির্বাচিত হই?"এরকম হাজারো প্রশ্ন ঘোরাফেরা করতে থাকে তার মনে।

সমস্ত আইএএস পরীক্ষার্থীরাই প্রস্তুতির সময় এইরকম মন খারাপের সময়ের মধ্য দিয়ে যায়। যত শীঘ্র এই মন খারাপ তুমি কাটিয়ে উঠতে পারবে, ততই দ্রুত তুমি সাফল্যের কাছে পৌঁছে যেতে পারবে।

সৌভাগ্যবশত লাভিশের এই মন খারাপ পর্ব খুব বেশিদিন স্থায়ী হয় না। সে নিজেই খুব দ্রুত নিজের মন ভালো করে নেয়। "আমি এখনো পর্যন্ত কোনো কম্পিটিটিভ এক্সামে কখনো অসফল হয়নি। এই পরীক্ষায় আমাকে পাশ করতেই হবে, নিজের জন্য না হলেও আমার পরিবারের জন্য। আর তাছাড়া যদি আমার ক্লাসের বন্ধুরা এবং অন্যান্য আইআইটির ছেলেমেয়েরা এই পরীক্ষায় পাশ করতে পারে, তাহলে আমি কেন পারব না?" নিজেকে প্রশ্ন করে সে।

দিন কয়েক বাদেই লাভিশ খবর পায় যে কোটা আর আইআইটি বোম্বেতে তার সবথেকে প্রিয় বন্ধু শ্রেয়াস কুমাত মেনস পরীক্ষায় পাস করে গিয়েছে। এই খবরে নতুন করে শক্তি পায় সে। সেই আইআইটি জয়েন্ট এন্ট্রান্স পরীক্ষার জন্য কোটায় থাকাকালীন তার ভিতরে যে আগুনটা

জ্বলতো, যে আগুন আরো একবার জ্বলে উঠেছিল আইআইটি বোম্বের সেকেন্ড এবং থার্ড ইয়ারে, সেই আগুন ফের জ্বলে ওঠে তার মনে।

যুদ্ধজয়ের ফর্মুলা তৈরি

লাভিশ বিগত বছরগুলোতে পরীক্ষায় আসা প্রশ্নগুলো পুঙ্খানুপুঙ্খভাবে খুঁটিয়ে পড়ে। সেটা করতে গিয়েই বুঝতে পারে যে কোচিং ক্লাসে যা কিছু পড়ানো হচ্ছে আর পরীক্ষায় যে প্রশ্ন ইউপিএসসি দেয় তার মধ্যে বিশেষ মিল নেই। কাজেই কোচিং ক্লাসের উপর বেশি নির্ভর না করে নিজে নিজেই পড়াশোনা করবে বলে স্থির করে সে। কোচিং ক্লাসে কেবলমাত্র পলিটি এবং ইকোনমি ক্লাস করতে যেত লাভিশ। এরই সঙ্গে ভূগোল এবং ইকনোমিক্স এর উপরে ভালো লেকচার অনলাইনে খুঁজে বের করে সে।

লাভিশ ধীরে ধীরে নিজের অ্যাটেনশন স্প্যান বাড়িয়ে ফেলতে থাকে। এছাড়াও নিজের পড়াশোনার রুটিনে মারাত্মক অদল বদল করে। রাত্তিরে যখন চতুর্দিক স্তব্ধ হয়ে যায় সেই সময় পড়াশোনা করবে বলে স্থির করে নেয় সে। এই করতে করতেই ডিসেম্বর মাস চলে আসে। প্রিলিমিনারি পরীক্ষার আগে তার হাতে যে সময় রয়েছে তার মধ্যে কোন বিষয় নিয়ে ঠিক কতটা পড়াশোনা করতে হবে তা বোঝার জন্য তার কতটা প্রোগ্রেস হয়েছে সেই নিয়ে খুঁটিয়ে বিশ্লেষণ করে লাভিশ। এই বিশ্লেষণের উপর ভর করেই নিজের জন্য নতুন করে একটা সিডিউল তৈরি করে সে। প্রাত্যহিক, সাপ্তাহিক এবং মাসিক লক্ষ্য স্থির করে নেয় এবং তারই সঙ্গে রিভিশন আর পরীক্ষার জন্যেও সময় বার করে সে। নিজের প্রতিদিনের পড়াশোনার লক্ষ্যমাত্রা পূরণ করার জন্য অনেক সময়ই দিনে তিন চার ঘন্টার বেশি ঘুমোতো না লাভিশ।

২০১৯ সালের জানুয়ারি মাসে লাভিশ হোস্টেলে তারই মতো আরও তিনজন সিভিল সার্ভিস পরীক্ষার্থীকে খুঁজে পায়। মনিশ ধারীওয়াল, মুকুল এবং দীক্ষিত জৈন নামে এই তিনজনের সঙ্গে মিলে একটা চারজনের দল তৈরি করে সে। একে অপরকে সাহায্য করা ছাড়াও তারা নিজেদের মধ্যে স্বাস্থ্যকর প্রতিযোগিতায় বিশ্বাসী ছিল। একটা নামী ইনস্টিটিউটের প্রাত্যহিক পাঁচটা প্রশ্নের চ্যালেঞ্জ তাদের নিত্যদিনের অনুশীলনী হয়ে দাঁড়ায়। এছাড়াও তারা একসঙ্গে বিভিন্ন বিষয়ের উপর আলোচনা করত যাতে বিভিন্ন দৃষ্টিভঙ্গি

থেকে সেই সমস্যার আরো গভীরে ঢুকে সমাধানের জন্য স্মার্ট কৌশল খুঁজে বের করতে পারে।

পরীক্ষার মতো পরিবেশ তৈরি করার জন্য পূর্ব নির্ধারিত দিন এবং সময় অনুযায়ী তারা একটা টেস্ট সিরিজের প্রায় ৪০টা পূর্ণ দৈর্ঘ্যের প্রশ্নপত্র সমাধান করে। একসঙ্গে এই পড়াশোনা করার অভ্যাস তাদের নিজেদের মধ্যে শৃঙ্খলা গড়ে তুলতে সাহায্য করে; এছাড়াও কঠিন মানসিক পরিস্থিতিতে একে অপরকে অনুপ্রাণিত করতেও সহায়তা করে। এদের সঙ্গে ছাড়াও আইআইটি বোম্বের আরেকজন সিনিয়র আর লাভিশের চা খাওয়ার বন্ধু গৌরব শর্মার সঙ্গেও পরীক্ষার বিভিন্ন কৌশল আলোচনা করে লাভিশ। গৌরবের তৈরি সংক্ষিপ্ত এবং যথাযথ নোটস মেমোরাইজিং টেকনিক, প্রশ্নপত্রের বিশ্লেষণ এবং পরীক্ষার প্রশ্নপত্রের কল্পনা লাভিশকে আরো ভালো করে পরীক্ষার প্রস্তুতি নিতে সাহায্য করে।

২০১৯ সালের ফেব্রুয়ারি-মার্চ থেকে প্রিলিমিনারি পরীক্ষার প্রস্তুতিতে নিজেকে সঁপে দেয় লাভিশ। প্রত্যেকটা পরীক্ষার পরে নিজের পারফরমেন্স পুঙ্খানুপুঙ্খভাবে বিশ্লেষণ করতে থাকে সে। নিজের ছোটখাটো ভুল ত্রুটিও খুঁটিয়ে খুঁটিয়ে বিশ্লেষণ করে বোঝার চেষ্টা করে যে তার প্রস্তুতিতে কোনোরকম ত্রুটি থেকে যাওয়ার জন্য এই ভুল হয়েছে, নাকি সেই বিষয়ে না জানার জন্য তার ভুল হয়েছে। এছাড়াও সে বুঝতে চেষ্টা করে যে দ্রুত প্রশ্নপত্র পড়ার জন্য তার বুঝতে কোথাও ভুল হয়েছে কিনা।

সিভিল সার্ভিস পরীক্ষার আবেদনপত্র পূরণ করার সময় লাভিশ ইন্ডিয়ান ফরেস্ট সার্ভিসের জন্য আবেদন করে। এই পরীক্ষার প্রিলিমিনারি পরীক্ষা সিভিল সার্ভিসের সঙ্গে একই সঙ্গে নেওয়া হয়।

২০১৯ সালের ৩ জুন সিভিল সার্ভিসের প্রিলিমিনারি পরীক্ষা সম্পন্ন হয়। পরীক্ষার পরে আনসার কি বিশ্লেষণ করে লাভিশ বুঝতে পারে তার নম্বর ১৪০ এর উপরেই থাকবে। রেজাল্ট বেরোনোর পরে তার আশানুযায়ী সিভিল সার্ভিস এর প্রিলিমিনারি পরীক্ষা পাশ করার সঙ্গে সঙ্গে ইন্ডিয়ান ফরেস্ট সার্ভিসের প্রিলিমিনারি পরীক্ষাও পাস করে যায় সে।

প্রিলিমিনারি পাশ করে খুব আনন্দিত হলেও নিজের উপর থেকে নিয়ন্ত্রণ হারায় না লাভিশ। তার মাথায় ঘুরতে থাকে যে মাত্র ১০০ দিন পরে ১৯ সেপ্টেম্বর ২০১৯ থেকে মেনস পরীক্ষা শুরু হতে চলেছে। সেই সময় লাভিশ খবর পায় যে প্রথমবার পরীক্ষা দিয়েই শ্রেয়াংস ২০১৮ সালের

সিভিল সার্ভিস পরীক্ষায় চতুর্থ স্থান অধিকার করেছে। এই খবরে খুবই আনন্দিত এবং অনুপ্রাণিত হয় সে।

মেনস পরীক্ষার প্রস্তুতির গোলকধাঁধার মধ্যেই হাজার হাজার পরীক্ষার্থীর মতোই একটা দ্বন্দ্বে পড়ে লাভিশ। তার কি আগে সিলেবাস শেষ করে ফেলা উচিত, নাকি উত্তর লেখা প্র্যাকটিস আর মক টেস্ট দেওয়া শুরু করা উচিত? নাকি একই সঙ্গে পড়াশোনা এবং মক টেস্ট দুটোই করতে থাকা উচিত? লাভিশ সিদ্ধান্ত নেয় যে সে দুটোই একসঙ্গে করবে। এই সিদ্ধান্তের ফলে উত্তর লেখা প্র্যাকটিস হওয়ার সঙ্গে সঙ্গে সে নিজের দুর্বলতাগুলোও বুঝতে শুরু করে। একইসঙ্গে নিয়মিত বাড়িতে সম্পূর্ণ প্রশ্নের সমাধান করে নিজেই নিজের উত্তরে নম্বর দিতে থাকে লাভিশ। এইরকম প্র্যাকটিসের ফলে তার নিজের কোন কোন জায়গায় উন্নতি করা প্রয়োজন তা খুব সহজেই বুঝে নেয় সে। বিগত বছরের টপারদের উত্তরপত্রও তার প্রস্তুতির অন্যতম হাতিয়ার হয়ে দাঁড়ায়।

মেনস পরীক্ষার দিন কয়েক আগে লাভিশ এবং তার বন্ধুরা মিলে একটা এক্সাম সিমুলেটরে মকটেস্ট দেওয়ার জন্য ভর্তি হয়। খুব নামী কোচিং সেন্টার এইরকম সিমুলেটর মক টেস্ট এর আয়োজন করে। এখানে তারা একেবারে পরীক্ষার মতো বিশেষ পরিবেশ তৈরি করে যেখানে তাদের পরীক্ষার হলগুলোও ইউপিএসসির পরীক্ষার হলের মতোই দেখতে হয়। তারা আগে থেকে একটা মক এক্সামিনেশন সিডিউল তৈরি করে যেটায় সিভিল সার্ভিসের মেনস পরীক্ষার মতো একই রকমের সিকোয়েন্স, ডিউরেশন এবং ব্রেক থাকে। মেনস পরীক্ষার মাত্র কয়েকদিন আগেই এই মক পরীক্ষাগুলো হয় যাতে পরীক্ষার্থীরা আসল পরীক্ষার পরিবেশের সঙ্গে নিজেদের মানিয়ে তুলতে পারে।

২৭ শে সেপ্টেম্বর সিভিল সার্ভিস মেনস পরীক্ষা শেষ হয়ে যাওয়ার পর লাভিশ বুঝতে পারে তার দেহে আর কোনো এনার্জি অবশিষ্ট নেই। দ্রুত দিল্লি ছেড়ে উদয়পুরে চলে যায় সে। ২৫ দিন সেখানে কাটিয়ে ফের দিল্লিতে ফিরে এসে ইন্ডিয়ান ফরেস্ট সার্ভিসের মেনস পরীক্ষার জন্য প্রস্তুতি নিতে শুরু করে। এই পরীক্ষাটা শুরু হওয়ার কথা ছিল ১ ডিসেম্বর ২০১৯।

স্মার্টলি DAF পূরণ

যে খবরের জন্য তারা সবাই অধীর আগ্রহে অপেক্ষা করেছিল তা শেষ পর্যন্ত এসে পৌঁছায় ১৫ই জানুয়ারি ২০২০-এর মাঝ রাতে। সিভিল সার্ভিসের মেনস পরীক্ষায় লাভিশ আর মুকুল পাস করে গিয়েছে। ঠিক তার পরের দিনই আইএফএস মেনস পরীক্ষার রেজাল্ট বেরোয়। সেখানেও দুজনে পাশ করে যায়।

সে তার অভীষ্ট থেকে আর মাত্র এক পা দূরে আছে, এটা বুঝতে পেরে লাভিশের সারা দেহে যেন নতুন করে এনার্জির ঢেউ বয়ে যায়। কিন্তু এই আনন্দ খুবই ক্ষণস্থায়ী। পরের দিন সকাল হতে না হতেই মানসিক দুশ্চিন্তা ঘিরে ধরে লাভিশকে। তার মনে হয় যে ইন্টারভিউয়ে ডাক পাওয়াটার কোনো অর্থই থাকবে না যদি না ফাইনাল লিস্টে তার নাম বেরোয়। পরিবারের লোকেদের আনন্দে রাশ টানতে চায় সে। তাদের বোঝানোর চেষ্টা করে যে সিভিল সার্ভিস পরীক্ষাটা সাপলুডো খেলার মতো। একেবারে শেষ পর্যায়তেও যদি তোমাকে সাপের কামড় খেতে হয়, তাহলে তুমি একেবারে শূন্যে এসে উপস্থিত হবে। আবার নতুন করে তোমাকে এই যাত্রা শুরু করতে হবে।

আইএফএস এর জন্য ইন্টারভিউ ২০২০ সালের ১১ ই ফেব্রুয়ারি নির্ধারিত হয়। অন্যদিকে লাভিশের সিভিল সার্ভিস পরীক্ষার ইন্টারভিউ ২৫ শে মার্চ পড়েছিল। যেহেতু ইন্টারভিউ এর বেশিরভাগ প্রশ্নই পরীক্ষার্থীর ডিটেলস অ্যাপ্লিকেশন ফর্মের উপর ভিত্তি করে করা হয়, লাভিশ প্রথমেই ফর্মটা খুব ধৈর্য নিয়ে ধীরে সুস্থে পূরণ করেছিল। কোনোভাবেই যাতে কোনো অপ্রয়োজনীয় ডিটেইলস ফর্মের মধ্যে সে লিখে না ফেলে সে বিষয়ে প্রথম থেকেই খুব সতর্ক ছিল লাভিশ। খুব সচেতন ভাবে তার স্কলারশিপ, অ্যাওয়ার্ড, রিসার্চ পেপার ইত্যাদি বিভিন্ন রকমের কৃতিত্বের বিষয় একটা একটা করে ফর্মে লিখেছিল সে। লাভিশ বুঝতেই পেরেছিল যে তার কাজের অভিজ্ঞতা অন্যান্য পরীক্ষার্থীদের থেকে তাকে আলাদা করে দেবে এবং এখান থেকেই যাতে ইন্টারভিউয়ের প্রশ্ন আসে ডিটেলস এপ্লিকেশন ফর্ম পূরণ করার সময়তেই সে সেটা নিশ্চিত করার চেষ্টা করে। ঙঞ্জ জমা দেওয়ার আগে সেটা সিভিল সার্ভিস পরীক্ষায় সফল হয়েছেন এমন সিনিয়রদের কাছে পাঠিয়ে ফিডব্যাকও চায় লাভিশ।

সার্ভিস প্রেফারেন্স বেছে নেওয়াটা তার কাছে বেশ কঠিন হয়ে দাঁড়িয়েছিল। প্রথম দিকে বিদেশে থাকার সুযোগ সুবিধা এবং মর্যাদায় সামান্য প্রলুব্ধ হয়ে ইন্ডিয়ান ফরেন সার্ভিসকে বাছাইয়ের একেবারেই প্রথমে রাখতে ইচ্ছা হয় তার। কিন্তু কাজের সম্ভাবনা এবং আরও বেশি সংখ্যক চ্যালেঞ্জের মুখোমুখি হওয়ার সুযোগের কথা চিন্তা করে শেষ পর্যন্ত আইএএসকেই প্রাধান্য দেয় সে। যেহেতু ইউনিফর্ম পরে কাজ করার তার খুব একটা ইচ্ছে ছিল না সেই জন্য ইন্ডিয়ান পুলিশ সার্ভিসকে বেশ পিছনের দিকেই রেখেছিল লাভিশ।

DAF পূরণ করতে গিয়ে ক্যাডার পছন্দ করার চ্যালেঞ্জেরও মুখোমুখি হয় লাভিশ। স্বাভাবিকভাবেই রাজস্থান এবং মধ্যপ্রদেশকে নিজের প্রথম এবং দ্বিতীয় পছন্দ হিসেবে বেছে নেয় সে। উদয়পুর থেকে মধ্যপ্রদেশের দূরত্ব খুব বেশি না হওয়ায় একটু আবেগে সে এই রাজ্যকে দ্বিতীয় স্থানে রাখে। কিন্তু তৃতীয় স্থানে উত্তর প্রদেশ আর কর্ণাটকের মধ্যে কোন রাজ্যকে রাখবে তা স্থির করতে গিয়ে রীতিমতো সমস্যায় পড়ে লাভিশ। এই বিষয় নিয়ে শ্রেয়াংশের সঙ্গে আলোচনা করলে কিছু মূল্যবান উপদেশ তার থেকে পায় সে।

"তুই এই ক্যাডারে তোর সারাজীবন কাটাবি। কাজেই ক্যাডার পছন্দ করার সময় গোটা বিষয়টাকে মাথায় রেখে লং টার্ম চিন্তাভাবনা করাই ভালো। আগে তোর বাবা মা, তোর স্ত্রী এবং ছেলেমেয়েদের কী কী প্রয়োজন সেটা নিয়ে চিন্তা কর। কর্নাটকে ব্যাঙ্গালোর ছাড়াও অনেক বড় বড় শহর আছে, রাস্তাঘাট ভালো। স্বাস্থ্য ব্যবস্থা এবং শিক্ষা ব্যবস্থাও যথেষ্ট উন্নত। চাকরিরও কিছু অভাব নেই। প্রথম দিকে ভাষাগত কিছু সমস্যা হলেও সেটা সমাধান করতে খুব অসুবিধা হওয়ার কথা নয়।" শ্রেয়াংশের এই পরামর্শে সঙ্গে একমত হয় লাভিশও।

ইন্টারভিউয়ে আসা প্রশ্নের ট্রান্সক্রিপ্ট ইন্টারনেট থেকে ডাউনলোড করে দেখে লাভিশ। এই প্রশ্ন দেখতে গিয়েই খেয়াল করে যে পরীক্ষার্থীদের নামের মানে কী, এই প্রশ্নটা একাধিক ইন্টারভিউ বোর্ডের সদস্যদের খুবই পছন্দের। খুব অদ্ভুতভাবে নিজের নামের মানেটাই ততদিন অবধি জানতো না লাভিশ। স্কুল-কলেজে তার বন্ধুরা তার নামের সঙ্গে কামদেবের যোগসূত্র নিয়ে তাকে প্রচুর খ্যাপালেও সেটাই তার নামের আসল মানে কিনা তা নিয়ে ঠিক নিশ্চিত ছিল না সে। বরং বলা ভালো, বন্ধুদের

আবিষ্কৃত এই যোগসূত্র ভীষণই অপছন্দ করত সে। সেই জন্য নিজেই নিজের নামের একটা মানে তৈরি করার কথা ভাবে লাভিশ। ইংরেজির 'লাভ' শব্দটার সঙ্গে সংস্কৃতের 'ঈশ শব্দ যার মানে হিন্দিতে ঈশ্বর, সেটা যুক্ত করে সে লাভিশ নামের মানে করে, ঈশ্বরের প্রিয় পাত্র।

নিজের DAF এর আরেকটা দিক নিয়ে চিন্তা করতে গিয়ে তার পদবী ওরডিয়ার উৎপত্তি নিয়েও ভাবতে হয় তাকে। এছাড়াও তার বাড়ি উদয়পুরে হওয়ায় এই শহর নিয়ে ভালো করে গবেষণা করে সে। শহরের কোন কোন জায়গায় ভ্রমণকারীরা ঘুরতে আসেন এবং শহরের ট্যুরিজম ইন্ডাস্ট্রি কী রকম তা নিয়েও খতিয়ে দেখে লাভিশ। একইসঙ্গে তার মায়ের গ্রাম দেলওয়ারা নিয়েও পড়াশোনা করে লাভিশ। সেটা করতে গিয়ে নামের উপর ভিত্তি করে তার মায়ের গ্রামের সঙ্গে মাউন্ট আবুর দিলওয়ারা জৈন টেম্পলের সঙ্গে একটা সম্পর্কও তৈরি করে।

ইন্টারভিউয়ের পরিস্থিতিটা পুরোপুরি বুঝতে পারার জন্য লাভিশ বিগত ৬ বছরের ইন্টারভিউয়ের ট্রান্সক্রিপ্ট বিভিন্ন প্লাটফর্ম থেকে ডাউনলোড করে। বিভিন্ন রকমের কি ওয়ার্ড, যেমন, উদয়পুর, ট্যুরিজম, রাজস্থান, মেকানিক্যাল ইঞ্জিনিয়ারিং, অয়েল এন্ড গ্যাস, ইত্যাদি ব্যবহার করে অনলাইনে গবেষণা চালায় সে। ডাউনলোড করা সমস্ত ইন্টারভিউয়ের ট্রান্সক্রিপ্ট তন্ন তন্ন করে খুঁটিয়ে পড়ে বোঝার চেষ্টা করে যে এই বিষয়গুলোর উপরে এর আগে ইন্টারভিউ বোর্ডের সদস্যরা কী কী প্রশ্ন করেছেন। এছাড়াও সেই বছরের ইন্টারভিউতে কী কী বিষয়ে আলোচনা হচ্ছে সেই সম্পর্কে সচেতন থাকার জন্য সে বছরের ইন্টারভিউ ট্রান্সক্রিপ্ট ডাউনলোড করে সে।

ইন্টারভিউ এর প্রস্তুতি হিসেবে একগুচ্ছ মক ইন্টারভিউ দেয় লাভিশ। এই ইন্টারভিউগুলোর কোনো কোনোটা থেকে খুব কনস্ট্রাক্টিভ ফিডব্যাক পেলেও কয়েকটা থেকে খুবই কঠিন সমালোচনামূলক ফিডব্যাক মেলে। কয়েকজন তো ফিডব্যাক দিতে গিয়ে তাকে এমন ব্যঙ্গ করেন যে তার আত্মবিশ্বাসে সামান্য চিড়ও ধরে।

অরণ্য জগতে পা রাখার আমন্ত্রণ

১১ ই ফেব্রুয়ারি ২০২০। খুব সকালবেলা ইউপিএসসির ঢোলপুর হাউস অফিসে গিয়ে হাজির হয় লাভিশ। ইন্ডিয়ান ফরেস্ট সার্ভিস এর ইন্টারভিউ

বোর্ড ফেস করার জন্য খুবই উত্তেজিত সে। তখনো সে জানতো না যে বোর্ডের প্রথম প্রশ্নটাই তাকে অপ্রস্তুতে ফেলবে।

"গত পাঁচ বছর ধরে তুমি কেন বাড়িতে বসে রয়েছ?" বোর্ডের চেয়ারম্যান তাকে জিজ্ঞেস করেন। এক মুহূর্তের জন্য বিভ্রান্ত হয়ে যায় লাভিশ।

কিন্তু ঘাবড়ে না গিয়ে নিজের শেল কোম্পানিতে কাজ করার অভিজ্ঞতা নিয়ে বলতে শুরু করে সে। এই বলতে গিয়েই বুঝতে পারে যে বোর্ডের সদস্যদের কাছে শুধুমাত্র তার DAF-1 এর কপি এসে পৌঁছেছে। DAF-2, যেখানে তার চাকরি-বাকরি, কেরিয়ার নিয়ে গুরুত্বপূর্ণ তথ্য রয়েছে, সেটা তাদের হাতে এসেই পৌঁছায়নি। এই অপ্রত্যাশিত সমস্যা তার ইন্টারভিউকে নির্দিষ্ট পথ থেকে সরিয়ে দেয়।

নিজের কাজের অভিজ্ঞতা সম্পর্কে যতই বলার চেষ্টা করুক না কেন, ইন্টারভিউ বোর্ডের সদস্যরা DAF-1 এ যে সামান্য তথ্য রয়েছে তার উপরেই মনোনিবেশ করেন। তারা লাভিশকে আনপ্রেডিক্টেবল প্রশ্ন করতে থাকেন। যেমন, একটা দেওয়াল ক্যালেন্ডারে লেখা কোটেশন ইন্টারপ্রেট করতে বলেন তাঁরা, যুদ্ধ এবং লড়াই, সংঘর্ষ এবং বিবাদ ইত্যাদির মধ্যে কী সূক্ষ্ম পার্থক্য রয়েছে তা বলতে বলেন। ইন্টারভিউ রুম থেকে খুবই হতাশ হয়ে বেরোয় লাভিশ। তার কেবলই মনে হতে থাকে তার পারফরমেন্স আশানুরূপ হয়নি।

৪ মার্চ ২০২০। বিকেল পাঁচটা নাগাদ একটা নামী কোচিং ইনস্টিটিউটে সিভিল সার্ভিস পরীক্ষার মক ইন্টারভিউ দিতে যাওয়ার জন্য প্রস্তুত হচ্ছিল লাভিশ। হঠাৎ করে তার একজন বন্ধু, বরং বলা ভালো আইআইটি কানপুর থেকে পাশ করা এক জুনিয়র, দৌড়ে তার ঘরে ঢোকে।

"অভিনন্দন ভাই! তুমি আইএফএস পরীক্ষায় পাস করে গিয়েছো!" লাভিশকে উষ্ণ আলিঙ্গনে জড়িয়ে ধরে সে। তার আনন্দ উত্তেজনা ছড়িয়ে পড়ে লাভিশ এর মধ্যেও।

"আরে এ তো দারুন খবর! কিন্তু আমার র‍্যাঙ্ক কত জানিস?"

লাভিশ যখন জানতে পারে যে আইএফএস পরীক্ষায় সে দ্বিতীয় হয়েছে, সত্যিই খুব খুশি হয় সে। তার ফোনে বন্যার জলের মতো অভিনন্দন সূচক মেসেজ ঢুকতে থাকে। সত্যি কথা বলতে এই খবরে যথেষ্ট চমৎকৃতও হয়েছিল লাভিশ। তার কারণ সিভিল সার্ভিসের মেনস পরীক্ষার জন্য যতটা পরিশ্রম সে করেছে, ততটা আইএফএস মেনস-এর

জন্য করেনি। আর তাছাড়া তার ইন্টারভিউএর অভিজ্ঞতাও একদমই ভালো ছিল না। যেহেতু সিভিল সার্ভিস এবং আইএফএস পরীক্ষার প্যাটার্ন একই রকম, তাই সিভিল সার্ভিসেও তার রেজাল্ট ভালই হবে এই আশা তার মনে মাথা চাড়া দিয়ে ওঠে।

যে কোচিং ইনস্টিটিউটে সে মক টেস্ট দিতে যাওয়ার জন্য তৈরি হচ্ছিল, সেইখান থেকেই হঠাৎ করে পরপর ফোন ঢুকতে থাকে লাভিশের কাছে। তাকে বারবার অনুরোধ করা হয় যেন কিছুতেই সে মক ইন্টারভিউ স্কিপ না করে। আইএফএস পরীক্ষার ভালো রেজাল্ট নিয়ে আনন্দ উদযাপন করার ইচ্ছা থাকলেও শেষ পর্যন্ত মক ইন্টারভিউ দিতে যাওয়ার সিদ্ধান্তই নেয় লাভিশ।

কোচিং ইনস্টিটিউটে গিয়ে রাজকীয় অভ্যর্থনা পায় সে। ইনস্টিটিউট এর কর্মীরা তাকে উষ্ণভাবে অভ্যর্থনা জানায়, মক ইন্টারভিউ বোর্ডের সদস্যরা তাকে প্রশ্ন করার বদলে অভিনন্দন জ্ঞাপনের প্রতিযোগিতায় মেতে ওঠেন। ইন্টারভিউ রুম থেকে বেরিয়ে আসার পরে ইনস্টিটিউটের কর্মচারীরা লাভিশকে জোর করতে থাকেন যাতে সে এই ইনস্টিটিউটের মালিকের সঙ্গে একবার দেখা করে যায়। তারা তাকে বলে যে মালিক তার জন্য কালু সরাই অফিসে অপেক্ষা করে রয়েছেন। সেখানে তার জন্য একটা বিশেষ ইন্টারভিউয়েরো ব্যবস্থা করা হয়েছে। প্রথমদিকে অনিচ্ছা প্রকাশ করলেও ইনস্টিটিউটের কর্মীদের জোরাজুরিতে শেষ পর্যন্ত রাজি হতে বাধ্য হয় লাভিশ। করোল বাগ থেকে কালু সরাইয়ে তাকে নিয়ে যাওয়া হয়। সেখানে একদল আইএফএস পরীক্ষায় সফল পরীক্ষার্থীদের সঙ্গে দেখা হয় তার। এদের সকলকেই ইনস্টিটিউটের কর্মীরা ডেকে নিয়ে এসেছে।

অনেকগুলো ক্যামেরাযুক্ত একটা খুব সাজানো গোছানো ঘরে লাভিশকে বসিয়ে ইনস্টিটিউটের মালিক তার ইন্টারভিউ নেন। সেখানে তিনি তার ব্যাকগ্রাউন্ড, তার প্রস্তুতির কৌশল, ভবিষ্যতের প্রতিযোগীদের জন্য তার পরামর্শ ইত্যাদি বিভিন্ন বিষয়ে জানতে চান। এই ইন্টারভিউয়ের পিছনের পরিষ্কার উদ্দেশ্য ছিল ইনস্টিটিউটের মার্কেটিং। কালু সরাইয়ে লাভিশকে নিয়ে আসার সময় তাকে আশ্বাস দেওয়া হয়েছিল যে ইনস্টিটিউটের তরফ থেকে তাকে হোস্টেলে ফেরানোর ব্যবস্থাও করা হবে। কিন্তু ইন্টারভিউ মিটে যাওয়ার পরে দেখা গেল তার ফেরার ব্যবস্থা করার কোনো উদ্যোগই ইনস্টিটিউটের তরফে করা হয়নি।

পরের দিনের কাগজে নিজের ছবি দিয়ে ওই ইনস্টিটিউটের বিজ্ঞাপন দেখে অবাক হয়ে যায় লাভিশ। সেই বিজ্ঞাপনে নির্লজ্জের মতো ইনস্টিটিউটের তরফ থেকে দাবি করা হয়েছে যে লাভিশ তাদেরই স্টুডেন্ট ছিল। কিন্তু আসলে একটা মক ইন্টারভিউ দেওয়া ছাড়া ওই ইনস্টিটিউটের সঙ্গে লাভিশের কোনো সম্পর্কই ছিল না। এবার লাভিশ বুঝতে পারে কেন সিভিল সার্ভিস বা এইরকমই সম্মানজনক কোনো পরীক্ষায় উপরের দিকের র‍্যাঙ্ক করা পরীক্ষার্থীদের ছবি সমস্ত নামী কোচিং ইনস্টিটিউটের অ্যাডভারটাইজমেন্টে দেখা যায়।

কিন্তু এই সমস্ত ছোটখাটো বিষয়ে মাথায় না ঘামিয়ে লাভিশ নতুন উদ্যমে নিজের সম্পূর্ণ মনোযোগটা সিভিল সার্ভিস পরীক্ষার ইন্টারভিউ এর দিকে ঢেলে দেয়। ২৫ শে মার্চ ২০২০ তার ইন্টারভিউ এর ডেট।

প্রশ্নের মিসাইল কাটানো

সিভিল সার্ভিস পরীক্ষার ইন্টারভিউয়ের প্রস্তুতির জন্য একটা ছোট বন্ধুদের গ্রুপ তৈরি করে লাভিশ। সেই গ্রুপে সে নিজে ছাড়াও মুকুল, প্রখর এবং প্রতীক ছিল। এই তিনজনের প্রত্যেকেই তার হোস্টেলের বাসিন্দা আর প্রত্যেকেই প্রথমবার সিভিল সার্ভিস পরীক্ষা দিয়েই ইন্টারভিউয়ের জন্য ডাক পেয়েছে। প্রতিদিন তারা কারেন্ট অ্যাফেয়ার্স এর বিভিন্ন বিষয় নিয়ে উত্তপ্ত আলাপ-আলোচনা করত, নিজেদের মধ্যেই ইন্টারভিউ এর মতো পরিবেশ তৈরি করে একে অপরকে DAF, বিগত বছরের ইন্টারভিউ এর ট্রান্সক্রিপ্ট এবং অন্যান্য সাম্প্রতিক ঘটনাবলীর থেকে প্রশ্ন করত।

তাদের প্রস্তুতি যখন চরম শিখরে পৌঁছেছে তখন হঠাৎ করেই কোভিড ১৯ এর কারণে তা বন্ধ হয়ে যায়। আর কিছুদিনের মধ্যেই লকডাউন হয়ে যাবে বুঝতে পেরে লাভিশ তার প্রয়োজনীয় বইপত্র সঙ্গে করে উদয়পুরের দিকে রওনা হয়। ট্রেনে করে উদয়পুরের দিকে রওনা হওয়ার কয়েক ঘণ্টার মধ্যেই প্রধানমন্ত্রী সারাদেশ জুড়ে লকডাউনের ঘোষণা করেন।

পরবর্তী তিন মাস কেটে যায় অনিশ্চয়তা, হতাশা এবং অতৃপ্তিতে। বিগত প্রায় দু' বছর ধরে লাভিশ বেকার। সিভিল সার্ভিস পরীক্ষার প্রস্তুতির জন্য যত সময় সে ব্যয় করছে তার অপরচুনিটি কস্ট নিয়ে মাঝে মাঝেই চিন্তা করত লাভিশ।

এই দীর্ঘ বিরতি শেষ হয় তিন মাস পর ইউপিএসসি ইন্টারভিউ এর নতুন দিন ঘোষণা করায়। সুন্দর সাজানো গোছানো উদয়পুর শহরে বসেই ফের ইন্টারভিউ এর প্রস্তুতি নিতে শুরু করে লাভিশ। অনলাইন মক ইন্টারভিউ দেওয়ার সঙ্গে সঙ্গেই হোয়াটসঅ্যাপে বন্ধুদের সঙ্গে বিভিন্ন বিষয় নিয়ে উত্তপ্ত আলাপ আলোচনা হতে থাকে।

ইন্টারভিউ এর প্রস্তুতিতে নিজের সম্পূর্ণ মনোযোগ দিতে চাইলেও লাভিশের বাড়ির সদস্যেরা মাঝেমধ্যেই নিজেদের অজান্তে তাতে বাধা সৃষ্টি করতে থাকেন। লাভিশের ঠাকুমা প্রায়ই তার পড়ার ঘরে ঢুকে চা ইত্যাদি টুকটাক খাবার পৌঁছে দিতেন। অনেক সময়ই বুঝতে না পেরে মক ইন্টারভিউ চলাকালীন তার পড়ার ঘরে ঢুকে পড়তেন তিনি।

প্যান্ডেমিক এর এইরকম অদ্ভুত পরিস্থিতিতে ইন্টারভিউ দিতে হবে তা বুঝতে পেরে লাভিশ আগে থেকেই স্যুটের সঙ্গে ফেস শিল্ড আর মাস্ক পড়ে ইন্টারভিউ দেওয়া প্র্যাকটিস করতে থাকে যাতে আসল ইন্টারভিউ এর সময় তার কোনো অসুবিধা না হয়। মুখে মাস্ক আর ফেস শিল্ড থাকায় তার চশমা প্রায়ই ঝাপসা হয়ে যায়, ইন্টারভিউ শেষ হতে হতে লাভিশের মুখে চোখে বিন্দু বিন্দু ঘাম জমা হয়ে উঠতো।

ইন্টারভিউ এর কয়েকদিন আগে দিল্লিতে এসে পৌঁছে লাভিশ। ২৮ শে জুলাই ২০২০ সকালবেলা নিজের হোস্টেল থেকে উবার বুক করে নিয়ে ঢোলপুর হাউজের দিকে রওনা দেয় সে। পুঙ্খানুপুঙ্খ প্রস্তুতি সত্ত্বেও বোলপুর হাউজের হলের মধ্যে বসে নিজের মনের মধ্যে একটা মানসিক চাপ এবং দুশ্চিন্তার উপস্থিতি টের পায় লাভিশ। কোনোভাবেই যাতে ইন্টারভিউ বোর্ডের সদস্যদের সামনে তার গলা কেঁপে না যায় সেই জন্য লাভিশ বাথরুমে গিয়ে আয়নার সামনে দাঁড়িয়ে কিছুটা প্র্যাকটিস করে নেয়।

নির্ধারিত সময়ে লাভিশকে ইন্টারভিউ রুমে নিয়ে যাওয়া হয়। তার ইন্টারভিউ শুরু হয় ট্যুরিজম সেক্টরকে ঘিরে। লাভিশের বাড়ি যেহেতু উদয়পুরের মতো জনপ্রিয় টুরিস্ট স্পটে, কাজেই এই প্রশ্ন তার জন্য খুবই স্বাভাবিক।

"এই কোভিড ১৯ প্যান্ডেমিকের মাঝখানে আমাদের কি উচিত টুরিজম ইন্ডাস্ট্রি পুরোটাই বন্ধ করে দেওয়া? আচ্ছা তোমার কাছে কি এমন কোনো কৌশল রয়েছে যাতে আমরা কোনোরকম কারোর স্বাস্থ্যের হানি না করেই এই ইন্ডাস্ট্রি চালাতে পারি?" বোর্ডের চেয়ারম্যানের এই প্রশ্ন ইন্টারভিউ

এর সুর তৈরি করে দেয়। এই প্রশ্ন থেকেই জন্ম নেয় পরবর্তী প্রশ্ন; নামাজ পড়ার জন্য মসজিদ আবার খুলে দেওয়া উচিত কি না? "আমাদের কি এই দাবি মেনে নেওয়া উচিত, নাকি তোমার মনে হয় এটা অযৌক্তিক দাবি?" বোর্ডের একজন সদস্য জিজ্ঞেস করেন।

সময়ের সঙ্গে সঙ্গে প্রশ্নের অভিমুখ লাভিশের শেল কোম্পানিতে কাজের অভিজ্ঞতার দিকে ঘুরে যায়। একজন সদস্য লাভিশ এর মেকানিক্যাল ইঞ্জিনিয়ারিং ব্যাকগ্রাউন্ড এবং এনার্জি সেক্টর নিয়ে এমন প্রশ্ন করেন যা কিছুক্ষণের জন্য লাভিশকে হতবাক করে দেয়। চেয়ারম্যানের তরফ থেকে আরও একটা ঘোরালো প্রশ্ন ধেয়ে আসে তার দিকে। "যদি তুমি আইএএস এর সুযোগ না পেয়ে অন্য কোনো সার্ভিস, যেমন ইন্ডিয়ান অডিট এন্ড অ্যাকাউন্টস সার্ভিসে সুযোগ পাও, তাহলে কি শেল কোম্পানির চাকরি ছেড়ে আসার জন্য তোমার দুঃখ হবে?"

কর্পোরেট কিউবিকল থেকে কালেক্টরের চেয়ার

৪ আগস্ট ২০২০। সকাল দশটার সময় ঘুম থেকে ওঠে লাভিশ। সে ঘুম থেকে ওঠার কিছুক্ষণের মধ্যেই তার ঠাকুমা এক কাপ গরম গরম আদা দেওয়া চা তৈরি করে এনে দেন তাকে। নিজের মনে বিভিন্ন রকম চিন্তা করতে করতে ধোঁয়া ওঠা গরম কাপে চুমুক দেয় লাভিশ। হঠাৎ করে তার দিল্লির বন্ধু প্রখরের ফোনে চিন্তার জাল ছিঁড়ে যায় তার। "অভিনন্দন লাভিশ! তুই সিভিল সার্ভিস পরীক্ষায় পাস করে গিয়েছিস!" উত্তেজিত গলায় বলে ওঠে তার বন্ধু।

"ধন্যবাদ বন্ধু! কিন্তু আমার র‍্যাঙ্ক কত?" প্রত্যাশিত এই খবরে সত্যিই আনন্দ পাওয়া সত্ত্বেও মনের মধ্যে প্রবল কৌতুহল তৈরি হয় লাভিশের।

"তোর রেজাল্ট খুব ভালো হয়েছে। তোর নাম প্রথম কুড়িজনের মধ্যে রয়েছে।" প্রখরের কথায় কিছুক্ষণের জন্য অবিশ্বাসে স্তব্ধ হয়ে যায় লাভিশ।

দ্রুত নিজের ফোনটাকে আনলক করে দেখতে পায় তার কাছে গুচ্ছ গুচ্ছ অভিনন্দন সূচক মেসেজ এসেছে। তাতেও বিশ্বাস না করে একেবারে নিশ্চিত হওয়ার জন্য টেলিগ্রাম অ্যাপ্লিকেশন খুলে সেখানে আসা পিডিএফ ফাইল এর রেজাল্টে চোখ বোলায় সে। দেখতে পাই ১৮ নম্বরে তার নাম লেখা রয়েছে। চেষ্টা সত্ত্বেও এই রেজাল্টে ঠিক বিশ্বাস করে উঠতে পারে

না লাভিশ। সে স্থির করে ইউপিএসসি ওয়েবসাইটে গিয়ে এই রেজাল্টটা একবার ভেরিফাই করবে সে।

ইউপিএসসি এর ওয়েবসাইটে থেকে রেজাল্ট দেখে নিশ্চিত হলে অত্যন্ত উত্তেজিত বোধ করে সে। নিজের মনের আবেগের বহিঃপ্রকাশ করার জন্য বাড়ির ছাদে উঠে যায় লাভিশ। দুহাত মুঠো করে আকাশের দিকে ছুড়ে আনন্দে চিৎকার করে ওঠে সে। এটা উদযাপনের থেকেও অনেক বেশি স্বাধীনতার চিৎকার। সিভিল সার্ভিস পরীক্ষার চক্রের থেকে বেরিয়ে এসে নিজের মোক্ষ লাভের অনুভূতি।

ছাদ থেকে নেমে এসে দ্রুত পায়ে ঠাকুরমা দাদুর ঘরে ঢোকে লাভিশ। সবার আগে তাঁদেরকেই এই ভালো খবরটা দেওয়ার ইচ্ছে ছিল তার। জীবন বদলে দেওয়ার মতো এই খবরটা তাঁদের জানাতেই দাদু ঠাকুমার চোখ জলে ভরে ওঠে। দ্রুত তাঁরা লাভিশের বাবা-মা মুকেশ আর হেমাকে ফোন করেন। কিছুক্ষণের মধ্যেই বাড়িটা আনন্দ উত্তেজনায় গমগম করতে থাকে। লাভিশের পরিবারের লোকেরা এবং অন্যান্য আত্মীয়-স্বজন তার সাফল্যে খুশি হয়ে দেখা করতে আসেন।

অনবরত ফোন কল আর মিষ্টিমুখের মাঝখানে লাভিশের মনে হয় যা কিছু ঘটছে তা যেন ঠিক সত্যি নয়। তার চোখের সামনে তার জীবন নিয়েই যেন একটা নাটক হয়ে চলেছে।

দিন কয়েক পরে লাভিশ দেলওয়ারায় তার মামাবাড়িতে বেড়াতে যায়। এই কোভিদ ১৯ প্যান্ডেমিক এর মধ্যে শত অসুবিধা সত্ত্বেও গ্রামবাসীরা তাকে অভ্যর্থনা জানানোর জন্য বিরাট আনন্দ অনুষ্ঠানের আয়োজন করে। সে গ্রামে পৌঁছতেই তার গলায় মালা পরিয়ে কপালে তিলক দিয়ে মিছিল করে গ্রামের প্রত্যেকটা বাড়িতে তাকে নিয়ে যাওয়া হয়। গ্রামবাসীরা আদর করে তার দাদুকে "কালেক্টর সাহেবের দাদু" বলে ডাকতে শুরু করেন।

২০২০ সালের ১০ অক্টোবর হিমালয়ের কোলে অবস্থিত লালবাহাদুর শাস্ত্রী ন্যাশনাল একাডেমি অফ অ্যাডমিনিস্ট্রেশনের উদ্দেশ্যে রওনা দেয় লাভিশ।

কোভিড ১৯ এর আক্রমণ

মুসৌরিতে সাত মাসের ট্রেনিং শেষ করার পরে লাভিশ কর্নাটকের মাইসোরের অ্যাডমিনিস্ট্রেটিভ ট্রেনিং ইনস্টিটিউটে পরবর্তী ট্রেনিংয়ের জন্য

যোগদান করে। তখন সে জানতোও না যে ভবিষ্যতে তার জন্য কী রকম চ্যালেঞ্জ অপেক্ষা করে রয়েছে।

এই সময়ে সারা দেশ জুড়ে কোভিড ১৯ এর দ্বিতীয় ঢেউ আছড়ে পড়ে। লাভিশ এবং কর্নাটক ক্যাডারে তার অন্যান্য সহকর্মীদের পরীক্ষা করা হয়। দুর্ভাগ্যবশত লাভিশের টেস্ট রেজাল্ট পজিটিভ আসে। এই রিপোর্টে লাভিশ নিজেও অবাক হয়ে যায়, কেননা তার মধ্যে কোন শরীর খারাপের লক্ষণই ছিল না। তাকে অ্যাডমিনিস্ট্রেটিভ ট্রেনিং ইনস্টিটিউট (ATI) এর ভিতরেই কোথাও কোয়ারেন্টিনে থাকার অনুমতি দেওয়ার জন্য অজস্রবার অনুরোধ করে লাভিশ কিন্তু সে কথায় কর্ণপাত না করে তাকে জেলা সদর হাসপাতালের একটি ওয়ার্ডে ভর্তি করে দেয়া হয়।

কর্নাটকের ভাষা তখনও পর্যন্ত ভালো করে রপ্ত না হওয়ায় অপরিচিত পরিবেশে একটু ঘাবড়েই যায় লাভিশ। পরের দিন সকালে একজন অ্যাটেনডেন্ট তার বিছানায় একটা প্যাকেটে করে রাগী দিয়ে তৈরি ছোট ছোট বল এবং আরেকটা প্যাকেটে সাম্বার ছুড়ে দিয়ে যায়। লাভিশের কাছে কোনো থালাবাসন না থাকায় কীভাবে সেই খাবার খাবে তা নিয়ে সমস্যায় পড়ে যায় সে। আর কোনো উপায় না দেখে শেষ পর্যন্ত পলিথিন প্যাকেটে একটা ছোট ফুটো করে কোনোমতে সেখান থেকে চুষে চুষে সাম্বার খায়। নিজের এইরকম অসহায়তায় তার চোখে জল চলে আসে।

চুপচাপ বসে থাকতে থাকতে ক্লান্ত হয়ে গিয়ে ফোনে এক বন্ধুর সঙ্গে কথা বলতে বলতে ওয়ার্ড থেকে বেরিয়ে আসে লাভিশ। কিন্তু একজন ডাক্তারের কাছে প্রবল বকা খেয়ে দ্রুত নিজের বিছানায় ফিরে আসতে বাধ্য হয় সে।

দীর্ঘ চারটে দিন হাসপাতালে অসুস্থ, অক্সিজেনের উপর নির্ভর রোগীদের মাঝখানে কেটে যায় লাভিশের। শৌচাগারের অদ্ভুত এক দুর্গন্ধে বাতাস ম ম করতে থাকে। অসহায় লাভিশ তাকে ছেড়ে দেওয়ার জন্য ডাক্তারের কাছে অনুরোধের পর অনুরোধ জানাতে থাকে।

তার অশ্রু সজল অনুরোধে বিগলিত হয়ে গিয়ে ডাক্তার বাবু তাকে ভালো করে পরীক্ষা করেন। তার শারীরিক কোন সমস্যা যে নেই সে কথা বুঝতে পেরে তাকে ছেড়ে দেন। ATI এ ফিরে লাভিশ আরো একটা দুঃসংবাদ পায়। তার দাদু কোভিডে আক্রান্ত হয়ে হাসপাতালে ভর্তি হয়েছেন। তাঁর শারীরিক অবস্থা খুব একটা ভালো নয়। অসুস্থ দাদুর সঙ্গে

দেখা করতে যাওয়ার জন্য ছুটির আবেদন করে লাভিশ। কিন্তু তার সেই আবেদন নাকচ হয়ে যায়। ২০২১ সালের ৩০ শে মে তার দাদুর মৃত্যুর খবর পায় সে।

কঠিন পরিস্থিতি সামলানোর শিক্ষা

ATI এ তার ট্রেনিং শেষ হওয়ার পরে লাভিশ মান্ডিয়া জেলায় তার পরবর্তী ট্রেনিংয়ের জন্য যায়। কিন্তু সেখানেও তার জন্য প্রচণ্ড কঠিন সময় অপেক্ষা করেছিল। পিডব্লিউডি গেস্ট হাউস সারাইয়ের কাজ চলায় সেখানে নিজের থাকার ব্যবস্থা করাটা একটা চ্যালেঞ্জে পরিণত হয় লাভিশের কাছে। কোনোক্রমে থাকার ব্যবস্থা হলেও স্থানীয় খাবার খেতে না পারার জন্য রান্নাবান্নার ব্যবস্থাটা দ্বিতীয় সমস্যা হয়ে দাঁড়ায়। প্রায় দু মাস ধরে কেবল মাত্র ফল এবং দই ভাত খেয়ে কাটানোর জন্য ৮ কেজি ওজন কমে যায় লাভিশের।

কানাড়া ভাষায় সারাদিন ধরে বিভিন্ন রকম মিটিং করা সবথেকে বড় সমস্যা হয়ে দাঁড়ায় তার কাছে। ভাষাগত দূরত্বের সঙ্গে সঙ্গে পর্যাপ্ত খাবারের অনুপস্থিতি, থাকার জায়গার অব্যবস্থা এবং বন্ধুদের অভাব তার মনকে অশান্ত করে তোলে। তার ফ্রাস্ট্রেশনের কথা মাসিক ডেমি অফিসিয়াল চিঠিতে LBSNAA তে নিজের কাউন্সিলরকে জানায় লাভিশ। চিঠিতে নিজের মনোভাব ব্যক্ত করতে গিয়ে এক জায়গায় সে লিখে, "কানাড়া ভাষা শুনলে আমার মনে হয় কেউ যেন একটা পাত্রে কিছু পাথর রেখে সেটাকে ঝাঁকাচ্ছে!"

মান্ডিয়াতেই মাসের পর মাস কেটে যায় তার। শেষ পর্যন্ত মনোজ এবং মারোয়াড়ি সমাজের অন্যান্য লোকেদের সঙ্গে পরিচয় হলে এই গভীর অন্ধকার জীবনে এক ঝলক আলো দেখতে পায় লাভিশ। খুব দ্রুত মনোজ এবং বাকিদের সঙ্গে বন্ধুত্ব হয়ে যায় তার। এই বন্ধুত্বের ফলে তার একাকীত্ব যে শুধু কেটে যায় তাই নয়, কিছু ভালো খাবার দাবারও তার কপালে জোটে।

প্রায় মাসখানেক ধরে অনিশ্চিত জীবন কাটানোর পরে নিজের ট্রেনিং এর ওপর নিয়ন্ত্রণ ফিরে পাওয়ার সিদ্ধান্ত নেয় সে। বিভিন্ন সরকারি অফিসে এটাচমেন্ট এর ব্যবস্থা করে লাভিশ যাতে তাদের কাজকর্মের খুঁটিনাটি

সহজে বুঝতে পারে সে। তার প্রফেশনাল কাজকর্মের বাইরে গিয়েও মান্ডিয়ার ইতিহাস এবং সংস্কৃতি সম্পর্কে জানতে শুরু করে লাভিশ। এই খোঁজখবর করতে গিয়েই ১৯০২ সালে মান্ডিয়াতে তৈরি এশিয়ার প্রথম হাইড্রো পাওয়ার প্লান্ট KRS ড্যামের সন্ধান পায় সে।

রেশম কীট পালন থেকে শুরু করে সুতো তৈরি পর্যন্ত রেশম শিল্প সম্পর্কে বিস্তারিত জ্ঞান লাভ করে লাভিশ। ধীরে ধীরে এই জেলার মানুষজন এবং সংস্কৃতির সঙ্গে একাত্ম হতে শুরু করে সে। অতি ধীরে হলেও মান্ডিয়ার দৈনন্দিন জীবন তার কাছে ভালো লাগতে থাকে।

ডিস্ট্রিক্ট ট্রেনিং এর মাঝপথে অন্যান্য আইএএস অফিসারদের সঙ্গে লাভিশকেও দুমাস লম্বা ভারত দর্শন ট্যুরে যোগ দেওয়ার জন্য আহ্বান জানানো হয়। এই ট্যুরের পরে কর্ণাটক দর্শন করার পর এই রাজ্য এবং তার সৌন্দর্যের সঙ্গে একটা আত্মিক সম্পর্ক তৈরি হয় তার। অন্যান্য কর্ণাটক ক্যাডারের ব্যাচমেটদের সঙ্গে কথা বলে সে বুঝতে পারে যে মান্ডিয়ায় প্রথম কয়েক মাসে তার যে কষ্ট হয়েছে সেটা বেশ ব্যতিক্রমী ঘটনা।

অ্যাসিস্ট্যান্ট সেক্রেটারির রেভোলিউশনারি ভেঞ্চার

ডিস্ট্রিক্ট অ্যাসাইনমেন্ট শেষ করে বাড়ি ফেরার সময় লাভিশের ব্যাচকে ফের LBSNAA তে আট সপ্তাহের ট্রেনিংয়ের জন্য যেতে হয়। পরবর্তী তিন মাস বিভিন্ন মন্ত্রকে অ্যাসিস্ট্যান্ট সেক্রেটারি হিসেবে কাজ করার আগে এটা একটা ছোট্ট বিরতি। আর কিছুদিনের মধ্যেই সেন্ট্রাল সেক্রেটারিয়েটের ক্ষমতাশালী অলিন্দতে সেও ঘোরাফেরা করবে, একথা মনে করেই মনে মনে উৎসাহিত হয়ে ওঠে লাভিশ।

কিন্তু উপভোক্তা বিষয়ক মন্ত্রণালয়ের কৃষি ভবনে তাকে অ্যাসাইন করা হলে এই প্রাথমিক উৎসাহ কমে আসে। নর্থ ব্লক কিংবা সাউথ ব্লকের কোনো দপ্তরে সেক্রেটারি হিসেবে কাজ করার অভিজ্ঞতা কেমন হবে সেটা নিয়ে সে যা কল্পনা করেছিল তা একেবারে চুরমার হয়ে যায়। এরই সঙ্গে সে যখন শুনতে পায় যে উপভোক্তা বিষয়ক দপ্তরে খুব কম কাজকর্ম হয়, তখন আরো মুষড়ে পড়ে।

কিন্তু কাজ করতে শুরু করে লাভিশ বুঝতে পারে যে তার আগের সমস্ত ধারণা সম্পূর্ণ ভুল ছিল। এই বিভাগে বিভিন্ন রকম নতুন এবং বৈচিত্র্যময়

কাজ হয় যেগুলো সম্পর্কে সে আগে জানতো না। এই বিভাগে কাজ করার সময়ই সে ক্রিপ্টো কারেন্সি, সারোগেট অ্যাডভার্টাইজমেন্ট এবং অনলাইন কমার্স সম্পর্কে জানতে পারে। এই দপ্তরের অত্যন্ত উৎসাহী সেক্রেটারি ডিপার্টমেন্টের বিভিন্ন কাজকর্মের সঙ্গে লাভিশকে সংযুক্ত করে নেন। প্রায় প্রত্যেক দিনই তার কাজকর্ম শেষ করতে করতে রাত আটটা বেজে যেত।

ডিপার্টমেন্টের সিনিয়র আধিকারিকদের সঙ্গে কাজ করতে খুবই পছন্দ করে লাভিশ। উপভোক্তাদের কাছ থেকে অভিযোগ জমা করার জন্য অমনি চ্যানেলের প্রস্তাব রাখে সে, যাতে উপভোক্তারা হেল্প লাইন, চ্যাট বট, ওয়েবসাইট, ইমেইল এবং সোশ্যাল মিডিয়া ট্যাগের মাধ্যমে অভিযোগ জমা করতে পারেন। এই ডিজিটাল ইকো সিস্টেম এর উপরে আরো একটা আলাদা প্রলেপ ফেলে লাভিশ জাগৃতি নামে একটা কনজিউমার ওরিয়েন্টেড চ্যাটবটের মাধ্যমে। ন্যাচারাল ল্যাঙ্গুয়েজ প্রসেসিং এর উপর ভর করে এই চ্যাট বটটি কোনো মানুষের সাহায্য ছাড়া 24×7 উপভোক্তাদের প্রশ্নের উত্তর দিতে পারে।

কিন্তু লাভিশের মনে হয় যে অ্যাসিস্টেড জাজমেন্ট রাইটিং সিস্টেম হল তার সব থেকে ভালো কাজ। এই দপ্তরে কাজ করতে এসে লাভিশ বুঝতে পারি যে পাঁচ লক্ষেরও বেশি উপভোক্তাদের অভিযোগ এখনো অবধি পড়ে দেখাই হয়নি। এই সমস্যার সমাধানের জন্য এই সিস্টেম তৈরি করার কথা চিন্তা করে সে। এই সিস্টেমটি একটা বিস্তারিত ডেটাবেস তৈরি করবে যাতে প্রত্যেকটা কেস সেক্টর, প্রোডাক্ট এবং সেকশন অনুযায়ী আলাদাভাবে আলাদাভাবে নথিভুক্ত করা হবে। মেশিন লার্নিং এর সাহায্যে পুরোনো জাজমেন্টের উপর ভিত্তি করে এই সিস্টেমটি ভবিষ্যতে পরিবর্তন যোগ্য ড্রাফট জাজমেন্ট তৈরি করবে। লাভিশ এই সিস্টেমের সমস্ত কিছু পরীক্ষা নিরীক্ষা করে এটা লাগু করার গুরু দায়িত্ব উপভোক্তা বিষয়ক দপ্তরের সেক্রেটারির হাত তুলে দেয়।

বিদরে নতুন যাত্রা

তার ট্রেনিংয়ের শেষে লাভিশ বিদরের সাব ডিভিশনাল ম্যাজিস্ট্রেট পদের দায়িত্ব গ্রহণ করে। এই জেলাটি কর্নাটক, মহারাষ্ট্র এবং তেলেঙ্গানা এই তিন রাজ্যের একেবারে সীমান্তে অবস্থিত। এর আগে মান্ডিয়া জেলার কাজ

করার অভিজ্ঞতা থাকায় তাকে এখানে কী জাতীয় কাজ করতে হতে পারে সে বিষয়ে লাভিশের একটা ধারণা ছিল।

সেই বিদরে পৌঁছলে তাকে সকলে উষ্ণ অভ্যর্থনা জানায়। সরকারি কর্মচারী থেকে শুরু করে সাধারণ মানুষ, সকলেই তাকে আতিথেয়তায় ভরিয়ে তোলে। ভাষাও এখানে কাজ করার ক্ষেত্রে বাধা হয়ে দাঁড়ায় না তার। তার কারণ বিদরে হিন্দি এবং উর্দু এই দুই ভাষাতেই সাধারণত সমস্ত কাজ হতো। এখানকার খাবার দাবারও লাভিশের যথেষ্ট ভালো লাগে। পরিষ্কার জল-বাতাস, সুন্দর আবহাওয়া এবং মিরাটের মানুষদের ইতিবাচক মনোভাব তাকে দ্রুত এই অঞ্চলের সঙ্গে মানিয়ে নিতে সাহায্য করে। হায়দ্রাবাদ থেকে সড়কপথে মাত্র আড়াই ঘণ্টার দূরত্ব এবং উদয়পুরে সরাসরি প্লেনে যাতায়াতে সুবিধাও তাকে এই নতুন জায়গায় যথেষ্ট আশ্বস্ত করে তোলে।

বিদরে এসে লাভিশ কেবলমাত্র স্বাগতই বোধ করে না তার সঙ্গে সঙ্গে আনন্দিতও বোধ করে। বিদরের পুরোনো অলিগলিতে একটা নতুন অধ্যায়ের বীজ রোপিত হয়।

***

লাভিশের ঘটনা থেকে শিক্ষণীয় বিষয়গুলি হল:

১. **ত্যাগ করো এবং কঠিন সিদ্ধান্ত নাও:** মাউন্ট ইউপিএসসি জয় করার জন্য স্বপ্ন দেখার থেকেও আরও বেশি কিছু প্রয়োজন। এই জয় পরীক্ষার্থীদের কাছে ত্যাগ এবং কঠিন সিদ্ধান্তেরও দাবি রাখে। একসঙ্গে অনেকগুলো দায়িত্ব পালন করলে তোমার ফোকাস নড়ে যাবে। সাফল্য কেবল তখনই তোমার কাছে আসবে যখন তুমি একাগ্র চিত্তে অনমনীয় মনোভাব নিয়ে প্রস্তুতি নেবে।

২. **কৌশলের সঙ্গে নিজের অপশনাল সাবজেক্ট বেছে নাও:** তোমার অপশনাল সাবজেক্টের উপর অনেক সময়ই তোমার পরীক্ষার সাফল্য নির্ভর করে। তাই অপশনাল সাবজেক্ট বেছে নেওয়ার সময় তাড়াহুড়ো না করে ধীরে সুস্থে চিন্তা করে তারপরে সিদ্ধান্ত নাও। এমন ভাবে অপশনাল সাবজেক্ট বাছো যাতে তোমার আগ্রহ এবং শক্তি তাতে প্রকাশ পায়, যাতে কম্পিটিশনে বাকিদের থেকে তুমি একটু এগিয়ে থাকতে পারো।

৩. **মানসিক বাধাকে জয় করো:** প্রত্যেক আইএএস পরীক্ষার্থীর মনে দ্বিধা দ্বন্দ্ব এবং মন খারাপ ছায়া বিস্তার করে। এই সমস্ত মানসিক বাধা যত দ্রুত তুমি অতিক্রম করতে পারবে ততই দ্রুত সাফল্যের দিকে এগিয়ে যাওয়া তোমার পক্ষে সম্ভব হবে। তোমার নিজের সাফল্য এবং শক্তির থেকে অনুপ্রেরণা সংগ্রহ করো, বন্ধুদের সাফল্যে আনন্দিত হও। আনন্দিত মন এবং সুস্থ মানসিক স্বাস্থ্য সিভিল সার্ভিস পরীক্ষায় সাফল্য পাওয়ার অন্যতম মূল চাবিকাঠি।

৪. **মক টেস্ট আর সিমুলেশনের সাহায্য নাও:** মকটেস্ট, উত্তর লেখা প্র্যালকটিস এবং পরীক্ষার সিমুলেশন সিভিল সার্ভিস পরীক্ষার ভালো রেজাল্টের অন্যতম ফ্যাক্টর। প্রিলিমিনারি পরীক্ষার জন্য মোটামুটি ত্রিশটা মক টেস্ট দাও, মেনস পরীক্ষার জন্য প্রচুর উত্তর লেখা প্র্যাকটিস করো, যদি সম্ভব হয় তাহলে এক্সাম সিমুলেটরে যোগদান করো।

৫. **নিজের সুবিধার জন্য DAF কে ব্যবহার করো:** পুঙ্খানুপুঙ্খভাবে DAF পূরণ করা অত্যন্ত গুরুত্বপূর্ণ। বোর্ডের সদস্যরা বেশিরভাগ সময়েই এখানে দেওয়া তথ্যের উপর ভিত্তি করে প্রশ্ন করেন। ইন্টারভিউ এর সময় আত্মবিশ্বাসের সঙ্গে যে সমস্ত বিষয় নিয়ে তুমি আলোচনা করতে পারবে না তা নিজের DAF এ না দেওয়াই ভালো।

৬. **গ্রুপ ডিসকাশন আর মক ইন্টারভিউকে হাতিয়ার করে তোলো:** বন্ধুদের সঙ্গে গ্রুপ ডিসকাশন আর মক ইন্টারভিউ প্র্যাকটিস সিভিল সার্ভিসের ইন্টারভিউ স্টেজে ভালো পারফর্ম করার জন্য খুবই গুরুত্বপূর্ণ। ইউপিএসসি ইন্টারভিউ এর পরিবেশ সিমুলেট করে মক ইন্টারভিউ দেওয়ার চেষ্টা করো যাতে আসল দিনের আভাস পাওয়া সম্ভব হয়।

অষ্টম অধ্যায়

আইএএস অফিসার হয়ে ওঠা: সাফল্যের মন্ত্রগুপ্তি

বইয়ের প্রথম সাতটা চ্যাপ্টারে আমরা গত কয়েক বছরের মধ্যে মাউন্ট ইউপিএসসি জয় করেছে এমন সাতজন কম বয়সী হিরোর অনুপ্রেরণা জনক গল্প বলেছি। হাজার হাজার ইউপিএসসি পরীক্ষার্থীদের মধ্যে যারা এই বই পড়বে তারা নিশ্চয়ই তাদের রোল মডেলদের পড়াশোনা করার কৌশল এবং সাফল্যের মন্ত্রগুপ্তির কথা জানতে চাইবে। এই চ্যাপ্টারে আমরা আমাদের হিরোরা এবং অন্যান্য আইএএস টপাররা সিভিল সার্ভিস পরীক্ষার প্রস্তুতির সময় যে সমস্ত স্ট্র্যাটেজি কাজে লাগিয়েছে তা নিয়ে আলোচনা করব। স্ট্র্যাটেজিগুলো নিম্নলিখিত ভাগে ভাগ করে নেওয়া হয়েছে।

১. সিদ্ধি লাভের কৌশল
২. সাফল্যের মন্ত্র
৩. প্রিলিমিনারি পরীক্ষা পাস
৪. মেনস পরীক্ষার বাধা অতিক্রম
৫. ইন্টারভিউ বোর্ডে প্রভাব বিস্তার করা

এই প্রত্যেকটা বিষয় নিয়ে সবিস্তারে আলোচনা করা যাক।

সিদ্ধি লাভের কৌশল

প্রথমেই আমরা মাউন্ট ইউপিএসসি জয়ের সবথেকে ভালো কৌশলগুলো নিয়ে আলোচনা করব।

আগে থেকে প্রস্তুতি শুরু করে এই খেলার নিয়মগুলো জেনে নেওয়া

একজন আইএএস অফিসার হওয়ার পথে যাত্রা শুরু করার জন্য সম্পূর্ণ পরীক্ষা পদ্ধতির সম্পর্কে সম্যক জ্ঞান এবং পুঙ্খানুপুঙ্খ পরিকল্পনার প্রয়োজন। গ্র্যাজুয়েশন চলাকালীন বা গ্র্যাজুয়েশন শেষ হওয়ার ঠিক পরেই প্রস্তুতি শুরু করলে প্রচুর সুবিধা হয়। তখনো নিয়মিত পড়াশোনা করার অভ্যাস থাকায় অন্যান্য প্রতিযোগীর তুলনায় তুমি এগিয়ে থাকবে। এর ফলে বিভিন্ন সাবজেক্টে শক্ত ভিত গড়ে তুলতে তোমার বেশ সুবিধা হবে। যার ফলে, পরবর্তীকালে মক টেস্ট এবং রিভিশন দেওয়ার জন্য হাতে প্রচুর সময়ও পাবে তুমি।

তাছাড়াও তুমি যদি কোনো কলেজে বা ইউনিভার্সিটিতে পড়াশোনা করো, অনেক গুরুত্বপূর্ণ রিসোর্স, যেমন লাইব্রেরি, হোস্টেল এবং অ্যাকাডেমিক সাপোর্ট সহজলভ্য হয়ে যায়। বয়স কম থাকায় দ্রুত চাকরি-বাকরি পাওয়ার মানসিক চাপও অনেকটাই কম থাকে। কিন্তু আগে থেকে প্রস্তুতি শুরু করলে কিছু কিছু ক্ষেত্রে তুমি কলেজ জীবনের অভিজ্ঞতা থেকে বঞ্চিত হবে।

আমাদের সাতজন হিরোর গল্পগুলোর কথা মনে করো। সত্যম গ্র্যাজুয়েশনের ফাইনাল ইয়ার থেকে সিভিল সার্ভিস পরীক্ষার প্রস্তুতি নিতে শুরু করে। অঞ্জলি আর ওয়াসিম গ্র্যাজুয়েশনের পর পরই তাদের প্রস্তুতি শুরু করে দেয়। আবার শ্রুতি পোস্ট গ্র্যাজুয়েশন করার পরে সিভিল সার্ভিসের জন্য প্রস্তুতি নিতে শুরু করে। শ্রুতির মনে হয়েছিল একসঙ্গে কলেজের পড়াশোনা আর ইউপিএসসির জন্য প্রস্তুতি নেওয়া তার পক্ষে কঠিন হবে। তার থেকে বরং কলেজের পড়াশোনা শেষ করে তারপর মাউন্ট ইউপিএসসি জয়ের জন্য প্রস্তুতি নেওয়াটা বেশি বুদ্ধিমানের কাজ।

সমুদ্র থেকে মুক্তো সেঁচে আনা

বিভিন্ন রকমের স্টাডি মেটেরিয়ালের সমুদ্র থেকে সঠিক বইপত্র এবং রিসোর্স খুঁজে বের করাটা পরীক্ষার্থীদের কাছে একটা কঠিন চ্যালেঞ্জ হয়ে ওঠে। এই বইয়ের সাতজন হিরোই তাদের গল্পে প্রস্তুতি পর্বকে বেশি জটিল না করে তোলার ক্ষেত্রেই জোর দিয়েছেন। অনেক বেশি সংখ্যক বইপত্র না পড়ে বাছাই করা কতগুলো ভালো বই বা স্টাডি মেটেরিয়াল বারবার পড়ার উপরেই বেশি জোর দিয়েছেন তাঁরা।

মনে রেখো, ইউপিএসসি কোনো বিশেষজ্ঞের খোঁজ করে না। এই কঠিন পরীক্ষার মাধ্যমে তারা এমন একজনকে খুঁজে বার করতে চায় যার বিভিন্ন বিষয়ের উপরই মোটামুটি দখল রয়েছে। প্রস্তুতির সময়ে অনেক বেশি পরিমাণে বইপত্র পড়লে সেটা বিভ্রান্তির সৃষ্টি করার পাশাপাশি তোমার আত্মবিশ্বাসও ভেঙে দিতে পারে। আর একবার আত্মবিশ্বাস ভেঙে গেলে মনের মধ্যে যে প্রবল ভীতির সঞ্চার হবে তা কাটিয়ে উঠে পরীক্ষায় সাফল্য পাওয়াটা বেশ কঠিন। পরিষ্কার পরিচ্ছন্ন পড়াশোনার টেবিল কেবলমাত্র তোমার মনঃসংযোগ বাড়াতেই সাহায্য করবে না, তোমাকে পড়াশোনার প্রতি আরো অনুপ্রাণিত করে তুলবে, তোমার প্রস্তুতিকে আরও বেশি একমুখী করবে এবং তোমার বুদ্ধিমত্তাকে তীক্ষ্ণতর করে তুলবে।

বেশ কয়েক দশক ধরে NCERT এর বইগুলোকে সিভিল সার্ভিস পরীক্ষার প্রস্তুতির ভিত্তি প্রস্তর হিসেবে মনে করা হয়। এই বইগুলো খুব সহজেই বেসিক থিওরি এবং কনসেপ্ট পরিষ্কার করে বুঝিয়ে দেয়, যার ফলে বিভিন্ন বিষয়ে শক্ত ভিত তৈরি করতে সুবিধা হয়। ১৯৯৩ সালে যখন আমি মাউন্ট ইউপিএসসি জয় করার যাত্রা শুরু করি, আমাকে একজন ক্লাস নাইন থেকে টুয়েলভ পর্যন্ত NCERT এর সব বই পড়ে ফেলার উপদেশ দিয়েছিলেন। এই বইগুলোতে কঠিন বিষয়কে সহজ ভাবে সহজ ভাষায় বুঝিয়ে দেওয়া থাকে বলে আজ অবধি এই বইগুলি সকল পরীক্ষার্থীর প্রিয়। কোন বিষয়ে তোমার কতটা দক্ষতা রয়েছে তার ওপর নির্ভর করে তুমি নাইন-টেন অথবা ইলেভেন এবং টুয়েলভ এর NCERT বই দিয়ে পড়াশোনা শুরু করতে পারো।

NCERT বইগুলো পড়ে তোমার বেসিক শক্ত হয়ে গেলে ধীরে ধীরে স্ট্যান্ডার্ড বইপত্র এবং রেফারেন্স মেটেরিয়াল যোগাড়ের দিকে নজর দিতে হবে। এই সমস্ত বই আর রেফারেন্স মেটেরিয়াল কোনো বিষয় সম্পর্কে ধারণা তৈরি করতে এবং তার উপরে দখল বাড়াতে সাহায্য করবে। প্রথমেই একগাদা বই কেনার ইচ্ছাটাকে দমন করা প্রয়োজন। তার বদলে বরং প্রতিটা সাবজেক্টের একটা বা দুটো ভালো বই বা অন্যান্য রিসোর্স বেছে নাও। মেন্টর বা অন্যান্য সফল পরীক্ষার্থীদের কাছ থেকে কোন কোন বই পড়া উচিত, সেই বিষয়ে গাইডেন্স চাও। কেবলমাত্র সিলেবাসে থাকা টপিকের উপর ফোকাস করো। বইয়ের বক্তব্য ভালো করে বুঝে নেওয়া এবং একই জিনিস একাধিকবার রিভিশন দেওয়ার উপর জোর দাও।

পড়াশোনার জন্য অনলাইন রিসোর্সের উপরেও নির্ভর করতে হবে। সরকারি প্রতিষ্ঠানের ওয়েবসাইট এবং বিভিন্ন রিসার্চ ইনস্টিটিউটের ওয়েবসাইট থেকে প্রচুর ডেটা এবং সমকালীন তথ্য জোগাড় করা সম্ভব। যোজনা এবং কুরুক্ষেত্রের মতো ম্যাগাজিন বিভিন্ন গুরুত্বপূর্ণ ক্ষেত্র, যেমন গভর্নেন্স, এগ্রিকালচার এবং ইকোনমিক্স সম্পর্কে গভীর ধারণা তৈরিতে সহায়তা করে।

প্রত্যেকটা বিষয় গভীরভাবে বোঝার চেষ্টা করো। প্রত্যেকটা বিষয়কে অন্ধভাবে মুখস্ত না করে চিন্তা ভাবনা করা এবং তাকে বিশ্লেষণ করার উপরে জোর দাও। তুমি কত তথ্য মনে রাখতে পারছ তার তুলনায় ইউপিএসসি তোমার যুক্তি, বুদ্ধি এবং সমস্যা সমাধান করার ক্ষমতাকে অনেক বেশি

গুরুত্ব দেয়। অন্যান্য পরীক্ষার্থীদের সঙ্গে বিভিন্ন বিষয় নিয়ে আলোচনা করো যাতে সেই বিষয় সম্পর্কে তোমার ধারণা আরও পরিষ্কার হয় এবং তুমি নতুন নতুন আঙ্গিকে সেই বিষয়টা নিয়ে চিন্তাভাবনা করতে পারো।

একটা লক্ষ্য স্থির করে সুসংহত ভাবে নির্ভরযোগ্য রিসোর্স নিয়ে পড়াশোনা করলে তুমি খুব সহজেই আত্মবিশ্বাসের সঙ্গে তথ্যের এই বিপুলসাগরে সাঁতার কাটতে পারবে। খালি মনে রাখতে হবে যে সমুদ্র থেকে সব মুক্তো তুলে আনার দায়িত্ব তোমার একার নয়। সমুদ্রের গভীর থেকে কয়েকটা মাত্র মুক্তো তুলে এনে তোমাকে এমন একটা মালা গাঁথতে হবে যেটা তোমার জ্ঞান এবং বুদ্ধিমত্তার পরিচায়ক হয়ে উঠবে।

পড়াশোনার জন্য সঠিক পরিকল্পনা তৈরি করা

বিখ্যাত ফ্রেঞ্চ কবি এবং লেখক আতোঁয়া দে সেন্ট-এক্সুপেরি একবার বলেন, "কোনো পরিকল্পনা ছাড়া একটা লক্ষ্যস্থির করা, সে বিষয়ে কেবল ইচ্ছা প্রকাশের নামান্তর।"একজন আইএএস অফিসার হতে গেলে অত্যন্ত ভাবনা চিন্তা করে তৈরি করা পরিকল্পনার মাধ্যমেই তোমার স্বপ্ন বাস্তবায়িত হতে পারে। সঠিকভাবে পরিকল্পনা করতে পারলে তুমি সিলেবাস অনুযায়ী ভালোভাবে প্রস্তুতি নেওয়ার পরেও মক টেস্ট দেওয়ার জন্য হাতে যথেষ্ট সময় পাবে। তাছাড়াও রিভিশন, উত্তর লেখা অভ্যাস ইত্যাদিও যথেষ্ট সময় ধরে করতে পারবে। এই সব কিছু সঠিকভাবে করতে পারলে তবেই সাফল্য পাওয়া সম্ভব।

সিভিল সার্ভিস পরীক্ষার সিলেবাস বিরাট বড় হওয়ার জন্য সেটাকে ছোট ছোট ভাগে ভাগ করে নেওয়াটা অত্যন্ত জরুরী। প্রত্যেক পরীক্ষার্থীর উচিত নিয়মিত মাসিক, সাপ্তাহিক এবং দৈনিক লক্ষ্য স্থির করা, যাতে গোটা সিলেবাসটা মেথডিক্যালি, যথেষ্ট সময় নিয়ে পড়ে শেষ করা যায়। যে সমস্ত বিষয়ে তুমি দুর্বল সেগুলোকে ভালো করে পড়ো এবং বারবার রিভিশন দাও। নিয়মিত মকটেস্ট দাও, আর উত্তর লেখা অভ্যাস করো। তোমার স্বপ্ন সফল করার জন্য কঠিন পরিশ্রম করা প্রয়োজন হলেও নিজের শরীর ও মনের প্রতি অবহেলা কোরো না। নইলে পড়াশোনায় আগ্রহ হারিয়ে যেতে পারে।

সিভিল সার্ভিস পরীক্ষার প্রস্তুতিতে বেশ কিছু গোলোকধাঁধা থাকে, যেমন বিশ্বের ইতিহাস বা স্বাধীনতা পরবর্তী ইতিহাস জাতীয় বিষয় নিয়ে

খুব বেশি সময় নষ্ট করা উচিত নয়, কারণ এই সমস্ত বিষয় থেকে খুব কম প্রশ্ন আসে। বিভিন্ন বিষয় নিয়ে পড়াশোনা করার সময় তোমাকে এই জাতীয় ফাঁদ এড়িয়ে চলতে শিখতে হবে। আমাদের বইয়ের এক হিরো, ভরত, এই ফাঁদে পা দিয়ে ২৫ দিন সময় ব্যয় করেছে, এবং সেটা নিয়ে পরে তাকে আক্ষেপও করতে হয়েছে। বিগত বছরের প্রশ্নগুলো খুঁটিয়ে দেখে কোন কোন বিষয় থেকে প্রচুর প্রশ্ন আসে তা তোমাকে খুঁজে বের করতে হবে। এইভাবে বুদ্ধিমানের মতো কৌশল করে পড়াশোনা করলে সময় এবং পরিশ্রম দুটোই সঠিকভাবে ব্যবহার করা সম্ভব।

শ্রুতির মনে হয়, সময় ভিত্তিক লক্ষ্য স্থির না করে বরং কন্টেন্ট ভিত্তিক লক্ষ্য স্থির করা ভালো। তাছাড়াও সিলেবাসের যে সমস্ত ক্ষেত্র থেকে বেশি প্রশ্ন আসে সেগুলোকে গুরুত্ব দেওয়ার প্রয়োজন অনেক বেশি। সত্যম কোনো বিষয়ের উপর কত পাতা পড়তে হবে, আর কতবার রিভিশন দিতে হবে সেটার বিশ্লেষণ করে তবেই তার প্রাত্যহিক লক্ষ্য স্থির করতো। তিন মাস এবং ছ'মাস অন্তর তার কতটা উন্নতি হওয়া প্রয়োজন সেটা কল্পনা করে নিয়ে, সেই অনুযায়ী ধাপে ধাপে নিজের লক্ষ্যের দিকে এগিয়ে গিয়েছিল সে।

কিন্তু একজনের প্রস্তুতির ধরন আরেকজনের সঙ্গে যে মিলবে তার কোনো মানে নেই। মনে রাখতে হবে, প্রত্যেকের পড়াশোনা করার ধরন ভিন্ন ভিন্ন। কোন সময়ে পড়াশোনায় সব থেকে বেশি মনোযোগ লাগে সেটাও প্রত্যেকের ক্ষেত্রেই আলাদা। কাজেই অন্ধভাবে অন্য কারোর পড়াশোনার স্টাইল অনুসরণ করলে বা অনলাইন থেকে প্রাপ্ত কোনো টিপস ফলো করলে ভালো হওয়ার থেকে খারাপ হওয়ার সম্ভাবনাই বেশি। তোমার নিজের পড়াশোনার ধরন, পছন্দ-অপছন্দ, সময়, শক্তি, দুর্বলতা এই সব কিছু বুঝে নিয়ে সেই অনুযায়ী পড়াশোনার স্ট্র্যাটেজি তৈরি করো যাতে নির্দিষ্ট সময়ের মধ্যে সবথেকে ভালো প্রস্তুতি নেওয়া সম্ভব হয়।

তোমার প্রস্তুতি কেমন হয়েছে পর্যায়ক্রমে তার বিশ্লেষণ করা অত্যন্ত জরুরী। পড়াশোনার কীরকম গতিতে এগোচ্ছে তা নিয়ে নিজের কাছে সৎ থাকা খুবই দরকার। প্রয়োজন অনুযায়ী তোমার পড়াশোনার স্ট্র্যাটেজি বদলাতে দ্বিধা কোরো না। মনে রেখো, পড়াশোনা এবং পরিকল্পনার ক্ষেত্রে যত বেশি নমনীয় হবে, তত তোমারই সুবিধা। মেনস এবং প্রিলিমিনারি পরীক্ষার প্রস্তুতি একসঙ্গে করলে তা খুবই লাভজনক হতে পারে। এই দুটো

পর্যায় আসলে একটাই পরীক্ষার দুটো অংশ যাদের সিলেবাস মোটামুটি একই রকম; এই কথাটা মাথায় রাখলে তোমার পড়াশোনা করতে অনেক সুবিধা হবে এবং দক্ষ ভাবে স্টাডি প্ল্যানও করতে পারবে। প্রিলিমিনারি পরীক্ষার প্রস্তুতির জন্য যে জ্ঞান তুমি আহরণ করবে সেটা মেনস পরীক্ষার জেনারেল স্টাডিজ পেপারে খুবই কাজে আসবে। প্রিলিমিনারি পরীক্ষার আগেই অন্তত একবার মেনস পরীক্ষার সিলেবাস শেষ করে ফেলাটা সিভিল সার্ভিস পরীক্ষার প্রস্তুতির অন্যতম গুরুত্বপূর্ণ স্ট্র্যাটেজি। এতে প্রিলিমিনারি পরীক্ষার পরে তোমার হাতে উত্তর পত্র লেখা অভ্যাস করা এবং রিভিশন করার জন্য প্রচুর সময় থাকবে।

পরীক্ষার প্রস্তুতি নেওয়ার সময় টেকনোলজির সাহায্য নেওয়া প্রয়োজন। বিভিন্ন রকমের ইন্টারঅ্যাক্টিভ প্লাটফর্ম এবং গ্রুপ ডিসকাশনের জন্য অ্যাপ্লিকেশন ব্যবহার করলে পড়াশোনা এবং অন্যান্য পরীক্ষার্থীদের সঙ্গে মিলিতভাবে নোট তৈরি করা, দুটোর ক্ষেত্রেই বেশ সুবিধা হবে। নিয়মিত খবরের কাগজ পড়া ছাড়াও বিভিন্ন রকম পডকাস্ট এবং ইউটিউব চ্যানেলের আলোচনা থেকেও কারেন্ট অ্যাফেয়ার্স সম্পর্কে আপডেট হতে পারো তুমি।

নিয়ম এবং সময়ানুবর্তিতা: সাফল্যের দুই স্তম্ভ

আইএএস পরীক্ষার্থীদের জন্য নিয়ম করে রুটিন অনুযায়ী পড়াশোনা করাটা খুবই গুরুত্বপূর্ণ। প্রতি সপ্তাহের এবং মাসের জন্য নির্ধারিত লক্ষ্যপূরণও প্রস্তুতির ক্ষেত্রে খুব ক্রিটিকাল। মনে রেখো, তুমি যতগুলো ডেডলাইন মিস করবে, তত তোমার উপরেই পড়াশোনার চাপ বাড়বে। সেই জন্য তোমাকে নিজের কমফোর্ট জোনের বাইরে বেরিয়ে আসতে হবে। প্রত্যেকদিন নিজের গণ্ডি ছাড়িয়ে আরো উন্নতি করার জন্য নিজেকে চ্যালেঞ্জ করতে হবে।

ঠিকমতো টাইম ম্যানেজমেন্ট সাফল্যের আরেকটা গুরুত্বপূর্ণ ফ্যাক্টর। মনে রেখো, প্রত্যেকদিন এত ঘন্টা করে পড়তেই হবে, সিভিল সার্ভিস পরীক্ষার প্রস্তুতির ক্ষেত্রে এরকম কোনো নির্দিষ্ট নিয়ম নেই। তুমি কত ঘন্টা পড়লে তার থেকেও অনেক বেশি গুরুত্বপূর্ণ তোমার পড়াশোনার মান কীরকম। যখনই পড়াশোনা করো, চেষ্টা করবে পূর্ণ মনোযোগ সহকারে তা করতে। রুটিন মেনে পড়াশোনা করা যেমন জরুরী, তেমনি নিজের মুডের উপর এবং ইচ্ছার ওপর নির্ভর করে মাঝে মাঝে একটা সাবজেক্টের জায়গায় অন্য কোনো সাবজেক্ট পড়ার মতো নমনীয়তা থাকাও

দরকার। এতে তোমার মন সতেজ থাকবে এবং পড়াশোনায় মনোযোগ দিতে সুবিধা হবে।

প্রাত্যহিক পড়াশোনার জন্য একটা রুটিন তৈরি করা এবং কোন কাজে কতটা সময় লাগছে সেটা কোথাও একটা লিখে রাখার অভ্যাস থাকলে সঠিকভাবে সময় ব্যয় করতে সুবিধা হয়। যেমন, সত্যম প্রতি রাতে ঘুমোতে যাওয়ার আগে তার প্রাত্যহিক সময় ব্যয়ের একটা হিসেব কাগজে লিখত। এই আত্মবিশ্লেষণটুকু তাকে কোন ক্ষেত্রে সময়ের অপচয় হচ্ছে সেটা বুঝে নিতে সাহায্য করেছিল। শুধু তাই নয়, এতে তার পড়াশোনা সম্পর্কিত শৃঙ্খলা বজায় রাখতেও সুবিধা হয়।

মনে রাখতে হবে, মাউন্ট ইউপিএসসি জয় করা একদিনের ব্যাপার নয়। এটা একটা ম্যারাথন। দীর্ঘদিন ধরে প্রস্তুতি নেওয়াটা অনেক ক্ষেত্রেই ক্লান্তিকর এবং কঠিন হয়ে ওঠে। কাজেই পড়াশোনার ফাঁকে ফাঁকে নিজেকে ছুটি দিও বা তোমার সিডিউলের কিছু সময় বিনোদনের জন্য ব্যয় কোরো।

সুস্থ দেহেই সুস্থ মনের বাস

মাউন্ট ইউপিএসসির যাত্রা দীর্ঘ, ও কঠিন। এই যাত্রা শারীরিক এবং মানসিক দুই ক্ষেত্রেই ক্লান্তিকর। এই যাত্রায় তোমার বুদ্ধিবৃত্তির পাশাপাশি স্বাস্থ্যও অন্যতম সম্পদ হিসেবে কাজে লাগে। প্রস্তুতি নেওয়ার সময় বেশিরভাগ পরীক্ষার্থীই মাসের পর মাস দৈনিক ১২ ঘণ্টার বেশি সময় ধরে পড়াশোনা করে। অনেকেরই থাকার ব্যবস্থা খুব একটা ভালো থাকে না। হোস্টেল বা টিফিন সার্ভিসের খাবার নির্ভর জীবনে খাওয়া দাওয়াও তেমন স্বাস্থ্যকর বা নিয়ম সম্মত ভাবে হয় না।

এরই সঙ্গে সেডেন্টারি লাইফ স্টাইল, প্রচণ্ড পড়াশোনার চাপ, প্রবল কম্পিটিশন, টাইট ডেডলাইনস এবং বিরাট বড় সিলেবাস প্রতিযোগীদের মন এবং শরীরের উপর কুপ্রভাব বিস্তার করতে পারে। এর সঙ্গে মক টেস্টে খারাপ রেজাল্ট করা, উত্তর লেখা প্র্যাকটিসের স্ট্রেস এবং পরীক্ষায় পাস না করতে পারার অনিশ্চয়তাও যুক্ত হয়। এইরকম চ্যালেঞ্জিং পরিবেশে ভালো স্বাস্থ্য বজায় রাখাটা খুব গুরুত্বপূর্ণ হয়ে ওঠে।

প্রাত্যহিক ব্যায়াম, হাঁটা বা সিম্পল স্ট্রেচ করাও তোমার ব্রেনের জন্য খুব গুরুত্বপূর্ণ হতে পারে। এতে তোমার স্মৃতিশক্তি এবং অন্যান্য কগনিটিভ ফাংশন বাড়ারও সম্ভাবনা থাকে। মেডিটেশন, যোগব্যায়াম, এবং প্রাণায়াম

ইত্যাদির মতো মাইন্ডফুলনেস প্র্যাকটিস তোমার মনোযোগ বাড়াতে এবং মানসিক চাপ কমাতে সাহায্য করতে পারে। একইসঙ্গে নিয়মিত ঘুম খুব প্রয়োজন। এতে তোমার শরীরের অঙ্গ-প্রত্যঙ্গ বিশ্রাম নেওয়ার সময় পায় এবং নতুন করে কাজ করার শক্তি পায়। নিয়মিত ব্যায়ামে শরীরও ভালো থাকে।

মনে ইতিবাচকতা এবং আত্মবিশ্বাস রাখা

আইএএস অফিসার হওয়ার পথটা মোটেই খুব সহজ-সরল নয়। প্রতি পদে প্রতিযোগীদের প্রচুর কঠিন মানসিক এবং ইমোশনাল বাধা টপকাতে হয়। মিনুকেই দেখো, তৃতীয়বারে ইন্টারভিউ পর্যন্ত পৌঁছানো সত্ত্বেও চতুর্থ এবং পঞ্চম বারে প্রিলিমিনারি পরীক্ষায় পাশ করতে না পেরে কতটা ডিপ্রেসড হয়ে গিয়েছিল সে। মেনস পরীক্ষার মাত্র কয়েকদিন আগে তার প্রস্তুতি সঠিক হয়নি এটা মনে করে সত্যম মানসিকভাবে একেবারে ভেঙে পড়ে। দ্বিতীয়বার প্রিলিমিনারি পরীক্ষার পরে আবার ইন্টারভিউ দেওয়ার পরেও শ্রুতি একেবারে হতাশ হয়ে যায়। প্রথমবার সিভিল সার্ভিস পরীক্ষা দিয়ে ২২৫ র‍্যাঙ্ক করার পরেও দ্বিতীয়বারে প্রিলিমিনারি পরীক্ষা পাস করতে না পারায় ওয়াসিম বেশ কিছু দিন নেগেটিভ ফেজের মধ্যে দিয়ে যায়।

বেশিরভাগ সময়ই বিভিন্ন পরিবেশগত চাপ মানসিক চাপে পরিণত হয়। শিক্ষকদের ব্যঙ্গ, আত্মীয়-স্বজনের উপহাস এবং অবিশ্বাস খুব সহজেই পরীক্ষার্থীদের আত্মবিশ্বাস ভেঙে দিতে পারে। অথচ ঠিক এই মুহূর্তগুলোতেই ভবিষ্যতের সাফল্যের বীজ বোনা হয়ে যায়। সত্যমের শিক্ষকরাও তাকে লক্ষ্য করে “দেখো, আজকে আমাদের ক্লাসে কালেক্টর সাহেব যোগ দিয়েছেন!” এবং “তুমি তো বেসিক কনসেপ্টই জানো না কীভাবে তুমি আইএএস অফিসার হওয়ার কথা ভাবছো?”... এমন হাজারো কথা বলেছিলেন। পরীক্ষায় সফল হতে না পারায় মিনুর সহকর্মীরাও তাকে নিয়ে হাসাহাসি করত। ভরতের এক কাজিন তাকে নিয়ে উপহাস করে নিজের মাকে বলেছিল, “ও বাড়িতে বসে আছে কেন? ওকে বলো আমার ছেলেমেয়েদের টিউশন পড়াতে, তাহলে অন্তত কিছু টাকা উপার্জন করতে পারবে।”

বিভিন্ন রকম পজিটিভ এবং মোটিভেশনাল রিসোর্স, যেমন বই, ভিডিও এবং অন্যান্য প্রতিযোগীদের সাফল্যের গল্প পড়া ও শোনার মাধ্যমে নিজের চারিদিকে একটা দেয়াল তুলে দাও। মিনুর যেমন যখনই মন খারাপ হত

তখনই সে একজন সৎ এবং পরিশ্রমী ডিস্ট্রিক্ট কালেক্টরের গল্প নিয়ে তৈরি একটা সিনেমা দেখত। ভরতের মা তাকে বলেছিলেন প্রতিদিন ঈশ্বরের সামনে একটা করে প্রদীপ জ্বালিয়ে কিছুক্ষণ প্রার্থনা করতে যাতে তার মানসিক একাগ্রতা বজায় থাকে।

তিনটে C : Consistency (ধারাবাহিকতা) Confidence (আত্মবিশ্বাস), এবং Calmness (মানসিক শান্তি) একে জীবনের মূল মন্ত্র বলে গ্রহণ করো। তুমি যা কিছু করছ তার ধারাবাহিকতা, তোমার নিজের উপরে আত্মবিশ্বাস, এবং চ্যালেঞ্জের সামনে দাঁড়িয়ে মাথা ঠান্ডা রাখার ক্ষমতা, এই তিনটেই তোমাকে সাফল্যের দিকে এগিয়ে নিয়ে যাবে। প্রতিকূলতার মুখে ঘাবড়ে না গিয়ে মাথা ঠান্ডা রেখে তোমার পক্ষে যতদূর ভালো কাজ করা সম্ভব সেটা করতে থাকো। অনেক সময় ঠিকমত পড়াশোনা করার ছন্দটা খুঁজে পেতে সময় লাগে। ধীরে ধীরে একটা একটা ইট গাথার মতো করে তোমার জ্ঞান ভাণ্ডার বাড়িয়ে চলো। নিয়ম করে পড়াশোনার রুটিন মেনে চলো। ব্যক্তিগত কোনো বাধা বিপত্তির মুখেও কিছুতেই যেন তোমার পড়াশোনার ছন্দ নষ্ট না হয় সেই চেষ্টা কোরো। নিজের প্রস্তুতির উপর বিশ্বাস রেখে লক্ষ্যে স্থির থাকো।

প্রত্যেকদিন বিভিন্ন রকম বাধা অতিক্রম করে গভীর মনোযোগের সঙ্গে পড়াশোনা চালিয়ে যাওয়াটা একটু একটু করে তোমার সাফল্যের সিঁড়ি গড়ে তুলবে।

পরিবার এবং বন্ধুদের গুরুত্বপূর্ণ ভূমিকা

মাউন্ট ইউপিএসসি জয়ের এই যাত্রা খুবই ডিমান্ডিং। এই যাত্রা সফল করার জন্য কঠোর একাগ্রতা এবং অধ্যাবসায়ের সঙ্গে সঙ্গে পরিবারের এবং কাছের বন্ধুদের সমর্থন এই যাত্রাপথকে সামান্য হলেও সহজ করে তোলে আর সাফল্যের স্বাদও মধুরতর হয়ে ওঠে।

পরিবার এবং বন্ধু-বান্ধবদের কাছ থেকে আর্থিক এবং মানসিক সাপোর্ট পরীক্ষার প্রস্তুতির সময়ে তৈরি হওয়া প্রবল মানসিক চাপ সামলাতে সাহায্য করে। যার ফলে প্রতিযোগীরা একাগ্রভাবে পড়াশোনা চালাতে সমর্থ হয়। ভালোবাসার মানুষদের উৎসাহ এবং ভালোবাসা পরীক্ষার্থীদের সিভিল সার্ভিস পরীক্ষার এই যাত্রার বিভিন্ন চড়াই-উৎরাইয়ে অবিরাম ইতিবাচক মনোভাব বজায় রাখতে সাহায্য করে।

আমাদের সাতজন হিরোর গল্পে আমরা একাধিকবার দেখেছি কীভাবে পরিবারের লোকেরা প্রতিযোগীর পড়াশোনায় যাতে কোনো বাধা না পড়ে সেই জন্য নিজেদের স্বার্থ ত্যাগ করেন। এই মানসিক সমর্থন খুবই গুরুত্বপূর্ণ। বিশেষ করে পড়াশুনা করতে করতে ক্লান্ত প্রতিযোগী যখন নিজের উপরে সন্দেহ করতে শুরু করে সেই সময়ে এই সমর্থন তাকে ফের পড়াশোনার পথে ফিরিয়ে আনতে সাহায্য করে। তোমার পরিবার তোমাকে উপর বিশ্বাস রাখে, এই কথাটা তোমাকে সব বাধাবিপত্তি কাটিয়ে আরো এগিয়ে যাওয়ার শক্তি যোগায়।

একইসঙ্গে পরীক্ষার প্রস্তুতি নিচ্ছে এমন বন্ধু-বান্ধবের গ্রুপ থাকাও অত্যন্ত গুরুত্বপূর্ণ। সিভিল সার্ভিস পরীক্ষার প্রস্তুতি নেওয়ার সময় বন্ধু-বান্ধবের সমর্থন থাকলে একাকীত্ব অনেকটাই ঘুচে যায়। তাছাড়াও বন্ধু-বান্ধবদের সঙ্গে আলোচনার মাধ্যমে বিভিন্ন জটিল বিষয়কে আরো সহজে বুঝে নেওয়া যায়, তাদের সঙ্গে একসঙ্গে সমস্যার সমাধান করা যায়, একসঙ্গে পড়াশোনা করার মাধ্যমে বিভিন্ন কনসেপ্ট স্পষ্ট করে বুঝে নেওয়াও যায়। শুধু তাই নয়, বিভিন্ন বিষয় নিয়ে আলোচনার সময় এমন কিছু দৃষ্টিভঙ্গির সন্ধান তুমি পেতে পারো যা তুমি আগে কখনো চিন্তাই করোনি।

শ্রুতি জামিয়ার প্রতিযোগীদের একটা ছোট গ্রুপে যোগদান করেছিল। তারা একসঙ্গে উত্তর লেখার প্র্যাকটিস করতো এবং একে অপরের উত্তর কেমন হয়েছে সেটাও দেখত। একসঙ্গে প্রতিযোগিতার প্রস্তুতি নেওয়ায় তারা একে অপরের কাছ থেকে বিভিন্ন বিষয় শেখার সুযোগ পায়, যার ফলে একই সঙ্গে দলের সকলে নিজেদের স্কিল বাড়িয়ে নিতে সক্ষম হয়। এছাড়াও তারা গুগল ডকস ব্যবহার করে নোটস তৈরি করে তা সকলের ভাগ করে নিত। "এক দল ভালো ছেলেমেয়েদের সঙ্গে পড়াশোনা করলে অনেক সুবিধা হয়। আমরা প্রত্যেকেই একে অপরের দৃষ্টিভঙ্গি পাল্টানোতে এবং জ্ঞান বৃদ্ধিতে সহায়তা করেছি।" জানায় শ্রুতি।

একই রকম ভাবে লাভিশও বিভিন্ন বিষয় নিয়ে আলোচনার জন্য একটা ছোট পিয়ার গ্রুপ তৈরি করে। একেবারে পরীক্ষার মতো পরিবেশ তৈরি করার জন্য তারা সবাই মিলে নির্দিষ্ট দিনক্ষণ স্থির করে মক টেস্ট দিত। এতে তাদের প্রত্যেকেরই পরীক্ষার প্রস্তুতিতে খুব সহায়তা হয়। লাভিশের মতে, "কখনো কখনো পরীক্ষার প্রস্তুতি নেওয়ার সময় তোমার মনের

অবস্থা এতটাই খারাপ থাকে যে হাল ছেড়ে দিতে ইচ্ছা করে। সেই রকম সময়ে ভালো পিয়ার গ্রুপ তোমার মোটিভেশনে সহায়তা করে। একে অপরের কাছ থেকে বিভিন্ন বিষয়ে জানার সঙ্গে সঙ্গে দলের প্রত্যেকে একে অপরকে নিজের সেরাটা দেওয়ার জন্য উদ্বুদ্ধও করে।”

কোচিং ও সেলফ স্টাডির তুলনা

কোনো কোচিং ইনস্টিটিউটে যোগ দেবে কিনা এই দ্বিধা প্রায় সমস্ত সিভিল সার্ভিস প্রতিযোগীর মনে কখনো না কখনো কাজ করেছে। সত্যম প্রস্তুতির প্রথম দিকে একটা কোচিং ইনস্টিটিউটে যোগদান করলেও কিছুদিনের মধ্যেই সে বুঝতে পারে যে উপকার হওয়ার বদলে সেখানে তার সময় নষ্ট হচ্ছে। সে সিদ্ধান্ত নেয় যে কোচিংয়ে যা পড়ানো হবে তার আগেই সে সেই বিষয়গুলো পড়ে ফেলবে। এছাড়া সে কেবল যে সমস্ত বিষয়ে একা একা পড়াশোনা করতে গিয়ে সমস্যার সম্মুখীন হয়েছে সেই সমস্ত বিষয়েরই ক্লাস করতে শুরু করে। সত্যমের খেয়াল করেছিল যে কোচিং ইনস্টিটিউটের বেশিরভাগ শিক্ষকেরাই বিভিন্ন রকম গল্পে আর হাসি ঠাট্টায় প্রচুর সময় নষ্ট করেন, যেটা তার কাছে খুবই আনপ্রোডাক্টিভ বলে মনে হয়েছিল।

একই ভাবে লাভিশ একটা কোচিং ইনস্টিটিউটের কয়েকটা ক্লাস অ্যাটেন্ড করার পরই খেয়াল করেছিল যে ইউপিএসসি পরীক্ষায় আসা প্রশ্নের সঙ্গে কোচিং ইনস্টিটিউটের কারিকুলামের কোনো সম্পর্ক নেই। তাই সে কোচিং ইনস্টিটিউটে যাওয়া কমিয়ে দিয়ে অনলাইন লেকচারের উপর বেশি নির্ভর করতে শুরু করে।

অঞ্জলি আবার একদম একা একা পড়াশোনা করে সাফল্য পেয়েছে। শ্রুতিরও মনে হয়েছে এত ছেলেমেয়ে একসঙ্গে ক্লাসগুলো করে বলে কোচিং ক্লাস থেকে খুব একটা সাহায্য পাওয়া যায় না। আর তাছাড়া কোচিং ক্লাসে প্রচুর অপ্রয়োজনীয় আলোচনা হয় বলেও তার মনে হয়েছে। শ্রুতি জানায়, “সাধারণ মানুষের মনে একটা ধারণা আছে সিভিল সার্ভিস পরীক্ষা দিতে গেলে তোমাকে কোনো না কোনো কোচিং ইনস্টিটিউটে যোগ দিতেই হবে। কিন্তু এই ধারণা সঠিক নয়। তুমি অন্যান্য অনেক জায়গা থেকেও প্রয়োজনীয় গাইডেন্স পেতে পারো।”

অন্যদিকে আবার ওয়াসিম কোচিং ইনস্টিটিউট থেকে খুবই উপকৃত

হয়েছে। বিশেষত তার কোচিং ইনস্টিটিউট যে বিশেষ মেন্টরশিপ প্রোগ্রামের ব্যবস্থা করেছিল তা তার প্রস্তুতির কাজে খুবই সহায়তা করেছে। ভরত আর মিনু কেবলমাত্র তাদের অপশনাল পেপারের জন্য কোচিং ক্লাসে ভর্তি হয়েছিল।

বহু সফল পরীক্ষার্থীদের সঙ্গে আলাপ আলোচনার পরে এবং বিস্তারিত গবেষণার পর এটা এখন খুবই সহজে বোঝা যায় যে সিভিল সার্ভিস পরীক্ষায় সাফল্য পাওয়ার জন্য কোনো কোচিং ইনস্টিটিউটে ভর্তি হওয়ার দরকার নেই। কোনো কোচিং ক্লাসে ভর্তি না হয়েই ইউপিএসসি নামক পর্বত শৃঙ্গ জয় করা সম্ভব। পরীক্ষার্থীরা খুব সহজেই বিভিন্ন ব্লগ থেকে অথবা সফল পরীক্ষার্থীদের কাছ থেকে অনলাইনে সাহায্য চাইতে পারে। ইন্টারনেটে সফল সিভিল সার্ভিস পরীক্ষার্থীদের তৈরি প্রচুর ভিডিও এবং আলোচনা আছে যা থেকে এই পরীক্ষার বিভিন্ন পর্যায়ে কীভাবে প্রস্তুতি নিতে হবে তা পরিষ্কার বোঝা যায়। এছাড়াও যারা কোচিংয়ে যোগ দিতে চায় কিন্তু আর্থিক অসুবিধার কারণে যোগ দিতে পারছে না, তাদের জন্য সরকারের পক্ষ থেকে কোচিং ক্লাস চালু করা হয়েছে। কোনো কোনো রাজ্য সরকার ভালো ছাত্রছাত্রীদের স্কলারশিপও দেয় যাতে তারা প্রাইভেট কোচিং সেন্টারে ভর্তি হয়ে পড়াশোনা করতে পারে।

কিন্তু অনলাইনে কার ভিডিও দেখবে বা মেটেরিয়াল পড়বে সে বিষয়ে প্রতিযোগীদের সাবধানতা অবলম্বন করা উচিত। ইন্টারনেটে প্রচুর তথাকথিত ইউপিএসসি এক্সপার্ট আছেন যারা পরীক্ষায় পাশ করার বিভিন্ন রকমের উপায় বর্ণনা করতে থাকেন। অন্ধের মতো এই সমস্ত মানুষের উপদেশ শুনলে লাভ হওয়ার বদলে ক্ষতি হওয়ার সম্ভাবনাই বেশি। প্রতিযোগীদের নিজের ক্ষমতা বিশ্লেষণ করে সেই অনুযায়ী পরীক্ষার প্রস্তুতি নেওয়ার পরিকল্পনা করা উচিত। নিজের আগ্রহ, শক্তি এবং দুর্বলতা সম্বন্ধে সম্যক জ্ঞান না থাকলে পরিকল্পনা ফলপ্রসূ করানো অসম্ভব।

পরীক্ষার দিন সংক্রান্ত টিপস

তুমি যতই ভালো করে প্রস্তুতি নাও না কেন, পরীক্ষার দিনের পারফরমেনসের উপরেই তোমার সাফল্য নির্ভর করে। কাজেই পরীক্ষার দিনে মানসিক চাপ যে বাড়বে সেটাই খুব স্বাভাবিক। অনেক পরীক্ষার্থীই পরীক্ষার আগের রাত্তিরে দুশ্চিন্তায় ঘুমোতে পারে না। কিন্তু এরকম করলে তোমার এতদিনের

পরিশ্রম বিফলে যেতে পারে। মানসিক চাপ ম্যানেজ করা এবং দুশ্চিন্তা কাটিয়ে ওঠা মাউন্ট ইউপিএসসি জয় করার ক্ষেত্রে অত্যন্ত গুরুত্বপূর্ণ। বারংবার নিজেকে রিমাইন্ডার দাও যে তুমি একাই এই স্ট্রাগল করছ না। প্রত্যেক পরীক্ষার্থীই পরীক্ষার আগের দিনের এই অস্বস্তি অনুভব করে। নিজেকে সমানে বলতে থাকো যে সারা বছর ধরে তুমি যথেষ্ট পরিশ্রম করেছ, কাজেই সাফল্য তোমার প্রাপ্য। পরীক্ষার আগের রাতে যেন ভালো ঘুম হয় সেদিকে নজর রাখো। তাহলে পরীক্ষার সময় তুমি অ্যালার্ট থাকবে।

পরীক্ষা যত এগিয়ে আসবে সেই সময় তোমার রুটিনে পরিবর্তন আনা প্রয়োজন। সত্যম এবং লাভিশের মতো কিছু কিছু পরীক্ষার্থী সারা রাত ধরে পড়াশোনা করে সকালবেলা ঘুমোতে যায়। তুমিও যদি এরকম রাত্তিরে পড়াশোনা করার রুটিন মেনে চলো তাহলে পরীক্ষার অন্তত কিছুদিন আগে থেকে তোমাকে সেই রুটিনে একটু বদল আনতে হবে, যাতে পরীক্ষা চলাকালীন তোমার ঘুম না পায়।

পরীক্ষার একদিন আগে আইডেন্টিটি প্রুফ আর অ্যাডমিট কার্ড হাতের কাছে গুছিয়ে রাখো যাতে শেষ মুহূর্তে এটা নিয়ে চিন্তা করতে না হয়। পরীক্ষার দিন সকালে অ্যাডমিট কার্ড আর আধার কার্ড খুঁজে না পাওয়ায় সত্যমকে প্রচণ্ড মানসিক চাপ সহ্য করতে হয়েছিল। এতে তার সময় নষ্ট হওয়ার সঙ্গে রক্তচাপও বেড়ে গিয়েছিল যার ফলে পরীক্ষার সময় ঠিকমতো করে মনোসংযোগ করতে পারেনি সে। মানসিক চাপের চোটে সারা বছর ধরে সযত্নে তৈরি করা কোটেশন, উদাহরণ আর তথ্য পরীক্ষার সময়ে একেবারে ভুলে গিয়েছিল সত্যম।

তুমি যদি এমন জায়গায় থাকো যেখানে অনেক সিভিল সার্ভিস পরীক্ষার্থীরা থাকে, তাহলে পরীক্ষা কেন্দ্রে যাওয়ার ব্যবস্থা বেশ কিছুদিন আগে থেকে করে রাখাই বুদ্ধিমানের কাজ। নইলে অন্যান্য পরীক্ষার্থীরা সমস্ত অটো এবং ট্যাক্সি আগে থেকেই বুক করে রাখতে পারে। সেক্ষেত্রে শেষ মুহূর্তে পরীক্ষা কেন্দ্রে যাওয়ার জন্য কোনো গাড়ি পাওয়া খুবই মুশকিল হবে। ঠিক এই সমস্যার জন্য ওয়াসিমের প্রিলিমিনারি পরীক্ষা দেওয়া প্রায় মিস হয়ে যাচ্ছিল।

পরীক্ষার দিনে প্রচুর পরিমাণে জল খাও, বড় বড় নিঃশ্বাস নাও, মেডিটেশন করো, যদি ভগবানের কাছে প্রার্থনা করে তোমার মন স্থির থাকে তাহলে তাও করতে পারো। বেশি দুশ্চিন্তা না করে কেবলমাত্র

লেখার দিকে পূর্ণ মনোযোগ দাও। ঠান্ডা মাথা এবং একাগ্র মনই হল চাপের মধ্যে ভালো পারফর্ম করার চাবিকাঠি।

মনে রেখো যে এই মুহূর্তের জন্য সারা বছর ধরে তুমি কঠিন পরিশ্রম করেছ। নিজের উপর বিশ্বাস হারিয়ো না। নিজের প্রস্তুতির ওপর সম্পূর্ণ ভরসা রেখে ইতিবাচক মনোভাব নিয়ে পরীক্ষার সম্মুখীন হও। তোমার নিষ্ঠা এবং অধ্যাবসায় নিশ্চয়ই ফলপ্রসূ হবে।

সাফল্যের মূল মন্ত্র

পরীক্ষার প্রস্তুতির গুরুত্বপূর্ণ কৌশল আলোচনা করার পরে এসো এবার সাফল্যের কয়েকটা মূলমন্ত্র নিয়ে আলোচনা করা যাক। মন দিয়ে নিজের চিত্রটা দেখো।

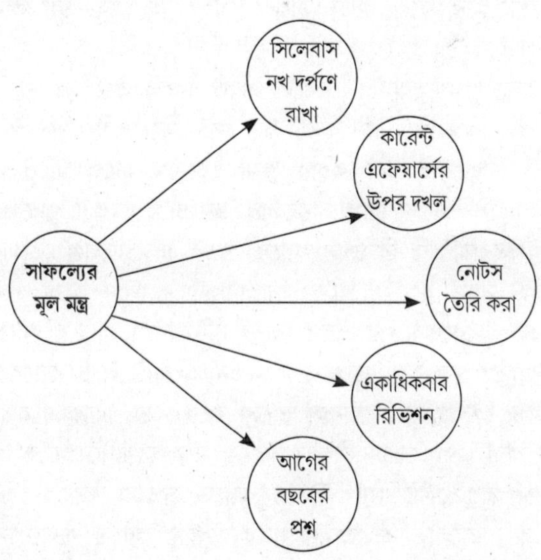

সিলেবাস নখদর্পণে রাখা

সিভিল সার্ভিস পরীক্ষার সাফল্যের জন্য সবার আগে এর বিরাট সিলেবাস সম্বন্ধে বিস্তারিত জানা প্রয়োজন। প্রিলিমিনারির জন্য ইউপিএসসি বিভিন্ন

বিষয়ের একটা লম্বা লিস্ট দেয়। আবার মেনসের জন্য বিভিন্ন সাবজেক্ট ধরে খুঁটিনাটি বিষয়ের উপর বিস্তারিত সিলেবাস জানানো হয়। পরীক্ষার্থী হিসেবে তোমার প্রথম কাজ হল সিলেবাসটাকে খুঁটিয়ে খুঁটিয়ে পড়া; শুধু একবার নয়, বারবার। যাতে প্রত্যেকটা টপিক এবং সাবটপিক তোমার মনে গেঁথে যায়। এইভাবে খুঁটিয়ে সিলেবাসটা পড়লে টার্গেটেড পড়াশোনা করতে খুব সুবিধা হবে।

যেহেতু পরীক্ষায় আসা সমস্ত প্রশ্নই সিলেবাসভিত্তিক, কাজেই পরীক্ষায় ভালো ফল করার জন্য একটু কৌশল অবলম্বন করা প্রয়োজন। সামনে কোনো লক্ষ্য স্থির না করে এলোমেলো ভাবে একাধিক সোর্স থেকে পড়তে শুরু করলে প্রস্তুতির দিক থেকে সেটা আত্মহত্যার সামিল হবে। আইএএস পরীক্ষায় টপাররা সিলেবাস শুধু পড়ে না, সেটাকে নিজের জীবনের অংশ বলে মনে করে। যথেষ্ট সময় নিয়ে তারা সিলেবাস নিয়ে ভাবনা চিন্তা করে বলে সেটা তাদের গাইড হিসেবে এবং অনুপ্রেরণা হিসেবে কাজ করে।

এক ঝলকে সিলেবাসটা দেখলে একটু বিহ্বল হয়ে পড়ার সম্ভাবনা রয়েছে ঠিকই, কিন্তু সিলেবাস কতটা বড় সেটা নিয়ে বেশি দুশ্চিন্তা কোরো না। মাউন্ট এভারেস্ট জয় করার জন্য যেরকম ধাপে ধাপে এগোতে হয়, সেরকম সিভিল সার্ভিসে সাফল্যের জন্যও প্রত্যেকটা পদক্ষেপই খুব গুরুত্বপূর্ণ। যতবার তুমি রিভিশন করবে, ততই এই চ্যালেঞ্জ তোমার কাছে আরো একটু সহজ হয়ে দাঁড়াবে। সিলেবাসটাকে মনে করো একটা রত্ন ভাণ্ডার। এতে পরতের পর পরত জুড়ে মনিমানিক্য ছড়িয়ে আছে। তুমি যত পড়বে তত নতুন দৃষ্টিভঙ্গি এবং নতুন অন্তর্দৃষ্টি লাভ করবে।

প্রত্যেকটা পেপারের সিলেবাস ভালো করে পড়া, বিশ্লেষণ করা, সেটা আত্তীকরণ করা এবং গোটা সিলেবাসটাকে মনে রাখা তোমাকে পরীক্ষার প্রস্তুতির পরিষ্কার রোড ম্যাপ তৈরি করতে সাহায্য করবে। শুধু তাই নয়, তুমি কত ভালোভাবে তোমার সময় ব্যবহার করতে পারছ সেটাতেও সহায়তা করবে। সিলেবাস থেকেই তুমি বুঝতে পারবে যে কোন অংশটা তোমাকে ভালো করে পড়তে হবে, আর কোন অংশটাকে তুমি বাদ দিয়ে যেতে পারো। সিলেবাস যদি তোমার নখদর্পণে থাকে তাহলে তুমি খুব সহজেই অনেক অপ্রয়োজনীয় তথ্যের ভিড় থেকে প্রয়োজনীয় তথ্য থেকে বার করে নিয়ে আসতে পারবে সে তুমি খবরের কাগজ, ম্যাগাজিন,

আর্টিকেল বা বই, যাই পড়ো না কেন। নোট বানানো এবং রিভিশনের জন্য এই আন্ডারস্ট্যান্ডিংটা খুবই জরুরী।

যেখানে পড়াশোনা করছো সেখানে তোমার চোখের সামনে সিলেবাসটা টাঙিয়ে রাখো যাতে প্রতিদিন সকালে ঘুম থেকে উঠে তুমি সেটাকে দেখতে পাও। সিলেবাসের উপরে প্রত্যেক দিনের এই চোখ বুলানোর অভ্যেস তোমাকে ফোকাস বজায় রাখতে সাহায্য করবে। তাছাড়াও বিভিন্ন টপিকের সঙ্গে বর্তমানে ঘটে যাওয়া ঘটনাগুলোকে লিঙ্ক করার বিষয়েও অনেক সাহায্য হবে। যে সমস্ত টপিকগুলো ততটা সহজ নয় প্রস্তুতির প্রথম দিকেই সেগুলোকে সিলেবাস থেকে খুঁজে বের করে নাও এবং তারপরে পরিকল্পনা করে নাও কীভাবে তুমি সেগুলোকে সামলাবে।

কারেন্ট অ্যাফেয়ার্স এর উপর দখল

সিভিল সার্ভিস পরীক্ষার অত্যন্ত গুরুত্বপূর্ণ অংশ হলো কারেন্ট অ্যাফেয়ার্স। সিভিল সার্ভিসেসের প্রায় সমস্ত ব্যাপারেই কারেন্ট অ্যাফেয়ার্সের উপস্থিতি থাকে বলে এটা পরীক্ষার্থীদের সময় এবং মনোযোগ দাবি করে। কারেন্ট অ্যাফেয়ার্স থেকে প্রাপ্ত তথ্য এবং অন্তর্দৃষ্টি সমৃদ্ধ চিন্তাভাবনা প্রবন্ধ এবং অন্যান্য পেপার এর উত্তর লেখার সময় গভীরতা বাড়াতে সাহায্য করে। শুধু তাই নয়, কারেন্ট অ্যাফেয়ার্স তোমার উত্তরের কনটেক্সচ্যুয়াল রেলেভেন্স বাড়ায়, তোমার দৃষ্টিভঙ্গিকে প্রতিষ্ঠা করতে সহায়তা করে এবং বাস্তব জীবনের ঘটনাবলীর উপরে তোমার কতটা দখল রয়েছে সে বিষয়েও পরীক্ষককে বুঝতে সাহায্য করে। তাছাড়া নিয়মিত কারেন্ট অ্যাফেয়ার্স নিয়ে চর্চা করলে তোমার ভোকাবুলারি এবং অভিব্যক্তিরও উন্নতি সাধন হবে। সেই জন্যই প্রত্যেক আইএএস টপার বারবার করে জাতীয় এবং আন্তর্জাতিক স্তরের খবরাখবর রাখার গুরুত্ব যে কতটা তা নিয়ে আলোচনা করেন।

বিভিন্ন কোচিং ইনস্টিটিউট থেকে মাসিক কারেন্ট অ্যাফেয়ার্সের কম্পাইলেশন প্রকাশিত হয়। এই জাতীয় ম্যাগাজিন বাজারে প্রচুর থাকলেও আমাদের এই বইয়ের সাত জন নায়কই কিন্তু প্রিলিমিনারি এবং মেনস পরীক্ষার প্রস্তুতির সময় দিনে অন্তত একটা করে খবরের কাগজ খুঁটিয়ে পড়ার উপদেশ দিয়েছেন। এছাড়াও জানিয়েছেন যে ইন্টারভিউয়ের আগে অন্তত দুটো করে সংবাদপত্র প্রতিদিন পড়া উচিত। তাঁরা এও বলেছেন যে খবরের কাগজ পড়ার কোনো বিকল্প নেই।

খবরের কাগজ নিয়মিত পড়া ছাড়াও প্রত্যেক মাসে অন্তত একটা কারেন্ট অ্যাফেয়ার্স সংক্রান্ত ম্যাগাজিন পড়া উচিত। কিছু কিছু পরীক্ষার্থী কারেন্ট অ্যাফেয়ার্সের জ্ঞান আরো বাড়ানোর জন্য বিভিন্ন বিশ্লেষণধর্মী পডকাস্ট অথবা বিভিন্ন অনলাইন প্ল্যাটফর্ম ব্যবহার করেন। কিন্তু প্রিলিমিনারি বা মেইনস পরীক্ষার প্রস্তুতির সময় পরীক্ষার্থীদের দিনে এক ঘন্টার বেশি খবরের কাগজ পড়া উচিত নয়। আর তাছাড়া খবরের কাগজ পড়ার সময় পরীক্ষার্থীদের পুরো মনোযোগটাই খবরের বদলে ইস্যুর প্রতি নিবদ্ধ থাকা উচিত।

কেন একটা ইস্যু নিয়ে খবর হচ্ছে, সেটা আগে বোঝার প্রয়োজন। খবরের পটভূমিকা, ইস্যুর বিভিন্ন দিকগুলো সম্পর্কে ওয়াকিবহাল হয়ে বর্তমানে সেই ইস্যুর কী স্ট্যাটাস সেটা জানা, এই ইস্যুতে এখন কী কী সুযোগ বা চ্যালেঞ্জ রয়েছে আর আগামী দিনে কী করা সম্ভব, সেই সম্পর্কে বিশেষজ্ঞদের মতামত কী, ইত্যাদি বিষয়গুলো ভালো করে জেনে নিতে হবে। তাছাড়াও প্রয়োজনীয় স্ট্যাটিস্টিকস নোট করা প্রয়োজন।

নোট লেখার মাধ্যমে সাফল্য

ভালো করে নোট তৈরি করতে পারার ক্ষমতা বেশিরভাগ আইএএস প্রতিযোগীদের সাফল্যের কারণ হয়ে ওঠে। নোটস শুধুমাত্র তথ্য ভাণ্ডার হিসেবে নয়, বরং সেটা তোমাকে কোনো বিষয় সম্পর্কে গুছিয়ে চিন্তাভাবনা করতে, সেটাকে আরও ভালো করে বুঝতে, বিষয়টা মনে রাখতে এবং রিভিশন করতে সহায়তা করে। বিভিন্ন গবেষণায় দেখা গিয়েছে যে টাইপিংয়ের বদলে হাতে কিছু লিখলে বিভিন্ন কগনিটিভ প্রসেস চলার কারণে সেটা দীর্ঘদিন স্মৃতিতে থেকে যায়।

বিভিন্ন জায়গা থেকে কোনো একটা বিষয়ের মূল পয়েন্ট, কনসেপ্ট, তথ্যাদি, ফর্মুলা এবং উদাহরণ সংগ্রহ করে সংক্ষিপ্ত এবং টু দা পয়েন্ট নোটস তৈরি করো। আইএএস টপাররা সবসময় ইউপিএসসি সিলেবাস থেকে সংগৃহীত কিওয়ার্ডস এর উপর নির্ভর করে বিভিন্ন সোর্স থেকে তথ্য সংগ্রহ করার পর নোটস তৈরি করার বিষয়ে উপদেশ দেন। এই কৌশলে নোটস তৈরি করলে কোনো বিষয়ের ওপর প্রয়োজনীয় সমস্ত তথ্যাদি বিভিন্ন জায়গায় ছড়িয়ে রাখার বদলে একই জায়গায় কনসলিডেট করে রাখতে সুবিধা হবে।

ডায়াগ্রাম, বুলেট পয়েন্টস, ফ্লোচার্ট, মাইন্ড ম্যাপ বহুল পরিমাণে ব্যবহার করো যাতে জটিল বিষয়ও খুব সহজে বোঝা সম্ভব হয়। এগুলোর ব্যবহার করলে তোমার কোনো বিষয় মনে রাখতেও সুবিধা হবে তাছাড়া এগুলো তোমার উত্তরকে আরো সমৃদ্ধ করে তুলবে। তোমার নোটসে মূল বিষয়, গুরুত্বপূর্ণ তথ্যাদি, ফর্মুলা এবং উপযুক্ত উদাহরণ থাকা প্রয়োজন। কোনো বিষয়ের উপর নোটস বানানোর জন্য বেশিরভাগ প্রতিযোগীরা খাতার বদলে ফাইল কিংবা ফোল্ডার ব্যবহার করতে বেশি স্বচ্ছন্দ্যবোধ করেন। এর ফলে প্রস্তুতি চলাকালীন সেই বিষয়ের উপর আরও তথ্যাদি সংগ্রহ করলে তা সহজেই তোমার নোটসে যোগ করা সম্ভব।

আমাদের সাতজন হিরোর মধ্যে প্রত্যেকটা পেপারের জন্য আলাদা আলাদা করে বিস্তারিত নোটস তৈরি করেছিল মিনু। সত্যম দুই বা ততোধিক সোর্স থেকে পড়াশোনা করে বিস্তারিত নোটস তৈরি করত। নোটস তৈরি করার জন্য খাতার থেকেও সে লুজ কাগজ ব্যবহার করতেই বেশি পছন্দ করত। ওয়াসিম কোচিং ক্লাস চলাকালীন পুঙ্খানুপুঙ্খ নোট নিত। এই নোটস লেখার সময় সে খাতার পাতার দুই ধার খালি রাখতো যাতে বাড়িতে ফিরে সেখানে আরো তথ্য ঢুকিয়ে তার নোটসকে সমৃদ্ধ করতে পারে।

কিন্তু শ্রুতি বই থেকে তথ্য সংগ্রহ করে নোটস বানানোর পরিপন্থী। তার মতে, স্পেক্ট্রাম এবং লক্ষীকান্তের মতো বইগুলো যথেষ্ট ভালো এবং এগুলো নিজেরাই এক একটা নোটস এর মতো। কাজেই আলাদা করে নোট তৈরি করা পণ্ডশ্রম মাত্র। তাই নোট তৈরি করার বদলে সে সরাসরি এই সমস্ত সোর্স নিয়ে পড়াশোনা করতো। প্রত্যেকটা বিষয়ের জন্য আলাদা আলাদা করে খাতা তৈরি করেছিল শ্রুতি। খাতার প্রথম পাতায় সেই বিষয়ের সিলেবাস লিখে রাখত সে। কোনো পেপারের কোনো বিষয় সম্পর্কিত আর্টিকেল, তথ্য বা ডেটা পেলেই সে সেটাকে সিলেবাস অনুযায়ী নির্দিষ্ট খাতার মধ্যে আঠা দিয়ে আটকে দিত। এইভাবে প্রত্যেকটা টপিকের উপর বিভিন্ন রকম তথ্য এবং খবর সংগ্রহ করতে সফল হয় সে।

ওয়াসিম বিভিন্ন সংজ্ঞা, স্বাধীনতা সংগ্রামী, দার্শনিক এবং অ্যাডমিনিস্ট্রেটরদের কোটস এবং উদাহরণের সারণী তৈরি করেছিল। এর ফলে পরীক্ষার সময় খুব সহজেই সে বিভিন্ন রকম কোটেশন এবং উদাহরণ মনে করতে সক্ষম হয়।

রিভিশনের প্রয়োজনীয়তা

সিভিল সার্ভিস পরীক্ষার এত বড় বৈচিত্র্যময় সিলেবাস এবং তার এতগুলো সাবজেক্ট নিয়ে পড়াশোনা করতে করতে পরীক্ষার্থীরা যে তাদের পড়া বিষয়গুলো ভুলে যাবে, সেটাই স্বাভাবিক। সেই জন্যই একাধিকবার ভালো করে বিষয়গুলোকে রিভিশন দেওয়া প্রয়োজন। বারংবার রিভিশন দিলে তোমার বিষয়ের উপর দখল যে শুধু বাড়বে তাই নয়, তোমার নিজের মধ্যে একটা আত্মবিশ্বাসও তৈরি হবে। রিভিশন তোমার স্মৃতিশক্তিকে সতেজ রাখবে, বিষয়টা আরো গভীরভাবে বুঝতে সাহায্য করবে, কনসেপ্ট ক্লিয়ার করবে এবং দুর্বল জায়গাগুলোকে খুঁজে পেতে সাহায্য করবে। নিয়মিত রিভিশন ছাড়া পড়ে ফেলা জিনিসগুলো ভুলে যাওয়ার সম্ভাবনা শতকরা ১০০ শতাংশ। এতে মাসের পর মাস ধরে করা কঠিন পরিশ্রমের পুরোটাই জলে যেতে পারে। কাজেই প্রতিযোগীদের কাছে একাধিকবার এক একটা বিষয়ে রিভিশনই সাফল্যের অন্যতম মূলমন্ত্র।

আইএএস টপারদের পরীক্ষার প্রস্তুতির অন্যতম গুরুত্বপূর্ণ কৌশলই হল একাধিক রিভিশন। শ্রুতি বারংবার রিভিশনের গুরুত্ব নিয়ে কথা বলেছে। সে জানিয়েছে "পরীক্ষার সময়ের ভয়ংকর চাপের মুহূর্তে কেবলমাত্র সেই সমস্ত পয়েন্টই মাথায় আসে যেগুলো তোমার মনের গভীরে গেঁথে গিয়েছে। সেই জন্যই একই জিনিস একাধিকবার পড়া অত্যন্ত গুরুত্বপূর্ণ।" তুমি কতবার রিভিশন দেবে, সেটা নির্ভর করছে তোমার স্মৃতিশক্তির উপরে এবং তোমার হাতে কতটা সময় রয়েছে তার ওপরে।

অনেক প্রতিযোগীরাই প্রত্যেকদিন রিভিশন দেওয়ার অভ্যাস করেন। সারাদিন তারা যা পড়াশোনা করে সেটাই দিনের শেষে রিভিশন দিয়ে নেয় তারা। এতে যেমন তাদের সেই সমস্ত পড়া মনে রাখতে সুবিধা হয় তেমনই বিভিন্ন কনসেপ্ট তাদের মনে সব সময় জ্বলজ্বল করতে থাকে। কোনো একটা বিষয়ের উপর বেশ কিছুটা অ্যাডভান্সড লেভেলে পড়াশোনা করে নেওয়ার পরে ফের NCERT-র বইগুলো রিভিশন দিয়ে নেওয়াটা অত্যন্ত ভালো কৌশল। যে সমস্ত সাবজেক্টে তুমি ঠিক ততটাও কমফোর্টেবল নও, সেগুলোকে একাধিক বার রিভিশন দেওয়াটাও খুব কার্যকর হতে পারে।

অনেক প্রতিযোগীই বিভিন্ন রকম গুরুত্বপূর্ণ টার্ম, সংজ্ঞা, উদাহরণ এবং ফর্মুলা কাগজের মধ্যে লিখে সেটাকে নিজেদের পড়ার জায়গার দেওয়ালে আটকে রাখে। এতে তারা সারাদিন ধরে বারবার এইসব উদাহরণ সংজ্ঞা এবং ফর্মুলার উপর চোখ বোলাতে থাকে, যার ফলে এগুলো মনে রাখতে তাদের খুবই সুবিধা হয়। কোনো কোনো প্রতিযোগী আবার আলাদা করে মাইক্রো নোটসের সেট তৈরি করে। এই মাইক্রোনোটস হল কোনো গুরুত্বপূর্ণ পয়েন্ট বা ডেটার ওপর ফোকাস করে তৈরি করা সারসংক্ষেপ। যে কোনো বিষয়ের উপরেই এইরকম মাইক্রো নোটস তৈরি করে একাধিক বার রিভিশন দিলে তথ্যগুলো মনে রাখা সহজ হয়।

রিভিশন করার সময় খুব সহজেই একেবারে সাম্প্রতিক তথ্য তোমাদের উত্তরের মধ্যে ঢুকিয়ে দেওয়া সম্ভব যাতে পরীক্ষকের কাছে তোমার উত্তরটা অন্য আর পাঁচ জনের থেকে আলাদা হয়ে দাঁড়ায়। এইভাবে পড়াশোনা করতে থাকলে সিভিল সার্ভিস পরীক্ষার জন্য অনেক বিস্তারিত এবং গভীর প্রস্তুতি নেওয়া সম্ভব।

বিগত বছরের প্রশ্ন দেখে ইউপিএসসির মন বোঝা

বিগত বছরের প্রশ্নাবলী আইএএস পরীক্ষার্থীদের কাছে একেবারে রত্নভাণ্ডার হিসেবে বিবেচিত হয়। এই প্রশ্নাবলি পুঙ্খানুপুঙ্খ বিশ্লেষণ করলে পরীক্ষার প্যাটার্ন সম্পর্কে গভীর অন্তর্দৃষ্টি লাভ করাও অসম্ভব নয়। শুধু তাই নয়, খতিয়ে বিগত বছরের প্রশ্ন দেখলে কোন কোন বিষয় থেকে একাধিক প্রশ্ন আসে এবং প্রশ্নপত্রের ফরম্যাট কিরকম হয় সে সম্পর্কেও পরিষ্কার ধারণা করা যায়। এছাড়াও বিগত বছরের প্রশ্নাবলী থেকে পরীক্ষার জন্য কোন জাতীয় স্টাডি মেটেরিয়াল ভালো এবং পরীক্ষা ঠিক কতটা কঠিন হতে পারে সে সম্পর্কে পরীক্ষার্থীদের মনে ধারণা তৈরি করতে সাহায্য করে। এই বিষয়ে যদি পরিষ্কার ধারণা থাকে তাহলেই পরীক্ষকের আশানুরূপ প্রস্তুতি নেওয়ার দিকে মনোযোগ দেওয়া সম্ভব। এছাড়াও বিগত বছরের প্রশ্নাবলী দেখে সাম্প্রতিক ট্রেন্ড এবং কোন কোন বিষয়কে বেশি গুরুত্ব দিয়ে পড়তে হবে তা পরিষ্কারভাবে বোঝা যায়। তাছাড়া বিগত বছরের প্রশ্ন থেকে পরীক্ষায় প্রশ্ন রিপিট হতে পারে সেই জন্যেও এই প্রশ্নগুলো খুঁটিয়ে দেখা এত জরুরী।

প্রিন্টে এবং অনলাইনে দুই জায়গাতেই খুব সহজেই বিগত বছরের প্রশ্নাবলী পাওয়া সম্ভব। বেশিরভাগ সময়েই পরীক্ষার্থীদের সুবিধার জন্য এই প্রশ্নগুলো টপিক অনুযায়ী ভাগ করে দেওয়া থাকে। আইএএস পরীক্ষার্থীদের বিগত ২৫ বছরের পরীক্ষার প্রশ্ন জোগাড় করার চেষ্টা করা উচিত। প্রত্যেকটা টপিক পড়া হয়ে গেলে সঙ্গে সঙ্গে এই প্রশ্নগুলো সমাধান করার চেষ্টা করা উচিত। এইভাবে পড়লে পড়াশোনার গভীরতা যে শুধু বাড়বে তাই নয়, পরীক্ষার জন্য তারা ঠিক কতটা প্রস্তুত সেটা বুঝতে পারায় পরীক্ষার্থীদের আত্মবিশ্বাসও বাড়বে তাল মিলিয়ে।

বিভিন্ন নামী কোচিং সেন্টারের ওয়েবসাইটে প্রতিদিন যে সমস্ত প্রশ্ন পোস্ট করা হয় সেই সমস্ত প্রশ্নের উত্তর লেখা প্র্যাকটিস করেও অনেক পরীক্ষার্থী উপকৃত হয়েছেন।

প্রিলিমিনারি পরীক্ষায় পাশ করা

মক টেস্ট: প্রিলিমিনারি পরীক্ষা পাশ করার চাবিকাঠি

ইউপিএসসির প্রিলিমিনারি পরীক্ষায় সফল হওয়াটা একটা অত্যন্ত গুরুত্বপূর্ণ প্র্যাকটিসের উপর নির্ভর করে: মক টেস্ট। পরীক্ষার প্রস্তুতির ক্ষেত্রে মক টেস্ট অত্যন্ত গুরুত্বপূর্ণ একটা কম্পোনেন্ট। মক টেস্ট বাদ দিয়ে সিভিল সার্ভিস পরীক্ষার প্রস্তুতি কোনোভাবেই সম্পূর্ণ হয় না। কাজেই পরীক্ষার প্রস্তুতির নেওয়ার সময় প্রত্যেক প্রতিযোগীরই হাতে মক টেস্ট দেওয়ার জন্য যথেষ্ট সময় রাখা প্রয়োজন। অনেক প্রতিযোগীই বিভিন্ন রকম কোচিং ইনস্টিটিউটের মক টেস্ট সিরিজে ভর্তি হয়। সেখানে নিয়মিত মক টেস্ট দিয়ে নিজেদের পারফরমেনস বিচার করে দুর্বল বিষয়গুলোকে রিভাইস করে এবং নিজেদের পড়াশোনার রুটিনটা প্রয়োজনমতো বদলে দেয়। নিয়মিত মকটেস্ট দিলে পরীক্ষার্থীরা অন্যান্য পরীক্ষার্থীদের তুলনায় তার প্রস্তুতির মাত্রা কতটা, সেটাও বেশ বুঝতে পারে।

নিজে নিজে মক টেস্টের উত্তর বিশ্লেষণ করার সময় ভুল উত্তরগুলোকে পুঙ্খানুপুঙ্খভাবে বিশ্লেষণ করা প্রয়োজন। এছাড়া কঠিন টপিক এবং ঘোরালো পেঁচানো প্রশ্ন, যেগুলো পরীক্ষা দেওয়ার সময় ছেড়ে যেতে হয়েছে, সেগুলোকে নিয়েও ভালো করে বিশ্লেষণ করা প্রয়োজন। উদাহরণ হিসেবে বলা যেতে পারে যে পরীক্ষার প্রস্তুতির সময় লাভিশ অসংখ্য মক টেস্ট

দেয় এবং পুঙ্খানুপুঙ্খভাবে নিজের ভুলগুলোকে বিচার করে। উত্তর বিশ্লেষণ করে সে বোঝার চেষ্টা করে যে তার জানার মাঝে কোথাও কোনো ফাঁক রয়ে গেছে যে কারণে ভুল হলো, নাকি প্রশ্নটা পড়তে তার ভুল হয়েছে। এই দুটোর কোনটাই যদি না হয় তাহলে অন্য কী কারণে ভুল হয়েছে সেটা খুঁজে বার করার চেষ্টা করত সে। একই রকম ভাবে ওয়াসিম প্রত্যেকটা সাবজেক্ট পড়া শেষ হয়ে গেলে তার টপিক ধরে ধরে মক টেস্ট দিত। তারপর নিজের ভুলগুলো বিশ্লেষণ করে ফের সেই সাবজেক্ট রিভিশন করত সে যাতে সেই বিষয় আরো গভীরভাবে বুঝতে পারে। অনেক পরীক্ষার্থী আবার ভুলের খাতা তৈরি করে। এক্ষেত্রে তারা টেস্ট সিরিজে করা ভুলগুলোকে পুঙ্খানুপুঙ্খভাবে খাতায় লিখে রাখে যাতে সেই ভুলগুলো আর দ্বিতীয়বার কখনো না হয়।

মক টেস্টের বিভিন্ন রকম গুরুত্বপূর্ণ উদ্দেশ্য আছে। প্রথমত, এগুলো পরীক্ষার্থীদের আসল পরীক্ষার ফরম্যাটের সঙ্গে পরিচয় করিয়ে দেয়। এছাড়াও পরীক্ষা দেওয়ার মানসিকতা, সঠিকভাবে উত্তর লেখার স্পিড বাড়ানো, সময় ম্যানেজ করার পদ্ধতির উন্নতি সাধনের মতো বিষয়ে সাহায্য করে। তাছাড়া পরীক্ষার্থীর জ্ঞানের মাঝে কোনো ফাঁক রয়ে গেছে কিনা সেটা বুঝতে এবং তাদের দুর্বল জায়গাগুলোকে খুঁজে পেতে সাহায্য করে। ওয়াসিমসহ অনেক আইএএস পদপ্রার্থীরাই প্রিলিমিনারি পরীক্ষার আগে ৪০ থেকে ৪৫ টা ফুল লেন্থ মক টেস্ট দেন। যেহেতু এই মক টেস্টগুলো ঘড়ি ধরে একেবারে আসল পরীক্ষার মতো করে নেওয়া হয়, কাজেই এগুলি পরীক্ষার্থীদের টাইম ম্যানেজমেন্ট কৌশলের উন্নতি সাধনে এবং আসল পরীক্ষার সময় মানসিক চাপ হ্যান্ডেল করতে সাহায্য করে।

মক টেস্ট দেওয়া কতটা জরুরী সে বিষয়ে ভরত জানায়, "মক টেস্ট দিলে তোমার প্রস্তুতি ঠিক কতটা ভালো হয়েছে সে সম্পর্কে একটা পরিষ্কার ধারণা হয়ে যাবে।" কিন্তু পরীক্ষার্থীদের সিভিল সার্ভিস পরীক্ষার প্রস্তুতি শুরু করার একদম প্রথম দিকেই মক টেস্ট দেওয়া উচিত নয়। মক টেস্টে খুব কম নম্বর পেলে সেটা তাদের আত্মবিশ্বাস এবং মোটিভেশন নষ্ট করে দিতে পারে। সত্যমের মতে, "আগে মন দিয়ে পড়াশোনা করে নাও, প্রচুর রিভিশন করো, তারপর মক টেস্ট দিও। যে সমস্ত বিষয়ে তুমি কম নম্বর পেয়েছ সেগুলোর দিকে মনোযোগ দাও এবং সেগুলোর উন্নতি করো।"

CSAT কে অবহেলা করলে তোমারই ক্ষতি

ইউপিএসসি প্রিলিমিনারি পরীক্ষা পাশ করার জন্য অনেক প্রতিযোগীই একটা গুরুত্বপূর্ণ কম্পোনেন্টকে সম্পূর্ণ বাতিলের খাতায় ফেলে দেয়: জেনারেল স্টাডিজ পেপার টু, যেটা CSAT নামে পরিচিত। যেহেতু এই পেপারটা কেবলমাত্র কোয়ালিফায়িং, সেই জন্য বেশিরভাগ ক্যান্ডিডেটই পেপারের প্রস্তুতি নেওয়ার ক্ষেত্রে গাফিলতি করে। ভুলবশতঃ তারা মনে করে যে এই পেপারে পাস করাটা ততটাও কঠিন হবে না। কিন্তু এই ছোট্ট ভুল একেবারে বিপর্যয় ডেকে আনতে পারে। যদিও এই পেপারে পাশ করার জন্য ২০০ নম্বরের মধ্যে মাত্র ৬৬ নম্বর পাওয়া প্রয়োজন, তা সত্ত্বেও CSAT পরীক্ষাকে গুরুত্ব না দেওয়ার কারণে অনেক আইএএস পদপ্রার্থীরই স্বপ্নভঙ্গ হয়েছে। এমন অনেক পরীক্ষার্থী, এমনকি যারা সিভিল সার্ভিস পরীক্ষার মূল তিনটি ধাপ পাশ করে গিয়েছে তারাও, পরবর্তীকালে আরো ভালো র‍্যাঙ্ক করার জন্য পরীক্ষা দেওয়ার সময় CSAT পরীক্ষা পাস করতে পারেনি। যেমন মিনু। জেনারেল স্টাডিজ পেপার ওয়ানে ভালো পরীক্ষা দেওয়া সত্ত্বেও CSAT পরীক্ষায় কোয়ালিফাইং মার্কস আনতে না পারায় দু'বার প্রিলিমিনারি পরীক্ষায় অসফল হয় সে।

CSAT পরীক্ষার জন্য ঠিকমতো প্রস্তুতি না নেওয়া ছাড়াও প্রিলিমিনারি পরীক্ষার দিনে মনোযোগ ধরে রাখতে না পারার কারণেও অনেকে এই পরীক্ষায় অসফল হয়। জেনারেল স্টাডিজ পেপার ওয়ান আর CSAT পরীক্ষার মাঝের তিন ঘন্টা সময়ে বেশিরভাগ পরীক্ষার্থী জেনারেল স্টাডিজ পেপার ওয়ানের উত্তর বিশ্লেষণ করতে থাকে। যার ফলস্বরূপ বহু ক্ষেত্রেই তাদের আত্মবিশ্বাসে প্রভাব পড়ে এবং CSAT পরীক্ষা খারাপ হয়।

মিনু নিজেই এই অভিজ্ঞতার শিকার। মাঝের ওই তিন ঘণ্টা সময়ে জেনারেল স্টাডিজ পেপার ওয়ান পরীক্ষার উত্তর মেলানোর চেষ্টায় ইন্টারনেট ব্রাউজ করে নিজের মন মেজাজ খারাপ করে ফেলে সে; যার ফলে দু'-দু'বার CSAT পরীক্ষায় খারাপ পারফর্ম করে মিনু। ওয়াসিমও পরীক্ষা দিতে গিয়ে খেয়াল করে যে অনেক পরীক্ষার্থীই CSAT পরীক্ষার দিকে মনোযোগ দেওয়ার বদলে তাদের দুর্মূল্য সময় ব্যয় করে জেনারেল স্টাডিজ পেপার ওয়ানে নিজেদের পারফরম্যান্স কি রকম হয়েছে তা বোঝার চেষ্টা করছে। কিছু কিছু কোচিং ইনস্টিটিউট আবার এই ব্রেকের সময় জেনারেল

স্টাডিজ পেপার ওয়ানের উত্তর ডিসকাস করে ভিডিও পোস্ট করে। যার ফলে পরীক্ষার্থীদের মধ্যে উত্তর চেক করার প্রবণতা আরো বৃদ্ধি পায়।

যত দিন যাচ্ছে তত CSAT পরীক্ষার ডিফিকাল্টি লেভেল বাড়ছে। কাজেই ধীরে ধীরে এই পরীক্ষাটি প্রতিযোগীদের কাছে খুবই গুরুত্বপূর্ণ হয়ে উঠছে। সকলকে সাবধান করে দিয়ে সত্যম বলে, "CSAT এ এখন অনেক অংক আর অ্যানালিটিক্যাল স্কিল নির্ভর প্রশ্ন আসে। ধীরে ধীরে CSAT পরীক্ষাটা কমন অ্যাডমিশন টেস্ট (CAT) এর মতো জায়গায় গিয়ে দাঁড়াচ্ছে।" পরীক্ষার্থীদের জন্য পরিষ্কার করে সত্যম বলে, "প্রিলিমিনারি পরীক্ষার তিন মাস আগে থেকে বিগত বছরের CSAT পরীক্ষার প্রশ্নের সমাধান করতে হবে। খুব ভালো হয় যদি সেটা একদম পরীক্ষার মতো করে সমাধান করা যায়। এতে যদি তুমি ১০০ থেকে কম মার্কস পাও তাহলে এই পরীক্ষার প্রস্তুতির জন্য তোমাকে কিছু সময় ব্যয় করতেই হবে।"

CSAT পরীক্ষার প্রস্তুতির জন্য বিগত বছরের প্রশ্ন সমাধান করলে এই পরীক্ষার প্যাটার্ন সম্পর্কে তোমার একটা ধারণা হয়ে যাবে। এরপরেও যদি তোমার সমস্যা হয় তাহলে বিভিন্ন রকম কৌশল আর শর্টকাট শিখে নেওয়ার চেষ্টা করতে হবে। ওয়াসিমের মতে পরীক্ষার্থীদের আগে থেকেই বুঝে নেওয়া প্রয়োজন যে কোন জাতীয় প্রশ্ন তারা খুব সহজে সমাধান করতে পারে। সেটা করার পরে কঠিন প্রশ্নের দিকে না তাকিয়ে কেবলমাত্র সেই সমস্ত সেকশনেই তাদের কনসেনট্রেট করা উচিত। নিজের দুর্বলতা এবং শক্তি বিশ্লেষণ করবার পরে মিনু বুঝতে পারে যে রিজনিং, কম্প্রিহেনশন এবং সহজ সরল অংক সমাধানের দক্ষতা তার সহজাত। তাই সে এই বিষয়গুলির উপরে উপরেই মনোযোগ দিয়েছিল।

কাজেই নিজের শক্তি খুঁজে নিয়ে ঠিক মতো করে CSAT পরীক্ষার প্রস্তুতি নেওয়াটা তোমার আইএএস হওয়ার স্বপ্ন পূরণের অন্যতম গুরুত্বপূর্ণ ধাপ।

মেনস পরীক্ষায় বিজয়

সঠিক অপশনাল সাবজেক্ট বেছে নেওয়া

আইএএস হওয়ার স্বপ্ন পূরণ করার জন্য সঠিক অপশনাল সাবজেক্ট বেছে নেওয়াটা অত্যন্ত গুরুত্বপূর্ণ একটা ধাপ। এর জন্য খুব ভেবেচিন্তে সুকৌশলে

এগনো প্রয়োজন। যেহেতু অপশনাল পেপারে ৫০০ নম্বর থাকে, কাজেই তোমার আইএএস অফিসার হওয়া বা না হওয়াটা অনেকাংশেই এর ওপরে নির্ভরশীল। অন্যদিকে ভুল বিষয় বেছে নিলে অনর্থক তোমার উপরে চাপ তৈরি হবে আর তাছাড়াও এক বা একাধিক সিভিল সার্ভিস পরীক্ষায় বসবার পরে তোমাকে নিজের সাবজেক্ট বদলাতেও হতে পারে।

ভরতের কথাই ভেবে দেখো। প্রথমে সামান্য গুগল সার্চের উপর নির্ভর করে ভূগোলকে নিজের অপশনাল বিষয় হিসেবে বেছে নিয়েছিল সে। পরবর্তীকালে নিজের এই সিদ্ধান্তে ভুগতে হয় ভরতকে। শেষবারের চেষ্টায় তাকে নিজের অপশনাল সাবজেক্ট বদলাতেও হয়েছিল। লাভিশও একই রকমের সমস্যায় পড়ে। প্রথমদিকে ভালো করে সিলেবাস না দেখেই মেকানিক্যাল ইঞ্জিনিয়ারিং বিষয়টাকে নিজের অপশনাল পেপার হিসেবে বেছে নিয়েছিল সে। যার জন্য সে বুঝতেও পারেনি যে সিভিল সার্ভিসেস এর মেকানিক্যাল ইঞ্জিনিয়ারিং এর সিলেবাস তার আন্ডারগ্র্যাজুয়েট পড়াশোনার সিলেবাসের সঙ্গে আদৌ মেলে কিনা।

অন্যদিকে ক্লাস টেনে ভূগোল না পড়া সত্ত্বেও মিনু ভূগোলকে অপশনাল সাবজেক্ট হিসেবে বেছে নিয়েছিল তার কারণ সে সত্যিই এই বিষয়টাকে ভালোবাসতো। অঞ্জলি রাষ্ট্রবিজ্ঞান এবং আন্তর্জাতিক সম্পর্ক বিষয়টাকে বেছে নিয়েছিল তার কারণ কলেজে পড়বার সময় মাইনর সাবজেক্ট হিসেবে এই বিষয়টা নিয়ে সামান্য পড়াশোনা করার সময়ই এই বিষয়টার প্রতি তার আগ্রহ জন্মায়। শ্রুতির প্রিয় বিষয় ছিল ইতিহাস আর তাছাড়া কলেজে পড়ার সময় এই বিষয়টা তার মেজরও ছিল। কাজেই সে যে অপশনাল বিষয় হিসেবে ইতিহাসই বেছে নেবে সেটাই স্বাভাবিক। অন্যদিকে ওয়াসিম খুব ঠান্ডা মাথায় নিজের আগ্রহ এবং শক্তি নিয়ে ভাবনা চিন্তা করার পরেই অ্যানথ্রোপলজিকে নিজের অপশনাল সাবজেক্ট হিসেবে বেছে নেয়।

অপশনাল সাবজেক্ট বেছে নেওয়ার আগে বিভিন্ন বিষয় নিয়ে ঠান্ডা মাথায় ভাবনা চিন্তা করা উচিত। প্রত্যেকটা বিষয়ের ভালো এবং খারাপ দিকগুলো নিয়ে ভাবনা চিন্তা করা, বিষয়ের সিলেবাসটা খুঁটিয়ে খুঁটিয়ে দেখা, আগের বছরের প্রশ্নগুলো দেখে নেওয়া এবং পড়াশোনার জন্য যথেষ্ট পরিমাণের স্টাডি মেটেরিয়াল পাওয়া যাবে কিনা সেটা বুঝে নেওয়ার পরেই সেই বিষয়টা অপশনাল পেপার হিসেবে নেওয়া ঠিক

হবে কিনা সেই বিষয়ে সিদ্ধান্ত নেওয়া প্রয়োজন। যে সমস্ত প্রধান ফ্যাক্টর নিয়ে ভাবনা চিন্তা করা উচিত তা হল যে সেই বিষয়টার প্রতি সত্যিই তোমার কোনো আগ্রহ আছে কিনা, এর আগে তুমি কী নিয়ে পড়াশোনা করেছ, জেনারেল স্টাডিজ পেপারের সঙ্গে তুমি যে অপশনাল বিষয়টা বেছে নিচ্ছ তার সিলেবাসের কোনো মিল আছে কিনা এবং এই বিষয়টা নিয়ে তুমি কমফোর্টেবল কিনা।

তোমার এমন সাবজেক্ট বেছে নেওয়া উচিত যে বিষয়টা নিয়ে পড়াশোনা করতে তুমি এনজয় করো। এই এই ব্যাপারটা বিশেষ করে কাজে আসবে যখন তুমি জেনারেল স্টাডিজ পেপার পড়তে পড়তে ক্লান্ত হয়ে গিয়ে অপশনাল পেপার নিয়ে পড়াশোনা করতে শুরু করবে। যদি এই সাবজেক্টটার প্রতি তোমার ভালোবাসা থাকে তাহলে তা মোটিভেশন বজায় রাখতে সাহায্য করবে, আর পড়াশোনার প্রসেসটাকে আরো বেশি এনজয়েবল করে তুলবে। যদি সাবজেক্টের বিষয়ে আগে থেকেই তোমার কিছু জানা থাকে তাহলে তা তোমার সময় বাঁচাতে যেমন সাহায্য করবে তেমনি এই সাবজেক্টে ভালো স্কোর করতেও সাহায্য করবে। জেনারেল স্টাডিজ পেপারের সঙ্গে যদি তোমার অপশনাল সাবজেক্ট এর সিলেবাস কিছুটা হলেও ম্যাচ করে যায় তাহলে পরীক্ষার প্রস্তুতিতে তোমার সুবিধাই হবে। এই সাবজেক্ট নিয়ে পড়াশোনা করতে তোমার কোনো অসুবিধা হচ্ছে কিনা বা এই সাবজেক্ট নিয়ে পড়াশোনা করতে তুমি কম্ফোর্টেবল কিনা সেটা তোমার আত্মবিশ্বাস তৈরি করতে এবং সর্বোপরি ভালো করে পরীক্ষায় পারফর্ম করতে সাহায্য করে।

আইএএস টপাররা সবসময়ই বলেন যে প্রিলিমিনারি পরীক্ষার আগে অপশনাল সাবজেক্টের সিলেবাস অন্তত একবার শেষ হয়ে যাওয়া উচিত। পরীক্ষার প্রস্তুতির জন্য এই কৌশল অত্যন্ত গুরুত্বপূর্ণ তার কারণ প্রিলিমিনারি এবং মেনস পরীক্ষার মধ্যে খুব কম সময় তোমার হাতে থাকবে। এই সময়টাকে রিভিশন দিতে এবং সাবজেক্টের আরো গভীরে ঢুকে পড়াশুনা করতে কাজে লাগানো প্রয়োজন।

পরীক্ষায় উত্তর লেখার উন্নতি সাধন

মেনস পরীক্ষায় সাফল্য শুধুমাত্র তুমি কোনো বিষয়ে কতটা জানো তার উপর নির্ভর করে না, বরং এটা তুমি কত ভালোভাবে তোমার জ্ঞানটা

নির্দিষ্ট সময়ের মধ্যে উত্তরপত্রে লিখে আসতে পারছো তার উপরেও নির্ভর করে। নির্দিষ্ট সময়ের মধ্যে প্রতিটা পেপারের সব প্রশ্ন উত্তর দেওয়ার জন্য লেখার স্পিডের সঙ্গে সঙ্গে সমস্ত কিছু দ্রুত গুছিয়ে লিখতে পারার ক্ষমতাও প্রয়োজন। সেই জন্য ভালোভাবে উত্তর লেখার দক্ষতাই মেনস পরীক্ষার সাফল্যের প্রধান চাবিকাঠি হিসেবে বিবেচিত হয়।

শ্রুতির মতে, "কোনো বিষয় একবার পড়া হয়ে গেলে উত্তর লেখা অভ্যাস করাটা পরীক্ষার প্রস্তুতি নেওয়ার একমাত্র উপায়। কোনো বিষয়ে তুমি যতই জানো না কেন, যদি তা তুমি উত্তরপত্রে লিখে আসতে না পারো তাহলে সেই জ্ঞান কোনো কাজে আসবে না।"

উত্তর লেখার দক্ষতাটা রাতারাতি অর্জন করা যায় না। দীর্ঘদিন ধরে উত্তর লেখা প্র্যাকটিসের মাধ্যমে একজন পরীক্ষার্থী তার বিশ্লেষণী ক্ষমতা, গুছিয়ে উত্তর লেখার দক্ষতা, যুক্তি দিয়ে নিজের মত প্রতিষ্ঠা করার কৌশল এবং বিভিন্ন বিষয়ে নিজের জ্ঞান প্রকাশ করার দক্ষতা অর্জন করতে পারে। নিয়মিত প্র্যাকটিস পরীক্ষার্থীদের প্রশ্নের মূল বিষয়টাকে ধরে নির্দিষ্ট সময়ের মধ্যে যুক্তিযুক্ত এবং বহু তথ্যসমৃদ্ধ উত্তর লিখতে সহায়তা করে।

নিয়মিত উত্তর লেখার অভ্যাস করলে এবং সেই উত্তরে নিজে নিজে নম্বর দিলে কোনো বিষয় সহজে মনে রাখা সম্ভব হয়। এছাড়াও নিয়মিত উত্তর লেখা প্র্যাকটিস করলে বিষয়ের উপর দখল বাড়ে, সময় কীভাবে ম্যানেজ করা সম্ভব সেই কৌশল রপ্ত হয় এবং নির্দিষ্ট শব্দ সংখ্যার মধ্যে সংক্ষেপে সুন্দর করে উত্তর লেখার দক্ষতা জন্মায়। আর এই সব কিছু থেকেই পরীক্ষার্থীদের আত্মবিশ্বাস বাড়ে। শ্রুতির সিভিল সার্ভিস পরীক্ষার জন্য প্রস্তুতির কৌশলের পুরোটাই উত্তর লেখা অভ্যাস করার উপর নির্ভর ছিল। "উত্তর লেখার পরে আমি আমার নোটগুলো নিয়ে বসতাম নিজেকে নম্বর দেওয়ার জন্য। উত্তরগুলো নিজে নিজে পড়ার সময় নোটের সঙ্গে মিলিয়ে মিলিয়ে দেখতাম যে আর কী উত্তরে যোগ করা যেতে পারে যাতে আমার উত্তর আরো বেশি সমৃদ্ধ হয়।"এছাড়াও পরীক্ষার প্রস্তুতি নেওয়ার সময় শ্রুতি বিগত বছরের টপারদের উত্তরপত্র খুঁটিয়ে দেখে কীভাবে আরো ভালো করে উত্তর লেখার সম্ভব তা খেয়াল করে।

সমস্ত পরীক্ষার্থী উচিত পরীক্ষার প্রস্তুতি নিতে শুরু করার কিছু দিনের মধ্যেই উত্তর লেখা প্র্যাকটিস করতে শুরু করা। NCERT-র বইয়ের প্রশ্নগুলোর উত্তর লেখা দিয়ে এই প্র্যাকটিস শুরু করা যেতে পারে। যেভাবে

যেভাবে এরপর তোমার প্রস্তুতি এগোবে সেরকম ভাবে বিগত বছরের প্রশ্ন সমাধান করা যেতে পারে। কিছু কিছু পরীক্ষার্থী প্রতিদিন দশটা করে প্রশ্নের উত্তর লেখা অভ্যাস করে। বিভিন্ন কোচিং সেন্টার থেকে প্রকাশিত মডেল আনসার খুঁটিয়ে পড়েও কীভাবে উত্তর লেখা উচিত তা শেখা যেতে পারে। এছাড়াও উত্তর লেখার সময় পরীক্ষার্থীদের তাদের বিশ্লেষণী ক্ষমতা এবং ক্রিটিকাল থিংকিং এর উপর জোর দেওয়া উচিত।

যদি সম্ভব হয় তবে কোনো নামী কোচিং ইনস্টিটিউটের মেনস টেস্ট সিরিজে যোগ দাও। ইনস্টিটিউট যে ফিডব্যাক দেবে সেটাকে খুঁটিয়ে পড়ে নিজের দুর্বল জায়গাগুলোকে আইডেন্টিফাই করো। একেবারে আসল পরীক্ষার মতো পরিবেশে পুরো পেপারের উত্তর লিখলে তোমার পারফরম্যান্সের খুব দ্রুত উন্নতি হবে। একটা টেস্ট দেওয়া হয়ে গেলে মডেল আনসারের সঙ্গে তোমার নিজের লেখা উত্তরগুলো মিলিয়ে দেখো। মডেল আনসারের সঙ্গে তোমার উত্তরের কোথায় কোথায় তফাৎ রয়েছে তা খুঁজে বের করো এবং নিজের নোটগুলোকে সেই ভাবে সমৃদ্ধ করার চেষ্টা করো।

কোনো কোনো আইএএস টপার পরপর দুদিনে চারটি জেনারেল স্টাডিজ পেপার মক টেস্ট হিসেবে দেওয়ার সাজেশন দেন যাতে আসল পরীক্ষার জন্য তুমি একদম মানসিকভাবে প্রস্তুত হয়ে যাও। লাভিশ আর তার বন্ধুরা পরীক্ষার এক সপ্তাহ আগে এক কোচিং ইনস্টিটিউটের সিমুলেটরে যোগদান করেছিল। এইরকম সিমুলেটরগুলো একদম আসল পরীক্ষার পরিবেশ এবং রুটিন মেনে তৈরি করা হয় যাতে পরীক্ষার্থীরা একদম আসল পরীক্ষার মতো পরিবেশে উত্তর লেখার অভ্যাস করতে পারে।

স্ট্রাকচার এবং প্রেজেন্টেশনের ক্ষমতা

উত্তর লেখার গতি ছাড়াও তোমার উত্তরের কনটেন্ট, স্ট্রাকচার এবং প্রেজেন্টেশন তোমার নাম সফল প্রতিযোগিতার নামের লিস্টের একেবারে প্রথমে নিয়ে আসতে পারে। এর জন্য প্রতিটা প্রশ্নের প্রত্যেকটা অংশের দাবি বোঝা অত্যন্ত গুরুত্বপূর্ণ। তোমার উত্তর সংবাদপত্রের এডিটোরিয়ালের মতো নিখুঁত না হলেও তা সরল, বোধগম্য, সংক্ষিপ্ত এবং ওয়েল স্ট্রাকচার্ড হওয়া উচিত। যাতে তোমার উত্তর পড়েই বোঝা যায় যে ওই বিষয়ের উপর তোমার দখল প্রশ্নাতীত। উত্তর সরল ঝরঝরে বাক্যের ছোট ছোট

বুলেট পয়েন্টে লেখা উচিত। তবে উত্তর লেখার সময় অত্যন্ত জটিল একগাদা বুলেট পয়েন্ট লেখার থেকে সহজ সরল কম সংখ্যক পয়েন্ট লেখা অনেক বেশি কাম্য।

ওয়েল স্ট্রাকচারড উত্তরের শুরুতে একটা ভূমিকা থাকে যা গোটা উত্তরের কনটেক্সটা পরিষ্কার করে বুঝিয়ে দেয়। ভূমিকাতে বিষয়ের ব্যাকগ্রাউন্ড, কোনো প্রয়োজনীয় কোটেশন বা কোনো টার্মের সংজ্ঞা থাকতে পারে। উত্তরের ভূমিকা তোমার বাকি উত্তরটার জন্য একটা পরিবেশ তৈরি করে দেয়; কাজেই ভূমিকার মধ্যে প্রশ্নের এসেন্স থাকা প্রয়োজনীয়।

উত্তরের বডিতে সরাসরি নির্দিষ্ট প্রশ্নের উত্তর লেখ। চেষ্টা করো সংক্ষেপে এমনভাবে উত্তর লিখতে যাতে প্রশ্নের সমস্ত দিক সঠিকভাবে বিশ্লেষিত হয়। এর জন্য উত্তর লেখার সময় প্রশ্নের থেকে কিওয়ার্ড নিয়ে বিভিন্ন রকম ইনোভেটিভ সাব হেডিং তৈরি করতে পারো। যেকোনো একটা বিষয়কে সোশ্যাল, পলিটিকাল, ইকোনমিক এবং এনভায়রনমেন্টাল ইত্যাদি বিভিন্ন আঙ্গিক থেকে বিশ্লেষণ করে মাল্টি ডাইমেনশনাল পারস্পেক্টিভ গড়ে তোলার চেষ্টা করো। নিজের উত্তরের বিভিন্ন উদাহরণ এবং কেস স্টাডি দিয়ে সেটাকে আরও বেশি সমৃদ্ধ করে তোলার চেষ্টা করো। ওয়াসিমের মতো অনেক পরীক্ষার্থীই প্রশ্নের উত্তর লেখার সঙ্গে সঙ্গে আলাদা একটা বাক্স এঁকে সেখানে কেস স্টাডি লিখতে পছন্দ করে। উত্তরের শেষে ইতিবাচক মনোভাব নিয়ে উপসংহার টানো।

উত্তরটিকে সঠিকভাবে উপস্থাপন করাও অত্যন্ত গুরুত্বপূর্ণ কারণ এতে পরীক্ষকের কাজটা অনেক বেশি সোজা হয়ে যায়। একগুচ্ছ উত্তরপত্রের মধ্যে পাঠযোগ্য, অ্যাট্রাক্টিভ এবং সহজ পদ্ধতির উত্তর সব সময়ই আলাদা হয়ে চোখে পড়ে। চেষ্টা করো যেন তোমার উত্তরগুলো দেখতে ভালো হয়। উত্তরপত্র পরিচ্ছন্ন রাখার জন্য পরিষ্কার করে হেডিং ও বুলেট পয়েন্ট দিয়ে লিখতে এবং যথেষ্ট পরিমাণে স্পেস দিতে চেষ্টা করো। উত্তরে প্রয়োজনীয় টার্মিনালজি লিখে তার তলায় আন্ডারলাইন করে দেওয়া প্রয়োজনীয়। উদাহরণ হিসেবে বলা যায়, লিডারশিপ নিয়ে একটা কেস স্টাডি লিখলে সেখানে মোটিভেশন এবং এমপ্যাথির মতো টার্ম ব্যবহার করে সেগুলোকে হাইলাইট করো যাতে সেগুলো সহজে পরীক্ষকের চোখে পড়ে। গুরুত্বপূর্ণ পয়েন্টগুলোকে আন্ডারলাইন করে দেওয়াটাও বেশ কাজে আসে।

তোমার উত্তরের মধ্যে কারেন্ট অ্যাফেয়ার্স গুঁজে দিতে পারলে সেটা

একটা বৃহত্তর ছবি তৈরি করতে সহায়তা করে। বিভিন্ন রিপোর্ট থেকে তুলে ধরা কোটেশন, ডেটা, এবং পরিসংখ্যান তোমার উত্তরের গুরুত্ব বাড়ায় এবং সমস্ত বিষয়টার উপরে তোমার ব্যালেন্সড আন্ডারস্ট্যান্ডিংয়ের ছবি তৈরি করে। উত্তর লেখার সময় ডায়াগ্রাম, গ্রাফ, ফ্লোচার্ট, ম্যাপ এবং টেবিল ব্যবহার করো। এতে শুধু যে তোমার সময় বাঁচবে তাই নয়, তুমি পরিষ্কার করে সংক্ষেপে সমস্ত ডেটা উত্তরপত্রে লিখেও আসতে পারবে। টেবিলের সাহায্যেও বিভিন্ন রকম ডেটা ঠিক মতো করে অর্গানাইজ করতে পারো যাতে পরীক্ষক সমস্ত তথ্যগুলো এক ঝলকে দেখে নিতে পারেন। ম্যাপভিত্তিক প্রশ্নের উত্তর দেওয়ার জন্য ম্যাপ আঁকা খুবই প্রয়োজনীয় আর তাছাড়াও বিভিন্ন রকম তথ্য এবং পরিসংখ্যান মনে রাখার জন্য ম্যাপ গুরুত্বপূর্ণ ভূমিকা পালন করে। ডায়াগ্রাম বা ফ্লোচার্টে তুমি যে তথ্য লিখেছো সেটার পুনরাবৃত্তি না করে তোমার লেখায় অন্যান্য তথ্য পরিবেশন কোরো।

এথিক্স এর চ্যালেঞ্জ টপকানো

মেনস পরীক্ষার অন্যতম অংশ হলো জেনারেল স্টাডিজ পেপার ফোর, যেটা এথিক্স পেপার নামেও পরিচিত। এই পেপারে হিউম্যান ভ্যালুজ, এথিকস ইন পাবলিক অ্যাডমিনিস্ট্রেশন, একাউন্টেবিলিটি অ্যান্ড প্রবিটি ইন গভর্নেন্স ইত্যাদি বিষয় নিয়ে বিস্তারিতভাবে আলোচনা করা হয়। এই ব্যাপারে সাফল্য পেতে গেলে বিভিন্ন রকম এথিক্যাল বিষয়ে পুঙ্খানুপুঙ্খ জ্ঞান থাকা যেমন প্রয়োজন তেমনি সেগুলোকে বাস্তব জীবনে কাজে লাগানোর দক্ষতা থাকাও দরকার। এতে পরীক্ষার সময় সরল ভাষায় গভীর উত্তর লেখা সম্ভব।

এথিক্স পেপারের একটা বিরাট অংশ জুড়ে থাকে কেস স্টাডিজ। পরীক্ষার্থীদের বিভিন্ন রকমের পরিস্থিতির বর্ণনা করা হয় যেখানে তাদের এথিক্যাল প্রিন্সিপাল কাজে লাগিয়ে সমস্যার সমাধান করতে হয় যাতে এই বিষয়ে তাদের ব্যবহারিক জ্ঞান পরীক্ষক যাচাই করে নিতে পারেন। কাজেই এই পেপারে ভালো নম্বর পাওয়ার জন্য পরীক্ষার্থীদের বিভিন্ন রকমের কেস স্টাডি বিশ্লেষণ করা অভ্যাস করতে হবে। এই অভ্যাসের সময় সেই নির্দিষ্ট কেস স্টাডির সঙ্গে জড়িত বিভিন্ন রকম নৈতিক দ্বন্দ্ব খুঁজে বার করতে হবে, ঘটনার সঙ্গে জড়িত মানুষদের দৃষ্টিভঙ্গি বুঝতে

হবে এবং শেষ পর্যন্ত একটা ন্যায় সঙ্গত সমাধান উপস্থাপন করতে হবে। প্রশ্নের উত্তর দেওয়ার সময় পরীক্ষার্থীরা যদি নিজের অন্তরদর্শন ব্যবহার করে তাহলে আরো গভীর এবং অন্তর্দৃষ্টি সম্পন্ন উত্তর লেখা সম্ভব।

গভর্নেন্স, সোশ্যাল জাস্টিস, পাবলিক অ্যাডমিনিস্ট্রেশন ইত্যাদি বিষয়ে কারেন্ট অ্যাফেয়ার্স সম্পর্কে আপডেটেড থাকাটা খুবই গুরুত্বপূর্ণ। তোমার উত্তরের মধ্যে ঐতিহাসিক তথ্য, বর্তমান ঘটনাবলী এবং বাস্তব জীবনের থেকে উদাহরণ তুলে ধরতে পারলে তা পরীক্ষকের কাছে আরও বেশি আকর্ষণীয় হয়ে উঠবে।

বিভিন্ন রকম কৌশলের মাধ্যমে আরো ভালো করে এথিক্স পেপারের প্রস্তুতি নেওয়া সম্ভব। কোনো একটা জায়গায় সমস্ত গুরুত্বপূর্ণ কি ওয়ার্ড এবং কি ফ্রেজের সংজ্ঞাগুলো লিখে রাখার পাশাপাশি বাস্তব জীবনের উদাহরণ এবং বিভিন্ন বিখ্যাত ব্যক্তিদের রেফারেন্স লিখে রাখলে তা প্রস্তুতিতে খুবই সাহায্য করবে। মিনু যেমন প্রত্যেকদিন খবরের কাগজ পড়ার সময় খবরগুলোর মধ্যে নৈতিক দৃষ্টিকোণ খুঁজে বের করার চেষ্টা করত। খবরটা পড়ার সময়ই মনে মনে ভাবতো যে একজন সিভিল সার্ভেন্ট হয়ে কীভাবে সে এই সমস্যার সমাধান করতে পারে। এছাড়াও রামায়ণ এবং মহাভারতের মতো মহাকাব্য, বাইবেলের মতো ধর্মগ্রন্থ, এবং বুদ্ধের জীবনী থেকে বিভিন্ন গল্প এবং উদাহরণ জড়ো করে রেখেছিল সে।

ভরত আর সত্যম দুজনেই প্রস্তুতির সময় নিজেদের ব্যক্তিগত জীবন থেকে উদাহরণ সংগ্রহ করে রাখে। এছাড়াও তারা আলাদা আলাদা মূল্যবোধের জন্য রোল মডেল হিসেবে পরিগণিত সমাজের বিভিন্ন স্তরের বিখ্যাত মানুষের উদাহরণও তৈরি করে। অন্যদিকে শ্রুতি একটা আলাদা খাতা তৈরি করেছিল যেখানে বিভিন্ন বই, ম্যাগাজিন বা নিউজ পেপার থেকে গুরুত্বপূর্ণ কোটেশন লিখে রাখত সে। বিভিন্ন বিষয়ের আলাদা আলাদা হেডিং দিয়ে তার সঙ্গে সম্পর্কিত কোটেশনগুলো এক জায়গায় লিখে রাখার এই অভ্যাসের ফলে পরীক্ষার প্রস্তুতি নিতে তার সুবিধা হয়।

মর্মস্পর্শী প্রবন্ধ রচনা

আমি ১৯৯৩ সালে প্রথমবার যখন সিভিল সার্ভিস পরীক্ষা দিয়েছিলাম তখন প্রবন্ধ লেখার এই পেপারের ভূমিকায় কী ছিল তা আমার আজও স্পষ্ট মনে আছে। এই পেপারটা কেবলমাত্র তোমার সৃজনশীলতার পরীক্ষাই

নেয় না; একই সঙ্গে এটা তোমার বস্তুনিষ্ঠ বৌদ্ধিক চিন্তাশক্তি, স্পষ্টভাবে নিজের চিন্তা ভাবনা প্রকাশের দক্ষতা এবং বিভিন্ন বিষয়ে নিরপেক্ষ দৃষ্টিভঙ্গি বজায় রাখার ক্ষমতারও পরীক্ষা নেয়। মর্মস্পর্শী প্রবন্ধ রচনা করার জন্য যেমন কৌশলের প্রয়োজন, তেমনি বিষয়ের গভীরতা এবং উপস্থাপনের বিশেষ ক্ষমতাও গুরুত্বপূর্ণ।

এই পেপারে পরীক্ষার সময় পরীক্ষার্থীদের দুটো প্রবন্ধ রচনা করতে হয়। কাজেই ভালো নম্বর পেতে গেলে পরীক্ষায় লেখা এই প্রবন্ধগুলোর মধ্যে বস্তুনিষ্ঠ চিন্তা ভাবনা, সহজ পদ্ধতিতে উপস্থাপনা এবং বাছাই করা বিষয়গুলিতে গভীর উপলব্ধি থাকা প্রয়োজন। কাজেই নিয়মিত বিভিন্ন বিষয়ের উপরে প্রবন্ধ রচনা করার অভ্যাস থাকা অত্যন্ত জরুরী। দার্শনিক চিন্তাভাবনা থেকে বাস্তব জীবনের বিভিন্ন সমস্যা, সমস্ত কিছু নিয়েই প্রবন্ধ লেখা অভ্যাস করতে হবে। একমাত্র অভ্যাসের ফলেই দ্রুত নিজের বক্তব্য গুছিয়ে নিয়ে সেটাকে নান্দনিক ভাবে নির্দিষ্ট সময়ের মধ্যে লিখে ফেলার ক্ষমতা তৈরি করা সম্ভব।

বিভিন্ন জাতীয় এবং আন্তর্জাতিক ঘটনাবলী সম্পর্কে সচেতনতা থাকলে তথ্যভিত্তিক গভীর প্রবন্ধ রচনা করা সহজ হয়ে যায়। বিভিন্ন এভারগ্রিন টপিক, যেমন সন্ত্রাসবাদ, জলবায়ু পরিবর্তন এবং নারীদের ক্ষমতায়ন ইত্যাদির উপরে নোট তৈরি করে রাখা ভালো। অন্যান্য পরীক্ষার্থীদের সঙ্গে বিভিন্ন বিষয় নিয়ে আলোচনা এবং কোচিং ইনস্টিটিউট বা মেন্টরদের কাছ থেকে প্রবন্ধ সংক্রান্ত ফিডব্যাক তোমার প্রস্তুতিতে খুব গুরুত্বপূর্ণ ভূমিকা নিতে পারে। বিগত বছরের টপারদের প্রবন্ধ লেখার স্ট্রাকচার বিষয়বস্তু এবং উপস্থাপন করার পদ্ধতি তোমার নিজের লেখার উন্নয়নে সহায়তা করতে পারে।

পরীক্ষার দিনে এমন টপিক বেছে নাও যেটা সম্পর্কে তুমি খুব ভালো করে জানো। এতে তুমি বিষয়টা নিয়ে সংক্ষেপে বিভিন্ন দৃষ্টিভঙ্গি থেকে আলোচনা করতে পারবে। ভরতের মতে, "লিখতে শুরু করার আগে পরীক্ষকের দেওয়া রাফ শিটে একটা ফ্রেমওয়ার্ক তৈরি করে নাও।" এতে নির্দিষ্ট সময়ের মধ্যে একটা সুগঠিত প্রবন্ধ লিখতে সুবিধা হবে।

মনোগ্রাহী ভূমিকা দিয়ে প্রবন্ধ শুরু করা প্রয়োজন। ভূমিকায় তোমার দৃষ্টিভঙ্গি যেন স্পষ্ট করে বোঝা যায়। পরীক্ষকের মনোযোগ কেড়ে নেওয়ার জন্য কোনো কোটেশন, হতচকিত করে দেওয়ার মতো কোনো

তথ্য, কোনো প্রশ্ন বা কোনো গল্প দিয়ে ভূমিকা শুরু করা যেতে পারে। প্রবন্ধের বাকি অংশ ছোট ছোট প্যারাগ্রাফে ভাগ করে নেওয়া উচিত। প্রতিটি প্যারাগ্রাফে আলাদা আলাদা পয়েন্টে যুক্তি এবং উদাহরণ সহকারে বিশ্লেষণ থাকা উচিত। একটা প্যারাগ্রাফ থেকে অন্য প্যারাগ্রাফে যাওয়ার সময় মাঝখানে যেন যৌক্তিক প্রবাহে কোনো বাধা সৃষ্টি না হয়। খুব জটিল কোনো বিষয় নিয়ে আলোচনা করার সময় সেটাকে ছোট ছোট সাব হেডিংয়ে ভেঙে নেওয়া উচিত।

উপসংহারে প্রবন্ধতে আলোচিত মূল বিষয়গুলোকে সংক্ষেপে লেখা উচিত এবং একই সঙ্গে এই বিষয়ের ভবিষ্যৎ বা বৃহত্তর ক্ষেত্রে এই বিষয়ে কী হওয়া সম্ভব তা নিয়ে তোমার দৃষ্টিভঙ্গি উপস্থাপন করা উচিত। উপসংহারে তোমার প্রবন্ধের মূল যুক্তিগুলো এমন ভাবে বেঁধে উপস্থাপন করো যাতে তা পরীক্ষকের মনে একটা দীর্ঘস্থায়ী প্রভাব রেখে যায়।

বিষয়ের গভীরতা এবং বিশ্লেষণী ক্ষমতা একটা খুব ভালো প্রবন্ধের সঙ্গে একটা মাঝারি মানের প্রবন্ধের ব্যবধান তৈরি করে। বিভিন্ন দৃষ্টিভঙ্গি থেকে কোনো একটি বিষয়কে দেখা এবং যুক্তি দিয়ে তার তুল্যমূল্য আলোচনা করা থেকে বোঝা যায় যে পরীক্ষার্থীর অন্তর্দৃষ্টি এবং ক্রিটিক্যাল থিঙ্কিং এর ক্ষমতা কতটা। নিজের যুক্তিগুলোকে উপযুক্ত উদাহরণ, কেস স্টাডি, ঐতিহাসিক তথ্যাবলী বা বর্তমান ঘটনাবলীর সঙ্গে যুক্ত করে আরো বেশি ধারালো করে তোলো। তোমার লেখার সঙ্গে ইউপিএসসির আগ্রহ রয়েছে এরকম বিষয়, যেমন গভর্নেন্স, ফরেন পলিসি, আইন, রাজনীতি, অর্থনীতি এবং সোশ্যাল ইকুয়ালিটিকে যুক্ত করলে সেটা তোমার প্রবন্ধকে আরো বেশি গভীর এবং রেলেভেন্ট করে তোলে।

তোমার বক্তব্য যে একেবারে ভিত্তিহীন নয় তা পরীক্ষককে বোঝানোর জন্য প্রবন্ধের মধ্যে যথেষ্ট পরিমাণ তথ্য, ডেটা, স্ট্যাটিসটিক্স, কোটেশন এবং বিভিন্ন বিশ্বাসযোগ্য সংস্থার প্রকাশিত রিপোর্টের উল্লেখ রাখো। সত্যম যেমন প্রস্তুতির সময় শিক্ষা, জেন্ডার এমপাওয়ারমেন্ট, জলবায়ু পরিবর্তন এরকম বিভিন্ন বিষয়ের উপরে কোটেশন সংগ্রহ করে সেগুলো নিজের প্রবন্ধ লেখায় ব্যবহার করেছিল।

ভালো প্রবন্ধ লেখার আরো একটা গুরুত্বপূর্ণ আঙ্গিক হলো এফেক্টিভ কমিউনিকেশন। স্বচ্ছ ভাষায় সংক্ষেপে প্রবন্ধ লেখা উচিত। প্রবন্ধ লেখার সময় পরিভাষার ও জটিল বাক্যের ব্যবহার যতটা সম্ভব এড়িয়ে যাওয়ার

চেষ্টা করবে। গোটা প্রবন্ধটায় বক্তব্যের সুর যেন একই রকমের থাকে। প্রবন্ধতে পর্যায়ক্রমে আনুষ্ঠানিক এবং ব্যবহারিক ভাষা ব্যবহার একেবারেই কাম্য নয়। হাতের লেখা সম্পর্কে সচেতন থাকবে। প্রবন্ধ যেন পাঠযোগ্য হয়। পরীক্ষায় প্রবন্ধ লেখার সময় খুব বেশি আন্ডারলাইন বা ক্যাপিটাল লেটার ব্যবহারের প্রয়োজন নেই। নিতান্ত প্রয়োজন না থাকলে বুলেট পয়েন্ট ব্যবহার না করাই ভালো।

ভাষার পেপারেও মনোযোগ দিতে হবে

বেশিরভাগ সময়েই মেনস পরীক্ষায় ভাষার পেপারের গুরুত্ব ততটাও নেই বলে মনে করা হয়। ইংরেজি এবং অন্য আরেকটি শিডিউল্ড ভাষার পেপারের পরীক্ষাটা কোয়ালিফাইং বলে বেশিরভাগ পরীক্ষার্থীই এই পেপারের প্রস্তুতিতে অবহেলা করেন। তাঁরা মনে করেন এই পেপার দুটিতে তাঁরা খুবই সহজে পাশ করতে পারবেন। কিন্তু স্ট্যাটিসটিক্স দেখলে বোঝা যায় যে প্রতি বছর মোট পরীক্ষার্থীর প্রায় ১০ শতাংশ এই দুটি পেপারে পাশ করতে পারেন না। কাজেই প্রিলিমিনারি এবং মেনস পরীক্ষার বাকি পেপারগুলো জন্য তাদের কঠিন পরিশ্রম সামান্য ভুলের কারণে জলে চলে যায়। পরীক্ষার্থীরা ভাষার পেপারের পাশ না করলে তাদের অন্যান্য পেপারগুলো আর দেখাই হয় না; কাজেই পরিশ্রম এবং অধ্যবসায়ের পুরোটাই বৃথা হয়ে যায়।

কাজেই পরীক্ষার্থীদের উচিত এই ভাষার পেপার দুটির বিষয়ে সতর্ক হওয়া উচিত। বিশেষত যদি ক্লাস টেনের পরে ওই ভাষা নিয়ে তাঁরা আর পড়াশোনা না করে থাকেন বা তাঁর ভাষাগত দুর্বলতা থেকে থাকে। আমাদের সাতজন হিরোর মধ্যে মিনু তার দ্বিতীয় ভাষা হিসেবে মালায়লাম বেছে নিয়েছিল। কিন্তু নিজের ভাষাগত দুর্বলতা সম্বন্ধে অবহিত হওয়ায় সে তার মা এবং এক বান্ধবী, ঐশ্বর্যের সাহায্য নেয়। তাছাড়া মন দিয়ে বিগত বছরের প্রশ্নাবলী সমাধানের মাধ্যমে সে ভাষাগত স্বাচ্ছন্দ্য ফিরে পায়। একইভাবে ওয়াসিম ক্লাস টেন পর্যন্ত উর্দু পড়েছিল। কাজেই সিভিল সার্ভিস পরীক্ষা দেওয়ার আগে ভাষাগত স্বাচ্ছন্দ্য ফিরে পাওয়ার জন্য তাকে তার বোন আরজুর কাছে উর্দু, বিশেষ করে উর্দু ব্যাকরণ পড়তে হয়।

ইন্টারভিউ বোর্ডকে প্রভাবিত করা

সিভিল সার্ভিসের মেনস পরীক্ষায় পাশ করা যে অত্যন্ত গুরুত্বপূর্ণ মাইলস্টোন তাতে সন্দেহ নেই; কিন্তু এই পরীক্ষায় পাশ করার পরই সামনে আরো বড় বাধা এসে উপস্থিত হয়: পার্সোনালিটি টেস্ট। সাধারণের কাছে ইন্টারভিউ নামে পরিচিত এই পরীক্ষাটি ২০ থেকে ৩০ মিনিট সময় ধরে হয় এবং এতে মোট ২৭৫ নম্বর থাকে। সার্ভিস অ্যালোকেশন, র‍্যাংকিং এবং IAS ক্যাডারে সুযোগ পাওয়ার জন্য ইন্টারভিউয়ের নম্বর খুবই গুরুত্বপূর্ণ ভূমিকা পালন করে।

প্রিলিমিনারি এবং মেনস পরীক্ষার মতো ইন্টারভিউয়ে তোমার জ্ঞানের পরীক্ষা নেওয়া হয় না। বরং এখানে তোমার পার্সোনালিটির বিশ্লেষণ করা হয়। ইন্টারভিউ বোর্ডের সকল মিলে তোমার চিন্তাভাবনার স্বচ্ছতা, কোনো বিষয় নিয়ে সম্ভাব্য সমস্ত দিক থেকে সহজ ভাবে চিন্তা করার ক্ষমতা, যুক্তি সহকারে ভাবনার প্রকাশ, নিরপেক্ষ সিদ্ধান্তে পৌঁছানোর ক্ষমতা, উপস্থিত বুদ্ধি, কূটনৈতিক দক্ষতা, নেতৃত্ব দেওয়ার ক্ষমতা বৌদ্ধিক এবং নৈতিক সততা, আত্মবিশ্বাস এবং পেশা হিসাবে সিভিল সার্ভিস পরীক্ষার্থীর জন্য কতটা উপযুক্ত; এই সমস্ত কিছুই বিচার করে দেখা হয়।

পরীক্ষার্থীদের উচিত তাদের আগ্রহ, হবি, শিক্ষাদীক্ষা, এবং পূর্ব কাজের অভিজ্ঞতা, অপশনাল সাবজেক্ট এবং ফিল্ড অফ স্টাডি থেকে প্রশ্নের মুখোমুখি হওয়ার জন্য মানসিক প্রস্তুতি রাখা উচিত। এছাড়াও পরীক্ষার্থীদের শহর এবং রাজ্য সংক্রান্ত বিভিন্ন প্রশ্নও প্রায়ই করা হয়ে থাকে। বোর্ডের সদস্যরা চেষ্টা করেন পরীক্ষার্থীর চরিত্রের গভীরতা এবং প্রসারতা সম্পর্কে বিস্তারিত ধারণা করতে, যাতে তারা বুঝতে পারেন যে তার মধ্যে একজন সফল প্রশাসনিক হওয়ার মতো প্রয়োজনীয় গুণাবলী আছে কিনা।

ইন্টারভিউয়ের সময়, ইন্টারভিউ প্যানেলের আধিকারিক, চেয়ারম্যানের মনোভাব, এবং ইন্টারভিউয়ের দিনে তোমার পজিশন ইত্যাদি বেশ কিছু ফ্যাক্টর রয়েছে যা পরীক্ষার্থীর হাতে থাকে না। যেহেতু সকল পরীক্ষার্থীদের ক্ষেত্রেই এই কথা প্রযোজ্য, কাজেই এই নিয়ে বিশেষ মাথা না ঘামানোই ভাল। বরং নিজের হাতে যে বিষয়গুলো আছে সেগুলোতেই ভাল করে মনোনিবেশ করো।

একবার দেখে নেওয়া যাক এই কঠিন বাধা টপকানোর জন্য কীভাবে প্রস্তুতি নেওয়া প্রয়োজন।

DAF নাম্নী সোনার খনি

প্রিলিমিনারি পরীক্ষা পাশ করার পরে প্রত্যেক পরীক্ষার্থীকেই ডিটেইলড অ্যাপ্লিকেশন ফর্ম ১ (DAF-1) পূরণ করতে হয়। যারা মেনস পরীক্ষায় পাশ করে পার্সোনালিটি টেস্টে ডাক পায় তাদের DAF-2 নামের আরো একটা ফর্ম পূরণ করতে হয়। এই ফর্মগুলো থেকে ইন্টারভিউ বোর্ডের সদস্যরা একজন পরীক্ষার্থীর শিক্ষাগত যোগ্যতা, বাড়ির ঠিকানা, হবি, কাজের পূর্ব অভিজ্ঞতা, কৃতিত্ব, সার্ভিস প্রেফারেন্স, ক্যাডার চয়েস, একবং অন্যান্য খুঁটিনাটি বিষয়ে বিস্তারিত তথ্য পান। বেশিরভাগ সময়েই ইন্টারভিউ বোর্ডের সদস্যরা DAF-1 এবং DAF-2 ফর্ম থেকে পাওয়া তথ্যের উপরে নির্ভর করে প্রশ্ন করেন। কাজেই সততার সঙ্গে সাবধানে এই ফর্ম দুটি পূরণ করা উচিত।

ইন্টারভিউয়ে ডাক পাওয়ার পর একজন পরীক্ষার্থীর নিজের ঈঞ্জ খুঁটিয়ে খুঁটিয়ে পড়ে সেখান থেকে কী কী প্রশ্ন আসতে পারে তা নিয়ে চিন্তা করা উচিত। এরপর সে প্রশ্নের উত্তর থেকে অন্য আর কী প্রশ্ন করা সম্ভব সেই নিয়েও চিন্তা করা প্রয়োজন। এই সমস্ত প্রশ্নের উত্তর আগে থেকে ভালো ভাবে চিন্তা করে তৈরি করে রাখা অত্যন্ত গুরুত্বপূর্ণ। পড়াশোনা বা চাকরির ক্ষেত্রে কোনো ফাঁক থেকে থাকলে তার যথাযথ কারণ দর্শানোর প্রয়োজন।

যেমন, আরক্ষাবাহিনীতে কাজ করার অভিজ্ঞতা যদি কোনো পরীক্ষার্থীর থাকে তাহলে তার বিভিন্ন রেলিভেন্ট টপিক, যেমন ডিফেন্স সেক্টরের প্রয়োজনীয় উন্নয়ন, বর্তমান পরিস্থিতি, এবং অন্যান্য গুরুত্বপূর্ণ বিষয় থেকে প্রশ্নের উত্তর দেওয়ার জন্য প্রস্তুত থাকা উচিত। একই ভাবে, যদি কোনো পরীক্ষার্থী নিজের হবির জায়গায় ক্রিকেট লেখে, তাহলে তাদের এই লেখার নিয়মকানুন, ভারতীয় ক্রিকেট দলের সাম্প্রতিক পারফরমেনস, এই খেলার সঙ্গে সম্পর্কিত বিতর্ক, এবং বোর্ড অফ কন্ট্রোল ফর ক্রিকেট ইন ইন্ডিয়ার (BCCI) কার্যক্রম সম্পর্কে স্পষ্ট ধারণা থাকা উচিত।

কারেন্ট অ্যাফেয়ার্সের উপর দখল

ইন্টারভিউয়ের প্রস্তুতির ক্ষেত্রে কারেন্ট অ্যাফেয়ার্সের উপর দখল থাকাটা অত্যন্ত গুরুত্বপূর্ণ ভূমিকা পালন করে। বিভিন্ন জাতীয় এবং আন্তর্জাতিক ঘটনাবলী নিয়ে বিস্তারিত জানা থাকাটা তোমার সচেতনতা প্রদর্শনের সঙ্গে

সঙ্গে সমকালীন বিষয় নিয়ে বস্তুনিষ্ঠ ভাবে ভাবার ক্ষমতারও প্রদর্শন করে। এছাড়াও এই থেকে সিভিল সার্ভিস আধিকারিক হিসাবে বিভিন্ন চ্যালেঞ্জ তৎপরতার সঙ্গে মোকাবিলা করার ক্ষমতাকেও তুলে ধরে।

সাম্প্রতিক ঘটনাবলী সম্পর্কে সচেতন থাকার জন্য পরীক্ষার্থীদের প্রতিদিন খবরের কাগজ ও কারেন্ট অ্যাফেয়ার্স ম্যাগাজিন পড়ার অভ্যেস তৈরি করা উচিত। সাম্প্রতিক খবর বিশ্লেষণকারী বিভিন্ন পডকাস্ট শোনা, বিতর্কের অনুষ্ঠান দেখা এবং নিয়মিত টিভিতে নিউজ চ্যানেল দেখার অভ্যাস গড়ে তুললে সেটা ধীরে ধীরে একটা নিরপেক্ষ দৃষ্টিভঙ্গি তৈরি করতে তোমাকে সাহায্য করবে। জাতীয় এবং আন্তর্জাতিক বিভিন্ন বিষয়ে সম্পর্কে জানা ছাড়াও তোমার নিজের রাজ্য সম্পর্কে বিভিন্ন খবর জানাটাও খুব গুরুত্বপূর্ণ। এছাড়া তোমার অপশনাল সাবজেক্ট এবং যে বিষয় নিয়ে তুমি গ্র্যাজুয়েশন করেছো সেই বিষয়টা সম্পর্কে খুঁটিনাটি জেনে রাখাটা প্রয়োজন।

আগে থেকেই বিভিন্ন বিষয়ের উপরে তথ্য নির্ভর মতামত তৈরি করে রাখলে অনেক সময়েই তা ইন্টারভিউতে খুবই কাজে লাগে। পরীক্ষার্থীদের কোনো একটা বিষয়ের সঙ্গে সম্পর্কিত অন্যান্য বিষয়ের যোগসূত্র তৈরি করার অভ্যাস থাকা প্রয়োজন। এই অভ্যাস না থাকলে ইন্টারভিউ এর সময় ক্রস কোয়েশ্চেনিং এর মুখোমুখি হতে অসুবিধা হবে। যেমন কোনো একটা নিউজ আর্টিকেলে যদি পাবলিক অ্যাকাউন্টস কমিটির দ্বারা প্রকাশিত রিপোর্ট নিয়ে আলোচনা করে, এই কমিটির কার্যক্রম এবং ভূমিকা একবার ঝালিয়ে নেওয়া উচিত। স্ট্যাটিক্ নলেজ এবং কারেন্ট অ্যাফেয়ার্স এর মধ্যে এরকম যোগসূত্র তৈরি করে ফেলতে পারলে বিভিন্ন বিষয়ে মনে রাখতে এবং ইন্টারভিউয়ের সময় বিস্তারিত বিবরণ দিতে অনেক সুবিধা হয়।

আলাপচারিতা নামক শিল্পের অভ্যাস

ইন্টারভিউয়ের সময় আলাপচারিতার স্কিল নিঃসন্দেহে সবথেকে গুরুত্বপূর্ণ। ইন্টারভিউয়ে কথা বলার সময় খুব অলংকার যুক্ত ভাষায় কথা বলার প্রয়োজন নেই। বরং পরিষ্কারভাবে নিজের চিন্তাভাবনাগুলোকে সহজ সরল ভাষায় বোর্ডের সদস্যদের সামনে উপস্থাপন করাটাই তোমার লক্ষ্য হওয়া উচিত। তোমার ভাবনাগুলোকে কত সহজে তুমি ইন্টারভিউ বোর্ডের সদস্যদের বোঝাতে পারছ এইটার উপর নির্ভর করে আদৌ তুমি সিভিল সার্ভেন্ট হওয়ার যোগ্য কিনা তা তাঁরা নির্বাচন করেন।

নিজের কমিউনিকেশন স্কিল গড়ে তোলার জন্য আত্মবিশ্বাসের সঙ্গে

প্রত্যেকদিন পরিষ্কার উচ্চারণে কথা বলার অভ্যাস করো। প্রশ্নের উত্তর দেওয়ার সময় সুচিন্তিত এবং সহজবোধ্য ভাবে ধাপে ধাপে সুগঠিত উত্তর দেওয়ার চেষ্টা করো। কমন প্রশ্নের উত্তর প্র্যাকটিস করাটা খুবই গুরুত্বপূর্ণ। ইন্টারভিউ এর মতো পরিবেশ তৈরি করার জন্য নিয়মিত পরিবার পরিজন বা বন্ধুদের সামনে বিভিন্ন প্রশ্নের উত্তর দেওয়ার প্র্যাকটিস করো। এইরকম মক ইন্টারভিউ সেশনের যোগ দেওয়ার জন্য ফরমাল জামা কাপড় পরো যাতে আসল ইন্টারভিউয়ের মতো পরিবেশ তৈরি হয়। বাড়িতে এইরকম ইন্টারভিউয়ের পরিবেশ তৈরি করে রিহার্সাল দিলে তোমার যে কেবল আত্মবিশ্বাস বাড়বে তাই নয়, একইসঙ্গে তোমার উত্তর বলার দক্ষতাও বৃদ্ধি পাবে। আর তাছাড়া তুমি নিজেই পরিষ্কার বুঝতে পারবে যে কোন কোন জায়গায় তোমার আরো উন্নতি করা প্রয়োজন।

ইন্টারভিউ এর সময় কিছু কিছু প্রশ্ন প্রায়ই জিজ্ঞাসা করা হয়; যেমন, "নিজের সম্পর্কে কিছু বলো", "তুমি কেন সিভিল সার্ভিসে জয়েন করতে চাও?", "তোমার শক্তি এবং দুর্বলতা কোনগুলো সে সম্বন্ধে বলো", "তোমার নামের মানে কী?" ইত্যাদি। এই সমস্ত প্রশ্নের উত্তর আগে থেকে তৈরি করে রাখলে তুমি ইন্টারভিউ এর সময় একটুও ঘাবড়ে না গিয়ে ঠান্ডা মাথায় এই জাতীয় প্রশ্নের উত্তর দিতে পারবে।

এছাড়াও অপশনাল সাবজেক্ট, তোমার গ্র্যাজুয়েশনের সাবজেক্ট এবং সাম্প্রতিক খবর নিয়ে পড়াশোনা করাটা ইন্টারভিউ এর আগে খুব প্রয়োজনীয়। অনেক পরীক্ষার্থী ইন্টারভিউ বোর্ডে তাঁদের যে সমস্ত প্রশ্ন জিজ্ঞাসা করা হয়েছে তা বিভিন্ন ফোরাম বা অন্যান্য স্টাডি গ্রুপে বলেন। এই সমস্ত প্রশ্নের পিডিএফ কম্পাইলেশনও ইন্টারনেটে খুব সহজেই পাওয়া যায়। এগুলো খুঁটিয়ে পড়া এবং এর থেকে প্রশ্ন-উত্তর প্র্যাকটিস করা প্রয়োজন। এখান থেকে তুমি ইন্টারভিউ বোর্ডে ঠিক কী জাতীয় প্রশ্নের সম্মুখীন হতে পারো তার একটা স্পষ্ট ধারণা পাবে। এইরকম সাম্প্রতিক এবং বিগত বছরের ইন্টারভিউ এর প্রশ্নের ট্রান্সক্রিপ্ট থেকে প্রোফাইল স্পেসিফিক প্রশ্ন ধরে ধরে সেগুলোর উত্তর তৈরি করে রাখো। এরই সঙ্গে প্র্যাক্টিস এর জন্য বিভিন্ন কোচিং ইনস্টিটিউটের পোস্ট করা প্রশ্নেরও উত্তর দেওয়া অভ্যাস করো।

মক ইন্টারভিউ এর গুরুত্ব

প্রিলিমিনারি এবং মেনস পরীক্ষার প্রস্তুতির জন্য যেমন টেস্ট সিরিজ খুব গুরুত্বপূর্ণ তেমনই ইন্টারভিউ এর প্রস্তুতির জন্য মক ইন্টারভিউ দেওয়া খুবই

জরুরী। এই সমস্ত ইন্টারভিউয়ে আসল ইন্টারভিউ এর মতোই রিয়েলিস্টিক পরিবেশ তৈরি করা হয় যাতে পরীক্ষার্থীরা আসল ইন্টারভিউয়ের পরিবেশের সঙ্গে সহজে মানিয়ে নিতে পারে। সব থেকে গুরুত্বপূর্ণ ব্যাপার হল মক ইন্টারভিউতে পরীক্ষার্থীদের পারফরম্যান্সের উপরে ফিডব্যাক দেওয়া হয় যার সাহায্যে পরীক্ষার্থীরা তাদের বডি ল্যাঙ্গুয়েজ, কমিউনিকেশন স্কিল এবং আত্মবিশ্বাস আরো বাড়িয়ে তুলতে পারে।

কিন্তু বহুল সংখ্যায় মক ইন্টারভিউ দিলে আবার লাভের বদলে ক্ষতি হওয়ার সম্ভাবনা বেশি। সেই জন্যই নামী কোচিং ইনস্টিটিউটের তিন থেকে চারটে ভালো মক ইন্টারভিউ এ যোগ দিলেই যথেষ্ট। এই সমস্ত ইন্টারভিউ থেকে পাওয়া ফিডব্যাক খুঁটিয়ে পড়ো এবং যে সমস্ত ক্ষেত্রে তোমার আরো উন্নতি করার প্রয়োজন সেদিকে মনোযোগ দাও। কোনো সমালোচনাই গায়ে মেখো না, বরং সেটাকে নিজের উন্নতিকল্পে লাগাও।

সত্যম বারবার অন্যদের কাছ থেকে বিভিন্ন কিছু শেখার বিষয় জোর দিয়েছে। পরীক্ষার প্রস্তুতির সময় সে বিগত বছরে ২০০ -র বেশি র‍্যাঙ্ক করা ক্যান্ডিডেটদের মক ইন্টারভিউ খুঁটিয়ে দেখেছে। পরীক্ষার্থীদের জন্য সত্যম এর উপদেশ, “যদি তোমরা খুব খারাপ ফিডব্যাকও পাও তাতেও হতাশ হয়ে পড়ো না!”

ইন্টারভিউ চলাকালীন কিছু সাধারণ ভুল অধিকাংশ পরীক্ষার্থীরাই করে থাকে। যেমন খুব দ্রুত কথা বলা, অতিরিক্ত আত্মবিশ্বাস অথবা অ্যারোগান্স দেখানো, ভাসা ভাসা ভিত্তিহীন উত্তর দেওয়া, বায়াসড দৃষ্টিভঙ্গি থেকে উত্তর দেওয়া, ইন্টারভিউ বোর্ডের মেম্বারদের চোখে চোখ না রাখা এবং নিজেদের ঙ্গঞ্চ সম্বন্ধে গভীর জ্ঞান না থাকা। খুব মনোযোগ সহকারে নিয়মিত প্র্যাকটিসের মাধ্যমে এই সমস্ত ভুল থেকে নিজেকে দূরে রাখা সম্ভব।

ইন্টারভিউ বোর্ডের মুখোমুখি হওয়ার সময় মাথা ঠান্ডা রাখা এবং মানসিক চাপ নিয়ন্ত্রণে রাখা অত্যন্ত গুরুত্বপূর্ণ। গভীর শ্বাস নেওয়ার মতো ব্যায়াম বা মেডিটেশন তোমার মানসিক চাপ সামলাতে সাহায্য করতে পারে। এতে তুমি ঠান্ডা মাথায় আত্মবিশ্বাসের সঙ্গে প্রশ্নের উত্তর দিতে পারো। ইন্টারভিউ এর আগের দিন তোমার ঙ্গঞ্চ শেষবারের মতো ভালো করে দেখে নাও যাতে তুমি তার প্রত্যেকটা খুঁটিনাটি বিষয় সম্বন্ধে অবগত থাকো। ইন্টারভিউ এর আগের রাতে রিল্যাক্স করার চেষ্টা করো। ইন্টারভিউ বোর্ডে যাতে তুমি অ্যালার্ট থাকো তার জন্য আগের রাতে ভালো করে ঘুম হওয়াটা খুবই দরকার।

গ্র্যান্ড ফিনালের জন্য কৌশল

ইন্টারভিউ এর দিনের জন্য পুঙ্খানুপুঙ্খ প্রস্তুতির প্রয়োজন। এটাই হলো সেই ক্ষণ যখন তোমার এতদিনের সমস্ত কঠিন পরিশ্রম পরিণতি পাবে। এখানে তোমার পারফরম্যান্সই তোমার ভবিষ্যৎ নির্ধারণ করে দেবে। ফার্স্ট ইম্প্রেশন ইন্টারভিউ এর ক্ষেত্রে ভীষণ গুরুত্বপূর্ণ। সেই জন্য ইন্টারভিউ এর দিন ফরমাল এবং কমফর্টেবল পোশাক পড়বে যাতে তোমাকে পরিচ্ছন্ন ও ফিটফাট দেখতে লাগে। শেষ মুহূর্তে যাতে কোনো হুড়োহুড়ি না হয় সেই জন্য নির্ধারিত সময়ের যথেষ্ট আগে পরীক্ষা কেন্দ্রে পৌঁছে যাও। কল লেটারে বলে দেওয়া সমস্ত প্রয়োজনীয় কাগজপত্র সঙ্গে করে নিয়ে যেতে ভুলো না। যদিও ইন্টারভিউয়ের দিনে একটু নার্ভাস লাগাটা স্বাভাবিক, তাও মাথা ঠান্ডা করে নিজেকে শান্ত রাখার চেষ্টা করো।

যে সিকোয়েন্সে তোমাকে ডাকা হবে ইন্টারভিউ দেওয়ার জন্য সেটা তোমার হাতে না থাকলেও তোমার পারফরমেনসের উপরে তার প্রভাব পড়তে পারে। উদাহরণ হিসেবে বলা যায়, প্রথমবার ইন্টারভিউ দেওয়ার সময় লাঞ্চের আগে মিনুই শেষ পরীক্ষার্থী ছিল। লাঞ্চের সময় নিয়ে চেয়ারম্যানের বক্তব্য মিনুকে নার্ভাস করে তোলে যার ফলে তার মনোযোগ ভেঙে যায়। নিজেকে এই জাতীয় ঘটনার মুখোমুখি হওয়ার জন্য মানসিকভাবে প্রস্তুত করে রাখা প্রয়োজন যাতে এইরকম পরিস্থিতিতে পড়লে তোমার মনোযোগ ছিন্ন না হয়।

মক ইন্টারভিউয়ের তুলনায় আসল ইন্টারভিউয়ের ঘরটা অনেক আলাদা হতে পারে। ইউপিএসসির ঘরগুলো আকারে ছোট, বোর্ড মেম্বাররা মক ইন্টারভিউ এর তুলনায় অনেক কাছাকাছি বসেন। এইরকম ছোটখাটো পার্থক্যে নিজের মনোবল হারিয়ে ফেলো না।

ইন্টারভিউ রুমে ঢুকেই প্যানেলের সদস্যদের সকলকে নম্রভাবে অভিবাদন জানাবে এবং যতক্ষণ না কেউ বসতে বলবে ততক্ষণ অপেক্ষা করবে। নিজের প্রতি আত্মবিশ্বাসের সঙ্গে শান্ত ইতিবাচক অ্যাটিটিউড রাখবে। তোমার বডি ল্যাঙ্গুয়েজ থেকে যেন আত্মবিশ্বাস, মনোযোগ এবং শ্রদ্ধার ভাব পরিষ্কার বোঝা যায়। বসার সময় নিজের পশ্চারের দিকে খেয়াল রাখবে। পিঠ সোজা করে বসবে। কথা বলার সময় স্বাভাবিক হাত পা নাড়ায় কোনো নেতিবাচক প্রভাব না পড়লেও বেশি হাত-পা নাড়িয়ে উত্তর না দেওয়ারই চেষ্টা করবে। প্যানেলের সদস্যদের প্রত্যেকটা প্রশ্ন মন দিয়ে শুনবে।

শ্রদ্ধা নিয়ে ইন্টারভিউ বোর্ডের মেম্বারদের সঙ্গে কথা বলবে। সব সময় নম্র এবং বিনয়ী ভাব বজায় রাখবে। কারোর দিকে এক দৃষ্টিতে না তাকিয়ে থেকে বোর্ডের প্রত্যেক মেম্বারের সঙ্গে চোখে চোখ রেখে কথা বলবে। ইন্টারভিউ চলাকালীন বেশি উসখুস করবে না বা অন্য কোনো নার্ভাস ভাব প্রদর্শন করবে না। যদি এই সব কিছুই তোমায় খুব অভিভূত করে তোলে তাহলে বড় বড় নিঃশ্বাস নিয়ে নিজের উপরে নিয়ন্ত্রণ ফিরিয়ে আনার চেষ্টা কোরো। ইন্টারভিউতে আসলে তোমাকে নিজেকে বিক্রি করতে হবে। ইন্টারভিউ বোর্ডের সদস্যদের তোমাকে বোঝাতে হবে যে তুমিই এই পদের জন্য শ্রেষ্ঠ প্রার্থী।

বেশিরভাগ সময়ই আচমকা প্রশ্নে পরীক্ষার্থীরা ঘাবড়ে যায়। যেমন মিনুকে জিজ্ঞেস করা হয়েছিল, “আমাদের এমন কোন তথ্য দাও যেটা তোমার DAF এ বলা নেই।”

যদি বাইরে থেকে ভেসে আসা কোনো শব্দে তোমার মনোযোগে ব্যাঘাত ঘটে তাহলে সেটা বোর্ডের সদস্যদের জানানো প্রয়োজন। যদি তোমার মনে হয় যে তুমি ঠিক করে শুনতে পাচ্ছ না, তাহলে তাদের আরেকটু জোরে প্রশ্ন করতে বলাটাও প্রয়োজন। উদাহরণ হিসেবে বলা যায় যে ওয়াসিম ইন্টারভিউ দেওয়ার সময় বাইরে বৃষ্টির শব্দ খেয়াল করেছিল। মনে সাহস সঞ্চয় করে সে কথাটা চেয়ারপারসনকে জানিয়েছিল সে। তার আগে কোনো পরীক্ষার্থীই একথা ইন্টারভিউ বোর্ডকে জানায়নি, যার ফলে প্রশ্ন বুঝতে ভুল হয় এবং ফলে তারা ভুল উত্তর দেয়।

মনে রেখো ইন্টারভিউটা কেবলমাত্র একটা আলাপচারিতা; ক্রস এক্সামিনেশন নয়। কেরিয়ার হিসেবে সিভিল সার্ভিস আদৌ তোমার জন্য উপযুক্ত কিনা সেই সিদ্ধান্তে পৌঁছতে বোর্ডের সদস্যরা ইন্টারভিউয়ের মাধ্যমে একজন মানুষ হিসেবে তুমি আসলে কেমন সেটা বোঝার চেষ্টা করেন। নিজের মতো করে সততার সঙ্গে উত্তর দাও যাতে তোমার পার্সোনালিটি খুব সহজেই বোঝা যায়। যদি কোনো প্রশ্নের উত্তর তুমি না জানো, তাহলে তোমার অজ্ঞানতাটাও নম্রতার সঙ্গে জানাও এবং একইসঙ্গে এই বিষয়ে তোমার জানার ইচ্ছেটাও জাহির করো। এই সামান্য সততা তোমার চরিত্রগত দৃঢ়তাকে তুলে ধরে যেটা ইন্টারভিউ বোর্ড এর সদস্যরা পছন্দ করেন।

পরিশেষ

এই বইয়ের সাতজন হিরোর জীবনের গল্প পড়ে এতক্ষণে তুমি বুঝতেই পেরেছ যে একজন আইএএস অফিসার হয়ে ওঠাটা খুব একটা সোজা কাজ নয়। এর জন্য বুদ্ধিমত্তার সঙ্গে একনিষ্ঠা, কৌশল, পরিকল্পনা এবং সামান্য হলেও ভাগ্যের প্রয়োজন। ইউপিএসসির সিভিল সার্ভিস পরীক্ষা পাশ করা সত্যিই খুব কঠিন। কিন্তু সঠিক ভাবে একাগ্রচিত্তে পরিকল্পনা মাফিক পড়াশোনা করলে এই স্বপ্নও পূরণ হতে পারে। প্রতিবছর প্রায় ১৮০ জন পরীক্ষার্থী তাঁদের আইএএস হওয়ার স্বপ্ন পূরণ করেন। তাঁদের মধ্যে কেউ কেউ আবার জীবনের প্রথম পরীক্ষাতেই এই লক্ষ্যে পৌঁছে যান।

কোনো বাধা-বিপত্তি বা এই যাত্রার দীর্ঘসূত্রিতায় মনের জোর হারিও না। এই সমস্ত চ্যালেঞ্জের মুখোমুখি হলে তবেই তোমার পোটেনশিয়াল ফুটে বেরিয়ে আসবে। তুমি যত বাধার সম্মুখীন হবে ততই তোমার মধ্যে অধ্যাবসায় গড়ে উঠবে। ধীরে ধীরে এই চ্যালেঞ্জগুলোই তোমাকে আরো নিয়মানুবর্তী হতে সাহায্য করবে। নিজের উপর বিশ্বাস রাখো, আর কঠিন পরিশ্রমের যে কোনো বিকল্প হয় না এই কথাটার আত্তীকরণ করো। মনে রেখো, এক পা এক পা করেই হাজার কিলোমিটার অতিক্রম করা যায়। প্রত্যেকদিন সময় অপচয় না করে রুটিন মেনে পড়াশুনা করার মাধ্যমেই নিজের লক্ষ্যের দিকে একটু একটু করে এগিয়ে যেতে পারো তুমি। তোমার জীবনের বিভিন্ন বাধা কাটিয়ে যত তুমি এগিয়ে যাবে ততই ভবিষ্যতে একজন ভালো নেতা হিসেবে নিজেকে প্রতিষ্ঠিত করতে পারবে।

৩০ বছর ধরে একজন আইএএস অফিসার হিসেবে দেশ সেবা করার অভিজ্ঞতা থেকে আমি বলতে পারি যে রকম বৈচিত্র, পরিতৃপ্তি, চ্যালেঞ্জ এবং জনসেবার সুযোগ আইএএস হিসেবে চাকরি করতে গিয়ে পাওয়া

যায় তা মাউন্ট ইউপিএসসি জয় করার জন্য কঠিন পরিশ্রমকে সার্থক করে তোলে। কাজেই আর সময় নষ্ট নয়, আজ থেকেই ইউপিএসসির সিভিল সার্ভিস পরীক্ষার প্রস্তুতি নিতে শুরু করো! এই পরীক্ষা অজেয় নয়, এই পরীক্ষা এমন ভাবে তৈরি করা হয়েছে যাতে তোমার মতো একনিষ্ঠ পরীক্ষার্থীরাই কেবল একে জয় করতে পারে।

কৃতজ্ঞতা স্বীকার

সর্বদা অটুট সমর্থন এবং অনুপ্রেরণা জুগিয়ে চলার মাধ্যমে চাপমুক্ত এবং মোটিভেটিং পরিবেশ তৈরি করার জন্য সর্বপ্রথম আমি মাননীয় অর্থমন্ত্রী মিস নির্মলা সীতারামনের প্রতি আমার আন্তরিক শ্রদ্ধা জানাতে চাই।

আমি আমার মেন্টর, ভারত সরকারের ক্যাবিনেট সেক্রেটারি, এবং সর্বোপরি অসাধারণ একজন মানুষ, ডক্টর টি ভি সোমনাথনকে আন্তরিক কৃতজ্ঞতা জানাতে চাই। তাঁর উৎসাহ এবং অমূল্য গাইডেন্স ব্যতীত এই বইয়ের কাজ শেষ করা আমার পক্ষে সম্ভব ছিল না।

এই বইয়ের সাতজন নায়কের কাছেও আমার কৃতজ্ঞতার ঋণ রয়েছে। এরা প্রত্যেকেই ধৈর্য ধরে ঘন্টার পর ঘন্টা আমার সঙ্গে বসে তাদের জীবনের কথা এবং ইউপিএসসি নামক পর্বত শৃঙ্গ জয়ের কৌশল ভাগ করে নিয়েছেন। শ্রুতি শর্মা, ওয়াসিম আহমেদ ভাট, অঞ্জলি শর্মা, লাভিশ ওরডিয়া, ভরত সিং, সত্যম গান্ধী এবং মিনু পিএম, তোমাদের সকলের গল্পই এই বইয়ের সারাৎসার।

যারা এই বই লেখার সময় আমাকে সমর্থন করে আমার মানসিক জোর বাড়িয়েছে সেই সমস্ত বন্ধুদের আমি আন্তরিক ধন্যবাদ জানাই। তোমাদের সকলের ফিডব্যাক এবং সাপোর্টে আমি নিজেকে এবং বইটিকে অনেক উন্নত করতে পেরেছি। আমার প্রতি তোমাদের অটুট বিশ্বাসের জন্য আমি তোমাদের কাছে যারপরনাই কৃতজ্ঞ।

এই বইয়ের আইডিয়ার জন্য আমি কৃতজ্ঞ পেঙ্গুইন র‍্যানডম হাউজ ইন্ডিয়ার বিজনেস অ্যান্ড নন ফিকশান এডিটর মনিশ খুরানার কাছে। বইয়ের শুরু থেকে শেষ পর্যন্ত তিনি আমাকে সমানে গাইড করেছেন

এবং অমূল্য সাপোর্ট দিয়েছেন। তাঁর দূরদৃষ্টি এবং অন্তর্দৃষ্টি এই বই গড়ে তোলার কাজে অত্যন্ত গুরুত্বপূর্ণ ভূমিকা নিয়েছে।

আমি সেক্রেটারি এক্সপেন্ডিচার ড. মনোজ গোবিল এবং এক্সপেন্ডিচার ডিপার্টমেন্টে আমার সহকর্মী সঞ্জয় প্রসাদ, পরমা সেন, অমিত নেগী, মনোজ সহায়, আশিস ভাছানি এবং সঞ্জয় আগারওয়ালকে বিশেষভাবে ধন্যবাদ জানাতে চাই। আপনাদের সকলের সমর্থন এবং ভালোবাসা এই গোটা যাত্রাপথে আমার পাথেয়।

সবার শেষে আমি আমার স্ত্রী সুনিতা, কন্যা শিয়া এবং পুত্র করণকে ধন্যবাদ জানাতে চাই। এই বই তাদের প্রতি উৎসর্গীকৃত। এই বই লেখার সময় বহু কষ্ট তারা নির্বিচারে সহ্য করেছে। ওরাই আমার জীবনে শক্তির উৎস। তোমাদের ভালোবাসায় এবং সমর্থনে এই যাত্রা আমি আজ সম্পূর্ণ করতে পেরেছি এবং তার জন্য আমি যারপরনাই কৃতজ্ঞ।